婴幼儿奶粉安全法规标准及检测方法

郑文杰　刘　伟　主编

科　学　出　版　社

北　京

内 容 简 介

本书针对婴幼儿奶粉质量安全方面的法规、标准及检测方法进行了归纳汇总。本书分为两篇。第一篇对部分国家、地区及国际组织的政策法规及安全限量标准进行了汇编，包括国际食品法典委员会（CAC）、欧盟、美国、日本和韩国、澳大利亚和新西兰及中国等。第二篇对奶粉中各项指标的检测方法进行了汇总，主要对感官及理化指标、营养物质及食品添加剂、微生物指标、有害物质四大类检测方法分别进行介绍。

本书以婴幼儿奶粉为对象，以质量安全为目标，对有关的法规标准方法进行归纳汇总，适用于从事食品安全分析、乳制品质量安全分析等各类检测人员和管理人员，也可作为食品检测人员、食品相关专业的学生、消费者及相关生产经营企业工作人员的参考工具书。

图书在版编目（CIP）数据

婴幼儿奶粉安全法规标准及检测方法/郑文杰，刘伟主编. —北京：科学出版社，2022.2

ISBN 978-7-03-070108-4

Ⅰ. ①婴… Ⅱ. ①郑… ②刘… Ⅲ. ①婴儿-乳粉-食品卫生法-中国 Ⅳ. ①D922.16

中国版本图书馆 CIP 数据核字（2021）第 212296 号

责任编辑：刘 冉 付林林 / 责任校对：杜子昂
责任印制：吴兆东 / 封面设计：北京图阅盛世

科 学 出 版 社 出版
北京东黄城根北街 16 号
邮政编码：100717
http://www.sciencep.com

北京中石油彩色印刷有限责任公司 印刷
科学出版社发行 各地新华书店经销
*
2022 年 2 月第 一 版 开本：720×1000 1/16
2022 年 2 月第一次印刷 印张：17 3/4
字数：360 000

定价：128.00 元

（如有印装质量问题，我社负责调换）

序

婴幼儿奶粉是母乳以外婴幼儿的主要营养来源，奶粉质量的优劣直接影响婴幼儿的健康成长。婴幼儿奶粉的质量安全是全世界广泛关注的问题之一。中国的婴幼儿奶粉市场规模逐年递增，国内外奶粉商家竞争激烈。近年来，国内外毒奶粉事件时有发生。我国政府高度重视婴幼儿奶粉质量安全，逐步完善相关法律法规和标准体系，加强监督管理措施，建立健全婴幼儿奶粉质量安全监督检测体系。2008 年以来，我国相继颁布和出台了《中华人民共和国食品安全法》《企业生产婴幼儿配方乳粉许可条件审查细则（2010 版）》《婴幼儿配方乳粉产品配方注册管理办法》等相关法律法规，对奶业的全产业链进行最严厉的监管，为婴幼儿奶粉安全监管提供法律依据。从整体来看，我国婴幼儿奶粉的安全状况不断改善，但在奶粉质量安全检测能力上还存在一定提升空间。检测技术是奶粉质量安全管理的重要技术基础。积极推进科学先进的检测技术，努力提升检测技术水平和能力，是提高奶粉质量安全监管水平的重要保障。

《婴幼儿奶粉安全法规标准及检测方法》紧紧围绕国内外法律法规和检测技术两个方面来对当前婴幼儿奶粉法规标准和检测关键技术进行了归纳和总结，具有较高的学术水平和实用价值。该书的出版，对于我国婴幼儿奶粉质量安全具有指导意义。希望该书的出版可以进一步提升婴幼儿奶粉检测技术水平，促进婴幼儿奶粉检测领域的技术研究，为婴幼儿奶粉市场的健康发展起到积极的作用。

中国检验检疫科学研究院

前　言

近年来，婴幼儿奶粉安全事件时有发生，婴幼儿奶粉质量安全得到了全世界的广泛关注，各国也相继制定和完善了各项法规标准。各国在婴幼儿奶粉方面的法律法规各不相同，全球范围内没有统一的标准，各国政策制定的依据主要是国情和消费者认知。无论是走出去还是引进来，我们都要对本国和别国法规政策有深刻的了解，了解不够就会造成不必要的损失。

为方便企业、消费者了解各国、地区婴幼儿奶粉政策法规，为使消费者、相关检测人员、相关企业及其生产经营者更好地了解奶粉中各指标的检测方法，食品检测方面的专家及检测人员共同编写了《婴幼儿奶粉安全法规标准及检测方法》一书。本书结合编者多年来在食品安全分析领域特别是婴幼儿奶粉方面的实践经验，对欧美日韩等发达国家及国际组织的相关法规标准及检测方法进行了归纳汇编。本书共分为两篇，第一篇对各国、地区及国际组织的政策法规及安全限量标准进行了汇编，第二篇对奶粉中各项指标的检测方法进行了汇总，主要对感官及理化指标、营养物质及食品添加剂、微生物指标、有害物质四大类检测方法分别进行介绍。

本书得到雀巢研发（中国）有限公司、天津温阳生物技术有限公司、北京嘉华兴业国际贸易有限公司和天津赫尼斯特进出口贸易有限公司提供的赞助，在此表示衷心感谢。

科学出版社的编辑在文字方面做了大量工作，对文稿提出了中肯的修改意见，在此表示衷心感谢。

由于编者水平有限，书中恐有不当和疏漏之处，恳请广大读者批评指正。

编　者

2021 年 5 月

前言

目　录

第一篇　相关法规和标准

第一篇

相关法规和标准

第一章 绪 论

第一节 婴幼儿奶粉状况简介

一、婴幼儿奶粉概述

母乳是婴幼儿是最理想、最安全、最完整的天然食物，它含有基础营养成分（蛋白质、脂肪、碳水化合物）、微量营养成分（矿物质和维生素）、水分和生物活性物质（生长因子和免疫因子等），均最有利于婴幼儿的生长发育，是母亲给予孩子最珍贵的礼物。对 0～6 个月的婴儿进行纯母乳喂养是联合国儿童基金会与世界卫生组织倡导的科学喂养方式，但是由于各种原因，有很大比例的婴儿无法获得母乳喂养。为了满足婴幼儿生长发育的需要，在以牛乳（或羊乳）及其加工制品为主要原料（普通奶粉）的基础上加入各种维生素和微量元素进行调配，使其接近母乳成分，加工制成的可供婴幼儿食用的代乳品——婴幼儿配方奶粉（婴幼儿配方乳粉）应运而生。

婴幼儿配方奶粉的研发起步于 19 世纪欧美国家，发展至今已经有 100 多年历史。按照配方中添加营养元素的不同，大致可以分为以下三个阶段：第一阶段通常意义上是指从 20 世纪初到 20 世纪 80 年代，单纯追求蛋白质、脂肪、碳水化合物、维生素和矿物质等基础营养素的均衡阶段，以保证宝宝摄取到成长所需的各类营养素。第二阶段则是从 20 世纪 90 年代到 21 世纪初为加强营养素配方阶段，强化核苷酸、二十二碳六烯酸（DHA）、花生四烯酸（ARA）、胆碱等重要营养素，使配方奶粉在原有基础上得到进一步提升。目前市场上大部分都属于此类产品。第三阶段是近几年发展起来的精确模拟配方阶段，在更深入的科学研究和分析技术背景下，人们对母乳成分和功能分析进一步提升，并开发出更多有特殊价值的配料，包括 1,3-二油酸-2-棕榈酸甘油三酯（OPO 结构脂）、益生元、乳铁蛋白、叶黄素等，使其更加接近母乳成分。随着现代加工工艺的提高，大多婴幼儿奶粉的营养元素也越来越全面、丰富，同时也越来越接近母乳营养，更好地满足婴幼儿吸收消化和营养需要。与普通奶粉相比，配方奶粉去除了部分酪蛋白，强化了乳清蛋白；去除多余饱和脂肪酸，强化不饱和脂肪酸；加入乳糖，使糖含量接近母乳；降低矿物质含量以减轻婴幼儿肾脏负担；添加微量元素、维生素、某些氨基酸或其他成分，使之更接近母乳成分和功效。

二、我国婴幼儿奶粉市场现状及问题分析

我国婴幼儿奶粉的发展起步较晚。在20世纪20～30年代，我国主要以豆浆为基础原料加工制备婴儿代乳食品，20世纪50年代，我国仍以豆制品为基础原料加工制备婴儿代乳食品，直到20世纪70年代末80年代初，我国开始在全脂奶粉和全脂加糖奶粉的基础上研究婴幼儿奶粉，其成果被命名为“婴儿配方奶粉Ⅰ”。20世纪80年代初，国务院为解决“娃娃吃饭难”问题，将“配方奶粉”研究作为“六五”期间的研究课题，成果被命名为“婴儿配方奶粉Ⅱ”，随后在20世纪90年代，黑龙江省乳品工业研究所（现名黑龙江省乳品工业技术开发中心）在此前取得的成果上研发出“婴儿配方奶粉Ⅲ”，并在取得相关成果后推入市场。自此，我国各种基于“婴儿配方奶粉Ⅲ”研发出的配方奶粉出现在市场上，大量国产配方奶粉与进口配方奶粉抗衡的局面开始显现。

2008年前后，我国迎来了一个生育高峰，婴幼儿奶粉市场的巨大空间被打开，我国已经取代日本，成为仅次于美国的世界第二大婴幼儿配方奶粉市场，随着我国婴幼儿奶粉市场空间的逐步扩大，竞争也越来越激烈。

随着“阜阳大头娃娃”和三聚氰胺奶粉事件的曝光，国产奶粉销售额大受影响，进口奶粉趁机迅速进入我国市场，相关数据显示，2013年进口奶粉约占我国市场份额的60%。就在进口奶粉几乎垄断了我国高端奶粉市场之际，2013年开始，进口奶粉质量事故也屡次被报道，特别是“毒奶粉”风波在多个国家不断发酵。进口奶粉品牌接连受挫，进口奶粉质量无隐患的神话被打破。

虽然国产婴幼儿奶粉最大的优势在于市场销售渠道方面，但是配方始终是最具核心竞争力的因素。国外品牌的发展方向是不断改进、调整配方，使之更接近母乳，加上国外奶粉在生产技术上和品牌号召力上有更大优势，因此，从市场销量来看，现阶段国内婴幼儿奶粉的风向标仍然掌握在国外品牌手中，特别是在高端婴幼儿配方奶粉市场，国外品牌占据的优势是绝对性的。从销售价格来看，我国婴幼儿奶粉市场可以分为低端产品、中端产品、高端产品和超高端产品。从有关机构公布的统计数字来看，2011～2019年，超高端和高端婴幼儿奶粉销售量的增长率是中低端婴幼儿奶粉增长率的三倍，我国婴幼儿奶粉市场的高端化趋势明显。目前，在市场占有率和价格方面，占有优势的大多是国外品牌，国内品牌只在中低端位置占有一部分市场份额。

当前，人们对食品安全的要求不断提高，社会各界对婴幼儿配方奶粉问题的关注度日益增强。但受产业发展状况、社会和生态环境、从业者道德诚信和法律意识等因素限制，婴幼儿配方奶粉质量安全问题仍时有发生，对我国婴幼儿配方奶粉行业总体形象和消费者的信心造成极大负面影响，形成信任危机，从而不仅影响我国食品和农产品质量安全，更影响国家形象和经济发展。所以，抓好

婴幼儿配方奶粉质量安全工作，对我国经济转型升级、提高经济增长质量具有重要意义。

婴幼儿奶粉质量安全问题时有发生的一个很重要的原因是对于源头把控不利，奶源问题一直都是困扰我国婴幼儿配方奶粉生产企业的重要因素。此外，从饲料的生产，到奶牛的育种和喂养，再到挤奶、收奶、运到乳品厂加工等原奶的生产过程，以及乳制品的加工、仓储、运输、销售各个环节均会影响到婴幼儿奶粉的质量安全问题。

目前，我国的婴幼儿配方奶粉行业面临着诸多的难题有以下几个具体的方面：

首先，内蒙古、新疆、东北、河北为我国四大奶源带，尽管草原资源丰富，具备充分的日照条件，但牧场管理混乱，养殖分散，散户饲养比例高，加工业发展和奶源基地建设失调造成奶源紧缺。奶牛产奶水平低，原料奶的品质难以保证。牧民以散户居多，管理人员经过系统培训的仅占少数，牧民饲养、操作存在不规范性，挤乳设施消毒除菌、挤乳方法、储藏运输条件等多个环节容易出现问题。各地、各部门检测手段、检测水平、检测标准也不统一。

其次，乳制品研发水平不高、品种单一，产业链较长，涉及利益主体多，质量隐患严重。乳制品生产企业还不能根据国家相关标准和市场需求的变化及时设计出新产品的配方，并对其生产设备和工艺管理流程进行更新换代。生产时甚至包装材料的污染都会影响乳制品的安全性。

最后，由于牛奶具有易腐性和不耐储藏性的特殊性质，因此在流通销售过程中有严格的运输储藏标准，需要在低温的环境下才能保证其品质，这就需要全程冷藏放置。除了特殊衍生（商）品外，牛奶都需要在低温的状态下冷藏，其对流通环节要求较高，需要有健全的冷链系统，运输全程使用温控冷藏车，销售和交易环节需温控冷藏等，如不慎某环节有疏忽，则严重影响质量；若进入下一阶段的婴幼儿奶粉加工环节，造成的影响是不可逆的。

为了确保婴幼儿配方奶粉的安全性和质量，国家颁布了《中华人民共和国食品安全法》（以下简称《食品安全法》）、《乳品质量安全监督管理条例》、《国务院办公厅关于进一步加强乳品质量安全工作的通知》等法律法规和文件，以及一系列严格的强制性国家标准，对婴幼儿配方奶粉生产进行了明确规定和要求。

2008 年 10 月，时任国务院总理温家宝主持召开国务院常务会议，会议听取了婴幼儿奶粉事件处置情况汇报，审议并原则通过《乳品质量安全监督管理条例》（以下简称《条例》）。《条例》进一步严格和细化了奶畜养殖、生鲜乳收购以及乳制品生产、乳制品销售、乳制品进出口等各个环节的质量安全管理制度，进一步明确了有关部门在乳品质量安全监管方面的职责。对在乳品中添加有毒有害物质、违反婴幼儿奶粉质量安全制度和监管人员不依法履行职责等行为，

《条例》明确了相应的法律责任，突出规定了违法行为的刑事责任，加大了惩处力度。

2013 年 6 月，国务院办公厅转发了《关于进一步加强婴幼儿配方乳粉质量安全工作的意见》，要求在 2014 年 5 月 31 日之前，对国内所有婴幼儿奶粉生产企业重新进行生产许可证审核，不能通过审核的企业将不能继续生产。任何企业不得以委托、贴牌、分装方式生产婴幼儿配方奶粉，不得用同一配方生产不同品牌的婴幼儿配方奶粉，不得使用牛、羊乳（粉）以外的原料乳（粉）生产婴幼儿配方奶粉，希望借此提升国产奶粉质量，提振消费者对国产奶粉的信心。

2013 年 9 月，国家质检总局发布《质检总局关于加强进口婴幼儿配方乳粉管理的公告》，要求自 2014 年 5 月 1 日起，所有向中国出口的婴幼儿配方奶粉生产企业必须向国家认证认可监督管理委员会注册，不允许进口未经注册的境外生产企业的婴幼儿配方乳粉。还规定自 2014 年 4 月 1 日起进口婴幼儿配方乳粉的中文标签不得在入境后加贴，必须在入境前直接印制在最小销售包装上，同时严禁进口大包装婴幼儿配方乳粉到境内分装，婴幼儿配方乳粉在入境前必须已灌装在向消费者出售的最小零售包装中。

2013 年 12 月，国家食品药品监督管理总局发布了《婴幼儿配方乳粉生产许可审查细则（2013 版）》。2010 版细则对婴幼儿配方乳粉各段产品所对应的月龄没有做出明确规范，而 2013 版细则明确规定婴幼儿配方乳粉分为：婴儿配方乳粉（0～6 月龄，1 段）、较大婴儿配方乳粉（6～12 月龄，2 段）和幼儿配方乳粉（12～36 月龄，3 段）。2013 版细则对婴幼儿奶粉从配方、工艺、生产、检验、销售各环节做出了明确规定，比此前的规定要求更高、措施更细、标准更严，重点是对婴幼儿配方乳粉生产企业的原辅料把关、产品配方管理、生产工艺和过程控制等方面做了新的规定。

2014 年 5 月底被称为“史上最严奶粉新规”的《婴幼儿配方乳粉生产许可审查细则（2013 版）》，也就是业内熟知的“换证审核”已结束。原有的 133 家婴幼儿配方乳粉企业中，共有 82 家企业通过了审查，获得了新颁发的生产许可证；剩下的 51 家企业包括未通过审查、申请延期审查和申请注销三种情况。与此同时，国家质量监督检验检疫总局公布了首批获准进入中国市场的 94 个进口婴幼儿配方奶粉品牌。可见中国婴幼儿奶粉行业洗牌已经开始，此番整顿极大地提高了行业集中度，一些规模不是很大，达不到良好生产规范（good manufacturing practice，GMP）生产要求的企业退出市场，从一定程度上改善了中国奶粉的产业环境，推动了奶粉质量提升，同时净化了整个乳业市场的氛围，为形成良性竞争环境提供了基础。

2014 年 6 月，《中华人民共和国食品安全法》（修订草案）提交十二届全国人大常委会第九次会议审议。这是现行《食品安全法》自 2009 年颁布实施后，首次大修。本次修法，明确了国家对婴幼儿配方食品实行严格监管的原则，草案规定，婴幼儿配方食品生产企业应实施从原料进厂到成品出厂的全过程质量控制，对出厂的婴幼儿配方食品实施逐批检验。生产婴幼儿配方食品使用的生鲜乳、辅料、食品添加剂等，应当符合法律、行政法规的规定和相关食品安全国家标准。

第二节 各国家、地区和国际组织婴幼儿奶粉相关法律法规概述

近年来，中国婴幼儿奶粉行业与世界同行的交流合作日渐密切，但与实力更加雄厚的金融、房地产、能源等行业不同，奶粉作为消费人群日常必需的快速消费品，在全球化的过程中，其市场对利润、原料、法规等各个方面的要求更加细致，机遇与挑战并存。

就目前情况来讲，各国在婴幼儿奶粉方面的法律法规各有不同，在全球范围也没有统一的行业标准，各国政策制定的依据主要是国情和消费者认知。无论是走出去还是引进来，中国企业都要对本国和别国法规政策有深刻的了解，了解不够就会造成不必要的损失。例如，近期出现的“贝倍妙”中国销售代理对我国政策理解不到位，导致生产日期的中英文格式错误，这与其国外生产厂方没有什么关系，完全是中国销售代理对政策的解读问题，尽管无关产品质量，但也造成了部分消费者的误解。为方便企业、消费者了解各国或地区婴幼儿奶粉政策法规，本书第一篇第二章对各国或地区及国际组织的政策法规进行了汇编。下面对欧盟、美国、澳大利亚、日本及中国的婴幼儿奶粉法律法规进行概述。

一、欧盟婴幼儿奶粉相关法律法规

欧盟拥有目前世界上最为完善的乳制品质量安全监管体系。该体系采用政府、企业、科研机构、消费者共同参与，统一管理的监管模式，并依靠和凭借一套系统及完善的乳制品条例和法令，对乳制品实行从“农场到餐桌”的整个生产链的全程监管。

（一）奶源监管

欧盟乳制品生产管理与控制法规充分体现“从农场到餐桌”的管理理念，涵盖食品卫生、食品加工场所、个人、乳畜健康、挤奶间及设备、原料乳、生产加工设备、用水、包装材料和容器、热处理、运输、废弃物、产品标识、食品企业官方控制等一系列要求。该系列指令包括：

（1）2002/178/EC 主要规定了食品法的基本原则和要求，以及有关食品安全

方面的各种程序，包括可追溯性要求、风险分析原则、食品安全责任及成立欧盟食品安全局等。

（2）2004/852/EC 主要规定了食品卫生的通用规章、适用范围，包括初级生产食品卫生要求、食品商业一般卫生要求、危害分析与关键控制点（hazard analysis and critical control point，HACCP）要求、进出口要求等从生产、加工、销售直至最终消费的全过程安全。

（3）2004/853/EC 针对动物源性食品做了专门规定，该规章整合了旧的针对特定产品的指令，规定了肉、禽、奶、蛋、水产等动物源性产品的食品卫生要求，其中尤其突出了 HACCP 技术体系建设内容。该规章同时规定了原料乳发热卫生标准，如细菌总数和体细胞数要求。

（4）2004/854/EC 是针对动物源性食品的政府监管手段、职权划分和操作程序进行规范的法律文件，也是有关机构和人员规范自身工作的指南。

欧盟不仅对原料乳管理严格，对奶牛饲料的管理也有严格的法规。欧盟现有的关于饲料安全管理的主要法规包括：

（1）2005/183/EC 饲料卫生规定，该条例要求从事饲料业者有义务保障饲料的卫生与可追溯性，并且对饲料企业的注册和审批做出明确规定。它适用于所有的饲料商业运营者，从饲料的初级生产到上市销售，包括第三国进口及食品动物的饲养。

（2）2003/1831/EC 规定了饲料中添加剂的使用，其目标是为动物饲料添加剂的批准上市销售和使用建立标准化程序，同时制定这些物质的标签和监督原则，并由条例 2005/378/EC 进行修订。

（3）2002/32/EC 对动物饲料中有害物质进行了规定，这些有害物质包括砷、铅、汞、滴滴涕（dichlorodiphenyl trichloroethane，DDT）、二噁英等。

（4）2017/625/EU 制定了关于饲料流通的法规，目的是协调饲料原料的使用和流通。

（二）奶粉生产过程的监督法规

欧盟对乳制品中食品添加剂、农药、兽药、污染物、真菌毒素、微生物及放射性物质的限量制定了相应的法规。具体指令为：

（1）2006/1881/EC 对食品（包含乳制品）中硝酸盐、真菌毒素、重金属、三氯丙醇、二噁英、多环芳烃等六大类食品污染物做出了最高残留限量要求。

（2）2005/396/EC 对食品和动物源性饲料中农药最大残留限量做出了严格限定。

（3）2009/470/EC 对动物源性食品（包括乳制品）中兽药残留制定最大限量。

（4）2007/1441/EC 对食品（包括乳制品）中有害微生物限量进行了规定。

（5）1995/2/EC、1994/35/EC 和 1994/36/EC 则对食品（包括乳制品）中允许使用的食品添加剂做出使用限定要求。

（6）1987/3594/EC 对食品（包括乳制品）中的放射性物质做出了残留规定。

欧盟目前有五条指令用以规范与食品接触的包装材料及容器。

2002/178/EC 为食品安全订立基本原则，具体到奶粉这一类，主要的指令是 2006/141/EC。该指令既包括普遍的原则，如要求所有婴儿配方奶粉不得含有危及婴儿及较大儿童健康的物质；也对奶粉中各成分含量有详细的要求，涵盖水分、乳糖、脂肪等，例如，100kcal 能量摄取中胆碱含量最低为 7mg，最高为 50mg。欧盟法规为婴幼儿奶粉设立了比较基础的要求，检验产品是否符合欧盟食品法的要求则由各国相关机构来负责。

另外，具体到欧盟各个成员国，还有各国更加严格的法律法规对婴幼儿奶粉生产销售进行着严格的监管。例如，德国在奶源的监管上在欧盟法规基础上又有更加明确的规定和限制，在此就不再赘述。

二、美国婴幼儿奶粉相关法律法规

美国被认为是世界上乳产品供应最安全的国家之一，民众对乳产品放心度比较高，这主要归功于美国政府对乳制品“从农田到餐桌”全程科学监控，美国政府监管机构之间及州和地方政府间建立相互补充、相互信赖和相互协调的合作关系，以及一整套完善的乳制品质量安全法律、法规和标准。

（一）奶源监管

《美国法典》中对奶源管理有《A 级高温灭菌乳法令》（Grade “A” Pasteurized Milk Ordinance），是美国乳制品安全保障体系中最重要的法令，简称 PMO。该法令包括：①对 A 级奶及奶产品的生产、运输、加工、处理、取样、检查标签及销售；②对奶场、奶厂、收购站、中转站、奶罐车清洗设备、奶罐车、散装奶搬运工和检验员的检查；③对牛奶生产商、散装奶搬运工和检查员、奶罐车、牛奶运输公司、奶厂、收购站、中转站、奶罐车清洗设备、销售商的许可证颁发、撤销及相应的处罚条例，为奶源安全监管提供保障。

美国农业部（United States Department of Agriculture，USDA）对奶源的管理特别严格，采用了世界先进的成熟安全管理机制，以保障奶源品质。牧场、养牛、挤奶、加工、研发等所有环节完全处于监控管理之下。计算机系统通过牛所携带的身份标签跟踪其健康情况，美国各州政府通过对动物疾病监控，将监控数据汇报给美国农业部的动物健康报告系统，保证美国农业部能紧密跟踪美国牛只的健康状况，确保奶源品质受美国农业部及时监控。

（二）奶粉生产过程监管

《联邦食品、药品和化妆品法案》（The Federal Food, Drug, and Cosmetic Act，FFDCA）定义婴幼儿配方奶粉为一种食物，所以美国管制食品的相关法律法规同时也适用于婴幼儿配方奶粉。除此以外，美国政府还通过《美国联邦法规》（Code of Federal Regulations，CFR）21 章第 106 节及 107 节中的美国食品药品管理局实施条例及《联邦食品、药品和化妆品法案》的第 412 节对婴幼儿配方奶粉实行严格的管制。

在美国，一个新的婴幼儿配方奶粉投放市场前，美国食品药品管理局（Food and Drug Administration，FDA）要求生产商必须证明产品能够提供足够的营养给婴幼儿，产品是遵循现行良好生产规范（GMP）标准而制造的，且每一批产品都必须符合《联邦食品、药品和化妆品法案》和其在 CFR 第 21 章中的实施条例。这些条例包括：①CFR 第 21 章第 106 节——婴儿配方奶粉的质量控制程序；②CFR 第 21 章第 107 节——婴儿配方奶粉；③CFR 第 21 章第 110 节——生产、包装或保存人类食用食品的现行良好生产规范；④CFR 第 21 章第 113 节——用密封容器包装的热加工低酸食品。

FDA 将婴幼儿配方奶粉的监管作为其重要职责之一，并实施《联邦食品、药品和化妆品法案》第 412 节的规定，这些规定明确了婴儿配方奶粉制造商及 FDA 的责任：①要求婴儿配方奶粉制造商在生产过程及产品保质期期间测试产品成分构成，保存每批产品的生产、检测及发货记录，遵守实施良好生产规范及品质控制程序。另外，还要求婴儿配方奶粉制造商保留所有顾客投诉的记录，并不定期抽查以测评是否存在危害健康的风险。②FDA 对所有生产婴儿配方奶粉的工厂不定时进行检查，在检查过程中会收集并分析产品样本，保存检验结果，跟踪产品质量。

美国政府相关法规规定：所有添加到食品，包括婴儿配方奶粉中的物质必须是安全和合法的。添加到婴儿配方奶粉中的成分必须是公认安全（generally recognized as safe，GRAS）的物质，并且必须符合 FDA 的食品添加剂规定（《联邦食品、药品和化妆品法案》第 201 节和 409 节）。FDA 所认定的公认安全的物质必须是经过有经验的合格专家的评测并有大量足够的科学验证来证实这些物质添加到食品中是安全的。

另外，美国农业部也负责对每批在美生产并出口到海外的婴幼儿配方奶粉监控并颁发卫生证明，每一份农业部的卫生证明上都有以下几个说明：①美国不是口蹄疫和牛瘟的疫区；②产品生产厂家经过检查并获得批准；③该产品是由牛奶通过巴氏杀菌生产或已采取充足的安全措施来避免与牛奶有关的致病菌引起公共健康的危害；④产品经过检测，不含有害程度的污染物。

以上介绍的是美国全国性的监管机构的监管，而美国每个州政府下属卫生部也会对当地的婴幼儿配方奶粉生产商进行监管，在此不再详细说明。

三、澳大利亚婴幼儿奶粉相关法律法规

在澳大利亚，乳制品业作为重要产业之一有着很长的历史。澳大利亚政府一直以来非常重视乳制品的监管工作，为了确保乳制品的安全，也制定了一系列切实有效的乳制品监管制度和与之相对应的法律法规。澳大利亚乳制品的相关标准法规主要是由《食品标准法》（The Food Standards Code）和《出口控制法（1982）》（The Export Control Act 1982）两部标准法规所组成。下面就奶源监管和奶粉生产过程监管两个方面分别介绍如下。

（一）奶源监管

为了从根源控制乳制品的质量安全，将动物、水、饲料、农兽药和化肥 5 个可能对乳制品质量安全产生重大影响的项目进行严格的分类监管。澳大利亚所有的奶牛场在得到许可证之前都必须依据《食品标准法》来制定食品安全程序，并取得由州政府乳制品管理局审批通过的证明文件。审计员将会定期对奶牛场的食品安全程序进行审计。此阶段食品安全程序的监管核心是污染物的控制、挤奶厅和挤奶过程的卫生状况、水源的质量、清洁和消毒、可追溯性和记录以及人员的资格等。

在奶源运输阶段，负责原料奶运输的运营商同样需要制定食品安全程序，并取得州政府乳制品管理局审批通过的证明文件。此阶段食品安全程序的监管核心是在收集和运输过程中由设备、车辆、容器和人员所带来的食品安全危害因素的控制，产品的可追溯性，时间、温度的控制以及人员的技能和知识等。

（二）奶粉生产过程监管

生产企业在得到许可证之前同样需要先制定食品安全程序，并取得证明文件；如涉及产品出口，企业还需在澳大利亚检验检疫中心进行注册备案。此阶段食品安全程序监管核心包括：巴氏灭菌法的灭菌技术、温度控制、加工、清洁、消毒和存储，从奶牛场到消费者整个供应链的可追溯性，后巴氏灭菌的风险管理，原料成分的管理，档案记录及人员资格等。

在此过程中，生产企业必须遵守《食品标准法》的相关规定。在《食品标准法》第一章中规定了常规禁例，健康生命和特殊功能食品的过渡标准，标签和其他信息的要求，食品中添加剂、污染物和残留物的标准。在《食品标准法》第二章中将食品分为谷物、肉鱼蛋、水果蔬菜、食用油、乳制品、无酒精饮料、含酒精饮料、糖和蜂蜜、特殊功能食品及其他食品十大类，分别规定了其生产标准。其中与婴幼儿奶粉相关的为标准 2.9.1，该标准规定了可用作母乳替代品类食品

（以下简称婴幼儿配方食品）的组分及标签要求。该标准适用于所有形式的婴幼儿配方食品，包括粉状的、液态浓缩的或是“即饮”型的。该标准还规定了针对具有特殊营养需求婴幼儿的婴幼儿配方食品。

四、日本婴幼儿奶粉相关法律法规

日本是世界上较早制定现代食品技术法规的国家之一，随着其法治建设的完善、科学技术的发展、经济实力的增强、社会管理水平的提高，已经建立起结构完整、措施多样、功效显著的婴幼儿奶粉标准体系，这个体系保证了日本国内婴幼儿奶粉安全可靠。日本厚生劳动省颁布了《关于乳及乳制品的成分规格的部令》（简称《乳等部令》），即政府要求乳制品的质量安全管理必须贯穿从原奶的收购、运输、加工全程到销售的每个环节。

（一）奶源监控

在奶牛饲养方面，日本的奶源生产基地或主产区主要设在北海道。所有的奶牛场都比较注重环境保护，政府要求所有的奶牛场其粪便必须经过无害化处理，并且要达到国家规定的无污染排放标准。

原奶的质量管理必须贯穿从原奶生产、原奶灌装、原奶运输、加工过程到消费者的每个环节。原奶是质量的根本，所以在原奶的生产运输过程中，必须经过两次的强制质量检查，一次在牧场原奶送达原奶储藏罐时，另一次在工厂收奶前。值得注意的是，原奶质量的检查测试除了感官、理化、卫生、微生物等项目外，还包括抗生素残留的检测项目。

（二）奶粉生产过程

首先，日本有关于特别用途食品的用途标签的许可标准，即《婴幼儿配方奶粉的标签许可标准》等，对婴幼儿配方奶粉标签的申请程序、使用及撤销等各个方面做了详细的规定。日本对乳制品中农药残留和兽药残留的要求是非常严格的。在乳制品中不允许存在的农药残留物包括：杀虫剂、除草剂、杀真菌剂、熏蒸剂及杀菌剂等。日本乳制品中农用化学品、兽药的最大残留量、污染物的限量有专门的标准规范，在制定中考虑与国际食品法典接轨。《乳等部令》中还规定了乳粉所用包装材料及其原材料的检验标准和生产工艺的执行标准。1952 年日本还出台了《健康促进法》（也称《旧营养改善法》）。

五、中国婴幼儿配方奶粉法律法规

首先，我国《食品安全法》规定：禁止生产经营掺假、掺杂、伪造，影响营养、卫生的食品；禁止生产经营用非食品原料加工的，加入非食品用化学物质的食品；禁止生产经营含有未经国务院卫生行政部门批准使用的添加剂的食品。

根据《食品安全法》的规定，结合我国婴幼儿健康和正常生长发育所需的营养要求，中国在 1997 发布了《婴儿配方乳粉Ⅰ》（GB 10765—1997）、《婴儿配方乳粉Ⅱ、Ⅲ》（GB 10766—1997）和《婴幼儿配方粉及婴幼儿补充谷粉 通用技术条件》（GB 10767—1997）三个强制性国家标准。这些标准规定了婴幼儿配方乳粉的原料、感官、理化指标、卫生指标等方面的要求。其中理化指标包括热量、蛋白质、脂肪、水分以及维生素和矿物质等营养素的指标；卫生指标包括铅、砷、黄曲霉毒素、细菌总数、致病菌等要求。2010 年颁布了修改后的《食品安全国家标准 婴儿配方食品》（GB 10765—2010）、《食品安全国家标准 较大婴儿和幼儿配方食品》（GB 10767—2010）、《食品安全国家标准 婴幼儿谷类辅助食品》（GB10769—2010）。2021 年，颁布了更加科学完善的《食品安全国家标准 婴儿配方食品》（GB 10765—2021）、《食品安全国家标准 幼儿配方食品》（GB 10767—2021）。婴幼儿配方乳粉生产企业严格按照法律法规和标准组织生产，是可以确保产品质量和安全的。

2013 年我国国家食品药品监管总局颁布了第 43 号《关于禁止以委托、贴牌、分装等方式生产婴幼儿配方乳粉的公告》（以下简称《公告》），共七条内容，简而言之就是生产企业不能接受委托生产（他方也不能委托企业帮助生产），不得帮助或者冒用他人品牌和包装生产配方乳粉，不得贴牌生产，不得国内分装进口奶粉，不得使用同样原料配方“老酒装新瓶”，只能使用牛羊乳及其成分制品生产婴幼儿奶粉。

2013 年我国国家食品药品监管总局还颁布了第 44 号《婴幼儿配方乳粉生产企业监督检查规定》，规定相关措施要于 2014 年 5 月 31 日前整改落实到位。该项规定更加具体和集中地针对婴幼儿配方乳粉生产企业，可谓是第 43 号《公告》的进阶过滤版本，基本上只有严格执行了第 43 号《公告》规定的生产企业才能有资格进入该规定的责任范围。在最新发布的各项规定中，最具备冲击力的是“自建自控奶源”的规定，这是极具考验的一项，同时也将正式拉开婴幼儿配方乳粉生产企业向产业链模式集中发展的序幕。

第三节　各国家、地区和国际组织婴幼儿奶粉限量标准概述

婴幼儿奶粉的相关标准涵盖广泛，包括产品标准、检测标准、综合标准、包装标准、广告标准等。婴幼儿奶粉各组分中，营养成分是保证婴幼儿正常生长发育的基础。因而，各国家、地区和国际组织对婴幼儿奶粉中各种营养成分添加量

做了强制性的规定与限制，也就是我们所说的婴幼儿奶粉限量标准。一般婴幼儿奶粉标签中所标注的营养成分包括能量、蛋白质、乳清蛋白、脂肪、二十二碳六烯酸、花生四烯酸、亚油酸、碳水化合物、乳糖、维生素、矿物质、胆碱、牛磺酸、肌醇、左旋肉碱、核苷酸、乳铁蛋白、叶黄素等。

各种标准制定的主要依据有以下几点：已发文献、已有标准、已经过临床试验或具有较长使用历史的成分数据；本国或本地区健康母乳的成分数据；标准使用国母乳及居民整体的膳食结构与水平；奶源或奶基原料营养素含量与水平；当地婴幼儿生长发育规律、模式与营养素关联的临床研究结论证据；营养素的吸收代谢率及营养素之间吸收代谢率的影响；营养素在货架期内的衰减和损失程度；当地配方粉生产企业的工艺、技术及分析检测水平和能力。

一、各国家、地区和国际组织婴幼儿奶粉限量标准简介

各国家、地区和国际组织都会及时根据国情需求组织专家制定和修订本国、地区和国际组织内的婴幼儿配方奶粉标准。本书第三章将对中国、国际食品法典委员会（Codex Alimentarius Commission，CAC）、欧盟、澳大利亚、新西兰、美国、日本、韩国等国家、地区和国际组织的最新婴幼儿奶粉安全标准进行汇编，这里对这些标准做简要的介绍。

国际食品法典标准即 CODEX 标准是全球最权威的食品标准，是由联合国粮食及农业组织（FAO）和世界卫生组织（WHO）共同建立的国际食品法典委员会制定的标准。国际食品法典标准制定的依据是当前掌握的最佳科学知识，由国际独立风险评估机构或 FAO 和 WHO 举办的专题磋商提供支撑。CODEX 标准已经成为消费者、食品生产者和加工者、各国食品管理机构和国际食品贸易的全球参照标准。关于婴儿配方食品的最新食品法典标准是 CODEX STAN 72-1981 之 2010 修订版（简称 CODEX 2010），是目前 160 多个国家参照生产奶粉的标准，里面对婴儿奶粉所含的各项元素进行了精细的配比规定。

欧盟法规 2006/141/EC 是在前期各婴幼儿奶粉标准法规基础上，几经修订与废止部分标准而形成的。

《澳大利亚、新西兰食品标准法典 2.9.1》是以 1991 年澳大利亚《国家食品行政法规》（National Food Authority Act 1991）为基础，在 2002 年首次发布，为澳大利亚和新西兰制定了婴幼儿奶粉的质量标准。这项标准被两国的政府执法监管部门所认同。

CFR 是由美国 FDA 进行管理的，第 21 章第 107 节列出了关于婴幼儿奶粉的定义、营养成分和规格、标签的使用和豁免以及婴幼儿奶粉召回的相关信息，目前仍被 FDA 使用，其中 21 CFR 107.100 是婴幼儿奶粉营养成分标准。

日本厚生劳动省（MHLW）的食品安全部于 2009 年 2 月颁布了《特殊膳食

用食品的标签许可通告》等文件。该通告指出，将在 2009 年 4 月 1 日实施《特殊膳食用食品的标签许可通告》及《特殊膳食用食品的处理和指导》的规定。《婴幼儿配方奶粉的标签许可标准》第 5 项规定了婴幼儿配方奶粉的成分，并且要求执行强制性标签。

韩国最基础的食品法规为《食品卫生法案》，其第 5 章对各种食品标准规范做了非常细化的规定，并将婴幼儿配方食品划入特殊膳食用食品，对其营养素、添加剂和细菌等指标做了明确的限量规定。

目前我国主要有两项针对婴幼儿奶粉营养成分要求的国家标准，分别是《食品安全国家标准 婴儿配方食品》（GB 10765—2010）和《食品安全国家标准 较大婴儿和幼儿配方食品》（GB 10767—2010）。GB 10765—2010 规定乳基婴儿配方食品以乳类及乳蛋白为主要原料，加入适量的维生素、矿物质和其他成分等。必需成分要求有：蛋白质、脂肪、碳水化合物、13 种维生素和 12 种矿物质。GB 10767—2010 规定较大婴儿、幼儿配方食品以乳类及乳蛋白为主要原料，加入适量的维生素、矿物质和其他成分等。必需成分要求有：蛋白质、脂肪、碳水化合物、13 种维生素和 10 种矿物质。

二、各国家、地区和国际组织婴幼儿奶粉限量标准比较分析

本节对各国家、地区和国际组织婴幼儿奶粉成分标准中所有营养素指标进行了汇总（表 1-1）。各国家、地区和国际组织标准中婴幼儿奶粉营养素及营养素标准数量不同，但是所要求的“必需成分”基本相同，包括蛋白质、脂类、碳水化合物、13 种矿物质和 13 种维生素；“可选择成分”种类和限量差别较大；宏量营养素的细化指标和安全性指标差别也比较大。例如，我国婴幼儿奶粉标准中硒的最低限量为 2.01μg/100kcal，而其他各国的最低限量一般为 1μg/100kcal。我国标准中碘元素的最低限量也属于较高水平。此外，美国标准中铁元素的最低限量为 0.15mg/100kcal，而我国铁元素的最低限量为 0.42mg/100kcal，几乎是美国标准的三倍。这些差异的主要来源是各国间母乳成分数据、乳母及国民整体膳食结构与水平等之间的差异。例如，我国大部分地区属于内陆地区，海产品摄入较少，因而我国婴幼儿奶粉标准中碘元素的最低限量属于较高水平，以及我国孕妇乳母缺铁性贫血率较高，而美国、加拿大孕妇乳母很少贫血，因而我国婴幼儿奶粉标准中铁元素的最低限量几乎是美国的三倍。

表 1-1　各国家、地区和国际组织婴幼儿奶粉成分标准中所有营养素指标汇总

成分	单位	CAC	欧盟	澳大利亚、新西兰	美国	日本	韩国	中国
能量	kcal/100mL	60～70	60～70	60～75		65～75		60～85

续表

成分	单位	CAC	欧盟	澳大利亚、新西兰	美国	日本	韩国	中国
牛奶蛋白	g/100kcal	1.8～3.0	1.8～3.0	1.88～2.93	1.8～4.5	2.1～3.1	1.8～4.0	1.88～2.93
大豆分离蛋白	g/100kcal	2.25～3.0	2.25～3.0				1.8～4.0	2.09～2.93
总脂肪	g/100kcal	4.4～6.0	4.4～6.0	4.39～6.28	3.3～6		3.3～6.0	4.39～5.86
亚油酸	g/100kcal	≥0.3	0.3～1.2	0.4～1.63	≥0.3	≥0.3	≥0.3	0.29～1.38
α-亚油酸	mg/100kcal	50～N.S.		50～250				≥50
（月桂酸+肉豆蔻酸）/总脂肪酸	%	0～20	0～20					0～20
反式脂肪酸	%	0～3		0～4				
芥酸	%	0～1		0～1				
总碳水化合物	g/100kcal	9～14	9～14					9.2～13.8
维生素 A	μg RE/100kcal	60～180	60～180	58.6～180	250～750IU	75～150	250～500IU	59～180
维生素 D_3	μg/100kcal	1～2.5	1.0～2.5	1.05	1.0～2.5	1～2	1～2.5	1.05～2.51
维生素 E	mg a-RE/100kcal	≥0.5	0.5～5.0	0.46～4.6	≥0.7	≥0.7	≥0.7	0.5～5.02
维生素 K	μg/100kcal	4	4～25	≥4.18	≥4			4.2～27.2
维生素 B_1	μg/100kcal	≥60	60～300	≥42	≥40	≥40	≥40	59～301
维生素 B_2	μg/100kcal		80～400	59	≥60	≥60	≥60	80～498
烟酸	μg/100kcal	≥300	300～1500	544	≥250	≥250	≥250	293～1506
维生素 B_6	μg/100kcal	≥35	35～175	37.7～150.6	≥35	≥35	≥35	35.6～188.3
维生素 B_{12}	μg/100kcal	≥0.1	0.1～0.5	≥0.105	≥0.15	≥0.12	≥0.1	0.105～1.506
泛酸	μg/100kcal	≥400	400～2000	293～N.S.	300～N.S.		≥300	402～2000
叶酸	μg/100kcal	≥10	10～50	≥8.37	≥4		≥4.0	10.5～50.2
维生素 C	mg/100kcal	≥10	10～30	≥7.1	≥8	≥8	≥8	1.5～71.1
生物素	μg/100kcal	≥1.5	1.5～7.5	≥1.5	≥1.5		≥1.5	1.5～10
铁	mg/100kcal	≥0.45	0.3～1.3	0.84～2.1	0.15～3	≥1.0	≥1.0	0.42～1.51
钙	mg/ 100kcal	≥50	50～140	≥50.2	≥60	≥50	≥50	50～146
磷	mg/ 100kcal	≥25	25～90	25.1～105	≥30	≥25	≥25	25～100

续表

成分	单位	CAC	欧盟	澳大利亚、新西兰	美国	日本	韩国	中国
钙/磷	mg/mg	1：1～2：1	（1～2）：1	（1.2～2）：1	（1.1～2）：1		1.2～2.0	（1～2）：1
镁	mg/kcal	≥5	5～15	5～16.7	≥6	≥6	≥6	5～15.1
钠	mg/kcal	20～60	20～60	20.9～62.8	20～60	20～60	20～60	21～59
氯	mg/kcal	50～160	50～160	50.2～146	55～150	55～150	55～150	50～159
钾	mg/kcal	60～180	60～160	83.7～209	80～200	80～200	80～200	59～180
锰	μg/100kcal	≥1	1～100	1～100.4	≥5		≥5	5～100.4
氟	μg/100kcal	0～100	0～100					
碘	μg/100kcal	≥10	10～50	5.02～41.8	5～75		≥5.0	10.5～58.6
硒	μg/100kcal	≥1	1～9	1.05～4.98				2.01～7.95
铜	μg/100kcal	≥35	35～100	58.6～180	≥60		≥60	35.6～121.3
锌	mg/kcal	≥0.5	0.5～1.5	0.5～1.8	≥0.5		≥0.75	0.5～1.51
胆碱	mg/kcal	≥7	7～50	7.1～29.7	≥7		≥7.0	7.1～50.2
肌醇	mg/kcal	≥4	4～40	4.18～39.7	4			4.2～39.7
左旋肉碱	mg/kcal	1.2～N.S.	≥1.2	0.88～3.35				≥1.3
牛磺酸	mg/kcal	0～12		3.35～12.6				0～13
二十二碳六烯酸	%							0～0.5
花生四烯酸	%							0～1
添加核苷酸总量	mg/kcal		0～5	0～15.9				
胞嘧啶核苷 5′-磷酸	mg/kcal		0～2.5	0.92～2.51				
尿嘧啶核苷 5′-磷酸	mg/kcal		0～1.75	0.54～1.76				
腺嘌呤核苷 5′-磷酸	mg/kcal		0～1.5	0.59～1.59				
鸟嘌呤核苷 5′-磷酸	mg/kcal		0～0.5	0.17～0.5				
次黄嘌呤核苷 5′-磷酸	mg/kcal		0～1	0.33～1				
磷脂质	mg/kcal	0～300	0～200					
叶黄素	μg/100kcal			6.28～20.9				

注：1kcal=4.184kJ；N.S.代表未规定。

即便是同一个国家，不同地区间母乳中所需营养成分也会有一定的差异。伊利集团曾开展了“我国不同地区母乳差异化研究”，发现脂肪酸等营养成分含量存在较大差异。例如，促进婴幼儿脑部及视力发育的 DHA 含量，上海最高，广州次之，呼和浩特最低。专家分析，上海和广州属于沿海城市，海产品丰富，因人们多食而体内 DHA 含量较高。又如，对人体健康有重要作用的 α-亚麻酸含量，最高的是呼和浩特，最低的是北京，原因在于呼和浩特日常食用以植物油为主，如亚麻油、大豆油等。

由上述分析可以看出，我国婴幼儿奶粉标准的制定与修改不能盲目地向西方国家标准看齐，而是要向国外学习标准制定过程中的先进经验和做法，结合我国自身的母乳标准，制定真正适合中国婴幼儿的奶粉限量标准。

参 考 文 献

艾宇萍, 艾长余. 2002. 我国婴儿配方奶粉Ⅰ、Ⅱ、Ⅲ: 发展历史简要回顾及其内在质量的分析. 中外食品, (9): 73-74.

艾宇萍, 艾长余. 2004. 我国婴儿配方奶粉发展历史简要回顾及内在质量分析. 中国乳品工业, 32(4): 26-28.

艾长余, 刘长江. 1981. 婴儿奶粉的研制与生产. 乳品工业, (2): 1-17.

崔路, 杨光, 王力舟. 2006. 日本食品安全技术性贸易措施体系解析. 中国标准化, (8): 15-18.

戴强. 2007. 美国的食品安全管理体系. 时代经贸(下旬刊), (1): 37-39.

韩军花, 李湖中, 王素芳, 等. 2013. 食品安全国家标准《婴儿配方食品》跟踪评价研究. 营养学报, 35(4): 328-331.

姜宗亮. 2004. 韩国食品安全法规与标准译编. 北京: 中国工商出版社.

李晓东, 蒋琛. 2013. 我国婴幼儿配方奶粉生产技术的现状及展望. 乳业科学与技术, 36(2): 34-38.

梁承远, 宋慧慧, 梁毅. 2014. 国内外婴幼儿奶粉奶源现状和奶业政策比较. 食品安全导刊, (5): 73-74.

牟映璇, 陈晓占, 梁秋蓉, 等. 2019. 婴幼儿奶粉中外标准比对分析报告. 中国标准化, (5): 105-111.

师朝霞, 王竹天. 2009. 国内外婴幼儿配方食品管理体系研究. 中国食品卫生杂志, 21(5): 424-430.

孙常雁, 朱晓冉, 李德海. 2013. 日本乳与乳制品安全标准研究. 中国食物与营养, 19(9): 15-18.

吴楚平, 黄筱声. 2011. 配方奶粉产业的历史和未来发展. 中国食品科学技术学会儿童食品分会第十二届学术年会.

吴立芳, 杨月欣. 2014. 国内外六种婴儿配方粉标准的比较分析. 营养学报, 36(4): 318-322.

向芮萱, 齐玲, 明钰, 等. 2017. 母乳成分及其影响因素分析. 武汉轻工大学学报, 36(3): 10-13, 32.

闫丽娟. 2020. 产妇母乳喂养现状的调查与分析. 饮食科学, (3): 0349.

云振宇, 刘文, 蔡晓湛, 等. 2010. 美国乳制品质量安全监管及相关法规标准概述. 农产品加工

(学刊), (1): 66-68, 71.

云振宇, 刘文, 蔡晓湛, 等. 2010. 欧盟乳制品质量安全监管机构及法规标准体系概述. 中国乳品工业, 38(3): 41-44.

朱雨薇. 2013. 澳大利亚乳制品质量安全监管体系及相关标准法规综述. 食品工业科技, 34(17): 290-294.

CAC. 2010. Standard for Infant Formula and Formulas for Special Medical Purposes Intended for Infants (CODEX STAN 72-1981).

EU. 2008. Commission Directive 2006/141/EC on Infant Formulae and Follow-on Formulae 2006 L0141-EN-28.10.2008-001.001.

FSANZ. 2013. Standard 2.9.1 Infant Formula Products. Federal Register of Legislation of Instruments.

US FDA. 2013. Infant Formula Guidance Documents and Regulatory Infant Formula: Code of Federal Regulation Title 21.

第二章　婴幼儿奶粉安全管理法规

第一节　国际食品法典委员会相关法规

国际食品法典委员会（CAC）是由联合国粮食及农业组织（FAO）和世界卫生组织（WHO）共同建立，为完善食品标准、导则以及相关法规条文而创建的政府间组织。其主要目的是在食品贸易过程中确保消费者健康和公平交易，同时促进各国政府以及非政府组织承担的标准工作的协调一致。自 1961 年第 11 届粮农组织大会和 1963 年第 16 届世界卫生大会分别通过了创建 CAC 的决议以来，已有 173 个成员国和 1 个成员组织（欧盟）加入该组织，覆盖全球 99%的人口。CAC 下设秘书处、执行委员会、6 个地区协调委员会、20 多个专业委员会和 1 个政府间特别工作组。CAC 工作内容是制定食品法典标准、最大残留限量、操作规范和指南。所有国际食品法典标准都主要在其各下属委员会中讨论和制定，然后经 CAC 大会审议后通过。其中营养与特殊膳食用食品法典委员会主要负责包括婴幼儿配方食品在内的特殊膳食用食品标准、导则和相关法规条文等。同时该委员会还研究食品添加剂通用标准等其他通用标准，并与包括食品添加剂委员会在内的其他委员会保持畅通的信息交流，所有法规从新工作的确立到最后正式颁布要经历标准起草、会议讨论、收集意见等过程。对于会议讨论争议较大的法规，可能会退回若干步后重新讨论。

CAC 用特殊膳食用食品（包括婴幼儿食品）系列法典“对特殊膳食用食品”的使用标准进行了具体的规范。这一系列法典由通则部分、婴幼儿食品部分与除婴幼儿食品外特殊膳食用食品构成。其中，通则部分包括《对特殊膳食用食品包装商标与声明的通用标准》与《食品中必需营养素添加的通用原则》两项法典；婴幼儿食品部分包括《婴儿喂养说明》、《婴儿配方》与《儿童罐头食品》等 8 项法典；除婴幼儿食品外特殊膳食用食品包括《低钠成分食品》、《特殊医用目的食品标签与声明》等 4 项法典。

CAC 于 1985 年制订的《对特殊膳食用食品包装商标与声明的通用标准》对特殊膳食用食品（foods for special dietary uses）的定义如下：经特殊加工过程或特殊配方制成的、用于满足人体因特定身体或生理条件和（或）特定疾病与失调症状而产生的特定营养需要的一类食品（包括婴幼儿用食品）；如果存在与此类食品在功能上具有可比性的传统食品，那么，特殊膳食用食品的成分必须显著性地不同于此类传统食品。例如，婴幼儿配方食品在配方成分上显著不同于一般的婴幼儿用食品，即属于特殊膳食用食品。

1987 年制订 1989 年和 1991 年两次进行修订的《食品中必需营养素添加的通用原则》对于“特殊目的食品”（special purpose foods）的定义是：为执行某种特定功能而设计的用来替换那些缺乏某些必需营养素成分的膳食的一类食品，其只有通过添加一种或多种必需营养素才能实现这种特定功能。例如，针对缺乏维生素 B_1 的精白米而设计的添加了维生素 B_1 的大米就属于特殊目的食品。

特殊目的食品与特殊膳食用食品的关系被解释为：特殊目的食品包括但不仅限于特殊膳食用食品，其重点在于针对缺乏某种营养素的食品进行营养素补充设计后的替换食品，而特殊膳食用食品的重点在于为满足人体的特定营养需要而进行的营养素配方设计。同时，CAC 的《食品中必需营养素添加的通用原则》对特殊膳食用食品中添加必需营养素提出了基本原则要求：

（1）必需营养素添加的目的在于必需营养素恢复、代餐的必需营养素等价、必需营养素强化及保证特殊膳食用食品必需营养素量的适宜。

（2）所添加的必需营养素的量应当不会导致膳食中的必需营养素水平过量，也不应是对必需营养素无意义的摄入。

（3）食品中添加的必需营养素对任何其他营养素的代谢不会导致不良副作用。

（4）在通常的包装、储存、销售和食用的条件下，食品中的必需营养素应当足够稳定。

（5）来自该食品的必需营养素应当是生物可利用的。

（6）这些必需营养素不应给食品带来不良的特性（如颜色、味道、香气、质地、烹饪特性），并且不应过分缩短该食品的货架期。

（7）必需营养素的添加在生产工艺能力上应当可行。

（8）食品中添加这些必需营养素，不应该用该食品的营养优点来误导和欺骗消费者。

（9）增加的费用对打算使用该食品的消费者应当合理。

（10）在食品中添加必需营养素，应该具备测定、管理和（或）实施添加的方法。

（11）在食品标准、条例或准则中，当规定了在食品中应该添加必需营养素时，还应该包括一些特定条款，以鉴定在食品中应该考虑添加哪些必需营养素及为了达到预期目的，食品中的营养素需要达到何种水平。

对特殊目的食品还提出了原则性的注意事项，即特殊目的食品（包括为特殊膳食用的食品）中可添加营养素，以保证合适并足够的营养素含量，必要时应该注意添加营养素后食品的营养素密度。

此外，《对特殊膳食用食品包装商标与声明的通用标准》在基本原则上与《法典声明通用指南》要求相一致的同时，对特殊膳食用食品的产品名称、产品成分表、营养标签、去水分质量与净含量、生产单位与地址、原产地、生产批次、销售日期与储藏说明等做出了相关要求。例如，对产品营养标签的要求如下：每 100g 或 100mL 食品的能量与建议消费量相一致；食品每 100g 或 100mL 蛋白质、碳水化合物与脂肪的量与建议消费量相一致；由特殊膳食用食品所提供的特定营养素或其他成分的总量与建议消费量相一致。此外，还对一些放射性特殊膳食用食品等特定食品的标签进行了强制性要求。

CAC 将婴幼儿食品按特殊营养和膳食进行规范管理。CAC 标准中涉及婴幼儿食品的标准共有 8 项，其中 3 项是基础标准，4 项是产品标准，1 项是操作规程。基础标准中 CAC 允许使用的食品添加剂为 81 种，允许使用的维生素和矿物质为 94 种，婴幼儿配方奶粉的产品标准为《婴儿配方食品》、《罐装婴幼儿食品》、《加工的谷物婴幼儿食品》和《较大婴幼儿配方食品》，标准内容的框架基本一致，包括范围、定义、必需组分和质量因素、食品添加剂、残留物的规定、污染物、卫生、包装、标签、分析和抽样方法等。婴幼儿食品卫生操作规范主要规定了原材料、厂区选址和设计、设施和设备、人员及成品质量和微生物检验等要求，为婴幼儿食品的品质控制和管理提供了有益参考。

第二节 欧盟相关法规

20 世纪 90 年代后期，欧洲发生了一连串的食品安全事件，如比利时二噁英污染食用油事件以及后来英国的疯牛病和口蹄疫等事件，欧洲的食品安全问题引起了各国政府的广泛关注。当时新任的欧盟健康与消费者保护总司（Directorate General for Health and Consumers，DG-SANCO）委员 David Byrne 在 1999 年底全力着手建立新的欧盟食品安全管理体系。

2000 年 1 月发布了《欧盟食品安全白皮书》，提出了成立欧盟食品安全局（EFSA）的建议，以协调欧盟各国，建立欧盟新的食品法规。《欧盟食品安全白皮书》的出台，确立了欧盟食品安全法规体系的基本原则，是欧盟食品和动物饲料生产和食品安全控制的一个全新的法律基础。《欧盟食品安全白皮书》对欧盟食品安全法规体系进行了完整的规划，确立了以下三方面的战略思想：第一，倡导建立欧盟食品安全局，负责食品安全风险分析和提供该领域的科学咨询；第二，在食品立法中始终贯彻从农场到餐桌的方法；第三，确立了食品和饲料从业者对食品安全负有主要责任的原则。

经过了两年多的讨论，欧盟内部对加强欧盟食品安全控制的观点达成一致。基于让欧盟的消费者得到最完善的食品安全保护，在欧盟执委会、欧洲议会和理事会的努力推动下，欧盟食品安全局（EFSA）于 2002 年顺利成立，并制定了欧洲议会和理事会第 178/2002 号法规，该法规就是著名的《食品基本法》（也称《通用食品法》）。《食品基本法》包括三大部分，第一部分规定了食品立法的基本原则和要求，第二部分确定了欧盟食品安全局的建立，第三部分给出了在食品安全问题上的程序。

EFSA 成立的主要目的是提供独立整合的科学意见，让欧盟决策单位面对食物链直接与间接相关问题及潜在风险能做出适当的决定，以提供欧洲公民安全高品质的食物；EFSA 的成立也对当时逐渐消失的消费者信心提供了实质的保证。

新的欧盟食品法律体系明确了这样一个原则：食品和动物饲料生产者对于食品的安全卫生负有不可推卸的、重要的责任，他们的行为是食品安全的第一道防线。他们必须保证其生产的产品是安全卫生的，只有安全的食品和饲料才能被允许进入市场销售，不安全的食品和饲料必须退出市场。新的欧盟食品法律体系还建立了引人注目的可追溯性的规则：所有食品、动物饲料和饲料成分的安全性，都可以通过从农场到餐桌整个过程的有效控制加以保证。

新的欧盟食品法律体系进一步明确了成员国在执行法律方面，要发挥更积极的作用，要设计、发展整个欧盟范围内协调一致的国家控制体系，包括建立国家管理机构运行标准、官员资格和培训要求、执行文件控制程序、发展国家控制计划等各成员国都需要共同遵守的内容。

新的欧盟食品法律体系明确了欧盟委员会的职责：支持各成员国主管机构制定计划；依法对各国的计划实施一般性审核；必要时检查特别部分或关键控制点。

欧盟认为，通过新的欧盟食品法律体系的构筑、欧盟食品安全局的成立、成员国自控体系的建立和明确分工，可以建立整个欧盟更合理和有效的食品安全控制体系。当然，欧盟也强调，如果对违反规定者不进行惩处，消费者对新的法规体系不会满意，适当处罚是补救措施，但更应该注重提前采取更有效的措施，对可能会给食品安全、消费者安全构成潜在危害的风险预先加以防范。

欧盟食品安全局的主要任务是为欧盟建立法规规章提供科学建议、技术支持，通过与政府和消费者的沟通，直接或间接地影响食品或饲料的安全。欧盟食品安全局虽然不是政府机构，但它提供独立的信息，将食品或饲料的风险情况直接告诉消费者和政府，透明度很高，是有关利益关系者、政府政策制定者和公众都信赖的权威参谋，必将在食品安全控制体系中发挥不可替代的作用。

欧盟委员会负责食品安全的是健康与消费者保护总司，总部设在爱尔兰的食品与兽医办公室。他们负责监督所有欧盟国家食品卫生情况，会定期到每一个国家进行检查。检查既包括工厂，也要看所在国家的有关部门是否按照欧盟规定执行了检查与检验工作。欧盟食品安全局负责对乳制品从农场到餐桌的整个过程实行全程监控。食品安全局是欧盟的一个独立性科学机构和法律实体，不隶属于欧盟的任何机构，独立于欧盟委员会、欧洲议会和欧盟各成员国，资金来源为欧盟预算。

对于婴幼儿配方食品安全条例，欧盟委员会给予了极大的重视，形成了独立的食品管理条例。欧盟的婴幼儿配方食品安全标准主要是欧盟指令 2006/141/EC《关于婴儿配方和较大婴幼儿配方食品修订指令 1999/21/EC》；除此之外，其他婴幼儿食品标准有欧盟指令 2006/125/EC《婴幼儿谷基加工食品和婴幼儿食品》、2006/1609/EC《关于牛乳清水解蛋白类婴儿配方食品 2 年货架销售期的许可》、2001/15/EC《用于特殊营养目的食品中可添加物质清单》、2013/609/EU《关于婴幼儿食品、特殊医疗用途食品和控制体重代餐的条例》等，欧盟婴幼儿食品标准体系也还在不断地修订和补充。

2013 年 6 月，欧盟发布 2013/609/EU 法规，就婴幼儿配方食品及较大婴儿配方食品、谷物加工食品及婴儿特殊医疗用途食品和控制体重代餐等食品类别的组成及信息要求建立了通用规定，并就可添加至这些食品类别中的物质建立了一份联合目录及其更新规则，替代 2006/125/EC 在内的多项婴幼儿食品法规。

2013 年 8 月 29 日，欧盟发布 2013/46/EU 号委员会指令，修订 2006/141/EC 号指令，批准羊奶蛋白质作为婴儿配方食品和较大婴儿配方食品的蛋白质来源。最终产品在面市之前应符合 2006/141/EC 号委员会指令下的营养要求。欧盟各成员国应于 2014 年 2 月 28 日之前实施新规。根据 2006/141/EC 号委员会指令，婴儿配方奶粉和较大婴儿配方奶粉的基本配方必须满足婴儿健康的营养需求，并由可接受的科学数据来证明。蛋白质是该要求主要关注的部分。单独的牛奶蛋白质和大豆蛋白质或其混合物允许在婴儿配方奶粉和较大婴儿配方奶粉中使用，而水解蛋白只准许在婴儿配方奶粉中使用。

第三节　美国相关法规

美国实行机构联合监管制度，地方、州和全国均有权监督奶粉生产与流通。美国乳品最重要法规《A 级高温灭菌乳法令》覆盖了从农场到消费者的全部环节。奶粉企业要求建立安全预警，对产品从生产到销售进行全面质量监控和溯源。对每罐奶粉建立条形码，一旦产品出现问题，可第一时间通知政府和公众召回同批产品，召回原因不仅包括安全隐患，如果奶粉中发现未含有宣称的成分或者某种不可控因素造成的成分流失，也必须由企业承担损失。美国政府收购所有滞销的牛奶，或将过剩奶制品用于福利方案，制定重重关税方案，在很大程度上维护了奶农的利益，提高奶农生产积极性。

美国食品药品管理局（FDA）肩负着食品安全的监督管理的重任。为确保婴幼儿健康成长，美国 FDA 对婴幼儿配方奶粉标准的规定及质量控制流程进行了严格的控制，以提高婴幼儿配方奶粉安全标准，确保婴幼儿配方奶粉可安全使用并含有必要的营养成分。2014 年 2 月 6 日，美国 FDA 公布了新的婴幼儿食品管理要求草案，对婴幼儿食品生产企业提出了新的标准和要求。根据新规，生产企业要修订其质量控制程序、产品记录和报告要求，建立良好生产规范，包括开展产品阪崎肠杆菌、沙门氏菌病原检测，确保产品达到规定营养成分标准等。

2014 年 9 月 8 日，美国 FDA 发布"婴儿配方食品标准"生效。标准包括以下内容：婴儿配方食品实施现行良好生产规范（current good manufacture practices，cGMP），并要求针对沙门氏菌、阪崎肠肝菌类细菌性致病菌进行检测；婴儿配方食品生产商要对其产品的使用进行说明；婴儿配方食品在销售前及产品保质期结束前要检测产品营养成分。尽管美国婴儿配方食品在销售前不需要履行审批程序，但新的婴儿配方食品销售前需要向 FDA 注册，并履行通知 FDA 的程序。FDA 每年会对相关工厂进行检查，并对其产品进行抽样检测。另外，如果 FDA 确认某款婴儿配方食品存在健康危害，生产商必须将产品召回。此外，美国市场婴儿配方食品必须满足 FDA 的最低营养需求。婴儿配方食品中铁含量约为 12mg/L 的，属于强化铁产品；产品中铁含量约为 2mg/L 的，属于低铁产品。强化铁产品主要用来降低"低铁性"贫血症状。标准中还提到婴儿配方食品的安全注意事项：冲调水温度以 36.7℃为最佳；用完的奶瓶、奶嘴及时清洗，保持卫生条件；切记使用保质期内产品，以保证婴儿配方食品营养；要按照产品要求使用合适的保存温度存放婴儿配方食品。

在美国，有权对食品立法的机构是美国 FDA，其法规刊登在每日出版的《联邦纪事》上，美国《联邦纪事》按年度汇编成《美国联邦法规》，其第 21 章为"食品和药物"，这就是食品行业所熟知的 21 CFR。其中 21 CFR 第 1 章美国卫生和公众服务部食品药品管理局第 B 分章用于人类消费的食品第 106 节列出了关于婴儿配方奶粉的定义、营养成分和规格、标签的使用和豁免及撤回的相关信息，以及对婴儿配方食品质量控制程序的状态和应用、保障及记录和报告等进行了规定。

第四节　加拿大相关法规

号称食品卫生管理"全球最严格"的加拿大，对于婴儿食品安全则更加严格。婴儿配方奶粉的使用者是 1 岁以下婴儿，一旦出现质量问题，后果十分严重，因此加拿大采取了尤为严格的质量控制管理。和美国类似，加拿大是卫生和健康部立法，其法规刊登在每日出版的《加拿大公报》上。《加拿大公报》上的法规则不定期地编入《食品和药物法规集》中。

作为畜牧业大国，加拿大盛产牛奶和乳制品，对本国出产的婴儿奶粉制品，加拿大联邦食品检验署所拟定的卫生标准，被认为是世界上最严格的，如所有微量元素成分都须在包装上严格标明，婴儿奶粉的原料牛奶必须产自未接受任何抗生素注射的乳牛等。当各国普遍出现三聚氰胺恐慌之际，加拿大联邦食品检验署特意组织了对本国所有婴儿奶粉品牌的抽查，结果未发现一例含有三聚氰胺。

由于加拿大缺乏知名配方奶粉品牌，许多加拿大人习惯于购买进口婴儿配方奶粉，因此严把进口奶粉检疫关就显得十分重要。根据加拿大《联邦食品检验署法》和《联邦食品药品法案》，检疫部门首先要求进口商提交由外国生产商签名的详细卫生检疫和配方成分资料，供加拿大联邦卫生局审查，以确保所有进口至加拿大境内的婴儿配方奶粉是卫生、安全且有营养的，如果所提交的资料被认为不符合要求，将被拒绝进口。

在边境通关时，加拿大海关和食品检验署会对婴儿配方奶粉实行监控，称为"乳蛋白产品测试"，测试的主要内容就是检查进口的产品是否符合申报材料中所罗列的技术指标和产品成分，如果发现不符或可疑，将暂缓放行，等待进一步检疫。

获准进口的婴儿配方奶粉还需再等待联邦卫生局的批文，获得批文后方可上市销售；上市后，婴儿配方奶粉仍会受到非常严格的质量和卫生监管，加拿大号称拥有世界最严密的食品安全网络，仅联邦食品检验署雇员就多达 4800 多人，全国设有 4 个区域办公室、18 个地区办公室，可以对婴儿配方奶粉的质量实施"无所不在的"质量监管。

一旦出现突发性婴儿配方奶粉质量恐慌，加拿大有关方面会立即追加临时性检疫条款，如三聚氰胺危机时，加拿大联邦食品检验署就在 2008 年 11 月 6 日出台了针对三聚氰胺问题的追加条款，规定婴儿配方奶粉中三聚氰胺的最高允许浓度是 1.0mg/kg，达到或超过该标准的婴儿配方奶粉一律不得进口、上架销售。

一旦发现问题奶粉，有关方面会迅速通过媒体和官方网站发布停售信息，并迅速进入调查召回程序。食品安全调查委员会会立即走访网点、用户，获取信息，并收集留存样品和包装，确认厂家、品牌、批号等，提交联邦食品检验署化验，如有必要，便立即责令厂家、进口商发布召回公告，召回公告须由监管部门和厂家共同起草并在大众传媒广泛发布。

召回后厂家必须向联邦食品检验署提供详细的分销商名单和回收清单，联邦食品检验署会进行核实，以确保全部问题奶粉下架封存。最后，联邦食品检验署和卫生部还会对产品成分进一步调查，确保没有其他产品使用相同的问题原料。如果有，这些产品也会同样被要求下架召回。

为进一步确保召回的落实，加拿大于 1999 年成立了直属联邦食品检验署的“食品召回办公室”，婴儿配方奶粉的召回均由该办公室统筹负责。加拿大联邦卫生部和加拿大联邦食品检验署网站都是公开的，用多种语言及时发布“问题奶粉”的品牌、批号、售出数量，乃至分布区域和网点名称，以便购买者及时作出反应。有关部门还特意分别设置了“媒体查询”和“公众查询”的热线电话和网站通道，方便媒体和公众的不同需求。正如加拿大联邦食品检验署专家所指出的，加拿大防范婴儿奶粉质量问题的关键，在于从产到销的每一环节都被置于有效监管之下，确保每个环节都可以及时、有效处理任何突发事故。加拿大是个法律制度比较健全的国家，在社会各个领域建立了严密、准确的法律法规体系，食品药品监管领域也是如此。

第五节　日本相关法规

日本对婴幼儿食品的管理有严格的法律规定。1955 年 6 月，日本有关部门发现森永乳业株式会社生产的奶粉混有砷，婴儿饮用后会中毒。调查发现，从 1953 年开始，森永乳业株式会社为了提高乳制品的溶解度并节约成本，开始向牛奶中添加以工业用砷为催化剂的化合物。由此引发了日本政府对婴幼儿食品安全的高度关注。随后，日本政府修改了《食品卫生法》。2002 年 8 月日本公布了厚生劳动省根据 2000 年提出的“健康日本 21”所制定的法律《健康促进法》，并于 2003 年 5 月开始实施，由其统一负责食品安全事务和风险管理，并由内阁府直接领导。

一、日本的食品法律法规体系

日本负责食品安全的主要监督部门为食品安全委员会（FSC）、日本厚生劳动省（MHLW）及农林水产省（MAFF）。

其中，FSC 于 2003 年建立，是在日本内阁领导下管理食物安全风险评估及协调的主要机构。主要职能包括：执行食物安全风险评估、对风险管理部门（MHLW 和 MAFF 等）进行政策指导和监督，以及进行风险沟通和宣传。根据日本法律，MHLW 和 MAFF 负责食品安全管理。

受 MAFF 管辖的食品安全和消费者事务局主要负责：国内新鲜农产品和半成品的质量及安全管理，农药、兽药、肥料、饲料及其他加工、销售和使用的农业投入物的检查，进口动植物产品的检疫，国产和进口食品的质量和安全，农产品的质量、认证和标签的监督，以及在农业加工中实施危害分析与关键控制点（HACCP）等。

受 MHLW 管辖的食品安全管理局主要负责：加工和流通领域的食品质量和安全监督、农药和兽药在食品中的最大残留量标准、食品加工的卫生和安全标准、进口农产品和食品的安全检查、食物中毒事故的调查及出版食品安全信息。

食品安全法律体系是由基本法以及一系列专业和专门的法律法规组成。《食品卫生法》和《食品安全基本法》是两部基本法。《食品卫生法》涉及食品、食品添加剂、仪器、包装及标签等。《食品卫生法》授予厚生劳动省权力，要求厚生劳动省和当地政府共同负责食品安全。它是一个基于危害分析与关键控制点体系的综合卫生系统，实施食品中农业化学品残留肯定列表制度。为了进一步加强食品安全，日本政府在 2003 年颁布了《食品安全基本法》。该法律规定要确保食品安全，通过制定“消费者第一”、“科学的风险评估”及“从农场到餐桌的全程监控”的食品安全概念，允许对国产或进口食品供应链每个点的进口商品实施预防性禁运。

为改善公众健康和营养，国会在 2002 年制定了《健康促进法》。该法律规定了提升健康的基本原理、营养状况调查、健康指导、特定服务、特殊用途标签及营养标签标准等。根据《健康促进法》，日本食品包括通用食品、保健用食品（FHC）及特殊膳食用食品（FOSDU）。有五种 FOSDU，如孕期及哺乳期妇女的配方食品、婴幼儿配方食品、咀嚼或吞咽困难的老年人专用食品、病患者专用医疗食品及特定保健用食品。上述特殊膳食用食品必须获得 MHLW 的许可或批准（按照《健康促进法》第 26 条的规定）。

婴幼儿配方食品制造商不仅要遵守《食品卫生法》和《食品安全基本法》的规定，而且还要遵守《健康促进法》、MHLW 的命令和通告及《关于奶和奶制品成分标准等的部长条例》。

二、日本婴幼儿配方食品法规

（一）基本法规和标准

《健康促进法》第 6 章规定了食品特定用途许可证的申请、试验程序、检查、许可证的批准和撤销及标签等。婴幼儿配方食品的许可证申请程序：

（1）申请人向食品卫生部提交许可证申请及审核申请。若申请获批，将会被直接提交给 MHLW 审核。

（2）日本国家健康和营养研究院负责抽样检查，并将报告提交给 MHLW。

根据《健康促进法》，《营养标签标准》列出了该标准的应用范围、标签问题、贴标方法、营养物含量、热量及特殊要求等。

根据食品添加剂的肯定列表制度，只有被厚生劳动省指定为安全的添加剂才可以用于食品。日本《食品添加剂规格及标准》（第 7 版）规定了通则要求、一般试验、专题文章和储存标准、生产标准及标签标准等。通则部分规定了按照规范和标准执行试验的一般性规则。一般试验部分描述了某些添加剂通用的实用试验方法。试剂、溶液及其他参考材料部分包含了关于试剂、试验溶液及标准溶液的规范。专题文章部分由定义、内容、说明、识别、纯度、含水量、干燥失重、灼烧残渣、化验及储存标准组成。生产标准部分描述了关于食品添加剂制造的一般和特殊标准。使用标准部分给出了目标食品、各种目标食品中的最高使用限量及对于有使用标准的添加剂的其他限制条件。标签标准部分规定了添加剂及相关要求声明的项目。

MHLW 的食品安全部制定了《关于奶和奶制品成分标准等的部长条例》，该条例历年来均有修改。条例规定了奶的成分、生产、蒸煮及储存条件的标准、奶的一般卫生控制生产或加工标准、奶的设备或容器标准等。根据奶制品的成分标准、生产加工及储存条件的标准，乳固形物含量必须至少超过 50%，含水量不大于 5%，细菌数（标准平板计数法 1g 计算）不可大于 50000，并且大肠菌群为阴性。在配方奶粉中，只可以使用奶（不包括生山羊奶、用巴氏法灭菌的山羊奶及生绵羊奶）、奶制品或其他类型和混合比例经过厚生劳动省批准的奶制品。

（二）婴幼儿配方食品法规和标准

MHLW 的食品安全部于 2009 年 2 月颁布了《特殊膳食用食品的标签许可通告》等文件。该通告指出，将在 2009 年 4 月 1 日实施《特殊膳食用食品的标签许可通告》及《特殊膳食用食品的处理和指导》的规定。《婴幼儿配方奶粉标准的标签许可》第 5 项规定了婴幼儿配方奶粉的成分，并且要求执行强制性标签，标明：①“婴幼儿配方”字样；②该食品可以用作母乳替代品（但母乳是婴幼儿的最佳选择）；③按照医生和营养师的指导使用；④标准制备方法；⑤使用时考虑婴幼儿和少年儿童的个体差别。若要申请该许可，则申请书中必须包含这些文件，如法人证书、检查报告、模型的标签、申请人的试验结果、结构和设备的介绍、质量管理说明及其他要求。根据《特殊膳食用食品的处理和指导》，FOSDU 必须按照《健康促进法》的部长条例的规定标签的信息包括产品名称、最后食用日期或保质期、保存方法、制造商的名称和地址、指定的许可/批准标签、允许/批准的短语显示、食品中的营养数量（包括能量值）、食品和食品添加剂的名称，必要时提供消费、制备及保存指导等。

MHLW 健康局公布的婴幼儿配方食品的指导通告，规定了对于刚断奶婴儿的营养成分和标签，并且要求制造商遵守这些规定。营养成分项规定了钠含量必须小于 200mg/100g，刺激性香料应适合婴幼儿和少年儿童食用，对于婴幼儿应少用添加剂，富含淀粉的食品的糊化度应大于 80%，食品的物理状态应适合喂养发育中的婴幼儿等。

为了促进婴幼儿的健康成长，生产或销售婴幼儿食品的公司在 1961 年成立了日本婴幼儿食品协会。日本婴幼儿食品协会出版的《婴幼儿食品执行标准》（第 4 版），规定了婴幼儿食品规范的要求，如质量、保存期限、微生物的卫生项目、重金属、农药残留、原材料（包括转基因原材料）及食品添加剂，另外规定了婴幼儿食品的试验方法、包装质量规范及标签规范。该标准将婴幼儿食品划分为干状和湿状，并对卫生项规定了详细的要求。该标准要求监督许多种杀虫剂及多氯联苯（PCB），同时也要求限制苹果原料中的展青霉素（棒曲霉素）、小麦原料中的脱氧雪腐镰刀菌烯醇及玉米原料中的伏马菌素，并禁止婴幼儿食品中含有黄曲霉毒素。

三、日本婴幼儿食品法规和标准的特点

婴幼儿配方食品的制造和销售应遵守《食品安全基本法》、《食品卫生法》、《JAS 法》、《健康促进法》、MHLW 的命令和通告及 CODEX 等。除了这些法规外，还有《婴幼儿食品执行标准》对生产进行指导。这些法规明确规定了生产、加工、标签及许可申请的要求。日本对于婴幼儿配方食品的安全监管系统是完美的。

日本婴幼儿奶粉相关法规包含于《乳等部令》中，其第二条对乳制品范围、配方乳粉的定义，以及婴幼儿奶粉成分标准和制造标准，烹饪和储藏条件等做了规定，在《乳等部令》附表中，对乳和乳制品中细菌总数的测定方法、配方奶粉容器/包装或其原材料的标准以及制造标准也都做了明确的规定。

第六节　中国相关法规

三聚氰胺事件后，原国家质检总局对婴幼儿配方奶粉生产企业进行了严格的整顿，提高了颁发生产许可证的门槛。但在获准生产许可证的多家企业中，由于规模和水平参差不齐，对国家标准的执行力度差强人意。对于没有自己奶场且利用鲜奶生产婴幼儿配方奶粉的企业，原料奶的质量控制难度较大。鉴于这种情况，国务院常务会议中提出“鼓励支持婴幼儿奶粉企业兼并重组，提高产业集中度，推动产业规范化、规模化、现代化发展”，同时，国务院常务会议要求开展婴幼儿奶粉质量安全专项行动，加强源头监管，严把准入门槛，全面清理和规范婴幼儿奶粉原料供应商和生产经营企业，坚决取缔不合格生鲜乳收购站和运输车辆，坚决淘汰不符合许可条件的企业。因此，国家食品安全风险评估中心研究员陈君石院士称“我国政府部门对我国婴幼儿配方奶粉在生产和销售环节的抽样、检测力度可谓世界之最。”

为贯彻落实国务院工作部署和要求，严格婴幼儿配方乳粉生产企业许可条件，强化企业生产许可审查，切实保障婴幼儿配方乳粉质量安全，依据《食品安全法》及其实施条例、《乳品质量安全监督管理条例》等法律法规和食品安全国家标准，原国家质量监督检验检疫总局发布了《关于发布企业生产婴幼儿配方乳粉许可条件审查细则(2010 版)和企业生产乳制品许可条件审查细则(2010 版)的公告》（简称 2010 版细则）。2013 年，原国家食品药品监督管理总局研究制定一系列更加严格的婴幼儿配方乳粉监管制度，其中很重要的一项工作就是制定生产许可审查细则。《食品安全法》规定对食品生产企业实行生产许可，食品生产企业只有具备必需的生产条件并经过许可机关审查合格获得生产许可证书，才能组织生产。原国家食品药品监督管理总局组织制定了《婴幼儿配方乳粉生产许可审查细则（2013 版）》并与 2013 年出台（简称 2013 版细则）。

2013 版细则共分为适用范围、生产许可条件审查、生产许可产品检验和其他要求四大部分，重点提高了企业质量安全管理、生产设备设施、原辅料把关、生产过程控制、检验检测能力、人员素质条件、环境条件控制和自主研发能力等方面的要求。主要体现在以下 9 个方面。

（1）参照药品管理办法，提高质量安全管理要求。2010 版细则只是要求企业应当建立实施危害分析与关键控制点体系，除此之外对管理体系没有更多要求。而实施良好生产规范（GMP），是现代化生产企业保证产品质量安全的有效手段，是生产质量安全可靠的婴幼儿配方乳粉的质量保证。因此 2013 版细则参照药品良好生产规范，提出与婴幼儿配方乳粉生产相适应的质量安全管理模式，增加验证、清场等规范程序，并要求企业严格执行危害分析与关键控制点体系和粉状婴幼儿配方食品良好生产规范，实行覆盖生产全过程的质量安全控制。

（2）明确产品分段和生产工艺要求。2010 版细则对婴幼儿配方乳粉各段产品所对应的月龄没有做出明确规定，关于生产工艺的规定也需要进一步完善。因此，针对婴幼儿配方乳粉分段混乱和生产工艺不明确的情况，参照食品安全国家标准规定，新版细则明确婴幼儿配方乳粉分为婴儿配方乳粉（0～6 月龄，1 段）、较大婴儿配方乳粉（6～12 月龄、2 段）和幼儿配方乳粉（12～36 月龄，3 段）。同时，为严格生产工艺的要求，细则规定了湿法工艺、干法工艺和干湿法复合工艺三种生产工艺的基本流程和审查要求。

2013 版细则对婴幼儿配方乳粉“基粉”，作出明确的定义和规定。要求严格监管生产婴幼儿配方乳粉基粉，不再受理新建企业以基粉为原料，采用干湿法复合工艺异地生产婴幼儿配方乳粉的生产许可申请。对集团公司采用干湿法复合工艺异地生产并已取得生产许可的情况，给予一定过渡期限进行工艺整改。这些举措将有助于提高婴幼儿配方乳粉产品质量，严控安全风险。

（3）加严原辅料把关要求。新版细则将国务院办公厅转发食品药品监督管理总局等部门《关于进一步加强婴幼儿配方乳粉质量安全工作意见的通知》国办发〔2013〕57 号文件中“婴幼儿配方乳粉生产企业须具备自建自控奶源”等要求进行细化，提高原辅料的质量安全和采购管理要求。要求主要原料为生牛乳的企业，其生牛乳应全部来自企业自建自控的奶源基地，并逐步做到生牛乳来自企业全资或控股建设的养殖场；主要原料为全脂、脱脂乳粉的企业，应对其原料质量采取严格的控制措施，建立原料供应商审核制度，定期进行审核评估。同时，明确乳清粉和乳清蛋白粉、食用植物油、食品添加剂、包装材料和生产用水等的质量安全要求，并要求企业对生乳、全脂和脱脂乳粉、乳清粉和乳清蛋白粉等实施批批检验措施，保障原料质量安全。

2013 版细则要求，在婴幼儿配方乳粉中使用的植物油，不仅要符合相应的国家标准，还要明确植物油的种类，且不得使用氢化油脂。此外，对乳清粉、乳清蛋白粉的灰分和包装材料等方面也作出严格要求。为了确保婴幼儿配方乳粉的质量安全，将监管向前延伸，提出应组织对主要原辅料供应商或者生产商的质量体系进行现场质量审核。

（4）明确生产过程管理要求。2013 版细则要求，生产企业必须建立健全生产全过程的质量安全管理制度，其中新增产品配方管理制度、物料储存和分发制度、信息化管理和产品追溯制度等企业管理制度。对生产过程的关键控制点提出详细具体的技术操作规范，并要求对生产环境、生产设备运行状态和清洗结果、生产过程等进行验证，确保生产全过程中各个环节都能规范有效操作，并达到产品质量安全的目的。

（5）提高部分生产条件要求。2013 版细则在设备核查中提出企业应具备与申报生产能力相适应的生产设备，并增加粉仓、乳粉密闭输送、金属检测设备等生产设备。同时，严格生产环境要求，提高生产设备的空气质量要求，以及清洁作业区动态微生物控制、压差、换气次数等方面的要求，要求清洁作业区需达到药品生产企业清洁作业区 D 级标准。

（6）严格人员管理要求。2013 版细则分别对质量管理人员、生产技术人员及检验人员、生产操作人员的资质、职责、培训等要求作了更严格的规定，要求不得有《食品安全法》规定的不良记录。重点提出企业须设置独立的食品质量安全管理机构，配备专职的婴幼儿配方乳粉质量安全管理人员，并建立实行企业质量安全授权人制度。

2013 版细则借鉴了药品生产企业实行的药品质量安全授权人制度，明确要求质量安全受权人承担产品放行的责任，确保每批已放行的产品的生产、检验均符合国家相关法规和食品安全标准。在产品放行前，质量安全受权人必须出具产品放行审核记录。此外，对生产人员和检验人员学历、从业经历和工作能力也提出更加明确的要求。

（7）增加产品配方管理要求。2013 版细则中增加了建立产品配方管理制度等内容，要求企业对产品配方应组织生产、营养、医学等专家，进行安全、营养等方面的综合论证，论证通过并经备案后，才能组织生产，确保其生产的产品质量安全，并满足婴幼儿安全、营养等需要。从而使婴幼儿配方乳粉从产品设计开始，就科学合理、营养安全并有案可查。

（8）强调研发和检测能力要求。2013 版细则强调，企业应具备自主研发机构和检验机构，配备相应的设备设施和专职人员，能够完成相应的研发和检验工作。除了研发新的婴幼儿配方乳粉产品之外，还要能够跟踪评价婴幼儿配方乳粉的营养和安全，研究生产过程中存在的风险因素，提出防范措施。

2013 版细则要求，婴幼儿配方乳粉的检验不只是针对成品，还包括原辅料检测和过程检验。产品出厂应全项目逐批自行检验，检验报告保存 3 年。同时，为了保证一旦出现问题，能够准确查找原因，规定产品要留样保存，直到保质期满。并且要求根据产品的检验合格证号，可追溯到相应的出厂检验报告。此外，为保证企业的检验能力合格，每年要对企业的全项目检验能力进行验证，并且不少于一次。

（9）实现质量安全追溯，建立消费者投诉处理机制。新版细则要求，对婴幼儿配方乳粉生产的关键工序或关键点形成的信息建立电子信息记录系统。消费者应能够从企业网站查询到标签、外包装、质量标准、出厂检验报告等信息。企业要确保对产品从原料采购到最终产品及产品销售所有环节都可有效追溯和召回。新版细则更要求企业建立消费者投诉处理机制，妥善处理消费者提出的意见和投诉。

《婴幼儿配方乳粉生产许可审查细则（2013 版）》，是生产许可制度的重要组成部分，也是对婴幼儿配方乳粉企业生产许可条件的进一步明确和规范。通过制定更加严格的细则，进一步提高婴幼儿配方乳粉生产企业生产条件要求，规范许可机关生产许可审查工作。通过提升生产企业的管理、工艺、原料、人员、设备、检验等方面的标准，进一步保障婴幼儿配方乳粉质量安全。

2021 年 9 月 14 日，国家市场监管总局发布《婴幼儿配方乳粉生产许可审查细则》2021 版征求意见稿。2021 版征求意见稿共七章 42 条，内容包括生产场所、设备设施、设备布局与工艺、人员管理、管理制度等，整体结构更加合理，内容更加严谨，征求意见稿结合现行的《食品生产许可审查通则》以及配方注册要求，整合并清理了与现行标准、法规公告重复赘述和相互矛盾的内容，要求从原辅料到产品的整个生产实施全过程管理，2021 版征求意见稿对细则结构进行了合理调整，内容要求也更加细化。

参 考 文 献

刘鲁林, 张香馥, 付敏, 等. 2014. 中国与欧盟婴幼儿食品标准安全指标的差异分析. 标准科学, (10): 87-90.

马爱进. 2008. 国际食品法典委员会(CAC)婴幼儿食品标准跟踪研究. 世界标准化与质量管理, (9): 49-51.

马爱进. 2009. 我国与国际食品法典委员会(CAC)婴幼儿食品标准存在的差异及建议. 食品工业科技, 30(7): 379-381.

栄養表示基準 (平成十五年四月二十四日)(厚生労働省告示第百七十六号).

陶跃华, 张晓峰. 2010. 从“三鹿奶粉事件”浅析我国食品安全监管现状及对策. 中国卫生监督杂志, 4: 362-365.

特別用途食品の表示許可等について(平成 21 年 2 月 12 日付け食安発第 0212001 号).

张丽, 张文秋. 2013. 我国与欧盟婴幼儿食品标准存在的差异分析. 标准科学, (8): 87-89.

张丽. 2014. 我国与欧盟因幼儿谷类辅助食品标准对比分析. 标准科学, (5): 87-89.

ベビーフード指針, 平成 8 年 6 月 24 日. 厚生省生活衛生局長通知.

ベビーフード自主規格 第Ⅳ版(改订版)平成 17 年 3 月, 日本ベビーフード協議会.

Department of Health and Human Services Food and Drug Administration. 2014. Industry: demonstration of the quality factor requirements for“eligible” infant formulas: 06/10/2014 Guidance.

第三章 婴幼儿奶粉质量与安全标准

第一节 中国相关质量与安全标准

由于不同国家婴幼儿的营养状况和当地营养水平不同，各国根据本国国情制定具体标准。我国在起草婴幼儿配方食品系列标准过程中查阅和总结了各国标准及实施情况，结合我国婴儿营养状况和需求，进行了风险评估，并考虑行业生产和监管能力等实际情况，同时参考我国母乳中的营养成分和比例以及我国居民膳食营养素参考摄入量，对大部分营养素规定了严格的上下限，避免低于某一数值可能满足不了婴幼儿的营养需求，高于某个数值也可能因营养素不平衡对健康造成影响，使之更加符合我国婴幼儿的营养需求，部分指标要求比国际标准更严格。例如，国际食品法典标准对婴儿配方食品中的乳糖含量没有要求，我国标准要求乳基婴儿配方食品中乳糖含量必须占碳水化合物含量的90%以上；国际标准中对乳清蛋白含量没有要求，我国标准要求乳基婴儿配方食品中乳清蛋白含量应≥60%，以确保蛋白质质量；国际食品法典标准要求婴儿配方食品中硒含量为1～9μg/100kcal，而且上限的“9”为指导上限水平，不是限量值，欧盟的要求与国际食品法典委员会一致，澳大利亚、新西兰为1～5μg/100kcal，我国是2.01～7.95μg/100kcal。

我国现行涉及婴幼儿奶粉的标准主要包括《食品安全国家标准 婴儿配方食品》（GB 10765—2010）、《食品安全国家标准 较大婴儿和幼儿配方食品》（GB 10767—2010）。这两项标准在总结既往标准实施情况的基础上，参考国际食品法典委员会标准和我国居民膳食营养素参考摄入量，科学规定了其原料、适用范围、能量和各种必需营养成分、可选择成分的含量以及污染物、真菌毒素、微生物的限量要求，符合标准要求的婴幼儿奶粉可满足婴幼儿生长发育的营养需求和食用安全。

针对某些患有特殊疾病、代谢紊乱或吸收障碍的婴儿，我国在参考国际标准和国外发达国家标准的基础上，根据国内临床营养研究进展，制定公布了《特殊医学用途婴儿配方食品通则》（GB 25596—2010），适用于早产儿、低出生体重儿、苯丙酮尿症等特殊患儿，保证他们健康成长。该标准出台弥补了我国类似标准缺失而造成的临床营养或监管的空白。

此外，针对婴幼儿，我国制定了两项辅助食品标准，包括《食品安全国家标准 婴幼儿谷类辅助食品》（GB 10769—2010）和《食品安全国家标准 婴幼儿罐装辅助食品》（GB 10770—2010）。

上述食品安全国家标准符合我国婴幼儿生长发育特点，与国际婴幼儿食品的标准体系一致。GB 10765—2010 规定乳基婴儿配方食品以乳类及乳蛋白为主要原料，加入适量的维生素、矿物质和其他成分等。必需成分要求有：蛋白质、脂肪、碳水化合物、13 种维生素和 12 种矿物质。GB 10767—2010 规定乳基较大婴儿、幼儿配方食品以乳类及乳蛋白为主要原料，加入适量的维生素、矿物质和其他成分等。必需成分要求有：蛋白质、脂肪、碳水化合物、13 种维生素和 10 种矿物质。GB 10769—2010 规定婴幼儿谷类辅助食品以一种或多种谷物为主要原料，添加适量的营养强化剂和（或）其他辅料。

除上述婴幼儿奶粉产品标准外，我国还制定了与之相配套的相关法规及标准，满足婴幼儿食品安全管理需要，主要包括以下几个方面。

（1）生产规范。为保障婴幼儿配方食品，特别是婴幼儿配方奶粉的生产质量安全，中国于 2010 年发布实施了强制性标准《食品安全国家标准 粉状婴幼儿配方食品良好生产规范》（GB 23790—2010），替代了原有的推荐性标准《婴幼儿配方粉企业良好生产规范》（GB/T 23790—2009）。

（2）检验方法标准。与婴幼儿食品中各成分指标、污染物指标、微生物限量指标相对应的检验方法标准，已经以食品安全国家标准的形式发布。

（3）《食品安全国家标准 食品营养强化剂使用标准》（GB 14880—2012）。该标准规定了在婴幼儿奶粉中可以添加的 30 余种营养素及其化合物来源 120 余种，这些化合物来源都是国际上广泛使用的、有充足的风险评估依据的安全可靠的化合物，在给婴幼儿食品提供营养素的同时，不会对婴幼儿产生任何危害。

（4）《食品安全国家标准 食品添加剂使用标准》（GB 2760—2014）。该标准是根据国际标准情况和国内生产实际，在进行充分风险评估的基础上，规定了可以在婴幼儿奶粉中使用的 16 种添加剂（如氢氧化钙、抗坏血酸棕榈酸酯、磷脂、瓜尔胶等）及其使用量，其主要功能是酸度调节剂、增稠剂、乳化剂等；以及可在较大婴儿及幼儿奶粉中使用的 3 种香料。

（5）标签要求。我国婴幼儿奶粉的标签应符合《食品安全国家标准 预包装特殊膳食用食品标签》（GB 13432—2013）的要求。该标准已于 2015 年 7 月 1 日起施行。按照新规定，由于 0～6 月龄婴儿需要全面、平衡的营养，婴儿配方产品不应对其必需成分进行声称。婴儿配方食品产品标签中除应标示能量、蛋白质、脂肪、碳水化合物和钠的含量外，还应标示《食品安全国家标准 婴儿配方食品》中规定的必需成分的含量。如果婴儿配方产品添加了可选择性成分或强化了某些物质，则还应标示这些成分及其含量。2021 年 11 月 12 日，市场监管总局发布《关于进一步规范婴幼儿配方乳粉产品标签标识的公告》，该公告指出，“婴幼儿配方乳粉产品标签应当符合食品安全法律、法规、标准和产品配方注册相关规定，标识内容应当真实准确、清晰易辨，不得含有虚假、夸大、使消费者误解的文字、图形或者绝对化的内容”。公告规定“适用于 0～6 月龄的婴儿配方乳粉不得进行含量声称和功能声称。适用于 6 月龄以上的较大婴儿和幼儿配方乳粉不得对其必需成分进行含量声称和功能声称，其可选择成分可以文字形式在非主要展示版面进行食品安全国家标准允许的含量声称和功能声称”。

详情请参考《食品安全国家标准 婴儿配方食品》（GB 10765—2010）、《食品安全国家标准 较大婴儿和幼儿配方食品》（GB 10767—2010）、《食品安全国家标准 婴幼儿谷类辅助食品》（GB 10769—2010）和《食品安全国家标准 婴幼儿罐装辅助食品》（GB 10770—2010）。

第二节　国际食品法典委员会相关质量与安全标准

国际食品法典委员会将婴幼儿食品按照特殊营养与膳食进行规范管理，标准中涉及婴幼儿标准共有 8 项，其中 3 项为基础标准，4 项为产品标准，1 项是操作规程。

《婴幼儿特殊膳食用食品中营养物质的参考清单》（CAC/GL 10—1979）中规定，婴幼儿食品可添加的配料包括 13 种矿物元素，14 种维生素，39 种氨基酸，以及左旋肉碱、牛磺酸、胆碱、肌醇、核苷酸等营养物质，同时还包括阿拉伯胶、二氧化硅、甘露醇、辛烯基琥珀酸淀粉钠、L-抗坏血酸钠等食品添加剂。婴幼儿配方奶粉的产品标准为《婴儿配方食品》、《较大婴儿配方食品》、《罐装婴幼儿食品》和《加工谷物婴幼儿食品》。

第三节　欧盟相关质量与安全标准

对于婴幼儿配方食品安全条例，欧盟委员会给予了极大的重视，形成了独立的食品管理条例。欧盟的婴幼儿配方食品安全标准有欧盟指令 2006/141/EC《关于婴儿配方和较大婴幼儿配方食品修订指令 1999/21/EC》；除此之外，其他婴幼儿食品标准有欧盟指令 2006/125/EC《婴幼儿谷基加工食品和婴幼儿食品》、2006/1609/EC《关于牛乳清水解蛋白类婴儿配方食品 2 年货架销售期的许可》、2001/15/EEC《用于特殊营养目的食品中可添加物质清单》等。欧盟婴幼儿食品标准体系也还在不断地修订和补充。为了使 2006/141/EC 欧盟指令以及 1999/21/

EC 部分修订指令和关于旨在将其出口至第三国家的婴儿配方食品后续配方食品的理事会指令 92/52/EEC3 进一步生效，2007 年欧盟发布了第 852 号法定文件。2013/609/EU《关于婴幼儿食品、特殊医疗用途食品和控制体重代餐的条例》出台，此法规就婴幼儿配方食品及较大婴儿配方食品、谷基加工食品及婴儿食品、特殊医疗用途食品和控制体重代餐等食品类别的组成和信息要求建立了通用规定，并就可添加至这些食品的物质建立了一份联合目录及其更新规则。同时废止相关条例 2009/39/EC、92/52/EEC、2009/41/EC、96/8/EC、2009/953/EC、1999/21/EC、2006/125/EC、2006/141/EC。2014 年 5 月 13 日，欧盟在其官方公报上发布了有关修订食品中镉含量的委员会条例 2014/488/EU。欧盟于 2006 年颁布的条例 2006/1881/EC，对食品中某些污染物的最高限量给出要求，如规定了水产品、谷物、蔬菜等食品中铅、镉、汞等重金属的限量。2014/488/EU 则是对 2006/1881/EC 的附录进行修订，对食品中镉的最大限量进行了修订，除了调整某些食品中的镉限量之外，还新增了三类婴幼儿食品中的镉限量要求：一是由牛奶蛋白质或蛋白质水解产物生产的粉末状配方，镉限量为 0.010mg/kg，以上原料生产的液体配方，镉限量为 0.005mg/kg。二是由大豆蛋白分离生产的粉末状配方，单独食用或与牛奶蛋白质混合食用，镉限量为 0.020mg/kg，以上原料生产的液体配方，镉限量为 0.010mg/kg。三是谷类加工食品及婴幼儿食品，镉限量为 0.040mg/kg。上述规定均于 2015 年 1 月 1 日起实施。

第四节 澳大利亚、新西兰相关质量与安全标准

澳大利亚和新西兰因其独特的地理位置和优越的自然环境成为世界最著名奶源地之一。因为其位于太平洋南部，介于南极洲和赤道之间，属温带海洋性气候，地理上与世隔离，造就了其独特的生态环境和生物物种，没有世界其他地区常见的各种动植物病虫害，拥有广袤的牧场，因而畜牧业发达，同时拥有先进的奶制品采集工艺，所以澳大利亚和新西兰的奶粉闻名遐迩。

1991 年《澳大利亚、新西兰食品标准法典》建立了食品联合管理手段（食品标准或实施规范）的发展机制，同时也规定了由澳大利亚、新西兰食品标准局（Food Standards Australia New Zealand，FSANZ）负责制定与维护澳大利亚和新西兰食品标准与法规。FSANZ 是澳大利亚和新西兰制定食品安全标准专门的独立非政府机构，办公室设在澳大利亚堪培拉和新西兰惠灵顿。1996 年 7 月 1 日，澳大利亚和新西兰成立了食品联合管理系统，在此签署的协议减少了两国在食品管理中消耗的管理成本，减少了两国不必要的贸易壁垒。2005 年，澳大利亚和新西兰联合颁布了《澳大利亚、新西兰食品标准法典》（Australia New Zealand Food Standards Code），也称 ANZFA 法典（这是因为 FSANZ 曾用名为

Australian and New Zealand Food Authority，ANZFA），ANZFA 法典适用于澳大利亚各州，部分适用于新西兰。在 ANZFA 法典的基础上，逐渐形成了比较完善的食品安全和食品标准法律法规体系。FSANZ 制定的《澳大利亚、新西兰食品标准法典》适用于澳大利亚和新西兰两国的食品标准，涵盖了食品中配料、加工助剂、色素、添加剂、维生素和矿物质的使用规定。还包括一些食品的规定，如乳制品、肉类和饮料的组成，以及新技术和新资源食品。此外，FSANZ 还制定了预包装食品的标签规定，其中包括一些强制性警示语或建议性标签要求。

《澳大利亚、新西兰食品标准法典 2.9.1》（ANZFA Standard 2.9.1）是以 1991 年澳大利亚《国家食品行政法规》（National Food Authority Act 1991）为基础，在 2002 年首次发布，为澳大利亚和新西兰制定了婴幼儿奶粉的质量标准。这项标准被两国的政府执法监管部门所认同。

2015 年 10 月 9 日，澳大利亚和新西兰 FSANZ 分别发布 G/SPS/N/AUS/371 和 G/SPS/N/NZL/524 号通报，对婴儿配方奶粉的微生物标准提出标准提案 P1039。P1039 主要针对婴儿配方奶粉提出与国际（法典）标准对应的微生物指标，同时还包括食品监督管理措施草案。该标准囊括了沙门氏菌和克罗诺杆菌方面的食品安全标准。

第五节　美国相关安全标准

在美国州际贸易中流通的婴幼儿配方奶粉的制造商和经销者必须遵守《联邦食品、药品和化妆品法案》、《美国联邦法规》第 21 章（21CFR）以及美国食品药品管理局实施法规的要求。如有临床研究证明婴幼儿配方奶粉的安全性和充分性，那么该研究必须符合美国食品药品管理局关于保护人类受试者的法规。食品药品管理局的所有规定发表在《美国联邦法规》（CFR）第 21 章之下。《美国联邦法规》第 21 章第 107 节列出了关于婴儿配方奶粉的定义、营养成分和规格、标签的使用和豁免以及婴儿配方奶粉撤回的相关信息。

第六节　日本、韩国相关质量与安全标准

一、日本相关标准

日本关于婴儿使用的调制奶粉，必须满足以下的基本许可标准（表 3-1）。

表 3-1　日本婴儿调制奶粉的基本许可标准

成分	每 100mL 标准浓度奶粉中的含量	每 100kJ 所含的成分（参考）
热量	65～75kJ	—
蛋白质	1.5～2.2g	2.1～3.1g
灰分	0.25～0.40g	0.36～0.57g
维生素 A	53～105μg	75～150μg
维生素 D	0.7～1.4μg	1～2μg
维生素 E	0.5mg 以上	每克亚油酸中约含有 0.7IU，但是，每 100kJ 有效的热量中，必须确保含有 0.7IU
维生素 C	5.6mg 以上	8.0mg 以上
维生素 B_1	28μg 以上	40μg 以上
维生素 B_2	42μg 以上	60μg 以上
维生素 B_6	25μg 以上	35μg 以上
维生素 B_{12}	0.11μg 以上	0.12μg 以上
烟酸	175μg 以上	250μg 以上
亚油酸	0.21μg 以上	0.30g 以上
钙	35mg 以上	50mg 以上
磷	18mg 以上	25mg 以上
镁	4mg 以上	6mg 以上
铁	0.7mg 以上	1.0mg 以上
钠	14～42mg	20～60mg
氯	39～105mg	55～150mg
钾	56～140mg	80～200mg

必要的标明事项：

（1）婴儿用调制奶粉的文字。

（2）该食品可以作为母乳的替代品使用（但是必须标明对于婴儿来说，母乳是最好的食物）。

（3）在向医生和营养师等咨询和取得指导后才可使用本产品。

（4）标准的冲泡奶粉的方法。

（5）应根据不同婴儿有差别地使用。

二、韩国相关标准

（一）配方牛奶

1. 定义

配方牛奶是指以原奶或奶制品作为主要成分，加入矿物质、维生素或其他帮助婴幼儿生长和发育所必需的其他营养素，经加工为成分近似于母乳的制品。

2. 生产和加工标准

（1）直接与原料接触的设备或用具应用易清洗且抗腐蚀的材料制成，在使用前后均应清洁和消毒。

（2）原山羊奶或山羊奶制品不能作为原料。

（3）原奶应经过纯化处理以除去杂质，进行均质使奶脂呈细小球状。

（4）采用低温长时（63～65℃，30min）或高温短时（72～75℃，15～20s）或超高温瞬时（130～150℃，0.5～5s）巴氏杀菌法，或者采用等同或更有效的方法进行巴氏灭菌。

（5）在巴氏灭菌之前，当溶液中加入加热易破坏的维生素或不易溶解的矿物质时，须考虑到维生素的破坏率和矿物质的溶解度，采用适当的灭菌方法。

（6）添加的维生素、矿物质或其他营养素应在制品中均匀混合。

（7）对配方牛奶和成长配方牛奶而言，应向干燥的粉末中加入确切量的维生素、矿物质等，若加入这些营养素，则应进行灭菌、均质、冷却及无菌包装。

（8）配方奶粉和成长配方奶粉应通过自动包装工序进行充氮气包装。

（9）可加入其他营养素成分，这些营养素是母乳中存在的或适宜为婴幼儿提供唯一来源的营养素成分，其效用均已科学证明，加入的量应以母乳中的量为基准。

（10）配方牛奶不得进行辐照。

3. 主要成分含量标准

（1）定义。

a. 配方奶粉：以原奶或奶制品作为主要成分，经生产和加工的近似于母乳的粉状母乳替代品。

b. 配方牛奶：以原奶或奶制品作为主要成分，经生产和加工的近似于母乳的液态母乳替代品。

c. 成长配方牛奶/奶粉：7 个月以上的婴幼儿用制品。

d. 牛奶成分：从牛奶得到的除去水之外的成分。

e. 早产儿或未发育成熟婴儿：妊娠期在 28 周和 38 周之间出生的婴儿或出生时体重不足 2.5kg 的婴儿。

（2）含量标准。

a. 配方奶粉、成长配方奶粉：牛奶成分（以固形物计）≥60%。

b. 配方牛奶、成长配方牛奶：牛奶成分（以固形物计）≥9.0%。

c. 应根据各行业考虑到《韩国每日营养推荐值》或 CODEX 推荐值所制定的含量标准补充或减少营养素。

4. 限量标准（表 3-2）

表 3-2 韩国配方奶粉、配方牛奶的限量标准

指标	配方奶粉、配方牛奶	成长配方奶粉、成长配方牛奶
特性	特有的色泽和滋味，且无异味或异嗅	特有的色泽和滋味，且无异味或异嗅
含水量/%	≤5.0（不适于液体制品）	≤5.0（不适于液体制品）
粗蛋白/%	9.0～20.0	12.0～27.5
粗脂肪/%	15.0～30.0 （亚油酸≥粗脂肪含量的 9.0%）	15.0～30.0 （亚油酸≥粗脂肪含量的 9.0%）
牛奶成分/%	≥60.0	≥60.0
维生素 A/（IU/100g）	1250～2500	1250～2500
维生素 D/（IU/100g）	200～400	200～600
维生素 C/（mg/100g）	≥40	≥40
维生素 B_1/（mg/100g）	≥0.20	≥0.20
维生素 B_2/（mg/100g）	≥0.30	≥0.30
烟酸/（μg/100g）	≥1250	≥1250
维生素 B_6/（μg/100g）	≥175	≥225
叶酸/（μg/100g）	≥20	≥20
泛酸/（μg/100g）	≥1500	≥1500
维生素 B_{12}/（μg/100g）	≥0.5	≥0.75
维生素 K_1/（μg/100g）	≥20	≥20
维生素 E/（IU/100g）	≥3.5	≥3.5
钠/（mg/100g）	100～300	100～425
钾/（mg/100g）	400～1000	≥400
氯/（mg/100g）	275～750	≥275
钙/（mg/100g）	≥250	≥450
磷/（mg/100g）	≥125	≥300
镁/（mg/100g）	≥30.0	≥30.0
铁/（mg/100g）	≥5.0	5.0～10.0
碘/（μg/100g）	≥25	≥25
铜/（μg/100g）	≥300	—
锌/（mg/100g）	≥2.5	≥2.5
锰/（μg/100g）	≥25	≥25
人造甜味剂	不得检出	不得检出
焦色	不得检出	不得检出
细菌总数	≤20000 个/g（配方牛奶应为阴性）	≤20000 个/g（成长配方牛奶应为阴性）
大肠菌群	阴性	阴性

注：应以含水量小于 5%配方奶粉和成长配方奶粉的成分规格为基础，换算并用于配方牛奶和成长配方牛奶。

（二）幼儿配方食品

1. 定义

幼儿配方食品是指以从大豆或其他食品分离出的蛋白质作为蛋白质来源，加入其他食品、矿物质、维生素或营养素生产和加工成的粉状或液体产品，以便在母乳或配方牛奶喂养困难时作为母乳或配方牛奶的替代品，以帮助幼儿正常生长和发育。

2. 规格

（1）特性：具有特有的色泽和滋味，且无异味或异嗅。

（2）水分（%）：≤5.0（仅适用于粉状制品）。

（3）粗蛋白（g/100kcal）：1.8～4.0。

（4）粗脂肪（g/100kcal）：3.3～6.0。

（5）亚油酸（mg/100kcal）：≥300。

（6）维生素 A（IU/100kcal 或 μg/100kcal）：250～500 或 75～150。

（7）维生素 D（IU/100kcal 或 μg/100kcal）：40～100 或 1～2.5。

（8）维生素 C（mg/100kcal）：≥8。

（9）维生素 B_1（mg/100kcal）：≥40。

（10）维生素 B_2（mg/100kcal）：≥60。

（11）烟酸（μg/100kcal）：≥250。

（12）维生素 B_6（μg/100kcal）：≥35（但是，当蛋白质≥2.3g 时，每增加 1g 蛋白质，应增加 15μg 维生素 B_6）。

（13）叶酸（μg/100kcal）：≥4.0。

（14）泛酸（μg/100kcal）：≥300。

（15）维生素 B_{12}（μg/100kcal）：≥0.1。

（16）维生素 K_1（μg/100kcal）：≥4.0。

（17）生物素（μg/100kcal）：≥1.5。

（18）胆碱（mg/100kcal）：≥7.0。

（19）维生素 E（IU/100kcal）：≥0.7（但是，若亚油酸≥1g，维生素 E 与亚油酸之比应为 0.71IU∶1g）。

（20）钠（mg/100kcal）：20～60。

（21）钾（mg/100kcal）：80～200。

（22）氯化物（mg/100kcal）：55～150。

（23）钙（mg/100kcal）：≥50。

（24）磷（mg/100kcal）：≥25[但是，钙与磷之比（Ca∶P）应为 1.2～2.0]。

（25）镁（mg/100kcal）：≥6。

（26）铁（mg/100kcal）：≥1.0。
（27）碘（μg/100kcal）：≥5.0。
（28）铜（μg/100kcal）：≥60。
（29）锌（mg/100kcal）：≥0.75。
（30）锰（μg/100kcal）：≥5
（31）人造甜味剂：不得检出。
（32）焦色：不得检出。
（33）细菌总数：≤20000 个/g（液体制品应为阴性）。
（34）大肠菌群：阴性。

（三）成长配方食品

1. 定义

成长配方食品是指从大豆或其他食品中分离出的蛋白质作为蛋白质来源，加入矿物质、维生素或其他婴儿或 6 个月以上幼儿正常生长发育必需的营养素，经生产和加工制成的粉状或液态制品，便于在断奶期以液态食用。

2. 规格

（1）特性：应具有特有的色泽和滋味，且无异味或异嗅。
（2）含水量（%）：≤5.0（仅适用于粉状制品）。
（3）粗蛋白（g/100kcal）：3.0～5.5。
（4）粗脂肪（g/100kcal）：3.0～6.0。
（5）亚油酸（mg/100kcal）：≥300。
（6）维生素 A（IU/100kcal 或 μg/100kcal）：250～500 或 75～225。
（7）维生素 D（IU/100kcal）：40～120。
（8）维生素 C（mg/100kcal）：≥8。
（9）维生素 B_1（mg/100kcal）：≥40。
（10）维生素 B_2（mg/100kcal）：≥60。
（11）烟酸（μg/100kcal）：≥250。
（12）维生素 B_6（μg/100kcal）：≥45（但是，当蛋白质≥3.0g，每增加 1g 蛋白质应增加 15μg 的维生素 B_6）。
（13）叶酸（μg/100kcal）：≥4.0。
（14）泛酸（μg/100kcal）：≥300。
（15）维生素 B_{12}（μg/100kcal）：≥0.15。
（16）维生素 K_1（μg/100kcal）：≥4.0。
（17）生物素（μg/100kcal）：≥1.5。
（18）维生素 E（IU/100kcal）：≥0.7（但是，若亚油酸≥1g，维生素 E 与

亚油酸之比应为 0.71IU：1g）。

（19）钠（mg/100kcal）：20～85。

（20）钾（mg/100kcal）：≥80。

（21）氯化物（mg/100kcal）：55～150。

（22）钙（mg/100kcal）：≥55。

（23）磷（mg/100kcal）：≥60[但是，钙与磷之比（Ca：P）应为 1.2～2.0]。

（24）镁（mg/100kcal）：≥6.0。

（25）铁（mg/100kcal）：≥1.0。

（26）碘（mg/100kcal）：≥5.0。

（27）锌（mg/100kcal）：≥0.5。

（28）人造甜味剂：不得检出。

（29）焦色：不得检出。

（30）细菌总数：≤20000 个/g（液体制品应为阴性）。

（31）大肠菌群：阴性。

参考文献

陈君石. 我国婴幼儿配方奶粉问题浅析. 中国食品报. 2013-07-05.

陶短房. 加拿大铁腕监管婴儿奶粉. [2021-05-06]. http://ihl.cankaoxiaoxi.com/2013/0311/176011.shtml.

马爱进. 2008. 国际食品法典委员会(CAC)婴幼儿食品标准跟踪研究. 世界标准化与质量管理, (9): 49-51.

第二篇
检测方法概述

第四章　感官及理化检验

第一节　引　　言

婴幼儿配方食品必需成分包括能量、蛋白质、脂肪、碳水化合物、水分、灰分及矿物质（钾、钠、钙、镁、锰、铁、锌、铜、硒、磷、碘、氯）等指标。

蛋白质：婴幼儿配方奶粉必须满足婴幼儿每日营养需求，同时配方要达到或高于国家质量标准。以蛋白质为例，蛋白质是人体细胞的重要组成成分，如果蛋白质含量过低，会造成婴幼儿生长发育迟缓，身体器官发育不完善。根据国家标准，0～6 个月婴幼儿奶粉的蛋白质含量必须达到 12～18g/100g，6 个月～3 周岁婴幼儿奶粉的蛋白质含量必须达到 15～25g/100g。

锌：成熟乳的锌含量约为 11.8mg/L，但利用率极高，加上足月新生儿体内锌的储备，6 月龄以内母乳喂养的婴幼儿极少出现锌缺乏。但在 6 月龄后，母乳摄入量逐渐减少，婴儿膳食的植物成分增加，吸收受到影响，因此需要补充锌摄入量，锌的参考摄入量为 10mg/d。婴儿配方奶粉、肝泥、海鱼、蛋黄等都是富锌食物。

铁：铁是血红素的主要成分。足月新生儿体内约有 300mg 的铁储备供婴儿利用，铁储备多少与胎龄呈正相关。一般而言，4 月龄时婴儿体内储备铁基本耗竭。6 月龄时婴儿可能出现贫血。铁缺乏在 6～24 月龄婴幼儿中发病率高，尤其是断奶期。婴儿在 4 月龄后需常规从膳食中补充铁，特别是母乳喂养的婴幼儿。铁的补充包括配方奶粉、铁强化米粉、肝泥及蛋黄等。较大婴儿水果补充最好与主食一起，使维生素 C 促进铁的吸收。

钙：新生儿体内含钙约占其体重的 0.8%，到成人时约占体重的 1.5%，婴儿期需要相对多的钙。牛乳含钙量较高，因肾溶质负荷过大不适宜喂养婴儿。最佳的钙摄入方式是母乳及配方食品。

脂肪：供给机体能量，提供牛奶浓香。

糖类：牛奶中含有乳糖，乳糖对于幼儿发育非常重要，它能促进人体肠道内有益菌的成长，抑制肠内异常发酵，有利于肠道健康。

部分劣质奶粉中蛋白质、脂肪含量严重不足，微量元素钙、铁、锌等含量极低，有的甚至完全没有，可造成食用该奶粉的婴儿出现严重营养不良症状，如智力低下、身体畸形等，甚至造成婴儿死亡。

配方奶粉的营养成分并不是添加得越多越好，奶粉中的营养要讲究均衡，婴儿配方奶粉中营养成分的比例也要按照母乳的比例来配比，越均衡越好。例如，膳食纤维摄入过量，会引起腹胀、排便次数增加，也会使钙、锌、铁等无机盐的排出增加，因此，如果孩子没有出现严重便秘等情况，最好不要选择添加膳食纤维过多的奶粉；铁如果含量过高，一方面婴幼儿吸收不了会产生副作用，另一方面也会抑制其他营养素的吸收；维生素 A、维生素 D、维生素 E、铁、锌等，长期过量超标食用会产生毒性；婴儿的体格成长需要钙，但钙磷比要在 1.2～2.0 范围内，过多钙质会导致代谢废物排出，增加婴儿的肾脏负担。

第二节　婴幼儿奶粉营养标签标注

食品营养标签表达了一个食品的基本营养特性和营养信息，包括营养成分表、营养声称和营养成分功能声称。对于企业和商品贸易而言，营养标签也是规范企业行为、减少宣传误导、保障食品企业健康发展的有效手段。对于消费者而言，营养标签是消费者了解预包装食品的营养组分和特征的来源，也是根据自己健康需要选择食品的依据；同时也是消费者保障知情权益的手段之一。

根据国家营养调查结果，我国居民既有营养不足，也有营养过剩的问题，特别是脂肪、钠（食盐）、胆固醇的摄入较高，是引发慢性病的主要因素。通过实施营养标签标准，要求预包装食品必须标示营养标签内容，一是有利于宣传普及食品营养知识，指导公众科学选择膳食；二是有利于促进消费者合理平衡膳食和身体健康；三是有利于规范企业正确标示营养标签，科学宣传有关营养知识，促进食品产业健康发展。

国际组织和许多国家都非常重视食品营养标签，国际食品法典委员会（CAC）先后制定了多个营养标签相关标准和技术文件，大多数国家制定了有关法规和标准。特别是世界卫生组织/联合国粮食及农业组织（WHO/FAO）的《膳食、营养与慢性病预防》报告发布后，各国在推行食品营养标签制度和指导健康膳食方面出台了更多举措。世界卫生组织调查显示，74.3%的国家有食品营养标签管理法规。美国早在 1994 年就开始强制实施营养标签法规。

随着社会的进步和消费者健康意识的提高，我国食品标签从 20 世纪 70～80 年代以保护消费者免受经济损失为主，过渡到 20 世纪 90 年代以保护消费者免受有害健康的因素威胁为主。特别是加入 WTO 后，随着食品进出口贸易和食品消耗量的增多，正确的食品营养标签内容和形式已成为公平交易、提高贸易竞争力的有力手段，也是大众健康的源头保证。因此，建立我国真正意义上的独立的食品营养标签管理办法势在必行。

卫生部于 2011 年 10 月 12 日公布了我国第一个食品营养标签国家标准《食品安全国家标准 预包装食品营养标签通则》（GB 28050—2011，以下简称《通则》），指导和规范营养标签标示。《通则》规定，预包装食品营养标签应向消费者提供食品营养信息和特性的说明。其中，反式脂肪酸含量为强制标识内容。营养标签应标在向消费者提供的最小销售单元的包装。

《通则》中包括营养成分表、营养声称和营养成分功能声称。其中，营养成分表是指标有食品营养成分名称、含量和占营养素参考值（NRV）百分比的规范性表格，强制标示内容包括能量，蛋白质、脂肪、碳水化合物和钠 4 种核心营养素的含量值及其占营养素参考值的百分比。《通则》规定，食品配料含有或生产过程中使用了氢化和（或）部分氢化油脂，在营养成分表中应当标示出反式脂肪（酸）的含量。对能量和营养成分的高低、有无、增减等描述，《通则》都规定了具体的含量要求和限制条件。针对当前一些食品企业存在的营养标签夸大宣传、弄虚作假欺骗消费者等问题，《通则》规定，预包装食品营养标签标示的任何营养信息，应真实、客观，不得标示虚假信息，不得夸大产品的营养作用或其他作用。

婴幼儿指的是 0～3 岁这个阶段，此阶段的婴儿特点是：生长发育快，新陈代谢旺盛，营养需求量相对比成人高，但消化能力弱，故饮食供给必须结合口腔、胃肠、胰蛋白酶、胰脂肪酶和胰淀粉酶等体质特性，所以说婴幼儿营养是一生当中最重要且最困难的阶段。因此，一定要选择营养成分全面、均衡的婴幼儿配方奶粉。

依据《食品安全国家标准 预包装食品标签通则》（GB 7718—2011）和《食品安全国家标准 预包装特殊膳食用食品标签》（GB 13432—2013）的要求，作为预包装特殊膳食用食品婴幼儿配方食品的标签必须标注以下内容：食品名称、配料表、热量、营养素[蛋白质、脂肪、碳水化合物、维生素、矿物质（包括微量元素）]、净含量、制造者的名称和地址、产品标准号、生产日期、保质期、食用方法、储藏方法、适宜人群。

按照《食品安全国家标准 婴儿配方食品》（GB 10765—2010）的要求，婴儿配方食品产品营养素和可选择成分含量标识应增加“100 千焦（100kJ）”含量的标示。标签中应注明产品的类别、婴儿配方食品属性（如乳基或豆基产品以及产品状态）和适用年龄。可供 6 月龄以上婴儿食用的配方食品，应标明“6 个月龄以上婴儿食用本产品时，应配合添加辅助食品”。婴儿配方食品应标明：“对于 0～6 月的婴儿最理想的食品是母乳，在母乳不足或无母乳时可食用本产品”。标签上不能有婴儿和妇女的形象，不能使用“人乳化”“母乳化”或近似术语表述。

按照《食品安全国家标准 较大婴儿和幼儿配方食品》（GB 10767—2010）的要求，较大婴儿和幼儿配方食品产品标签应符合 GB 13432 的规定标示，营养素和可选择成分含量标识应增加“100 千焦（100kJ）”含量的标示。标签中应注明产品的类别、较大婴儿配方食品或较大婴儿和幼儿配方食品的属性（如乳基和/或豆基产品以及产品状态）和适用年龄。较大婴儿配方食品应标明“须配合添加辅助食品”。有关产品使用、配制指导说明及图解、储存条件应在标签上明确说明。当包装最大表面积小于 $100cm^2$ 或产品质量小于 100g 时，可以不标示图解。指导说明应对不当配制和使用不当可能引起的健康危害给予警示说明。

对营养成分标示值允许的偏差和标示最低值或最高值，生产企业必须在产品标签上标示执行标准的代号和顺序号。依据《婴幼儿配方粉及婴幼儿补充谷粉通用技术条件》生产的产品，还应同时标明“婴儿配方粉类”或“较大婴儿和幼儿配方粉类”，如“GB 10767（婴儿配方粉类）”。标准中所指的婴儿的年龄段在 0～6 个月、较大婴儿的年龄段在 6～12 个月，幼儿的年龄段在 12～36 个月。

进口婴幼儿配方奶粉的标签，可不标注“制造者的名称和地址”“产品标准号”，但应标注“原产国或地区”“在中国依法登记注册的代理商、进口商或经销商的名称和地址”。

第三节 感官及杂质度的检测

婴幼儿配方奶粉应色泽正常，呈乳白色，乳黄色、浅黄色、浅乳黄色、深黄色等颜色，色泽均一，有光泽；呈松散的粉末状，颗粒均匀，无结块；具有婴幼儿配方奶粉特有的香味，气味正常自然；冲调性良好，无絮状和胶状物，有婴幼儿配方奶粉特有的滋味，无异味；无外源性杂质。感官评鉴应符合中国乳制品工业行业规范《婴儿配方乳粉感官评鉴细则》，杂质度应符合《食品安全国家标准 婴儿配方食品》（GB 10765—2010）和《食品安全国家标准 较大婴儿和幼儿配方食品》（GB 10767—2010）的要求。

婴幼儿配方奶粉杂质度指标是考核奶粉质量的重要指标，其杂质来源于生产基粉，在奶牛养殖场和鲜奶生产、运输过程中受到杂质污染，主要有焦粉、灰土、牛粪、木炭、草灰等。杂质度检验的标准板就是按照杂质来源的相应成分和比例制作。《食品安全国家标准 婴儿配方食品》（GB 10765—2010）和《食品安全国家标准 较大婴儿和幼儿配方食品》（GB 10767—2010）要求杂质度不大于 12mg/kg。

检测方法：溶解婴幼儿配方奶粉试样，经过滤板过滤、冲洗、烘干，根据残留于过滤板上的可见带色杂质的数量确定杂质量。

杂质度的检测对过滤板和标准板都有特殊的要求，要求过滤板直径 32mm，单位面积质量为 135g，符合《食品安全国家标准 乳和乳制品杂质度的测定》（GB 5413.30—2010）中的要求，过滤时通过面积的直径为 28.6mm。使用适合过滤板直径的过滤设备。杂质度标准板也必须符合该标准中的要求。

分析步骤：奶粉试样称取 62.5g（精确至 0.1g），用 8 倍水充分调和溶解，加热至 60℃；通过杂质度过滤设备于过滤板上过滤，使用真空设备能加快过滤速度，用水冲洗过滤板，取下过滤板，置烘箱中烘干，将其上杂质与标准杂质板比较即得杂质度。当过滤板上杂质的含量介于两个级别之间时，判定为杂质含量较多的级别。

第四节 蛋白质的检测

一、蛋白质的作用

蛋白质是构成一切生命的主要化合物，是生命的物质基础和第一要素，在营养素中占首要地位。少年、儿童及婴幼儿增高离不开蛋白质。例如，大脑发育的特点是一次性完成细胞增殖，人的大脑细胞的增长有两个高峰期：第一个是胎儿 3 个月的时候；第二个是出生后到 1 岁，特别是 0～6 个月的婴儿是大脑细胞猛烈增长的时期。到 1 岁大脑细胞增殖基本完成，其数量已达成人的 9/10。所以 0～1 岁儿童对蛋白质的摄入要求很有特色，对儿童的智力发展至关重要。人体的骨骼等组织是由蛋白质组成的。在体内新陈代谢的全部化学反应过程中，离不开酶的催化作用，而所有的酶均由蛋白质构成。对青少年增高起作用的各种激素也都是蛋白质及其衍生物。此外，参与骨细胞分化、骨的形成、骨的再建和更新等过程的骨矿化结合素、骨钙素、碱性磷酸酶、人骨特异生长因子等物质也均由蛋白质所构成。所以，蛋白质是人体生长发育中最重要的化合物，是增高的重要原料。当体内蛋白质不足时，人的基本生命活动就会受到影响，可导致儿童、青少年生长迟缓、体重过轻、智力发育障碍；成年人出现疲倦、体重减轻、贫血、血浆白蛋白降低，甚至水肿；并可引起妇女月经障碍。安徽阜阳“大头娃娃事件”和“三鹿奶粉事件”都是由婴幼儿配方奶粉中蛋白质含量不足引起的。

二、蛋白质的限量要求

各国家、地区和国际组织会根据各自不同的情况制定婴幼儿配方奶粉中蛋白质的限量标准。我国《食品安全国家标准 婴儿配方食品》（GB 10765—2010）

中要求蛋白质含量为 0.45～0.7g/100kJ，该限量标准与澳大利亚、新西兰和欧盟0～6 个月婴儿配方奶粉中蛋白质限量标准相同。《食品安全国家标准 较大婴儿和幼儿配方食品》（GB 10767—2010）中要求蛋白质含量为 0.7～1.2g/100kJ；澳大利亚和新西兰较大婴儿和幼儿配方奶粉中蛋白质限量为 0.7～1.5g/100kJ；欧盟较大婴儿和幼儿配方奶粉中蛋白质限量为 0.7～1.5g/100kJ。

三、蛋白质的检测方法

蛋白质检测的国际通用方法是定氮法，通过测定蛋白质中氮元素的含量，乘以相应的蛋白质换算系数，得到蛋白质的含量。《食品安全国家标准 食品中蛋白质的测定》（GB 5009.5—2016）使用的方法有凯氏定氮法、分光光度法和燃烧定氮法。我国出入境检验检疫行业标准《进出口食品和饲料中总氮及粗蛋白的检测方法 杜马斯燃烧法》（SN/T 2115—2008）是单纯采用燃烧法测定蛋白质的标准。

（一）凯氏定氮法

蛋白质在催化加热条件下被分解，产生的氨与硫酸结合生成硫酸铵。碱化蒸馏使氨游离，用硼酸吸收后以硫酸或盐酸标准溶液滴定，根据酸的消耗量乘以换算系数，即为蛋白质的含量。

样品的前处理：精确称取试样 0.2～1g，移入干燥的定氮瓶中，加入 0.2g 硫酸铜、6g 硫酸钾及 20mL 硫酸，于瓶口放一小漏斗，将瓶以 45°角斜支于有小孔的石棉网上。小心加热，待内容物全部炭化，泡沫完全停止后，加强火力，并保持瓶内液体微沸，至液体呈蓝绿色并澄清透明后，再继续加热 0.5～1h。取下放冷，小心加入 20mL 水。放冷后，移入 100mL 容量瓶中，并用少量水洗定氮瓶，定容。同时做试剂空白试验。

测定：安装好半微量定氮蒸馏装置（图 4-1），向水蒸气发生器内装水至2/3 处，加入数粒玻璃珠，加甲基红乙醇溶液数滴以便判断氢氧化钠溶液是否足够，以及数毫升硫酸，以保持水呈酸性，加热煮沸水蒸气发生器内的水并保持沸腾。向接收瓶内加入 10.0mL 硼酸溶液及 1～2 滴混合指示液，并使冷凝管的下端插入液面下，根据试样中氮含量，准确吸取 2.0～10.0mL 试样处理液由小玻杯注入反应室，以 10mL 水洗涤小玻杯并使之流入反应室内，随后塞紧棒状玻塞。将 10.0mL 氢氧化钠溶液倒入小玻杯，提起玻塞使其缓缓流入反应室，立即将玻塞盖紧，并加水于小玻杯以防漏气。夹紧螺旋夹，开始蒸馏。蒸馏 10min 后移动蒸馏液接收瓶，液面离开冷凝管下端，再蒸馏 1min。然后用少量水冲洗冷凝管下端外部，取下蒸馏液接收瓶。以硫酸或盐酸标准溶液滴定至终点，其中 2 份甲基红乙醇溶液与 1 份亚甲基蓝乙醇溶液指示剂，颜色由紫红色变成灰色；1 份甲基红乙醇溶液与 5 份溴甲酚绿乙醇溶液指示剂，颜色由绿色变成酒红色。同时做试剂空白试验。

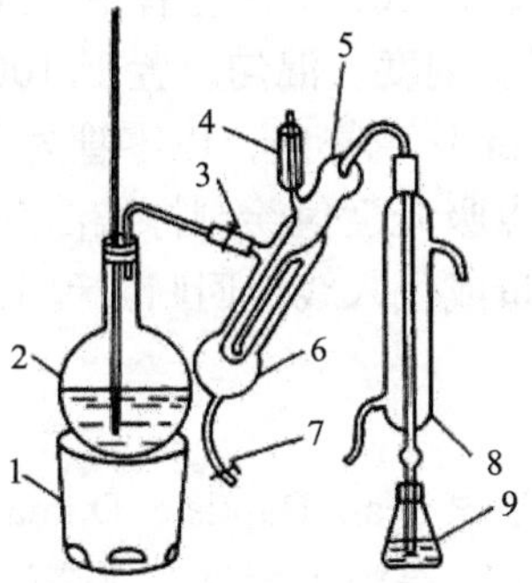

图 4-1　定氮蒸馏装置图

1. 电炉；2. 水蒸气发生器（2L 烧瓶）；3. 螺旋夹；4. 小玻杯及棒状玻塞；5. 反应室；6. 反应室外层；7. 橡胶管及螺旋夹；8. 冷凝管；9. 蒸馏液接收瓶

（二）自动凯氏定氮仪法

精确称取固体试样 0.2～1g，按凯氏定氮法的前处理方法，在催化加热条件下消化，使用自动凯氏定氮仪测定蛋白质的含量。

（三）分光光度法

食品中的蛋白质在催化加热条件下被分解，分解产生的氨与硫酸结合生成硫酸铵，在 pH=4.8 的乙酸钠-乙酸缓冲液中与乙酰丙酮和甲醛反应生成黄色的 3,5-二乙酰-2,6-二甲基-1,4-二氢吡啶化合物。在波长 400nm 下测定吸光度值，与标准系列比较定量，结果乘以换算系数，即为蛋白质含量。

样品的前处理：精确称取试样 0.1～0.5g，按凯氏定氮法的消解方法消解试样。

试样溶液的制备：吸取 2.00～5.00mL 试样或试剂空白消化液于 50mL 或 100mL 容量瓶内，加 1～2 滴对硝基苯酚指示剂溶液，摇匀后滴加氢氧化钠溶液中和至黄色，再滴加乙酸溶液至溶液无色，用水稀释至刻度，混匀。

标准曲线的绘制：吸取 0.00mL、0.05mL、0.10mL、0.20mL、0.40mL、0.60mL、0.80mL 和 1.00mL 氨氮标准使用溶液（相当于 0.00μg、5.00μg、10.0μg、20.0μg、40.0μg、60.0μg、80.0μg 和 100.0μg 氮），分别置于 10mL 比色管中。加 4.0mL 乙酸钠-乙酸缓冲液及 4.0mL 显色剂，加水稀释至刻度，混匀。置于 100℃水浴中加热 15min。取出用水冷却至室温后，移入 1cm 比色杯内，以零管为参比，于波长 400nm 处测量吸光度值，根据标准溶液各点吸光度值绘制标准曲线或计算线性回归方程。

试样蛋白质的测定：吸取 0.50～2.00mL（约相当于氮＜100μg）试样溶液和同量的试剂空白溶液，分别置于 10mL 比色管中。加 4.0mL 乙酸钠-乙酸缓冲液及 4.0mL 显色剂，加水稀释至刻度，混匀。置于 100℃水浴中加热 15min。取出用水冷却至室温后，移入 1cm 比色杯内，以零管为参比，于波长 400nm 处测量吸光度值，根据标准溶液各点吸光度值绘制标准曲线或计算线性回归方程。试样吸光度值与标准曲线比较定量或代入线性回归方程求出含量。

（四）杜马斯燃烧法

杜马斯燃烧法是法国化学家 Jean Baptiste Dumas 于 1831 年首创的一种实用的定氮法。样品在 900～1200℃高温下燃烧，燃烧过程中产生混合气体，其中的干扰成分被一系列适当的吸收剂所吸收，混合气体中的氮氧化合物被全部还原成分子氮，随后氮的含量被热导检测器（TCD）检测。

分析步骤：精确称取 0.1～1.0g 试样，用锡箔包裹后置于样品盘上。试样进入燃烧反应炉（900～1200℃）后，在高纯氧（≥99.99%）中充分燃烧。燃烧炉中的产物（NO_x）被载气 CO_2 运送至还原炉（800℃）中，经还原生成氮气气流，通过热导检测器检测其含量。

分析结果的表述：试样中蛋白质的含量按下式进行计算：

$$X = C \times F$$

式中，X 为试样中蛋白质的含量，g/100g；C 为试样中氮的含量，g/100g；F 为氮换算为蛋白质的系数，纯乳与纯乳制品为 6.38。

第五节　脂肪的检测

一、概论

处于生长发育阶段的婴幼儿，机体新陈代谢旺盛，需要大量的热量，脂肪是供给热量的最大来源，充足的脂肪供给可以保障婴幼儿身体正常发育。脂肪有利于神经系统的发育：磷脂是构成脑细胞、脑神经、血小板的重要成分，也是人体其他组织细胞、神经形成及发育的重要原料。不饱和脂肪酸能促进脑髓神经的正常发育和智力发展。脂肪的摄入可以保证脂溶性维生素 A、维生素 D、维生素 E 等的正常吸收，促进婴幼儿的体质发育。脂肪供给不足会使婴幼儿生长发育迟缓，免疫力低下，容易发生感染性疾病。脂肪对脏器还具有保护作用。脂肪多分布于皮下，腹腔和肌肉间隙，起着填充间隙、保护内脏及关节的作用，降低婴幼儿肢体各器官受伤害的概率。但脂肪摄入过多也会引起婴幼儿肥胖症。

二、脂肪的限量要求

《食品安全国家标准 婴儿配方食品》（GB 10765—2010）中规定婴儿配方奶粉中脂肪限量为 1.05～1.40g/100kJ，《食品安全国家标准 较大婴儿和幼儿配方食品》（GB 10767—2010）中规定较大婴儿和幼儿配方奶粉中脂肪限量为 0.70～1.40g/100kJ；澳大利亚和新西兰的 0～6 个月婴儿配方奶粉中脂肪限量为 1.05～1.50g/100kJ，较大婴儿和幼儿配方奶粉中脂肪限量为 0.7～1.50g/100kJ；欧盟规定婴幼儿配方奶粉中脂肪限量为 1.0～1.5g/100kJ。

三、脂肪的检测方法

脂肪的检测方法参考《食品安全国家标准 食品中脂肪的测定》（GB 5009.6—2016），具体操作步骤如下。

样品前处理：精确称取试样约 1g 于抽脂瓶中，加入约 10mL 65℃±5℃的水，充分溶解，冷却。加入 2.0mL 氨水，充分混合后立即将抽脂瓶放入 65℃±5℃的水浴中，加热 15～20min，不时取出振荡。处理完毕，冷却至室温。静置 30s 后，加入 10mL 乙醇，缓和但彻底地进行混合，避免液体太接近瓶颈。如果需要，可加入两滴刚果红溶液，以易于观察分层和乳化。加入 25mL 乙醚，塞上瓶塞，将抽脂瓶保持在水平位置，小球的延伸部分朝上夹到摇混器上，按约 100 次/min 振荡 1min，也可采用手动振摇方式。但均应注意避免形成持久乳化液。小心打开抽脂瓶塞子，避免溶剂喷涌，用少量的混合溶剂冲洗塞子和瓶颈，使冲洗液流入抽脂瓶。加入 25mL 石油醚，塞上重新润湿的塞子，按前述，轻轻振荡 30s。

将加塞的抽脂瓶放入离心机中，在 500～600r/min 下离心 5min。也可将抽脂瓶静置至少 30min，直到上层液澄清，并明显与水相分离。小心地打开瓶塞，用少量的混合溶剂冲洗塞子和瓶颈内壁，使冲洗液流入抽脂瓶。如果两相界面低于小球与瓶身相接处，则沿瓶壁边缘慢慢地加入水，使液面高于小球和瓶身相接处（图 4-2），以便于倾倒。

将上层液尽可能地倒入已恒重的加入沸石或玻璃珠的脂肪收集瓶中，避免倒出水层（图 4-3）。防止溶剂溅到抽脂瓶的外面。向抽脂瓶中加入 5mL 乙醇，用乙醇冲洗瓶颈内壁，用 15mL 乙醚和 15mL 石油醚进行第二次抽提。重复操作，只用 15mL 乙醚和 15mL 石油醚再进行第三次抽提。如果产品中脂肪的质量分数低于 5%，可只进行两次抽提。

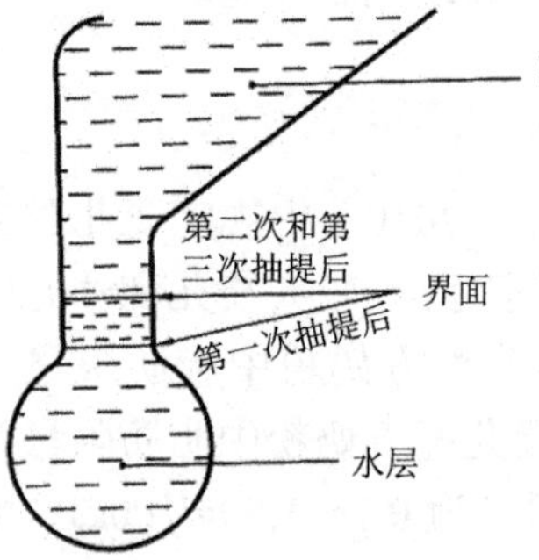

图 4-2　倾倒醚层前

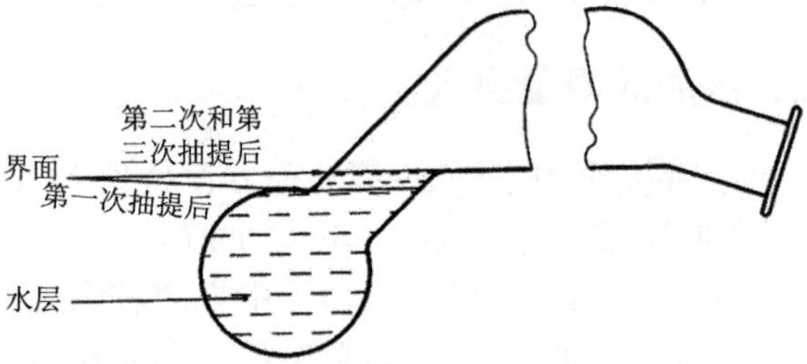

图 4-3　倾倒醚层后

合并所有提取液，蒸发除掉溶剂。将脂肪收集瓶放入 102℃±2℃的烘箱中烘干 1h，取出脂肪收集瓶，于干燥器冷却至室温，称量，精确至 0.1mg。重复操作，直到脂肪收集瓶两次连续称量差值不超过 0.5mg，记录脂肪收集瓶和抽提物的最低质量。

验证抽提物是否全部溶解，向脂肪收集瓶中加入 25mL 石油醚，微热，振摇，直到脂肪全部溶解。如果抽提物全部溶于石油醚中，则含抽提物的脂肪收集瓶的最终质量和最初质量之差，即为脂肪含量。若抽提物未全部溶于石油醚中，则需重新试验。

脂肪含量测定试验应进行空白试验，以验证各试剂是否适用。若空白试验结果值偏大，应考虑更换试剂和注意器皿的清洁。

分析结果表述：样品中脂肪含量按下式计算：

$$X = \frac{m_1 - m_0}{m_2} \times 100$$

式中，X 为样品中脂肪含量，g/100g；m_0 为样品的质量，g；m_1 为脂肪收集瓶和抽提物的质量，g；m_2 为脂肪收集瓶的质量，g；100 为换算系数。计算结果保留到小数点后一位。

第六节　乳糖的检测

一、概论

乳糖是婴幼儿生长发育的主要营养物质之一，是婴幼儿配方奶粉中碳水化合物的主要来源，提供婴幼儿生长发育、新陈代谢、组织的合成、维持正常体温的主要能量，特别对新生婴儿绝对不可缺少。乳糖分解后形成的葡萄糖能促进钙质吸收，还能促进小儿肠道内的乳酸菌的繁殖增长。

二、乳糖的限量要求

《食品安全国家标准 婴儿配方食品》（GB 10765—2010）中要求乳糖占碳水化合物总量应≥90%；对于乳基产品，计算乳糖占碳水化合物总量时，不包括添加的低聚糖和多聚糖类。碳水化合物的限量标准为2.2～3.3g/100kJ。

《食品安全国家标准 较大婴儿和幼儿配方食品》（GB 10767—2010）对乳糖的限量则不做要求。

三、乳糖的检测方法

乳糖测定方法主要有高效液相色谱法、莱因-埃农氏法（直接滴定法）、直接比色法、近红外光谱法、旋光法、毛细管电泳法[19]等。莱因-埃农氏法（直接滴定法）是测定乳糖的经典方法，也是在高效液相色谱法使用之前最常用的方法。随着高效液相色谱检测技术的出现及色谱仪器技术的改进，高效液相色谱法测定乳糖含量更加准确快捷。

《食品安全国家标准 婴幼儿食品和乳品中乳糖、蔗糖的测定》（GB 5413.5—2010）中使用高效液相色谱法和莱因-埃农氏法测定乳糖含量。

（一）高效液相色谱法

试样处理：称取试样1g于50mL容量瓶中，加15mL 50～60℃水溶解，于超声波振荡器中振荡10min，用乙腈定容至刻度，静置数分钟，过滤。取5.0mL过滤液于10mL容量瓶中，用乙腈定容，通过0.45μm滤膜过滤，滤液供色谱分析。

参考色谱条件：①色谱柱，氨基柱，4.6mm×250mm，5μm，或具有同等性能的色谱柱；②流动相，乙腈-水（70+30）；③流速 1mL/min；④柱温 35℃；⑤进样量 10μL。

示差折光检测器条件：温度33～37℃。

蒸发光散射检测器条件：漂移管温度为85～90℃。

气流量：2.5L/min。

撞击器：关。

标准曲线的制作：将标准系列工作液分别注入高效液相色谱仪中，测定相应的峰面积或峰高，以峰面积或峰高为纵坐标，以标准工作液的浓度为横坐标绘制标准曲线。

试样溶液的测定：将试样溶液注入高效液相色谱仪中，测定峰面积或峰高，从标准曲线中查得试样溶液中糖的浓度。

分析结果的表述：试样中乳糖的含量按下式计算：

$$X = \frac{c \times V \times 100 \times n}{m \times 1000}$$

式中，X 为试样中乳糖的含量，g/100g；c 为样液中乳糖的浓度，mg/mL；V 为试样定容体积，mL；n 为样液稀释倍数；m 为试样的质量，g。

（二）莱因-埃农氏法

用乳糖标定费林试剂：精确称取预先在 94℃±2℃烘箱中干燥 2h 的乳糖标样约 0.75g，用水溶解并定容至 250mL。

预滴定：吸取 10mL 费林试剂（甲、乙液各 5mL）于 250mL 三角瓶中。加入 20mL 蒸馏水，放入几粒玻璃珠，从滴定管中放出 15mL 乳糖溶液于三角瓶中，置于电炉上加热，使其在 2min 内沸腾，保持沸腾状态 15s，加入 3 滴次甲基蓝溶液，继续滴入至溶液蓝色完全褪尽为止，读取所用样液的体积。

精确滴定：另取 10mL 费林试剂（甲、乙液各 5mL）于 250mL 三角瓶中，再加入 20mL 蒸馏水，放入几粒玻璃珠，加入比预滴定量少 0.5～1.0mL 的样液，置于电炉上，使其在 2min 内沸腾，维持沸腾状态 2min，加入 3 滴次甲基蓝溶液，以每两秒一滴的速度徐徐滴入，溶液蓝色完全褪尽即为终点，记录消耗的体积。

按下面公式计算费林试剂的乳糖校正值（f_1）：

$$A_1 = \frac{V_1 \times m_1 \times 1000}{250} = 4 \times V_1 \times m_1$$

$$f_1 = \frac{4 \times V_1 \times m_1}{\mathrm{AL}_1}$$

式中，A_1 为实测乳糖数，mg；V_1 为滴定时消耗乳糖溶液的体积，mL；m_1 为称取乳糖的质量，g；f_1 为费林试剂的乳糖校正值；AL_1 为由乳糖液滴定毫升数查乳糖及转化糖因数表（10mL 费林试剂）所得的乳糖数，mg。

试样乳糖的测定：精确称取婴幼儿配方奶粉 2g，用 100mL 水溶解并洗入 250mL 容量瓶中。徐徐加入 4mL 乙酸铅溶液、4mL 草酸钾-磷酸氢二钠溶液，振荡容量瓶，用水稀释至刻度。静置数分钟，用干燥滤纸过滤，弃去最初 25mL 滤液后，用所得滤液作滴定液，按预滴定和精确滴定的方法滴定费林试剂。

分析结果的表述：试样中乳糖的含量按下式计算：

$$X = \frac{F_1 \times f_1 \times 0.25 \times 100}{V_1 \times m}$$

式中，X 为试样中乳糖的质量分数，g/100g；F_1 为由消耗样液的毫升数查乳糖及转化糖因数表（10mL 费林试剂）所得乳糖数，mg；f_1 为费林试剂的乳糖校正值；V_1 为滴定消耗滤液量，mL；m 为试样的质量，g。

第七节　矿物质的检测

食品中所含的元素有 50 多种，除碳、氢、氧、氮 4 种构成水分和有机物以外的其他元素统称为矿物质元素。从营养学的角度，矿物质元素可分为必需元素、非必需元素和有毒元素 3 类；从人体需要的角度，可分为常量元素（含量在 0.01%以上）、微量元素（含量低于 0.01%）两类。常量元素需求比例较大，如钾、钠、钙、镁、磷、氯、硫等，人体必需的微量元素有：铁、铜、锌、锰、锡、碘、氟、硒等。微量元素在机体组织中的作用浓度很低，往往以百万分之一或十亿分之一甚至更低来描述，故需要从食物中摄取的量也很低。微量元素的浓度与功能形式常严格局限在一定范围内，微量元素在这个特定范围内可以使组织的结构和功能的完整性得到维持，当其含量低于机体需要的量时，组织功能会减弱或不健全，甚至会受到损害并处于不健康的状态中。但如果含量高于这一特定范围，则可能导致不同程度的毒性反应，严重的可能引起死亡，如硒元素。因此，检验矿物质元素的方法必须准确可靠。

一、钙、铁、锌、钠、钾、镁、铜和锰的测定

（一）原子吸收法

本部分主要参考《食品安全国家标准　食品中铁的测定》（GB 5009.90—2016）、《食品安全国家标准　食品中钙的测定》（GB 5009.92—2016）、《食品安全国家标准　食品中铜的测定》（GB 5009.13—2017）、《食品安全国家标准　食品中锌的测定》（GB 5009.14—2017）、《食品安全国家标准　食品中钾、钠的测定》（GB 5009.91—2017）、《食品安全国家标准　食品中镁的测定》（GB 5009.241—2017）、《食品安全国家标准　食品中锰的测定》（GB 5009.242—2017）。

原理：试样经干法灰化，分解有机质后，加酸使灰分中的无机离子全部溶解，直接吸入空气-乙炔火焰中原子化，并在光路中分别测定钙、铁、锌、钠、钾、镁、铜和锰原子对特定波长谱线的吸收。测定钙、镁时，需用镧作释放剂，以消除磷酸干扰。

试样处理：称取混合均匀的固体试样约 5g 或液体试样约 15g（精确到 0.0001g）于坩埚中，在电炉上微火炭化至不再冒烟，再移入马弗炉中，490℃

±5℃灰化约 5h。如果有黑色炭粒，冷却后，则滴加少许硝酸溶液湿润。在电炉上小火蒸干后，再移入 490℃高温炉中继续灰化成白色灰烬。冷却至室温后取出，加入 5mL 20%盐酸溶液，在电炉上加热使灰烬充分溶解。冷却至室温后，移入 50mL 容量瓶中，用水定容，同时处理至少两个空白试样。

标准系列使用液的配制：按表 4-1 给出的体积分别准确吸取各元素的标准储备液于 100mL 容量瓶中，配制铁、锌、钠、钾、锰、铜使用液，用盐酸 A 定容。配制钙、镁使用液时，在准确吸取标准储备液的同时吸取 2.0mL 镧溶液于各容量瓶，用水定容。此为各元素不同浓度的标准溶液，其质量浓度见表 4-2。

表 4-1　配制标准系列使用液所吸取各元素标准储备液的体积

序号	体积/mL							
	K	Ca	Na	Mg	Zn	Fe	Cu	Mn
1	1.0	2.0	2.0	2.0	2.0	2.0	2.0	2.0
2	2.0	4.0	4.0	4.0	4.0	4.0	4.0	4.0
3	3.0	6.0	6.0	6.0	6.0	6.0	6.0	6.0
4	4.0	8.0	8.0	8.0	8.0	8.0	8.0	8.0
5	5.0	10.0	10.0	10.0	10.0	10.0	10.0	10.0

表 4-2　各元素标准系列使用液浓度

序号	浓度/（μg/mL）							
	K	Ca	Na	Mg	Zn	Fe	Cu	Mn
1	1.0	2.0	1.0	0.2	2.0	2.0	0.12	0.08
2	2.0	4.0	2.0	0.4	4.0	4.0	0.24	0.16
3	3.0	6.0	3.0	0.6	6.0	6.0	0.36	0.24
4	4.0	8.0	4.0	0.8	8.0	8.0	0.48	0.32
5	5.0	10.0	5.0	1.0	10.0	10.0	0.60	0.40

标准曲线的绘制：按照仪器说明书将仪器工作条件调整到测定各元素的最佳状态，选用灵敏吸收线 K 766.5nm、Ca 422.7nm、Na 589.0nm、Mg 285.2nm、Fe 248.3nm、Cu 324.8nm、Mn 279.5nm、Zn 213.9nm 将仪器调整好预热后，测定铁、锌、钠、钾、铜、锰时用毛细管吸喷盐酸调零。测定钙、镁时先吸取镧溶液 2.0mL，用水定容到 100mL，并用毛细管吸喷该溶液调零。分别测定各元素标准工作液的吸光度。以标准系列使用液浓度为横坐标，对应的吸光度为纵坐标绘制

标准曲线。

试样待测液的测定：调整好仪器最佳状态，测铁、锌、钠、钾、铜、锰用盐酸 A 调零，测钙、镁时先吸取镧溶液 2.0mL，用水定容到 100mL，并用该溶液调零。分别测试待测液的吸光度及空白试液的吸光度。查标准曲线对应的质量浓度。

（二）电感耦合等离子体原子发射光谱测定方法

本部分主要参考《食品安全国家标准　食品中多元素的测定　第二法》（GB 5009.268—2016）。

原理：试样经干法灰化消解，稀释至合适体积后用电感耦合等离子体原子发射光谱仪测定，外标法定量。

试样制备：试样为粉末状样品，分析前应将试样充分混匀；试样为较大颗粒样品，应分取适量样品粉碎后测定。

试样处理：称取 5g 试样（精确至 0.001g）于瓷坩埚中，在电炉上微火炭化至不冒烟，移入马弗炉中 550℃加热 2h，如有黑色炭粒，冷却后加少许硝酸溶液湿润，小火蒸干后再移入马弗炉中 550℃加热半小时，取出冷却，加盐酸 B 5mL，在电炉上小心加热使灰分充分溶解，冷却后转移至 25mL 容量瓶中，用水定容至刻度，若有沉淀需过滤。待测。

仪器参考操作条件：功率 1.20kW，等离子气流量 15L/min，雾化器压力 200kPa，辅助气流量 1.50L/min，仪器稳定延时 15s，进样延时 20s，读数次数 3 次，各元素推荐使用分析谱线见表 4-3。

表 4-3　元素推荐使用分析谱线

元素名称	分析谱线波长/nm
Ca	315.887, 317.933
Mg	279.553, 280.270
Fe	234.350, 238.204, 259.940
Mn	257.610
Cu	324.754, 327.395
Zn	202.548, 206.200
K	766.491
Na	588.995, 589.592

混合标准溶液的配制：由储备用盐酸逐级稀释配制成如表 4-4 浓度系列的混

合标准溶液。

表 4-4　混合标准溶液各元素的浓度　　（单位：μg/mL）

序号	Ca	Mg	Fe	Mn	Cu	Zn	K	Na
1	0	0	0	0	0	0	0	0
2	10.0	0.5	5.0	0.1	0.2	5.0	10.0	1.0
3	15.0	1.0	10.0	0.2	0.4	10.0	20.0	3.0
4	20.0	1.5	15.0	0.3	0.6	15.0	30.0	5.0
5	25.0	2.0	20.0	0.4	0.8	20.0	40.0	7.0

测定：对仪器进行优化后，依次测定标准溶液、空白溶液和试样溶液。若试样溶液中某元素浓度超出工作曲线范围，可用盐酸对试样溶液进行适当稀释后再测定。

二、硒的测定

参考《食品安全国家标准 食品中硒的测定》（GB5009.93—2017），主要有以下两种方法。

（一）氢化物原子荧光光谱法

试样经酸加热消化后，在 6mol/L 盐酸介质中，将试样中的六价硒还原成四价硒，用硼氢化钠或硼氢化钾作还原剂，将四价硒在盐酸介质中还原成硒化氢（H_2Se），由载气（氩气）带入原子化器中进行原子化，在硒空心阴极灯照射下，基态硒原子被激发至高能态，在去活化回到基态时，发射出特征波长的荧光，其荧光强度与硒含量成正比。与标准系列比较定量。

试样消解过程如下。

电热板加热消解：称取 0.5～2g（精确至 0.001g）试样，液体试样吸取 1.00～10.00mL，置于消化瓶中，加 10.0mL 混合酸及几粒玻璃珠，盖上表面皿冷消化过夜。次日于电热板上加热，并及时补加硝酸。当溶液变为清亮无色并伴有白烟时，再继续加热至剩余体积 2mL 左右，切不可蒸干。冷却，再加 5.0mL 盐酸，继续加热至溶液变为清亮无色并伴有白烟出现，将六价硒还原成四价硒。冷却，转移至 50Ml 容量瓶中定容，混匀备用。同时做空白试验。

微波消解：称取 0.5～2g（精确至 0.001g）试样于消化管中，加 10mL 硝酸、2mL 过氧化氢，振摇混合均匀，于微波消化仪中消解，其消解推荐条件见表 4-5（可根据不同的仪器自行设定消解条件）。

表 4-5　微波消解推荐条件

步骤	功率/W	时间/min	温度/℃	持续时间/min
1	1600	6	120	1
2	1600	3	150	5
3	1600	5	200	10

冷却后转入三角瓶中，加几粒玻璃珠，在电热板上继续加热至近干，切不可蒸干。再加 5.0mL 盐酸，继续加热至溶液变为清亮无色并伴有白烟出现。冷却，转移试样消化液于 25mL 容量瓶中定容，混匀备用。同时做空白试验。

吸取 10.0mL 试样消化液于 15mL 离心管中，加盐酸 2.0mL，铁氰化钾溶液 1.0mL，混匀待测。

仪器参考条件：负高压 340V，灯电流 100mA，原子化温度 800℃，炉高 8mm，载气流速 500mL/min，屏蔽气流速 1000mL/min，测量方式为标准曲线法，读数方式为峰面积，延迟时间 1s，读数时间 15s，加液时间 8s，进样体积 2mL。

测定：设定好仪器最佳条件，逐步将炉温升至所需温度后，稳定 10～20min 后开始测量。连续用标准系列的零管进样，待读数稳定之后，转入标准系列测量，绘制标准曲线。转入试样测量，分别测定试样空白和试样消化液，每测不同的试样前都应清洗进样器。

（二）荧光法

将试样用混合酸消解，使硒化合物氧化为无机硒 Se^{4+}，在酸性条件下 Se^{4+}与 2, 3-二氨基萘（DAN）反应生成 4, 5-苯并苤硒脑（4,5-benzo piaselenol），然后用环己烷萃取。在激发光波长为 376nm，发射光波长为 520nm 条件下测定荧光强度，从而计算出试样中硒的含量。

试样的消解：称含试样 0.5～3g（精确至 0.001g），液体试样吸取 1.00～5.00mL 于磨口锥形瓶内，加 10mL 硝酸-高氯酸混合酸（9+1）及几粒玻璃珠，盖上表面皿冷消化过夜。次日于电热板上加热，并及时补加硝酸。当溶液变为清亮无色并伴有白烟产生时，再继续加热至剩余体积 2mL 左右，切不可蒸干，冷却后再加 5mL 盐酸溶液（6mol/L），继续加热至溶液变为清亮无色并伴有白烟出现，再继续加热至剩余体积 2mL 左右，冷却。同时做试剂空白测定：上述消解后的试样溶液加入 20.0mL EDTA 混合液，用氨水及盐酸调至淡红橙色（pH 1.5～2.0）。以下步骤在暗室操作：加 DAN 试剂 3.0mL，混匀后，置于沸水浴中加热 5min，取出冷却后，加环己烷 3.0mL，振摇 4min，将全部溶液移入分液漏斗，待分层后弃去水层，小心将环己烷层由分液漏斗上口倾入带盖试管中，勿使环己烷中混入水滴，于荧光分光光度计上用激发光波长 376nm、发射光波长 520nm 测定 4, 5-苯并苤硒脑的荧光强度。

三、磷的测定

磷的测定方法参考《食品安全国家标准 食品中磷的测定》（GB/T 5009.87—2016），主要分为以下几种方法。

（一）钼蓝分光光度法

原理：食物中的有机物经酸氧化，使磷在酸性条件下与钼酸铵结合生成磷钼酸铵。此化合物被对苯二酚、亚硫酸钠还原成蓝色化合物——钼蓝。用分光光度计在波长 660 nm 处测定钼蓝的吸收光值，以定量。

试样处理：称取各类食物的均匀干样 0.1～0.5g 或湿样 2～5g 于 100mL 凯氏烧瓶中，加入 3mL 硫酸、3mL 高氯酸-硝酸消解液，置于消解炉上。瓶中液体初为棕黑色，待溶液变成无色或微带黄色清亮液体时，即消解完全，将溶液放冷，加 20mL 水，赶酸。冷却，转移至 100mL 容量瓶中，用水多次洗涤凯氏烧瓶，洗液合并倒入容量瓶内，加水至刻度，混匀。此溶液为试样测定液。取与消化试样同量的硫酸、高氯酸-硝酸消解液，按同一方法制备空白溶液。

分析步骤：准确吸取磷标准溶液，分别置于 20mL 具塞试管中，依次加入 2mL 钼酸溶液摇匀，静置几秒。加入 1mL 亚硫酸钠溶液，1mL 对苯二酚溶液，摇匀。加水至刻度，混匀。静置 0.5h 以后，在分光光度计 660nm 波长处测定吸光度。以测出的吸光度对磷含量绘制标准曲线。准确吸取试样测定液 2mL 及同量的空白溶液，分别置于 2mL 具塞试管中，以下操作步骤同标准曲线。以测出的吸光度在标准曲线上查得试样液中的磷含量。

（二）钒钼黄分光光度法

原理：试样中的磷酸盐与酸性钼酸铵作用，生成淡黄色的磷钼酸盐，此盐可经还原呈现蓝色，一般称为钼蓝，钼蓝颜色的深浅与磷酸盐含量成正比。

标准曲线绘制：吸取磷酸盐标准溶液，分别置于 25mL 比色管中，再向每管中依次加入 2.0mL 钼酸铵溶液，1mL 200g/L 亚硫酸钠溶液，1mL 对氢醌（对苯二酚）溶液，加蒸馏水稀释至刻度，摇匀，静置 30min 后，以零管溶液为空白，在分光光度计于 660nm 处比色，测定各标准溶液的光密度，并绘制标准曲线。

测定：将瓷蒸发器在火上加热灼烧、冷却，准确称取均匀试样 2～5g，在火上灼烧成炭粉，再于 550℃下成灰分，直至灰分呈白色为止（必要时，可在加入浓硝酸湿润后再灰化，有促进试样灰化至白色的作用），加稀盐酸（1+1）10mL 及硝酸 2 滴，在水浴上蒸干，再加稀盐酸（1+1）2mL，用水分数次将残渣完全洗入 100mL 容量瓶中，并用水稀释至刻度，摇匀，过滤（如无沉淀则不需过滤）。

取滤液 0.5mL（视磷量多少定），置于 25mL 比色管中，加入 2mL 钼酸铵溶液，1mL 200g/L 亚硫酸钠溶液，1mL 对氢醌溶液，加蒸馏水稀释至刻度，摇匀，静置 30min 后，以零管溶液为空白，在分光光度计于 660nm 处比色，测定各溶液的光密度。根据测得的光密度，从标准曲线上求得相应磷的含量。

参考文献

耿天霖. 2005. 中国农药残留领域采用 CAC 标准研究. 世界农业, (10): 39-42.

李宁, 马良. 2016. 食品毒理学. 北京: 中国农业大学出版社.

孟紫强. 2003. 环境毒理学. 北京: 中国环境科学出版社.

袁莎, 张志强, 张立实. 2005. 我国食品污染物限量标准与 CAC 标准的比较研究. 现代预防医学, (6): 587-589.

云振宇, 刘文, 蔡晓湛, 等. 2009. 我国与 CAC 关于食品中污染物限量标准的对比分析. 农产品加工(学刊), (1): 79-82.

郑云雁. 2002. 食品中污染物的中国国家标准及国际法典标准对比(一)化学污染物. 中国食品卫生杂志, 14(1): 47-53.

第五章　营养物质及食品添加剂检验

第一节　引　　言

市场上销售的婴幼儿奶粉的配方主要由三大类组成，分别为普通食品配料、食品营养强化剂和食品添加剂。在奶粉产品外包装袋上看到的配方就包括了上述三大类原料，如脱盐乳清粉、植物油等常见原料都属于普通的食品配料，维生素、脂肪酸、核苷酸、胆碱等属于食品营养强化剂，而像磷脂、香料等具有能够改变产品口感、速溶等特性的原料属于食品添加剂。

《食品安全国家标准 食品营养强化剂使用标准》（GB 14880—2012）对奶粉产品中可用的营养强化剂进行了详细归纳，一般常见的营养强化剂包括维生素、矿物质等婴幼儿成长所必需的营养成分，目前各家企业的奶粉配方基本上都是严格按照国家标准要求选择使用。

《食品安全国家标准 食品添加剂使用标准》（GB 2760—2014）规定了婴幼儿奶粉中添加剂使用范围与使用量。食品添加剂是以改善食品的外观、风味和组织结构或储存性质的非营养物质。公众之所以对食品添加剂闻之色变，更多原因是混淆了非法添加物和食品添加剂的概念。食品添加剂若按照国家标准使用，是不会对婴幼儿的健康造成直接影响，一些食品添加剂可以起到优化奶粉的工艺、改善产品的感官等作用，例如磷脂可以增加奶粉的速溶性，部分三段奶粉允许添加的香料则可以改变奶粉的口感等。凡 0～6 个月的婴幼儿配方食品，均不得添加任何食用香料，较大婴儿和幼儿配方食品中可以使用香兰素、乙基香兰素和香荚兰豆浸膏，但限制使用量。

引发奶粉质量安全问题的，大多是生产企业不按照国家标准规定，非法添加违规化学物质造成的，也有部分企业蛋白质、能量及其他营养物质含量不符合国家标准规定。进口奶粉被查出添加违规化学物质并不罕见。

2019 年初，海关总署对注册有效期到期的 64 家进口婴幼儿配方乳品境外生产企业开展了延续注册工作，有 9 家进口奶粉生产销售企业因质量安全问题未能通过注册续期。其中法国 CELIA-LAITERIE DE CRAON 的母公司兰特里斯集团沙门氏菌污染席卷全球；Agrana 暂停注册资格前不久，两个批次标称 Agrana 制造的奥地利 Holle 奶粉抽检不合格，原因分别是维生素 A 指标未达标及锰指标不符合标签标示值，以及检出阪崎肠杆菌；瑞士 HOCHDORF Swiss Nutrition Ltd 旗下“思宝智幼儿配方奶粉”和“思宝优婴儿配方奶粉”在深圳进境口岸也曾作退货处理，原因是该两批次奶粉均未按要求提供证书或合格证明材料。

婴幼儿奶粉中营养物质含量对于奶粉至关重要，各种营养物质搭配合理才能有助于婴幼儿的生长发育，婴幼儿不同生长阶段对各种营养物质的需求不同，因此不同阶段的配方奶粉需要不同配比的营养物质。婴幼儿由于处于身体发育的初级阶段，器官代谢功能正处于发育中，代谢能力较差，因此配方奶粉中添加剂使用需要严格限制。因此，婴幼儿奶粉中营养物质与添加剂含量需要符合国家标准要求，建立相应的检测方法，对其含量进行监测与控制尤为必要。

第二节　维生素的检测

维生素是维持生物正常生命过程所必需的一类有机物质，天然存在于食物中，全面、均衡的维生素是婴幼儿健康发育的重要保障。维生素种类很多，而且化学结构和生理功能各异。根据溶解度，可将其分为脂溶性维生素和水溶性维生素两大类。

脂溶性维生素是指化学组成只含有碳、氢、氧，溶于脂肪或非极性溶剂而不溶于水，在食物中与脂类共存的一类维生素，主要有维生素 A（视黄醇）、维生素 D（维生素 D_2 和维生素 D_3）、维生素 E（主要为 α-生育酚）和维生素 K（维生素 K_1）。共同特点是摄入后存在于脂肪组织中，不能从尿中排出，大剂量摄入时能引起中毒。

水溶性维生素主要有维生素 C（抗坏血酸）、维生素 B_1（硫胺素）、维生素 B_2（核黄素）、维生素 B_3（也称维生素 PP，烟酸）、维生素 B_5（泛酸）、维生素 B_6（吡哆醇、吡哆胺、吡哆醛）、维生素 B_7（生物素）、维生素 B_9（叶酸）、维生素 B_{12}（钴胺素），此外还包括 L-肉碱、胆碱、牛磺酸等。水溶性维生素主要存在于植物性食品中，都能溶于水，在食物中多以辅酶的形式存在。过量摄入后，可以从尿中排出，一般不会引起中毒。

尽管机体对维生素类物质的需求量相对较小，但其作用却十分重要，过量或不足均容易引发机体出现各种功能异常。因此奶粉中维生素含量需要严格规定，许多国家及国际组织均制定了自己的限量标准，但维生素含量要求基本上差别不大，主要是根据各国体制对标准进行了微调整。世界范围内影响较大的标准有：国际食品法典委员会（CAC）标准《婴儿配方及特殊医用婴儿配方食品标准》[CODEX STAN 72—1981（2016 修订）]和《较大婴儿配方食品》法典标准[CODEX STAN 156—1987（2017 修订）]，欧盟标准《婴儿配方食品和较大婴儿配方食品》（Commission Directive 2006/141/EC），美国标准《婴儿配方食品》（CFR 107.100），澳大利亚、新西兰食品标准法典《婴幼儿配方食品》（Standard 2.9.1）。我国婴幼儿配方奶粉标准有：《食品安全国家标准 婴儿配方食品》（GB 10765—2010）和《食品安全国家标准 较大婴儿和幼儿配方食品》（GB 10767—2010），国家标准中维生素含量规定均是等同采用的 CAC 要求。以婴儿配方奶粉为例，几大标准中维生素限量要求见表 5-1。

表 5-1　各国家、地区和国际组织婴儿配方奶粉维生素限量要求比较

种类	中国标准 GB 10765—2010	CAC 标准 STAN 72—1981（2016 修订）	美国标准 CFR 107.100	欧盟标准 2006/141/EC	澳大利亚、新西兰标准 Standard 2.9.1
维生素 A	14～43μg/100kJ	14～43μg/100kJ	250～750IU/100kcal	14～43μg/100kJ	14～43μg/100kJ
维生素 D	0.25～0.60μg/100kJ	0.25～0.60μg/100kJ	40～100IU/100kcal	0.25～0.65μg/100kJ	0.25～0.63μg/100kJ
维生素 E	0.12～1.2mg α-TE/100kJ	0.12～1.2mg α-TE/100kJ	≥0.7IU/100kcal	0.1～1.2mg α-TE/100kJ	0.11～1.1mg α-TE/100kJ
维生素 K_1	1～6.5μg/100kJ	1～6.5μg/100kJ	≥4μg/100kcal	1～6μg/100kJ	≥1μg/100kJ
维生素 B_1	14～72μg/100kJ	14～72μg/100kJ	≥40μg/100kcal	14～72μg/100kJ	≥10μg/100kJ
维生素 B_2	19～119μg/100kJ	19～119μg/100kJ	≥60μg/100kcal	19～95μg/100kJ	≥14μg/100kJ
烟酸	70～360μg/100kJ	70～360μg/100kJ	≥250μg/100kcal	72～375μg/100kJ	≥130μg/100kJ
维生素 B_6	7.5～45μg/100kJ	7.5～45μg/100kJ	≥35μg/100kcal	9～42μg/100kJ	9～36μg/100kJ
维生素 B_{12}	0.025～0.36μg/100kJ	0.025～0.36μg/100kJ	≥0.15μg/100kcal	0.025～0.12μg/100kJ	≥0.025μg/100kJ
泛酸	96～478μg/100kJ	96～478μg/100kJ	≥300μg/100kcal	95～475μg/100kJ	≥70μg/100kJ
叶酸	2.5～12μg/100kJ	2.5～12μg/100kJ	≥0.15μg/100kcal	2.5～12μg/100kJ	≥2μg/100kJ
维生素 C	2.5～17mg/100kJ	2.5～17mg/100kJ	≥8μg/100kcal	2.5～7.5mg/100kJ	≥1.7mg/100kJ
生物素	0.4～2.4μg/100kJ	0.4～2.4μg/100kJ	≥1.5μg/100kcal	0.4～1.8μg/100kJ	≥0.36μg/100kJ

婴幼儿配方奶粉中所含的维生素一部分来自这类食品本身，其存在形式十分复杂，多呈结合态，含量较少，多数在热和氧的条件下极其敏感和不稳定，加工和储存过程中也比较容易损失，另外大部分来源于加工过程中人工添加的营养强化剂。最终要求配方奶粉中所含的营养成分在一定范围内，避免成分含量少或比

例不合适，影响婴幼儿生长发育。因此维生素的定量分析在婴幼儿食品营养分析中占有重要地位。

一、水溶性维生素的检测

（一）维生素 B_1 的测定

1. 简介

维生素 B_1 又称硫胺素或抗神经炎维生素或抗脚气病维生素，通常以盐酸盐或硝酸盐等形式存在，分子量：300.81，CAS 号：59-43-8，盐酸硫胺素分子式：$C_{12}H_{17}N_4OS$（HCl），结构式见图 5-1。

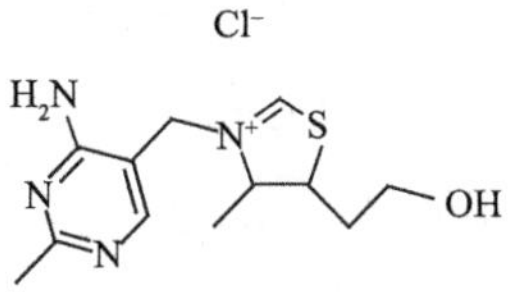

图 5-1　盐酸硫胺素结构式

2. 对人体健康的影响

维生素 B_1 的主要生理功能是构成脱羧酶的辅酶，参加糖的代谢。维生素 B_1 不足，将使丙酮酸（糖代谢过程中的中间产物）代谢受阻，积存在体内，引起脚气病。维生素 B_1 还能抑制胆碱酯酶的活性，有利于胃肠蠕动和消化腺体的分泌。维生素 B_1 不足时可引起胃肠道功能障碍。

3. 测定方法（参考 GB 5009.84—2016 食品中维生素 B_1 的测定）

原理：样品在稀盐酸环境中恒温水解，酶解，碱性铁氰化钾衍生，正丁醇萃取后，经反相色谱柱分离，用荧光检测器检测，外标法定量。

样品制备：称取试样 3～5g 于三角瓶中，加入 60mL 0.1mol/L 盐酸，充分摇匀，用棉花塞和牛皮纸封口，放入高压灭菌锅内，121℃下保持 30min，冷却至 40℃以下后取出，轻摇，用乙酸钠溶液调 pH 至 4.0 左右，加入 2.0mL 木瓜蛋白酶与淀粉酶混合酶液，摇匀后，37℃培养箱中过夜。将酶解液定容至 100mL，过滤，取 2.00mL 于 10mL 试管中，加入 1mL 碱性铁氰化钾溶液，充分混匀后，加 2.00mL 正丁醇涡旋混匀 1.5min 提取，静置或离心，取上清液过 0.45μm 滤膜，待测定。

测定：高效液相色谱仪，带荧光检测器。色谱柱：C_{18} 反相色谱柱。5μm，250mm×4.6mm，或相当者；流动相：0.05mol/L 乙酸钠溶液-甲醇（65+35）；流速：0.8mL/min；检测波长：激发波长 375nm，发射波长 435nm；进样量：20μL。

关键控制点：维生素 B_1 遇光易分解，试验操作应避光，应使用棕色玻璃容器。维生素 B_1 衍生产物在 4h 内稳定，应注意及时测定。

（二）维生素 B_2 的测定

1. 简介

维生素 B_2 又称核黄素，微溶于水，在碱性溶液中容易溶解，在强酸溶液中稳定。耐热、耐氧化。光照及紫外照射引起不可逆的分解。CAS 号：83-88-5，分子式：$C_{17}H_{20}O_6N_4$，分子量：376.36，结构式见图 5-2。

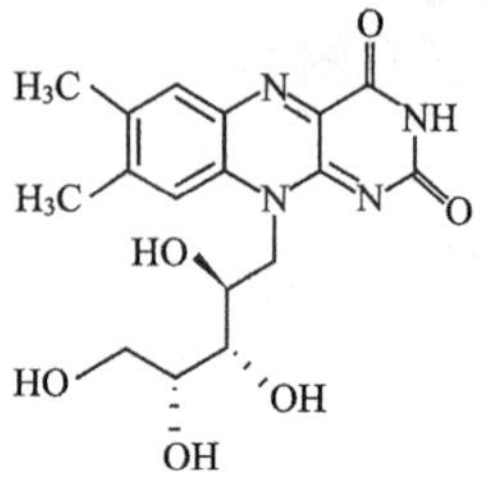

图 5-2 维生素 B_2 结构式

2. 对人体健康的影响

维生素 B_2 是体内许多重要辅酶类的组成成分，这些酶能在体内物质代谢过程中传递氢，还是蛋白质、糖、脂肪酸代谢和能量利用与组成所必需的物质。能促进生长发育，保护眼睛、皮肤的健康。缺乏维生素 B_2 可引起口腔溃疡、唇炎、舌炎、贫血等。

3. 测定方法（参考 GB 5009.85—2016 食品中维生素 B_2 的测定）

原理：样品在稀盐酸环境中恒温水解，酶解，经反相色谱柱分离，用荧光检测器检测，外标法定量。

样品制备：称取试样 2～10g 于三角瓶中，加 60mL 0.1mol/L 盐酸，充分摇匀，用棉花塞和牛皮纸封口，放入高压灭菌锅内，121℃下保持 30min，冷却至 40℃以下后取出，轻摇，用 1mol/L 氢氧化钠溶液调 pH 至 6.0～6.5，加入 2.0mL 木瓜蛋白酶和淀粉酶混合酶液，摇匀后，37℃培养箱中过夜。将酶解液定容至 100mL，过滤，过 0.45μm 滤膜，待测定。

测定：高效液相色谱仪，带荧光检测器。色谱柱：C_{18} 反相色谱柱，5μm，250mm×4.6mm，或相当者；流动相：0.05mol/L 乙酸钠溶液-甲醇（65+35）；流速：1.00mL/min；检测波长：激发波长 462nm，发射波长 522nm；进样量：20μL。

关键控制点：维生素 B_2 遇光易分解，试验操作应避光，应使用棕色玻璃容器。

（三）维生素 B_6 的测定

1. 简介

维生素 B_6 又称吡哆素，包括吡哆醇、吡哆醛和吡哆胺三种物质。维生素 B_6 为无色晶体，易溶于水及乙醇，在酸液中稳定，在碱液中易被破坏，吡哆醇耐热，吡哆醛和吡哆胺不耐高温。吡哆醇分子式：$C_8H_{11}NO_3$；吡哆醛分子式：$C_8H_9NO_3$；吡哆胺分子式：$C_8H_{12}N_2O_2$，结构式见图 5-3。

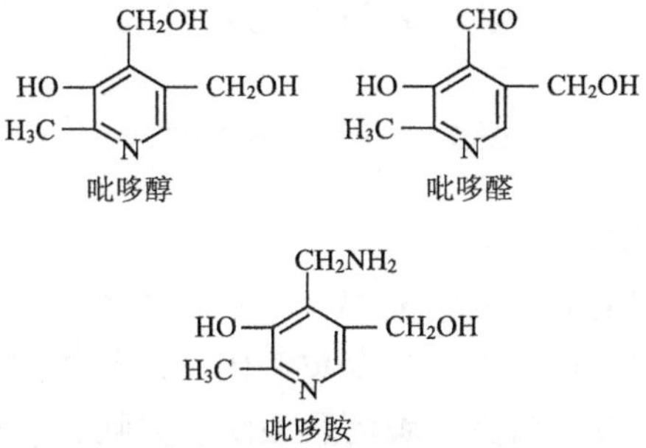

图 5-3　维生素 B_6 结构式

2. 对人体健康的影响

维生素 B_6 主要以磷酸吡哆醛形式参与近百种酶反应，是人体脂肪和糖代谢的必需物质，主要作用在人体的血液、肌肉、神经、皮肤等。功能有抗体的合成、消化系统中胃酸的制造、脂肪与蛋白质利用、维持钠/钾平衡。一般缺乏时会有食欲不振、食物利用率低、失重、呕吐、下痢等症状。严重缺乏会有粉刺、贫血、关节炎、痉挛、忧郁、头痛、掉发、学习障碍、神经衰弱等。

3. 测定方法（参考 GB 5009.154—2016 食品中维生素 B_6 的测定）

原理：样品经热水提取，调 pH 沉淀蛋白质等前处理后，经反相色谱柱分离，用荧光检测器检测，外标法定量。

样品制备：称取试样约 5g，加 25mL 45～50℃的水，用盐酸溶液调 pH 至 1.7±0.1，放置约 1min，再用氢氧化钠溶液调 pH 至 4.5±0.1，用水定容于 50mL 容量瓶并放入超声波振荡器中，超声振荡约 10min，过滤，滤液过 0.45μm 滤膜，待测定。

测定：高效液相色谱仪，带荧光检测器。色谱柱：C_{18} 反相色谱柱，5μm，150mm×4.6mm，或相当者；流动相：甲醇 50mL，辛烷磺酸钠 2.0g，三乙胺 2.5mL，水溶解，用冰醋酸调整 pH 至 3.0±0.1，用水定容至 1000mL；流速：1.00mL/min；检测波长：激发波长 293nm，发射波长 395nm；进样量：10μL。

关键控制点：pH 调整不可偏差过大，否则影响蛋白质沉淀效果。

（四）维生素 B_3 的测定

1. 简介

维生素 B_3 也称烟酸，或维生素 PP。烟酸在人体内可以转化为烟酰胺。维生素 B_3 为无色针状结晶。易溶于沸水和沸醇，能升华，无气味，微有酸味。分子式：$C_6H_5NO_2$，分子量：123.11，CAS 号：59-67-6，结构式见图 5-4。

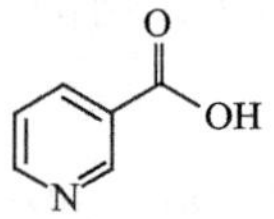

图 5-4 维生素 B_3 结构式

2. 对人体健康的影响

烟酰胺是辅酶Ⅰ和辅酶Ⅱ的组成部分，参与体内脂质代谢，组织呼吸的氧化过程和糖类无氧分解的过程。作为抗糙皮病因子而起作用，其缺乏时，可产生糙皮病，表现为皮炎、舌炎、口炎、腹泻及烦躁、失眠、感觉异常等症状。

3. 测定方法

本部分参考《食品中烟酸和烟酰胺的测定》（GB 5009.89—2016）。

（1）液相色谱法。

原理：样品经热水提取，调 pH 沉淀蛋白质后，经反相色谱柱分离，用紫外检测器检测，外标法定量。

样品制备：称取试样约 5g，加 25mL 45～50℃的水并用盐酸溶液调 pH 至 1.7±0.1，放置约 1min，再用氢氧化钠溶液调 pH 至 4.5±0.1，用水定容于 100mL 容量瓶中，超声振荡约 10min，过滤，滤液过 0.45μm 滤膜，待测定。

测定：高效液相色谱仪，带紫外检测器。色谱柱：C_{18} 反相色谱柱，5μm，150mm×4.6mm，或相当者；柱温：30℃；流动相：甲醇 70mL，异丙醇 20mL，庚烷磺酸钠 1g，加 910mL 水溶解并混匀后，用高氯酸调 pH 至 2.1±0.1；流速：1.00mL/min；检测波长：261nm；进样量：10μL。

关键控制点：pH 调整不可偏差过大，否则影响蛋白质沉淀效果。

（2）微生物法。

原理：利用植物乳杆菌（*Lactobacillus plantarum*）ATCC 8014 对烟酸和烟酰胺的特异性，在含有烟酸和烟酰胺的样品中生长，根据产生的酸度和形成的光密度来测定含量。

样品制备：称取试样约 2g，加 20mL 硫酸溶液，放入高压灭菌锅中 121℃保持 30min，冷却，用氢氧化钠溶液调 pH 至 6.0～6.5，再用盐酸溶液调 pH 至 4.5±0.1，用水定容至 100mL，过滤。吸取 25mL 滤液用氢氧化钠溶液调 pH 至 6.8±0.1，定容 100mL。用蒸馏水制备标准曲线管，每水平 3 个平行。试样管需分别取 1mL、2mL、3mL、4mL 试液，制作四种，每种 3 个平行。将标准曲线管和试样管在 121℃灭菌 5min，迅速冷却到室温。在无菌条件下，每管中各加入一滴测试菌液，加盖，充分振荡混匀。36℃±1℃培养 16～24h，直至获得最大浊度，即再培养 2h 浊度无明显变化。另准备一支标准 0 管（含 0.0ng 烟酸）不接种作为 0 对照管。

测定：用厚度为 1cm 比色杯，在波长 550nm 条件下，用标准 0 管调节透光率为 100%，然后依次测定标准系列管、试样系列管的透光率（最高浓度标准曲线管振荡 5s，测定光密度，放回重新培养 2h 后重新测该管的光密度，如果两次光密度的绝对差结果≤2%，则取出全部检验管测定标准溶液和试样的光密度）。

计算：以标准曲线管烟酸含量作横坐标，以光密度值为纵坐标绘制标准曲线。各个标准点三管之间的光密度值的相对标准偏差应小于 10%，大于 10%的点应舍去。按试样管光密度值，从标准曲线中查得对应的烟酸含量。每一编号的三个试样管有两管烟酸含量落在 50～500ng 范围内，且两管之间折合为每毫升试样提取液中烟酸含量的偏差小于 10%，则结果可用。

关键控制点：样品管中烟酸含量低于 100ng，高于 500ng 的值应舍去。

（五）泛酸的测定

1. 简介

泛酸又称维生素 B_5。因其性质偏酸性并广泛存于多种食物中，故称泛酸。泛酸耐热，能升华，自然界主要以泛酸钙即钙盐形式存在。泛酸分子式：$C_9H_{17}NO_5$，分子量：219.23，结构式见图 5-5。

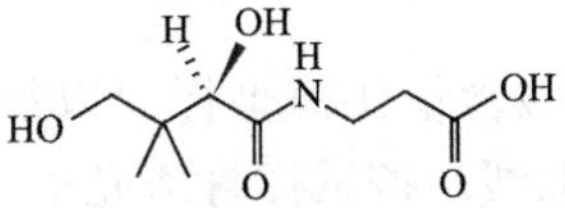

图 5-5　泛酸结构式

2. 对人体健康的影响

泛酸是辅酶 A 及酰基载体蛋白的组成部分。泛酸具有制造抗体的功能，在维护头发、皮肤及血液健康方面亦扮演着重要角色。由于食品中普遍含有泛酸，一般不宜缺乏。

3. 测定方法（参考 GB 5009.210—2016）

（1）液相色谱法。

原理：样品经热水提取，调 pH 沉淀蛋白质后，经反相色谱柱分离，用紫外检测器检测，外标法定量。

样品制备：称取试样约 5g，加 25mL 45～50℃的水，振摇溶解后超声萃取 20min，用盐酸溶液调 pH 至 4.5±0.1，加入 5mL 硫酸锌溶液，用水定容于 50mL

容量瓶中，离心，过滤，滤液过 0.45μm 滤膜，待测定。

测定：高效液相色谱仪，带紫外检测器。色谱柱：C_{18} 反相色谱柱，5μm，250mm×4.6mm，或相当者；柱温：28℃；流动相：乙腈+0.02mol/L 的磷酸二氢钾溶液（5+95）；流速：1.00mL/min；检测波长：200nm；进样量：10μL。

关键控制点：pH 调整不可偏差过大，否则影响蛋白质沉淀效果。

（2）微生物法。

原理：利用植物乳杆菌（*Lactobacillus plantarum*）ATCC 8014 对泛酸的特异性，在含有泛酸的样品中生长，培养一定时间后测定透光率（或吸光度值），计算出试样中泛酸的含量。

样品制备：称取试样约 2g，加 80mL 20%的乙醇溶液，超声提取 4h 以上，用水定容至 100mL。吸取 4mL 滤液，稀释至泛酸的浓度约为 20ng/mL。用蒸馏水制备标准曲线管，每水平 3 个平行。试样管需分别取 1mL、2mL、3mL、4mL 试液，制作四种，每种 3 个平行。将标准曲线管和试样管在 121℃灭菌 15min，迅速冷却到室温。在无菌条件下，每管中各加入 50μL 接种液，加盖，混匀。37℃±1℃下培养 16～20h，直至达到最大浊度，即再培养 2h 后透光率（或吸光度值）无明显变化。

测定：标准系列管、试样及空白管涡旋混匀。采用厚度 1cm 的比色杯，在波长 550nm 处，用 0 对照管调节透光率 100%，依次测定标准系列管、试样及空白管的透光率（或吸光度）。如果 0 对照管有细菌生长或与 0 对照管相比标准 0 管透光率在 90%以下（或吸光度值在 0.1 以上），或标准系列管透光率最大变化量小于 40%（或吸光度变化量小于 0.4），说明可能有杂菌或不明来源泛酸混入，需要重做试验。

计算：以标准曲线管泛酸含量作横坐标，以每个标准点透光率（或吸光度值）均值为纵坐标绘制标准曲线。按试样管透光率（或吸光度）从标准曲线中查得对应的泛酸含量。如果 3 个试样管有 2 个泛酸含量在 10～80ng 范围内，且各管之间折合为每毫升试样提取液中泛酸含量的偏差小于 15%，测试结果有效，否则需要重新测试。

关键控制点：标准 0 管中培养液应是澄清的，若透光率在 90%以下（或吸光度值在 0.1 以上），则测定无效。标准系列管透光率最大变化量小于 40%（或吸光度变化量小于 0.4），则测定无效。

（3）液相色谱-质谱法。

总泛酸的测定：试样经酶解游离其结合态的泛酸后，用乙酸锌和亚铁氰化钾溶液沉淀蛋白质，用液相色谱-质谱法检测其中泛酸的含量，内标法定量。

游离泛酸的测定：试样用水溶解提取其中游离的泛酸后，用乙酸锌和亚铁氰化钾溶液沉淀蛋白质，用液相色谱-质谱法检测其中泛酸的含量，内标法定量。

样品制备：一般谷薯类、肉蛋乳类、果蔬菌藻类、豆及坚果类等食品试样宜采用酶解提取法。

准确称取适量试样（m，含 0.02～0.2mg 泛酸，精确到 0.01g），一般谷薯类、肉类、蛋类、豆类及其制品称取 1～5g；新鲜果蔬、乳及其制品称取 5～10g，转入至 100mL 锥形瓶中。加入 10mL Tris 缓冲液、40mL 水，振荡混匀，于 121℃高压条件下水解 15min；冷却至室温，转移至 100mL 容量瓶中，用水定容至刻度（V_1），过滤；移取 10.0mL（V_2）上述液体于 50mL 离心管中，加入 100μL 内标储备液，加入 5mL Tris 缓冲液，涡旋 10s；在冰浴条件下，依次加入预冷的 0.1mL 碳酸钠溶液、0.4mL 碱性磷酸酶溶液、0.2mL 鸽子肝脏提取液和 0.4mL 水。小心混匀离心管，避免混合物黏附于管壁上。加入 1 滴甲苯，于 37℃恒温酶解过夜（8h 以上）。取出冷却至室温，加水至 20mL，分别加入 0.4mL 乙酸锌溶液和亚铁氰化钾溶液，用水定容至 25mL（V），涡旋 10s。静置 10～30min 后，8000r/min 离心 2min。上清液过 0.22μm 尼龙滤膜后进样分析。

添加泛酸钙的配方食品或保健食品，形态为颗粒、粉末、片剂、液体的营养素补充剂或强化剂、预混料，添加了泛酸钙的配方食品或保健食品可采用直接提取法。对于固态试样，准确称取 5g 试样（m_1，精确到 0.01g），加水至 50g（m_2，精确到 0.01g），磁力搅拌 10～30min，必要时放入超声波振荡器中超声至试样完全溶解。如果试样含有淀粉，加入淀粉酶 0.2g，振摇混匀，盖上瓶塞在 55℃±5℃水浴条件下，振摇酶解 120～240min。称取 0.5～5.0g 上述液体（m_3，精确到 0.1mg），液体试样混匀后直接称取 0.5～5.0mL，于 50mL 离心管中，加入 100μL 内标储备液，涡旋 10s。加水至 20mL，涡旋 10s。分别加入 0.4mL 乙酸锌溶液和亚铁氰化钾溶液，用水定容至 25mL（V），涡旋 10s。静置 10～30min 后，8000 r/min 离心 2min。上清液过 0.22μm 尼龙滤膜后进样分析。

测定：液相色谱-质谱仪，配有电喷雾离子源（ESI）。色谱柱：C_{18} 色谱柱，1.8μm，100mm×2.1mm，或相当者；柱温：35℃；流动相：A 相为 0.1%甲酸水，B 相为乙腈；流速：0.3mL/min；进样量：2μL；电离方式：ESI+；毛细管电压：3.0kV；干燥气温度：400℃；干燥气流速：800L/h；锥孔反吹气流速：150L/h；监测方式：MRM（多反应监测），监测离子对、碰撞能量参考条件见表 5-2。

表 5-2　质谱参数

化合物	定性离子对 *m/z*	定量离子对 *m/z*	锥孔电压/V	碰撞能量/eV
泛酸	220.2/124	220.2/90.1	30	12 17
泛酸同位素	224.2/128	224.2/94.1	30	12

注：可使用仪器的阀切换功能，将 0～2min 段的流动相切入废液，以保护质谱仪。

（六）维生素C的测定

1. 简介

维生素 C 又称抗坏血酸，广泛存在于水果和蔬菜中，但极为不稳定，在储藏、加工和烹调时容易被破坏。维生素 C 的分子式：$C_6H_8O_6$，分子量：176.12，CAS 号：50-81-7，结构式见图 5-6。

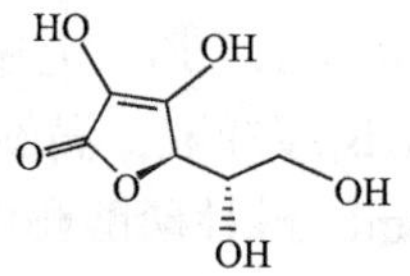

图 5-6　维生素 C 结构式

2. 对人体健康的影响

维生素 C 在体内参与多种反应，如参与氧化还原过程，在生物氧化和还原作用以及细胞呼吸中起重要作用。维生素 C 能够抵抗自由基对细胞的侵害，提高人体免疫力。

3. 测定方法（参考 GB 5413.18—2010）

原理：维生素 C 在活性炭存在下氧化成脱氢抗坏血酸，与邻苯二胺反应生成荧光物质，用荧光分光光度计测定，根据其荧光强度与维生素 C 的浓度成正比进行定量。

样品制备：称取固体试样约 5g，用偏磷酸-乙酸溶液将其溶解，定容至 100mL。转移至放有约 2g 酸性活性炭的三角瓶中，剧烈振动，过滤。然后准确吸取 5.0mL 试样，分别置于放有 5.0mL 硼酸-乙酸钠溶液的 25mL 容量瓶中，静置 30min，用蒸馏水定容，以此作为试样空白溶液。在此 30min 内，再准确吸取 5.0mL 试样于另外的放有 5.0mL 乙酸钠溶液和 15mL 水的 25mL 容量瓶中，用蒸馏水稀释至刻度，以此作为试样溶液。分别准确吸取 2.0mL 试样溶液及试样的空白溶液于 10.0mL 试管中，向每支试管中准确加入 5.0mL 邻苯二胺溶液，摇匀，避光放置 60min 后待测。同步进行标准溶液序列操作。

测定：采用荧光分光光度计，激发波长 350nm，发射波长 430nm。

关键控制点：维生素 C 容易氧化分解，标准溶液需要现用现配。反应产生的荧光产物对光敏感，操作需要避光及使用棕色玻璃器皿。

（七）生物素的测定

1. 简介

生物素又称维生素 H、辅酶 R，为无色长针状结晶，较易溶于热水和稀碱液，不溶于其他常见的有机溶剂。遇强碱或氧化剂分解。分子式：

$C_{10}H_{16}N_2O_3S$，分子量：244.3032，CAS：58-85-5，结构式见图 5-7。

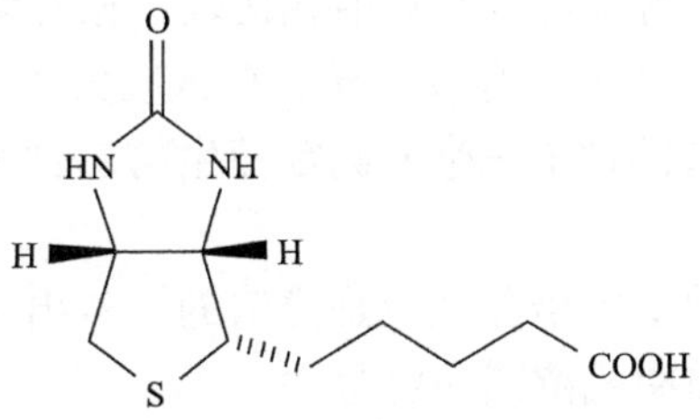

图 5-7　生物素结构式

2. 对人体健康的影响

生物素是多种羧化酶的辅酶，在羧化酶反应中起 CO_2 载体的作用，参与体内的脂肪酸和碳水化合物的代谢，促进蛋白质的合成，促进尿素合成与排泄，还参与维生素 B_{12}、叶酸、泛酸的代谢。生物素缺乏的体征：包括皮炎、湿疹，萎缩性舌炎，感觉过敏，肌肉痛，倦怠，厌食和轻度贫血、脱发等。

3. 测定方法

方法：微生物法（参考 GB 5009.259—2016 食品中生物素的测定）。

原理：利用植物乳杆菌（*Lactobacillus plantarum*）对游离生物素的特异性和灵敏性，培养基中其生长与待测物质含量呈线性关系，定量测定出试样中生物素的含量。

样品制备：称取一定量试样（应含 0.2～0.5μg 生物素），加入硫酸溶液 100mL，121℃水解 30min，冷却，用氢氧化钠溶液调 pH 至 4.5±0.2，用水定容至 250mL，过滤。吸取 5mL 滤液，加入约 20mL 水，用氢氧化钠溶液调 pH 为 6.8±0.2，用水定容至 100mL。用蒸馏水制备标准曲线管，每水平 3 个平行。试样管需分别取 1mL、2mL、3mL、4mL 试液，制作四种，每种 3 个平行。将标准曲线管和试样管在 121℃灭菌 5min，迅速冷却到室温。在无菌条件下，每管中各加入一滴测试菌液（标准曲线管中未接种空白 S1 和样品空白除外），加盖，充分振荡混匀。37℃±1℃下培养 19～20h。

测定：最高浓度标准曲线管，振荡 5s，在波长 550nm 条件下读取吸光度值，放回重新培养。2h 后重新测该管的光密度，如果两次光密度的绝对差结果≤2%，则取出全部检验管测定标准溶液和试样的吸光度值。

样品空白试管吸光度应小于 0.05。若样品空白试管吸光度大于 0.02，加入待测液 1mL 的试管的吸光度值要减去其样品空白试管吸光度值的 1/5，加入待测液 2mL 的试管的吸光度值要减去其样品空白试管吸光度值的 2/5，以此类推，作为计算结果的依据。

计算：以标准曲线管生物素含量作横坐标，以吸光度值为纵坐标绘制标准曲线。按试样管的光密度值，从标准曲线中查得对应的生物素含量。每一编号的三个试样管测定液生物素的含量与其平均值相比较，相对偏差小于 15%的试管为有效试样管，无效试样管应舍去，有效试样管总数应大于所有试样管数的 2/3。重新计算每一编号的有效试样管中每毫升测定液生物素含量的平均值，以此平均值计算试样管的总平均值。

关键控制点：未接种管中培养液应是澄清的，若出现浑浊，则测定无效。样品管中吸光度值超出标准曲线范围的要舍去。

（八）叶酸的测定

1. 简介

叶酸又称维生素 B_9、维生素 M，为橙黄色结晶，化学名：蝶酰谷氨酸；化学式：$C_{19}H_{19}N_7O_6$，分子量：441.4，CAS 号：59-30-3，结构式见图 5-8。

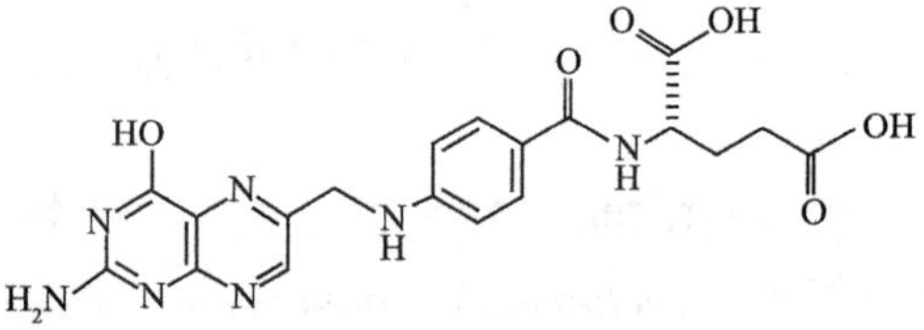

图 5-8　叶酸结构式

2. 对人体健康的影响

对细胞的分裂生长及核酸、氨基酸、蛋白质的合成起着重要的作用。叶酸是人体在利用糖分和氨基酸时的必要物质，是机体细胞生长和繁殖所必需的物质。人体缺少叶酸可导致红细胞的异常，未成熟细胞的增加，贫血及白细胞减少。叶酸是胎儿生长发育不可缺少的营养素。孕妇缺乏叶酸有可能导致胎儿出生时出现低体重、唇腭裂、心脏缺陷等。

3. 测定方法

（1）微生物法（参考 GB 5009.211—2014）。

原理：利用鼠李糖乳杆菌（*Lactobacillus rhamnosus*）ATCC 7469 对叶酸的特异性，在含有叶酸的样品中生长产生的酸度和形成的光密度来测定叶酸的含量。

样品制备：称取 0.5g 试样于锥形瓶中，用 80mL 氢氧化钠-乙醇溶液，超声提取 2～4h，用水定容为 100mL。根据试样中叶酸含量进行适当稀释，使稀释液中叶酸含量在 0.2～0.6ng/mL 范围内。取三支试管，分别加入 0.5mL、1.0mL、2.0mL 试样稀释液，补水至 5mL，同时制备空白对照管，加入 5mL 叶酸测定培养液。用蒸馏水制备标准曲线管，使每管叶酸含量为 0ng、0.05ng、0.10ng、0.20ng、0.30ng、0.40ng、0.50ng、0.60ng、0.80ng、1.0ng，加入 5mL 叶酸测定培养液。标准系列应制备 2～3 套，取平均值绘制标准曲线。将标准曲线管和试样管在 121℃灭菌 15min，迅速冷却到室温。在无菌条件下，每管中各加入 20μL 测试菌液，加盖，振荡混匀。37℃±1℃培养 20～40h，直至获得最大浑浊度。再培养 2h 透光率无明显变化。另准备一支标准 0 管，不接种，作为 0 对照管。

测定：标准系列管、试样及空白管涡旋混匀。采用厚 1cm 的比色杯，在波长 540nm 处，用 0 对照管调节透光率为 100%，依次测定标准系列管、试样及空白管的透光率（或吸光度）。如果 0 对照管有细菌生长或与 0 对照管相比标准 0 管透光率在 90%以下（或吸光度值在 0.1 以上），或标准系列管透光率最大变化量小于 40%（或吸光度变化量小于 0.4），说明可能有杂菌或不明来源叶酸混入，需要重做试验。

计算：以标准曲线管叶酸含量作横坐标，以每个标准点透光率均值（或吸光度值）为纵坐标绘制标准曲线。按试样管透光率（或吸光度）从标准曲线中查得对应的叶酸含量。如果 3 个试样管有 2 个叶酸含量在 0.1～0.8ng 范围内，且各管之间折合为每毫升试样提取液中叶酸含量的偏差小于 10%，测试结果有效，否则需要重新测试。

关键控制点：标准 0 管中培养液应是澄清的，若透光率在 90%以下（或吸光度值在 0.1 以上），则测定无效。标准系列管透光率最大变化量小于 40%（或吸光度变化量小于 0.4），则测定无效。

（2）超高效液相色谱-串联质谱法（参考 AOAC，2013.13）。

原理：在抗氧化剂混合物（抗坏血酸和 DTT）存在下，在磷酸钠缓冲液中提取叶酸和游离叶酸衍生物（FA 和 5-Me THF），使用 SAX 柱进行 SPE 净化，通过正电喷雾电离的 UHPLC-MS/MS 检测。

样品制备：将 25g 乳粉样品和 50mg α-淀粉酶溶解于 200mL 温水中，40℃消化 15min，取 15mL 置于棕色容量瓶中，添加 40mL 提取缓冲液（100mmol/L 磷酸盐缓冲液，2%抗坏血酸，0.1% DTT；pH=4.5），90℃加热 30min，冷却至室温；加入 2mL 蛋白酶，37℃水浴 30min，加水定容至 100mL，过滤后取 10mL 加入 50μL 内标溶液；取 3mL 过 SAX 固相微萃取柱净化后上机测试。

测定：超高效液相色谱-质谱仪。色谱条件：色谱柱：Waters UHPLC HSS T3，1.8μm，2.1mm×150mm 或等同色谱柱；流动相：A 相为 0.1%甲酸水，B 相为乙腈；进样量：5μL；流速：0.25mL/min。质谱条件：电离方式：ESI+，毛细管电压：3.5kV，气体温度：300℃，气体流速：10L/min，雾化器：30psi（$1psi=6.89476\times10^3Pa$），鞘气温度：350℃，鞘气流量：12L/min，喷嘴电压：600V，监测方式：MRM（多反应监测），监测离子对、碰撞能量参考条件见表 5-3。

表 5-3　在 Agilent 6460 MS/MS 上 FA 和 5-Me THF 的 MS/MS 转换化合物

化合物	保留时间/min	开始时间/min	停止时间/min	前体离子 *m/z*	产物离子 *m/z*	停留时间/ms	碰撞电压/eV
5-Me-THF_Q	4.00	2.0	5.0	460.2	313.1	100	14
5-Me-THF_q	4.00	2.0	5.0	460.2	180.0	50	42
[$^{13}C_5$]-5-Me-THF	4.00	2.0	5.0	465.2	313.1	75	15
叶酸_Q	5.75	5.0	8.0	442.2	295.1	75	10
叶酸_q	5.75	5.0	8.0	442.2	176.0	40	40
[$^{13}C_5$]-叶酸	5.75	5.0	8.0	447.1	295.0	50	10

（九）维生素 B_{12} 的测定

1. 简介

广义上维生素 B_{12} 是指一组含钴化合物，即钴胺素、氰钴胺、羟钴胺及维生素 B_{12} 的两种辅酶形式（甲钴胺和 5′-脱氧腺苷钴胺素）。一般情况仅指氰钴胺，氰钴胺是维生素 B_{12} 食物和营养补充的主要形式。氰钴胺为浅红色的针状结晶，易溶于水和乙醇，在 pH 4.5～5.0 弱酸条件下最稳定，强酸或碱性溶液中分解，遇热可有一定程度破坏，遇强光或紫外线易被破坏。分子式：$C_{63}H_{88}CoN_{14}O_{14}P$，分子量：1355.37，CAS 号：68-19-9，结构式见图 5-9。

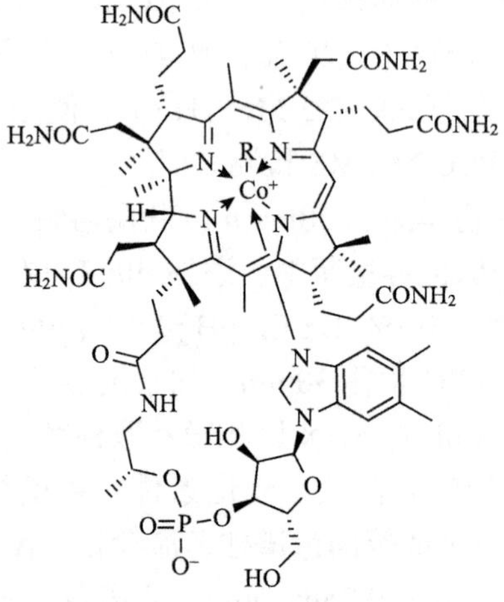

R=5′-脱氧腺苷基, Me, OH, CN

图 5-9　维生素 B_{12} 结构式（5′-脱氧腺苷钴胺素）

2. 对人体健康的影响

维生素 B_{12} 主要作为辅酶形式存在，如几种变位酶的辅酶（如催化 Glu 转变为甲基 Asp 的甲基天冬氨酸变位酶、催化甲基丙二酰 CoA 转变为琥珀酰 CoA 的甲基丙二酰 CoA 变位酶）。维生素 B_{12} 具有提高叶酸利用率，维护神经髓鞘的代谢与功能，促进红细胞的发育和成熟，参与脱氧核酸的合成，脂肪、碳水化合物及蛋白质的代谢等功能。维生素 B_{12} 缺乏会导致恶性贫血，脊髓变性，神经和周围神经退化，舌、口腔、消化道的黏膜发炎等。

3. 测定方法

（1）微生物法（参考 GB 5413.14—2010）。

原理：利用莱士曼氏乳酸杆菌（*Lactobacillus leichmannii*）对维生素 B_{12} 的特异性和灵敏性，定量测定出试样中维生素 B_{12} 的含量。

样品制备：称一定量的样品（含维生素 B_{12} 50～100ng），用 10mL 偏重亚硫酸钠溶液混合后，加 150mL 水，在 121℃下水解 10min，冷却后调 pH 至 4.5±0.2，再用水定容至 250mL，过滤。取滤液 5mL，加入水 20～30mL，调 pH 至 6.8±0.2，用水定容至 100mL（最终溶液中维生素 B_{12} 浓度为 0.01～0.02ng/mL，偏重亚硫酸钠的质量浓度小于 0.03mg/mL）。用蒸馏水制备标准曲线管，每水平 3 个平行。试样管需分别取 1mL、2mL、3mL、4mL 试液，制作四种，每种 3 个平行。将标准曲线管和试样管在 121℃灭菌 5min，迅速冷却到室温。在无菌条件下，每管中各加入一滴测试菌液（标准曲线管中未接种空白 S1 和样品空白除外），加盖，充分振荡混匀。36℃±1℃下培养 19～20h。

测定：最高浓度标准曲线管，在波长 550nm 条件下读取吸光度值，放回重新培养。2h 后重新测该管的光密度，如果两次光密度的绝对差结果≤2%，则取出全部检验管测定标准溶液和试样的吸光度值。

计算：以标准曲线管维生素 B_{12} 含量作横坐标，以吸光度值为纵坐标绘制标准曲线。按试样管的光密度值，从标准曲线中查得对应的维生素 B_{12} 含量。每一编号的三个试样管测定液维生素 B_{12} 的含量与其平均值相比较，相对偏差小于15%的试管为有效试样管，无效试样管应舍去，有效试样管总数应大于所有试样管数的 2/3。重新计算每一编号的有效试样管中每毫升测定液维生素 B_{12} 含量的平均值，以此平均值计算试样管的总平均值。

关键控制点：未接种管中培养液应是澄清的，若出现浑浊，则测定无效。样品管中吸光度值超出标准曲线范围的试样管要舍去。

（2）高效液相色谱法。

原理：提取样品中的维生素 B_{12}，在 pH 4 且氰化物存在下加热样品使之转化为氰钴胺素，在高选择性免疫亲和柱上过滤和清洗，用甲醇洗脱，在氮气下浓缩，用水、乙腈、三氟乙酸混合物定容，通过 HPLC 在 361nm 下进行检测分析，使用校准曲线的外标法定量。

样品制备：取 3g 样品溶于 25mL 水中，加入 30mL 0.1mol/L 的乙酸钠缓冲液（pH=4.5）混匀，加入 1% KCN，振荡混匀，将样品置于 105℃烘箱中孵育

60～120min，冷却至室温，加水定容至100mL，过滤待用。

净化：样品过免疫亲和柱，用甲醇水溶液洗脱，三氟乙酸、乙腈溶液复溶后待测。

测定：色谱柱，C_{18}，ACE 3AQ 150mm×3.0mm，或Nucleosil 100-3 C_{18} HD 125mm×3.0mm，或同等级别；流动相，A相为含有0.4%三氟乙酸的水溶液，B相为含有0.025%三氟乙酸的乙腈溶液；检测波长，361nm，流速，0.25mL/min；进样量，100μL。

（十）多种水溶性维生素同时测定

由于各水溶性维生素理化性质及含量水平差异大，目前的检测方法基本上都是针对一种或几种维生素。维生素多组分同时测定是分析工作者面临的挑战。维生素检测方法有微生物法、液相色谱法及液相色谱-质谱法。

微生物检测法相关国家标准方法有：《食品安全国家标准 食品中生物素的测定》（GB 5009.259—2016），《食品安全国家标准 食品中叶酸的测定》（GB 5009.211—2014），《食品安全国家标准 婴幼儿食品和乳品中维生素B_{12}的测定》（GB 5413.14—2010），《食品安全国家标准 食品中烟酸和烟酰胺的测定》（GB 5009.89—2016）第一法，《食品安全国家标准 食品中泛酸的测定》（GB 5009.210—2016）第一法等。尽管微生物法灵敏度高，但具有很多局限性，如整个试验周期长，批次检测结果重复性差，检测结果误差大。

目前大部分维生素测定的国家标准方法为液相色谱法，根据被测维生素性质，有采用酶解后反相色谱柱分离，荧光检测器检测，如《食品安全国家标准 食品中维生素B_1的测定》（GB 5009.84—2016）、《食品安全国家标准 食品中维生素B_2的测定》（GB 5009.85—2016）和《食品安全国家标准 食品中维生素B_6的测定》（GB 5009.154—2016），有采用热水提取后紫外检测器检测的，如《食品安全国家标准 食品中烟酸和烟酰胺的测定》（GB 5009.89—2016）第一法，《食品安全国家标准 食品中泛酸的测定》（GB 5009.210—2016）第一法。液相色谱法相比微生物法操作简便、分离效果好、分析速度快，不仅适用于多种组分，且可作同分异构体的分离；同时灵敏度高、特异性强。

同时由于受液相色谱检测器的限制，液相色谱法前处理复杂，多需要酶解，反复提取，净化，有的还需要衍生，操作复杂，部分维生素不稳定，使得结果重现性差。近年来液相色谱-串联质谱技术在食品安全领域的应用越来越广泛，由于它是一个通用性检测器，同时又具有高灵敏度及高选择性，可以实现高通量检测。液相色谱-串联质谱技术使得多种维生素同时分析测定成为可能。

近年来分析人员越来越多地采用液相色谱-串联质谱法检测维生素，部分实现了多种维生素的检测，同时简化了样品前处理。例如，陈稚等测定了婴幼儿配

方奶粉中的维生素 B_1、维生素 B_6、泛酸、烟酸和牛磺酸；王一红等测定保健品中 10 种水溶性维生素；喻凌寒等测定了婴幼儿配方食品中生物素等。

采用 UHPLC-MS/MS 法测定维生素 B_1、维生素 B_2、烟酸、维生素 B_6、生物素的具体过程如下。

原理：样品经盐酸酸解，加内标，稀释，通过 UHPLC-MS/MS 分析，使用内标法进行定量。

样品制备：称量 25.0g±1.0g 奶粉样品，置入 250mL 棕色玻璃烧瓶中，并记录质量（精确至 0.1g），加入 40℃±5℃的水 50.0g±1.0g，并记录质量（精确至 0.1g），搅拌直至悬浮液均匀（液体样品直接室温称量 75g）。如果样品含有淀粉（如谷物样品），则加入 50mg±10mg 的 α-淀粉酶，以便于处理。在室温下放置 15min，或在 40℃培养。

酸水解：称量供试样品置入 250mL 平底琥珀色烧瓶中，并记录质量精确至 0.01g。加入 40℃±5℃的 15～40mL 的水，加入 5.0mL 的 1mol/L HCl。在 100℃±5℃的水浴中搅拌 35min±5min，冷却至室温。

中和/过滤：加入 3.5mL 1mol/L NaOH 和 15mL 100mmol/L 乙酸钠调整 pH 至 4.5。pH 应为 4.5±0.5。必要时，用 1mol/L HCl 或 1mol/L NaOH 调节 pH。定量转移至 100mL 棕色容量瓶中，加水至刻度，滤纸过滤。

内标液的配制过程如下。

添加内标和稀释：移取 2.0mL 样品溶液和 500μL 同位素标记的混合标准液放入 10mL 容量瓶中，加水至 10mL，使用滤膜（0.22μm）过滤至 2mL 琥珀色样品瓶中，待测。

仪器条件：色谱柱为 ACE 3 C_{18}-PFP 柱，3μm，150mm×2.1mm；流动相为 A 相 5%乙酸，B 相乙腈；流速 0.20mL/min；温度 25℃±5℃；进样量 2μL。液相色谱参数见表 5-4。

表 5-4 液相色谱参数

梯度时间/min	流动相 A/%	流动相 B/%
0.00	96	4
1.00	96	4
8.50	65	35
8.75	1	99
10.75	1	99
11.00	96	4
13.50	96	4

质谱条件见表 5-5。

表 5-5　质谱条件

指标	设置值
检测模式	多反应监测
源类型	ESI+ Agilent 喷射流
毛细管电压/kV	3
气体温度/℃	300
气体流量/（L/min）	13
雾化器压力/psi	50
鞘气温度/℃	300
鞘气流量/（L/min）	12
喷嘴电压/V	500

由于婴幼儿乳粉基质复杂，质谱准确定量较困难，研究者引入同位素内标，用于校正样品基质及前处理过程对测定结果的影响。由于维生素性质不稳定，遇热、遇光可能分解，采用同位素内标法可减少这一部分因素对结果的影响，使测定结果更准确。目前，也已经有相应的研究报道。例如，黄挺等采用液相色谱-同位素稀释质谱法测定配方奶粉中的烟酰胺。

利用液相色谱-串联质谱检测手段，采用同位素内标，覆盖多种水溶性维生素的检测技术将是今后的热点研究方向。

二、脂溶性维生素的检测

（一）维生素 A、维生素 D、维生素 E 的测定

1. 简介

维生素 A 又称视黄醇（retionl），是最早被发现的维生素。维生素 A 有两种：一种是维生素 A 醇，是最初的维生素 A 形态（只存在于动物性食物中）；另一种是胡萝卜素，在体内转变为维生素 A（可从植物性及动物性食物中摄取）。婴幼儿配方奶粉中所标注维生素 A 只指视黄醇，不包括胡萝卜素。视黄醇为黄色片状结晶，通常与脂肪酸形成酯存在于食物中。视黄醇的化学性质活泼，易被空气氧化而失去生理作用，紫外线照射亦可使之破坏。视黄醇只存在于动物性食品（肝、蛋、肉）中。CAS：68-26-8，分子量：286.46，分子式 $C_{20}H_{30}O$，结构式见图 5-10。

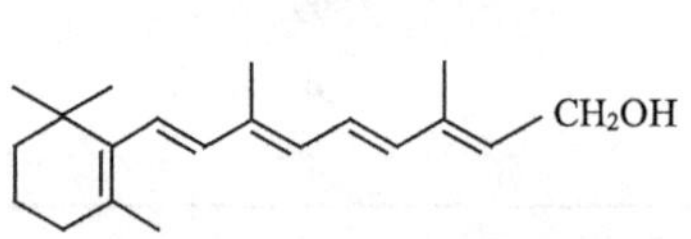

图 5-10　视黄醇结构式

维生素 D 为固醇类衍生物，共有五种化合物，与健康关系较密切的是维生素 D_2 和维生素

D_3。维生素 D_2 又称麦角骨化醇，是由紫外线照射植物中的麦角固醇产生。维生素 D_3 又称胆骨化醇，是由动物体内的 7-脱氢胆固醇经日光中紫外线照射转变而成。维生素 D_3 为无色针状结晶，易溶于脂肪和有机溶剂，除对光敏感外，化学性质一般较稳定。维生素 D_3：CAS：67-97-0，分子量：384.64，分子式：$C_{27}H_{44}O$，结构式见图 5-11。维生素 D_2：CAS：50-14-6，分子量：396.6484，分子式：$C_{28}H_{44}O$，结构与维生素 D_3 类似。

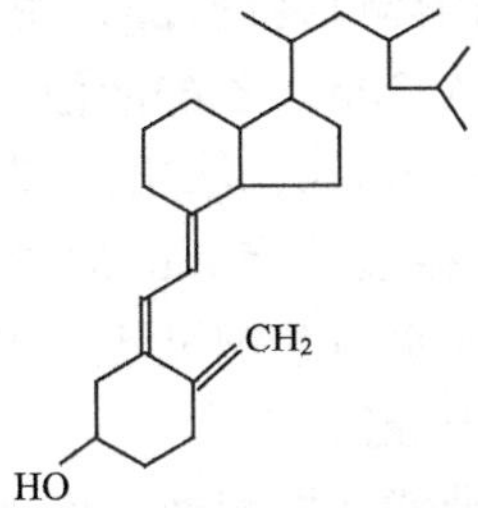

图 5-11　维生素 D_3 结构式

维生素 E 又称为生育酚，已经发现的生育酚有 α、β、γ 和 δ 四种，其中以 α-生育酚的生理效用最强。维生素 E 为油状物，具有特异的紫外吸收光谱（295nm 波长处），在无氧状况下能耐高热，并对酸和碱有一定抗力，但对氧十分敏感，被氧化后即失效。α-生育酚：CAS：10191-41-0，分子量：430.71，分子式：$C_{29}H_{50}O_2$，结构式见图 5-12。

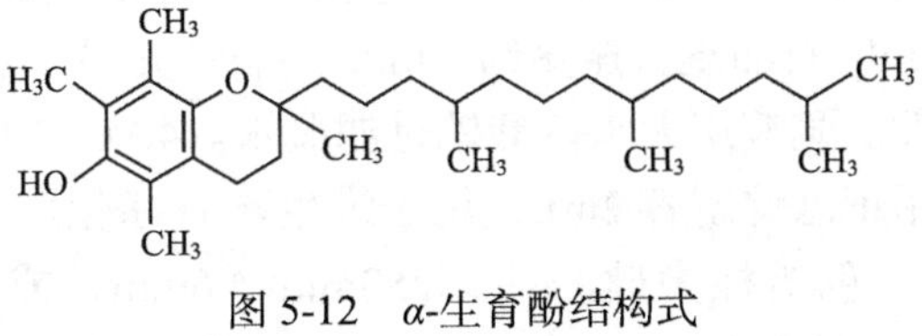

图 5-12　α-生育酚结构式

2. 对人体健康的影响

维生素 A 是构成视觉细胞中感受弱光的视紫红质的组成成分，人体缺乏维生素 A 会影响暗适应能力；维生素 A 可参与糖蛋白的合成，缺乏会引起皮肤干燥、抵抗力降低；维生素 A 还可以促进生长与生殖，缺乏可导致儿童发育不良等。

维生素 D 具有抗佝偻病作用，又称抗佝偻病维生素。维生素 D 主要维持血清钙磷浓度的稳定。维生素 D 缺乏会导致少儿佝偻病和成年人的软骨病。

维生素 E 能促进生殖。它能促进性激素分泌，使男子精子活力和数量增加；使女子雌性激素浓度增高，提高生育能力，预防流产。缺乏时会出现睾丸萎缩和上皮细胞变性，孕育异常。有保护 T 淋巴细胞、保护红细胞、抗自由基氧化、抑制血小板聚集从而降低心肌梗死和脑梗死的危险性的功能。

3. 测定方法（参考 GB 5009.82—2016）

原理：奶粉试样皂化后，经石油醚萃取，维生素 A、维生素 E 用反相色谱法分离，紫外检测器检测，外标法定量；维生素 D 用正相色谱法净化后，反相色谱法分离，紫外检测器检测，内标法定量。液相色谱-质谱/质谱法采用液相色谱分离，串联质谱/质谱检测，同位素内标法定量。

（1）维生素 A、维生素 E 的测定。

样品制备：①皂化：称取固体试样约 2g，用约 20mL 温水使其溶解，加入 1g 维生素 C 和 0.1g BHT，加入 30mL 乙醇溶液，混匀，加 15mL 氢氧化钾水溶液混匀，80℃水浴中，皂化约 30min，取出冷却到室温。②提取：皂化液加入 50mL 石油醚-乙醚混合溶液，振荡约 5min 后静置分层，第二次萃取，合并醚液，用水洗至近中性。醚液用无水硫酸钠过滤脱水。40℃±2℃充氮蒸至近干（不允许蒸干）。残渣用甲醇定容 10mL。

测定：高效液相色谱仪，带紫外检测器。色谱柱：C_{30} 柱，250mm×4.6mm，3μm，或具同等性能的色谱柱；流动相：甲醇-水，梯度洗脱；流速：0.8mL/min；检测波长：维生素 A 325nm，维生素 E 294nm；柱温：20℃；进样量：20μL。

（2）维生素 D 的测定。

样品制备：①皂化：称取固体试样约 5g，加入内标使用液 1mL，用约 20mL 温水使其溶解，加入 1g 维生素 C 和 0.1g BHT，加入 30mL 乙醇溶液，混匀，加 15mL 氢氧化钾水溶液混匀，80℃水浴中，皂化约 30min，取出冷却到室温。②提取：皂化液加入 50mL 石油醚，振荡约 5min 后静置分层，第二次萃取，合并醚液，用水洗至近中性。醚液用无水硫酸钠过滤脱水。40℃±2℃充氮蒸至近干（不允许蒸干）。残渣用正己烷定容 2mL，用于维生素 D 净化。

待测液的净化：色谱柱为硅胶柱，250mm×4.6mm，或具同等性能的色谱柱；流动相为环己烷-正己烷（1∶1），加入 0.8%异丙醇；流速 1mL/min；波长 264nm；柱温 35℃±1℃；进样体积 500μL。根据维生素 D 标准溶液保留时间收集维生素 D 馏分，40℃±2℃氮吹仪中吹干，加入 1.0mL 甲醇溶解。

测定：色谱柱为 C_{18} 柱，250mm×4.6mm，5μm，或具同等性能的色谱柱；流动相为甲醇；流速 1mL/min；检测波长 264nm；柱温 35℃±1℃；进样体积 100μL。

（3）维生素 D 的液相色谱-质谱/质谱法测定。

样品制备：①皂化：称取固体试样约 2g，加入内标使用液 1mL，用约 6mL 温水使其溶解，加入 0.4g 维生素 C，加入 12mL 乙醇溶液，混匀，加 6mL 氢氧化钾水溶液混匀，80℃水浴中，皂化约 30min，取出冷却到室温。②提取：皂化液加入 20mL 正己烷，振荡约 5min 后静置分层，转移正己烷，用水洗至近中性。离心，转移正己烷层，待净化。

待测液的净化：硅胶固相萃取柱（6mL，500mg），8mL 乙酸乙酯活化，8mL 正己烷平衡，取提取液全部过柱，再用 6mL 乙酸乙酯-正己烷溶液（5+95）淋洗，用 6mL 乙酸乙酯-正己烷溶液（15+85）洗脱。洗脱液 40℃下氮气吹干，加入 1mL 甲醇，涡旋 30s，0.22μm 有机系滤膜过滤，待测定。

测定：色谱柱为 C_{18} 柱，100mm×2.1mm，1.8μm，或具同等性能的色谱柱；柱温 40℃；流动相为甲醇-甲酸-甲酸铵+甲酸-甲酸铵-水溶液，梯度洗脱；流速 0.4mL/min；进样体积 10μL。

质谱条件：ESI+，鞘气温度 375℃，鞘气流速 12L/min，毛细管电压 4500V，干燥气温度 325℃，干燥气流速 10L/min。MRM 监测参数：维生素 D_2 定量离子 397＞107，定性离子 397＞379；维生素 D_2 内标定量离子 400＞110，定性离子 400＞382；维生素 D_3 定量离子 385＞107，定性离子 385＞367；维生素 D_3 内标：定量离子 388＞110，定性离子 388＞370。

（4）计算。

$$X=\frac{C_i\times V\times 100}{m}$$

式中，X 为样品中某种维生素含量，mg/100g；C_i 为标准曲线上查得的待测液中某种维生素的浓度，μg/mL；V 为试样溶液的体积，mL；m 为试样的质量，g。

关键控制点：维生素 A 容易光照破坏，试验操作应在避光或在弱光条件下进行，应使用棕色玻璃容器。皂化过程需要使用维生素 C 或其他抗氧化剂，避免维生素 A 及维生素 E 的氧化分解。维生素标准储备液浓度需要根据吸光系数进行校正，详见 GB 5009.82—2016 附录 A。旋转蒸发浓缩时注意避免样液蒸干，氮吹浓缩时控制流速，避免速度过快造成样品损失。

（二）维生素 K 的测定

1. 简介

维生素 K 是一类甲萘醌衍生物的总称。维生素 K 有维生素 K_1、维生素 K_2、维生素 K_3、维生素 K_4 等几种，维生素 K_1 主要存在于天然绿叶蔬菜及动物内脏中，是天然提取的，维生素 K_2 为肠道菌群合成，这两种为脂溶性，维生素 K_3 和维生素 K_4 为人工合成的，是水溶性的。维生素 K_1 是主要的营养强化剂，为黄色至橙色透明黏稠液体，无臭、遇光易分解。易溶于乙醚、氯仿、植物油等有机溶剂，略溶于乙醇，不溶于水。CAS 号：84-80-0，分子量：450.7，分子式 $C_{31}H_{46}O_2$，结构式见图 5-13。

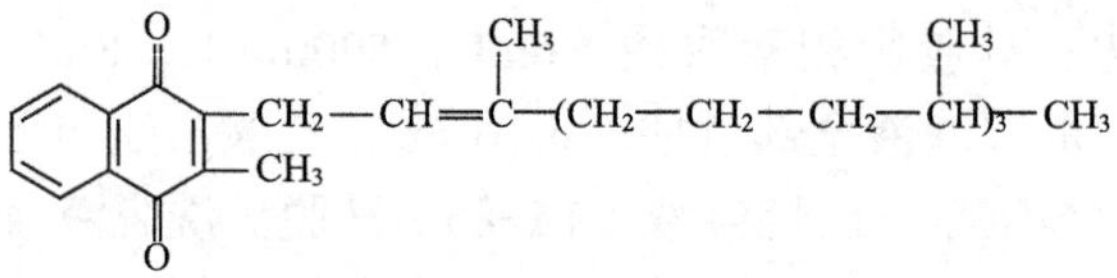

图 5-13　维生素 K_1 结构式

2. 对人体健康的影响

维生素 K 是促进血液凝固的化学物质之一，因此又称凝血维生素，是形成凝血酶原不可缺的物质。

3. 测定方法（参考 GB 5009.158—2016）

原理：试样用脂肪酶降解脂肪和不饱和脂肪酸，经碱皂化后，用正己烷提取。液相法通过液相色谱分离，柱后还原维生素 K_1，荧光检测器检测，外标法定量。液相色谱-质谱/质谱法采用液相色谱分离，串联质谱/质谱检测，同位素内标法定量。

样品制备：称取试样约 1.0g，用 5mL 温水溶解，加入磷酸盐缓冲液（pH 8.0）5mL，加入 0.2g 脂肪酶，0.2g 淀粉酶，涡旋混合均匀，37℃±2℃恒温振荡 2h 以上，加入 10mL 乙醇，1g 碳酸钾，充分混匀。加入 10mL 正己烷，10mL 水，振荡提取 10min，正己烷重复提取 1 次，合并有机相。用蒸馏水洗有机相两次，旋转蒸发至近干。甲醇定容为 5mL，膜过滤，待测定。

液相色谱法测定：高效液相色谱仪，带荧光检测器。色谱柱：C_{18} 柱，250mm×4.6mm，5μm，或具同等性能的色谱柱；锌还原柱：4.6mm×50mm；检测波长：激发波长为 243nm，发射波长为 430nm；流动相：甲醇 900mL，二氯甲烷 100mL，冰醋酸 0.3mL，氯化锌 1.5g，无水乙酸钠 0.5g，溶解后用 0.45μm 滤膜过滤；流速：1.0mL/min；进样量：10μL。

液相色谱-质谱/质谱法测定：色谱柱为 C_{18} 柱，50mm×2.1mm，1.8μm，或具同等性能的色谱柱；流动相为甲醇，含有 0.025%甲酸+2.5mmol/L 甲酸铵；流速 0.3mL/min；进样量 5μL。质谱条件：ESI+，鞘气温度 375℃，鞘气流速 12L/min，毛细管电压 4500V，干燥气温度 325℃，干燥气流速 10L/min。MRM 监测参数：维生素 K_1 定量离子 451＞187，定性离子 451＞227，维生素 K_1 内标定量离子 458＞194，定性离子 451＞178。

关键控制点：维生素 K_1 遇光易分解，试验操作应注意避光，应使用棕色玻璃容器。维生素 K_1 遇碱浓度过高可分解，需要依据标准控制氢氧化钠溶液用量。维生素 K_1 标准储备液浓度需要根据吸光系数进行校正，详见 GB 5009.158—2016 附录 A。

（三）多种脂溶性维生素同时测定

目前脂溶性维生素测定的国家标准方法如前文所述均为液相色谱法，均是根据被测维生素性质，有采用酶解后反相色谱柱分离，荧光检测器检测，有采用皂化、提取后反相色谱柱分离，紫外检测器检测，如维生素 A、维生素 D 和维生素 E 测定依据的 GB 5413.9—2010，该标准目前被《食品安全国家标准 食品中维生素 A、D、E 的测定》（GB 5009.82—2016）替代。

但受液相色谱检测器的限制，液相色谱法前处理复杂。近年来液相色谱-串联质谱技术在食品安全领域的应用越来越广泛，它是一个通用性检测器，又具有高灵敏度及高选择性，同时可以实现高通量检测。液相色谱-串联质谱技术使得多种维生素同时分析测定成为可能。例如，黄芳等及 Gilliland 等建立了食品中维生素 D_2 和维生素 D_3 的液相色谱-串联质谱测定方法，简化了前处理步骤。孙伟红等建立了鱼肝中的 4 种脂溶性维生素，维生素 A、维生素 D、维生素 E 和维生素 K 的方法，实现了多种脂溶性维生素的同时测定。曹慧等建立了同位素稀释-超高效液相色谱-串联质谱测定婴儿配方奶粉中的维生素 D 的分析方法，使得结果准确性得到了较大的提高。

第三节　脂肪酸的检测

一、脂肪酸及其对人体健康的影响

脂肪酸（fatty acid），由碳、氢、氧三种元素组成的一类有机化合物，是生物体内中性脂肪、磷脂和糖脂的主要成分。脂肪酸在有充足氧供给的情况下，可氧化分解为二氧化碳和水，释放大量能量，因此脂肪酸是机体主要能量来源之一。自然界约有 40 多种不同的脂肪酸，它们是脂类的关键成分。

脂肪酸根据碳氢链饱和与不饱和的不同可分为三类，即饱和脂肪酸（saturated fatty acid，SFA），碳氢链上没有不饱和键；单不饱和脂肪酸（monounsaturated fatty acid，MUFA），其碳氢链有一个不饱和键；多不饱和脂肪酸（polyunsaturated fatty acid，PUFA），其碳氢链有两个或两个以上不饱和键。富含单不饱和脂肪酸和多不饱和脂肪酸的脂肪在室温下呈液态，大多为植物油，如花生油、玉米油、豆油、坚果油（即阿甘油）、菜籽油等。以饱和脂肪酸为主要组成的脂肪在室温下呈固态，多为动物脂肪，如牛油、羊油、猪油等。但也有例外，如深海鱼油虽然是动物脂肪，但它富含多不饱和脂肪酸，如二十碳五烯酸（EPA）和二十二碳六烯酸（DHA），因而在室温下呈液态。

按照空间结构的不同，不饱和脂肪酸又可以分为顺式不饱和脂肪酸和反式不饱和脂肪酸。双键上 2 个碳原子结合的 2 个氢原子在碳链的同侧，空间构象呈弯曲状，称为顺式不饱和脂肪酸，这也是自然界绝大多数不饱和脂肪酸的存在形式。反之，如果与双键上 2 个碳原子结合的 2 个氢原子分别在碳链的两侧，空间构象呈线形，则称为反式不饱和脂肪酸。

随着营养科学的发展，发现脂肪酸双键所在的位置影响其营养价值，因此又按其双键位置进行分类。双键的位置可从脂肪酸分子结构的两端第一个碳原子开始编号。根据脂肪酸第一个双键出现的位置分别称为 ω-3 族、ω-6 族、ω-9 族等不饱和脂肪酸。脂肪酸按照营养价值可分为：必需脂肪酸和非必需脂肪酸。必需脂肪酸为人体健康和生命所必需，但机体自己不能合成，必须依赖食物供应，包括亚油酸与亚麻酸，它们都是不饱和脂肪酸，分属于 ω-6 族和 ω-3 族多不饱和脂肪酸。过去只重视 ω-6 族的亚油酸等，自发现 ω-3 族脂肪酸以来，其生理功能及营养上的重要性越来越被人们重视。ω-3 族脂肪酸包括亚麻酸及一些多不饱和脂肪酸，它们大多数存在于深海鱼的鱼油中，其生理功能及营养作用有待开发与进一步研究。非必需脂肪酸是机体可以自行合成，不必依靠食物供应的脂肪酸，它包括饱和脂肪酸和一些单不饱和脂肪酸。必需脂肪酸不仅为营养所必需，而且与儿童生长发育和成长健康有关，更有降血脂、防治冠心病等治疗作用，且与智力发育、记忆等生理功能有一定关系。

母乳中脂肪酸的种类很多，包括中链及中长链饱和脂肪酸、长链饱和脂肪酸（如棕榈酸）、单不饱和脂肪酸（如油酸）、多不饱和脂肪酸（如亚油酸、ARA、DHA、亚麻酸）。这种构成完全是婴幼儿期对脂肪酸的特定需要。脂肪在婴幼儿成长发育过程中发挥着重要的作用：①提供能量，虽然脂肪在母乳和婴幼儿配方奶粉中含量只有 3%～4%，却为婴幼儿成长发育提供 50%～60%的能量；②对于多种维生素和矿物质的吸收起重要作用；③是脑组织、神经组织、视网膜发育所必需的重要营养元素。

母乳中所含有的各种营养元素的种类、含量及配比都是宝宝需要的“黄金标准”。现在配方奶粉在不断努力朝着母乳化的方向发展。人们越来越重视添加脂肪酸的种类、含量及配比接近母乳，但是普通婴幼儿配方奶粉还是普遍存在脂肪酸吸收率低的问题。原因可能是普通婴幼儿配方奶粉含有的重要饱和脂肪酸棕榈酸和母乳中所含的棕榈酸结构不同，母乳中大约 70%棕榈酸是结合在甘油三酯的 β 位置，而配方奶粉中添加的植物油，其棕榈酸是结合在 α 位置或 γ 位置，婴儿可以消化吸收 β-棕榈酸，却很难吸收 α-棕榈酸和 γ-棕榈酸。因此近年来，含 OPO 结构脂（即棕榈酸是结合在甘油三酯的 β 位置）的配方奶粉受到广泛关注。

二、脂肪酸的限量要求

婴幼儿配方奶粉中脂肪酸含量要求包括亚油酸与 α-亚麻酸的含量及比值，月桂酸和肉豆蔻酸占总脂肪酸的比例，芥酸及反式脂肪酸含量，既限制脂肪酸含量，又限制脂肪酸的组成。许多国家及国际组织均制定了自己的限量标准，但基本上差别不大。影响较大的国外标准有国际食品法典委员会标准，欧盟标准，澳大利亚、新西兰食品标准法典。国内外主要标准中脂肪酸限量要求见表 5-6。

表 5-6　国内外主要标准中脂肪酸限量标准

国家/地区/组织	亚油酸	α-亚麻酸	亚油酸与 α-亚麻酸的比值	月桂酸和肉豆蔻酸	芥酸	反式脂肪酸	长链 ω-6 族脂肪酸（C≥20）	花生四烯酸（20：4）	长链 ω-3 族脂肪酸（C≥20）
国际食品法典委员会（CODEX STAN 72 –1981）	70～330mg/100kJ	12mg/100kJ-N.S.	5：1～15：1	二者相加不能超过总脂肪酸的 20%	含量不应超过总脂肪酸的 1%	含量不应超过总脂肪酸的 3%			
中国	70～330mg/100kJ	12mg/100kJ-N.S.	5：1～15：1	二者相加不能超过总脂肪酸的 20%	含量不应超过总脂肪酸的 1%	含量不应超过总脂肪酸的 3%			
欧盟（Commission Directive 2006/141/EC）	70～285mg/100kJ	12mg/100kJ	5：1～15：1	二者相加不能超过总脂肪酸的 20%	含量不应超过总脂肪酸的 1%	含量不应超过总脂肪酸的 3%			
澳大利亚、新西兰	9%～26%（占总脂肪酸的含量）	1.1%～4%	5：1～15：1		含量不应超过总脂肪酸的 1%	4%	2%	1%	1%
美国、加拿大、韩国	≥300mg/100kcal								

三、脂肪酸的检测方法

1. 乙酰氯-甲醇甲酯化法（参考 GB 5009.168—2016 第二法）

原理：乙酰氯与甲醇反应得到的盐酸-甲醇使试样中的脂肪和游离脂肪酸甲酯化，用甲苯提取后，经气相色谱柱分离，以氢火焰离子化检测器检测，外标法定量。

试样测定液的制备：称取奶粉试样 0.5 g（精确到 0.1mg）于 15mL 干燥螺口玻璃管中，加入 5.0mL 甲苯。在试样中加入 10%乙酰氯-甲醇溶液 6.0mL，充氮气后，旋紧螺旋盖，振荡混合后于 80℃±1℃水浴中放置 2h，其间每隔 20min 取出振摇一次，水浴后取出冷却至室温。将反应后的样液转移至 50mL 离心管中，分别用 3.0mL 6%碳酸钠溶液清洗玻璃管三次，合并碳酸钠溶液于 50mL 离心管中，混匀，5000r/min 离心约 5min。取上清液作为试液，气相色谱仪测定。

色谱参考条件：色谱柱为固定液 100%二氰丙基聚硅氧烷，100m×0.25mm，0.20μm，或性能相当的色谱柱；载气为氮气；载气流速 1.0mL/min；进样口温度 260℃；分流比 30∶1；检测器温度 280℃；柱温箱温度为初始温度 140℃，保持 5min，以 4℃/min 升温至 240℃，保持 15min；进样量 1.0μL。

试样溶液的测定：分别准确吸取 1.0μL 脂肪酸标准测定液及试样测定液注入色谱仪，平行测定次数不少于两次，以色谱峰峰面积定量。

2. 氨水-乙醇提取法（参考 GB 5009.168 第一法内标法中的碱水解法）

原理：乳与乳制品中的脂肪经皂化处理后生成游离脂肪酸，在三氟化硼催化下进行甲酯化反应，经甲酯化后的脂肪酸通过气相色谱柱分离，以氢火焰离子化检测器检测，外标法定量。

试样测试液制备：称取奶粉试样 0.1～10g（精确至 0.1mg，含脂肪 10～200mg）移入到 250mL 平底烧瓶中，准确加入 2.0mL 十一碳酸甘油三酯内标溶液。加入约 100mg 焦性没食子酸，加入几粒沸石，再加入 2mL 95%乙醇和 4mL 水，混匀，加入氨水 5mL，混匀。将烧瓶放入 70～80℃水浴中水解 20min。每 5min 振荡一下烧瓶，使黏附在烧瓶壁上的颗粒物混入溶液中。水解完成后，取出烧瓶冷却至室温。

水解后，加入 10mL 95%乙醇，混匀。将烧瓶中的水解液转移到分液漏斗中，用 50mL 乙醚石油醚混合液冲洗烧瓶和塞子，冲洗液并入分液漏斗中，加盖。振摇 5min，静置 10min。将醚层提取液收集到 250mL 烧瓶中。按照以上步骤重复提取水解液 3 次，最后用乙醚石油醚混合液冲洗分液漏斗，并收集到 250mL 烧瓶中。旋转蒸发仪浓缩至干，残留物为脂肪提取物。

在脂肪提取物中加入 2%氢氧化钠甲醇溶液 8mL，连接回流冷凝器，80℃±1℃水浴上回流，直至油滴消失。从回流冷凝器上端加入 7mL 15%三氟化硼甲醇溶液，在 80℃±1℃水浴中继续回流 2min。用少量水冲洗回流冷凝器。停止加热，从水浴上取下烧瓶，迅速冷却至室温。准确加入 10～30mL 正庚烷，振摇 2min，再加入饱和氯化钠水溶液，静置分层。吸取上层正庚烷提取溶液大约 5mL，至 25mL 试管中，加入 3～5g 无水硫酸钠，振摇 1min，静置 5min，吸取上层溶液到进样瓶中待测定。

色谱参考条件：色谱柱为固定液 100%二氰丙基聚硅氧烷，100m×0.25mm，0.20μm，或性能相当的色谱柱；载气为氮气；载气流速 1.0mL/min；进样口温度 260℃；分流比 30∶1；检测器温度 280℃；柱温箱温度为初始温度 140℃，保持 5min，以 4℃/min 升温至 240℃，保持 15min；进样量 1.0μL。

测定：分别准确吸取 1.0 μL 脂肪酸甲酯标准工作溶液及试液注入色谱仪，平行测定次数不少于两次，以色谱峰峰面积定量。

3. 毛细管气相色谱法（capillary gas chromatography，参考 ISO 16958：2015）

原理：在样品中加入内标，制备脂肪酸甲酯（FAME）。液体样品用甲醇钠直接进行酯交换反应，粉末样品用水溶解后与甲醇钠直接进行酯交换反应。用毛细管气相色谱法分离脂肪酸甲酯，以标准品的保留时间进行识别，并按照内标十一酸甲酯（C11：0 FAME）和仪器响应系数定量脂肪酸。酯交换反应的程度用第二个内标十三烷酸甘油三酯（C13∶0 TAG）进行验证。

标准品：

内标：C11∶0 FAME，C13∶0 TAG。

校正标准：可以用单个脂肪酸甲酯标准配制，或使用市售 36（或 37）种脂肪酸甲酯混合标准溶液。

定性标准：C18∶1，C18∶2，C18∶3 顺、反式混合标准等。

仪器：

气相色谱仪，配火焰离子化检测器（FID），分流/不分流或柱上进样器。

色谱柱：氰基丙基聚硅氧烷固定相或等效柱，100m×0.25mm，0.2μm，如 CP-SIL88。

试样测试液制备：

（1）脂肪含量≥1.5%的样品：样品室温保存，取样前摇匀。依据样品的脂肪含量，称取约含有 50mg 脂肪的样品，装入 25mL 旋盖离心管中；粉状样品加入 2mL 水溶解，室温下静置 15min。

（2）脂肪含量＜1.5%的样品：样品室温保存，取样前摇匀，根据 ISO 14156 提取脂肪，流程中蒸发提取试剂的温度不应超过 40℃。依据样品的脂肪含量，称取约含有 50mg 脂肪的样品，装入 25mL 旋盖离心管中。

样品中加入 5mL 内标、十三烷酸甘油三酯和十一酸甲酯，加入 5mL 5%的甲醇钠的甲醇溶液，混匀，依次加入 2mL 正己烷，10mL 含有 10%柠檬酸氢二钠和 15%氯化钠的水溶液，轻轻摇动 30s。375*g* 离心 5min，置于 10mL 容量瓶中，吸取 200μL 上清液，并用正己烷补充至刻度。

响应系数计算：

测定校准混合标准中每种脂肪酸甲酯的峰面积，并用以下公式计算其各自相对内标物（C11：0 FAME）的响应系数（Rf_i）：

$$\mathrm{Rf}_i = \frac{m_i' \times A_0'}{m_0' \times A_i'}$$

式中，m_i' 为脂肪酸甲酯在校正标准的质谱响应值；A_0' 为校正标准 C11：0 的峰面积；m_0' 为校正标准中 C11：0 FAME 的质量数；A_i' 为脂肪酸甲酯在校正标准的峰面积。

采用以下公式计算各脂肪酸在样品中的含量：

$$\mathrm{gFA}_i / 100\mathrm{gproduct} = \frac{m_0 \times A_i \times \mathrm{Rf}_i \times S_i(\mathrm{FA}) \times 100}{A_0 \times m}$$

式中，m_0 为加入内标物的质量；A_i 为样品中脂肪酸甲酯的峰面积；Rf_i 为响应系数；S_i（FA）为脂肪酸甲酯转换为脂肪酸的转换系数；A_0 为内标物的峰面积；m 为待测物的称样量。

4. 反式脂肪酸的测定（GB 5413.36—2010）

原理：试样中的脂肪用溶剂提取。提取物在碱性条件下与甲醇反应生成脂肪酸甲酯，用配有氢火焰离子化检测器的气相色谱仪分离顺式脂肪酸甲酯和反式脂肪酸甲酯，外标法定量。

试样制备：称取混合均匀的奶粉试样约 1.5g（精确到 0.1mg）于毛氏抽脂瓶中，加入 10mL 45℃±2℃的水，将试样洗入毛氏抽脂瓶的小球中，充分混合，直到试样完全散开，冷却至室温。

向毛氏抽脂瓶中加入 3.0mL 氨水，混匀。置于 60℃±2℃水浴中 15～20min，冷却至室温。加入 10mL 乙醇和 1 滴刚果红（质量分数 1%）溶液，混匀。再加入 25mL 乙醚，塞上软木塞，放到毛氏抽脂瓶摇混器上振荡 1min，也可采用手动振摇方式，再加入 25mL 石油醚，振荡 1min，不低于 4000r/min 离心分层。倾出上清液于脂肪收集瓶中，为第一次提取。在剩余试样液中再加入 5mL 乙醇、25mL 乙醚、25mL 石油醚按上述操作步骤进行第二次提取。用离心机离心分层后倾出上清液与第一次的上清液合并。将脂肪收集瓶置于旋转蒸发器上，在 60℃±2℃通入氮气条件下旋转蒸发除去溶剂，保留残渣，即为脂肪。

将上述脂肪用正己烷溶解并定容至 10.0mL，取出 3.0mL 于 10mL 具塞试管中，加入 0.3mL 氢氧化钾-甲醇溶液（4.0mol/L）。盖紧瓶盖，涡旋振荡器上剧烈振摇 2min，4000r/min 离心 5min 后将上清液转入气相色谱试样瓶中，此为试样测定液。

参考色谱条件：色谱柱，填料为氰丙基芳基聚硅氧烷的毛细管柱，柱长 100m，内径 0.25mm，膜厚 0.2μm，或同等性能的色谱柱；进样口温度 250℃；载气为 N_2；检测器温度 300℃；分流比 10∶1；进样量 1.0μL。

反式脂肪酸甲酯色谱峰的鉴别：对脂肪酸甲酯标准混合溶液进样，进行顺反脂肪酸甲酯分离程度及定性的鉴定。

试样液的测定：将试样液注入气相色谱仪，分别测定区域 C18∶1t 和区域 C18∶2t 的峰面积，查标准曲线得到试样液中反十八碳一烯酸甲酯和反十八碳二烯酸甲酯的质量浓度。

5. 亚油酸的测定

亚油酸的测定采用美国分析化学家协会（AOAC）方法——AOAC Official Method 992.25，即《奶基婴幼儿配方食品中亚油酸的测定 气相色谱法》。采用十七烷酸甘油三酯作为内标，利用乙醇、乙醚、石油醚萃取，在三氟化硼催化下进行甲酯化反应，将甲酯化的脂肪酸利用气相色谱方法进行检测。

6. 其他方法

部分文献有采用 GC-MS 方法测定的，如侯冬岩等通过提取奶粉中脂肪油后，用氢氧化钾甲醇溶液对脂肪酸进行甲酯化，利用 GC-MS 进行测定。

第四节　核苷酸的检测

一、核苷酸及其对人体健康的影响

核苷酸是构成核酸的成分，是由含氮的碱基、核糖或脱氧核糖、磷酸 3 种分子连接而成，碱基与糖通过糖苷键连成核苷，核苷与磷酸以酯键连成核苷酸。2～20 个核苷酸连接而成的化合物称为寡核苷酸。20 个以上的核苷酸组成的化合物称为多核苷酸。核酸是一种多核苷酸。此外，核苷酸分子内部还可脱水缩合成为环核苷酸。核苷酸为白色粉末或结晶状物，溶于水，水溶液呈酸性，不溶于丙酮、乙醇等有机溶剂，具有旋光性，在 260mm 左右有强吸收峰。

目前婴幼儿配方奶粉中作为添加剂的核苷酸主要有 5 种：胞嘧啶核苷酸（简称胞苷酸，CMP）、腺嘌呤核苷酸（简称腺苷酸，AMP）、尿嘧啶核苷酸（简称尿苷酸，UMP）、次黄嘌呤核苷酸（简称肌苷酸，IMP）、鸟嘌呤核苷酸（简称鸟苷酸，GMP）。核苷酸在生物体内有许多重要的作用，可作为 RNA 和 DNA 合成的前体物质，作为代谢的调节物质，作为辅酶参与一系列生化反应。

常见的使用方法为用作鲜味剂和婴儿配方奶粉中营养强化剂。作为保健食品原料，核苷酸的应用在美国、欧盟、澳大利亚和新西兰、国际组织均得到批准，我国也批准核苷酸为婴幼儿配方食品营养强化剂，核苷酸也可作为药品和保健食品原料使用。

母乳中含有 UMP、CMP、AMP、GMP、IMP 等多种核苷酸，为提高婴儿的免疫调节功能和记忆力发挥着作用，在欧美、日本等国家和地区生产的婴儿奶粉均按照母乳中的含量添加微量核苷酸，也有添加 RNA 的例子。中国也有专利介绍添加核酸或核苷酸的高能牛奶，易被人体吸收，具有促进血液循环、改善脑功能、促进新陈代谢、抗疲劳、抗辐射、增强体质、提高免疫力等作用。

核苷酸的主要生理功能是广泛参与人体的能量代谢、蛋白质合成，具有提高各种酶的活性、活化细胞功能、促进抗体形成、增强免疫功能的作用。部分研究发现它们可促进神经细胞的生长发育，是与“神经生长因子”有关或者可以作为神经生长物质利用的营养成分。一些临床上的研究发现，添加核苷酸的婴儿配方奶粉可减少腹泻的发生及促进较小胎儿的生长发育。核苷酸的生理功能有：

免疫调节作用：外源性核苷酸对维持正常的细胞免疫及体液免疫有重要的作用，如提高机体对细菌和真菌感染的抵抗力，增加抗体产生，增强细胞免疫能力，刺激淋巴细胞增生等。饮食摄入核苷酸对婴儿免疫系统的发育有明显的促进作用。

对胃肠道生长发育的作用：外源性核苷酸能够加速肠细胞的分化、生长与修复，促进小肠的成熟，显著增加小肠绒毛的高度，有助于肠道受伤后的恢复。可改变肠道微生物的生长及类型，如外源性核苷酸能刺激双歧杆菌生长，后者能将糖转变成乳酸，降低肠道 pH，抑制其他有害菌的生长，从而减少婴儿腹泻的发生。

抗氧化作用：核苷酸碱基的氮和氧原子能够捕获氧化过程中形成的自由基，减少由脂质过氧化引起的细胞膜及各种 DNA 损伤。核苷酸可作为抗氧化剂，具有和维生素 C 同样的作用。嘌呤的代谢产物尿酸对内源自由基的清除和抗氧化作用最强。核苷酸还是多不饱和脂肪酸合成的重要调节物。核苷酸的添加能提高血浆中多不饱和脂肪酸的含量，在必需脂肪酸的去饱和转变成长链多不饱和脂肪酸的过程中起着重要作用。

二、核苷酸的限量要求

牛奶中一般不含有核苷酸，但由于核苷酸对婴幼儿的特殊功效，许多奶制品企业都把核苷酸作为重要添加剂。虽然核苷酸是婴幼儿的重要营养素，对其生长发育有重要作用，但人体对核苷酸的需求有一定的限度，并非越多越好，过低起不到应有的营养作用，而过高则可能对婴幼儿正常生长发育产生不利影响。国际食品法典委员会中对核苷酸的限量标准没有明确的规定，而是说明总核苷酸由国家官方确定需要的水平。中国食品安全国家标准中对核苷酸的含量没有特定的标准。2005 年中国卫生部公告第 15 号推荐，核苷酸在婴幼儿配方奶粉中的添加量为 0.2～0.58g/kg（以核苷酸总量计）。主要国家、地区和国际组织对婴幼儿配方奶粉中核苷酸含量规定见表 5-7。

表 5-7　国内外婴幼儿配方奶粉中核苷酸含量规定比较

国家/地区/组织	核苷酸含量	备注
欧盟	CMP 不超过 0.60mg/100kJ UMP 不超过 0.42mg/100kJ AMP 不超过 0.36mg/100kJ GMP 不超过 0.12mg/100kJ IMP 不超过 0.24mg/100kJ 核苷酸总量不超过 1.2mg/100kJ	Commission Directive 2006/141/EC
CAC	由国家官方确定需要的水平	国际食品法典委员会的分委员会食品添加剂专家委员会（JECFA）、国际特殊营养食品工业（ISDI）规定核苷酸的食品添加量最高为 16mg/100kcal
中国	0.2～0.58g/kg（以核苷酸总量计）卫生部公告 2005 年第 15 号	批准核苷酸为营养强化剂，来源包括以下化合物：5′-单磷酸腺苷、5′-单磷酸腺苷二钠盐、5′-单磷酸胞苷、5′-单磷酸胞苷二钠盐、5′-单磷酸鸟苷、5′-单磷酸鸟苷二钠盐、5′-单磷酸肌苷、5′-单磷酸肌苷二钠盐、5′-单磷酸尿苷、5′-单磷酸尿苷二钠盐。允许添加到婴儿配方食品、较大婴儿和幼儿配方食品中，添加量为 0.12～0.58g/kg（以核苷酸总量计）
美国	生命科学研究所（Life Sciences Research Office，LSRO）和 FDA 推荐核苷酸的添加量最高为 16mg/100kcal	蛋白质-热量咨询委员会（Protein-Calorie Advisory Group，PAG）和食品科学委员会（Scientific Committee on Food）推荐核苷酸的最高添加量为 5mg/100kcal
澳大利亚、新西兰	ANZFA 规定婴儿乳品中 5′-单磷酸核苷酸的最高添加量为 3.8mg/100kJ（15.9mg/100kcal）	
韩国	—	
日本	—	

三、核苷酸的检测方法

目前报道的核苷酸的检测方法主要有微生物法、紫外分光光度法、高效液相色谱法、液相色谱-串联质谱法。紫外分光光度法：核酸、核苷酸及其衍生物都有共轭双键，具有紫外吸收，DNA 和 RNA 的紫外吸收峰为 260nm。但是由于奶粉中含有大量的蛋白质，很难将奶粉中蛋白质沉淀完全，测定误差较大。应用最多的方法为液相色谱法和液相色谱-串联质谱法。

1. 液相色谱-质谱法

原理：试样经水溶解后，沉淀试液中的蛋白质，经超声提取、离心、过滤，滤液中的五种核苷酸经反相色谱柱分离，电喷雾离子源离子化。多反应监测（MRM）方式检测。基质加标外标法定量。

样品前处理方法：称取待测试样 1.00g，加入约 90mL 水，经玻璃棒搅拌至完全溶解，用 1%甲酸溶液调整 pH 至 4.6。移入 100mL 容量瓶中，定容至刻度。置于超声波清洗器中超声提取 10min 后，移入 50mL 离心管中，在 4℃下离心 15min（转速 15000r/min）。吸取上清液，用 0.22μm 微孔滤膜过滤。弃去前 0.5mL 滤液后接取滤液，备测。

液相色谱参考条件：流动相为 A 相 0.1%甲酸溶液，B 相乙腈；流动相流动速度 0.3mL/min；色谱柱柱温 40℃；试液温度 20℃；进样体积 10μL。

质谱参考条件：离子化模式为电喷雾电离正离子模式（ESI+），扫描方式为多反应监测。

离子源控制条件：毛细管电压 3kV；锥孔电压 40V；射频透镜 1 电压 30V；射频透镜 2 电压 0.6V；离子源温度 120℃；锥孔反吹气流量 50L/h；脱溶剂气温度 350℃；脱溶剂气流量 500L/h；电子倍增电压 650V；碰撞池压力 2.5×10^{-3}mbar。

定性：试样中目标化合物色谱峰的保留时间与相应标准色谱峰的保留时间相比较，变化范围应在±2.5%之内。待测化合物的定性离子的重构离子色谱峰的信噪比（S/N）应大于或等于 3，定量离子的重构离子色谱峰的信噪比应大于或等于 10。每种化合物的质谱定性离子必须出现，至少应包括一个母离子和两个子离子，而且同一检测批次，对于同一化合物，样品中目标化合物的两个子离子的相对丰度比与浓度相当的标准溶液相比，其允许偏差不超过规定的范围。各检测目标化合物以保留时间和两对离子（特征离子对/定量离子对）所对应的 LC-MS/MS 色谱峰面积相对丰度进行定性。要求被测试样中目标化合物的保留时间与标准溶液中目标化合物的保留时间一致，同时要求被测试样中目标化合物的两对离子对应 LC-MS/MS 色谱峰面积比与标准溶液中目标化合物的面积比一致。

试样测定：将标准系列溶液由低到高浓度进样检测，以峰面积-浓度作图，得到标准曲线回归方程。

按照确立的条件，测定试液和标准系列溶液采用外标法基质加标曲线定量试样中的五种核苷酸。另外，不称取试样，按以上步骤做空白试验。应确认不含有干扰待测组分的物质。

结果计算和表示：试样中各种核苷酸的含量根据外标法定量，由色谱数据处理软件或按下式计算获得：

$$X = \frac{C_i \times V_i \times n}{m_i \times 1000} \times 100$$

式中，X 为试样中单一核苷酸含量，mg/100g；C_i 为试样中某种核苷酸的含量，μg/mL；V_i 为试样的定容体积，mL；m_i 为试样的质量，g；n 为样液的稀释倍数。结果计算到小数点后两位。

试样中核苷酸的含量 Z，以质量分数（mg/100g）表示，按下式计算：

$$Z = \text{CMP+AMP+UMP+GMP+IMP}$$

式中，Z 为五种核苷酸的总含量，mg/100g；CMP 为胞嘧啶核苷酸含量，mg/100g；AMP 为腺嘌呤核苷酸含量，mg/100g；UMP 为尿嘧啶核苷酸含量，mg/100g；GMP 为鸟嘌呤核苷酸含量，mg/100g；IMP 为次黄嘌呤核苷酸含量，mg/100g。

精密度：在重复性条件下，获得的两次独立测定结果的绝对差值不得超过算术平均值的 10%。

2. LC-MS/MS 法

原理：试样经水溶解后，添加内标，经微量过滤离心管过滤离心，与甲醇溶液 1∶1 混合后，经 LC-MS/MS 分离并检测。

样品前处理方法：称取待测试样 1.00g，加入 70℃温水 30mL，加入同位素标记的标准溶液（ISO 5′-AMP、ISO 5′-CMP、ISO 5′-GMP 和 ISO 5′-UMP），混匀后冷却至室温，取 4mL 该溶液置于微量过滤离心管中 3500r/min 离心 3min，取 0.5mL 离心后的溶液加入 0.5mL 甲醇，混匀后利用 LC-MS/MS 分析。

液相色谱参考条件：流动相 A 相为 30mmol/L 甲酸铵溶液（pH=2.5），B 相为甲醇；流动相流动速度 0.4mL/min；色谱柱柱温 40℃；试液温度 20℃；进样体积 10μL。

质谱参考条件见表 5-8。

表 5-8 质谱参考条件

参数	建议参考值
参考仪器型号	Waters XEVO TQ-S
离子化类型	电喷雾离子化（ESI）
毛细管电压/kV	1.00
极性	正电离

续表

参数	建议参考值
锥孔电压/V	50.00
源失调电压/V	30.0
源温度/℃	150
解离温度/℃	400
碰撞气流速/（L/h）	700
碰撞气流量/（mL/min）	0.25
雾化器气体压力/bar*	7.00

* bar = 100kPa。

3. HPLC-UV 法

原理：试样经过水提取，用沉淀剂沉淀蛋白质后，通过高效液相色谱分离，用紫外检测器外标法测定试样中核苷酸的含量。检测波长 257～278nm。

试样处理：称取混合均匀的试样约 5g（精确到 1mg）于 100mL 三角瓶中，加入 20mL 热水（50～60℃）充分溶解试样，超声波振荡器振荡 5min。将试样溶液移入 50mL 容量瓶中，加入 5mL 乙酸溶液，定容，滤纸过滤，所得溶液经 0.45μm 微膜过滤备用。

参考色谱条件：色谱柱为 C_{18} 极性色谱柱，250mm×4.6mm，5μm，或具有同等性能的色谱柱；流动相为磷酸盐缓冲液-甲醇（1000∶40）；流速 1mL/min；波长 254nm；柱温 25℃；进样体积 10μL。

标准曲线绘制：分别吸取标准混合溶液 2mL、4mL、6mL、8mL、10mL，加超纯水定容至 100mL，配成核苷酸系列标准工作液。

测定：将核苷酸系列标准工作液分别注入高效液相色谱仪中，测定相应的峰面积或峰高。以峰面积或峰高为纵坐标，以标准测定液浓度为横坐标绘制标准曲线。将制备好的试样溶液注入高效液相色谱仪中，测定相应的峰面积或峰高。从标准曲线上查得试样溶液中核苷酸的浓度或通过回归方程计算出试样溶液中核苷酸的浓度（μg/mL）。

结果计算和表示：试样中核苷酸各组分的含量 X，以质量分数（mg/100g）表示，按下式计算：

$$X = \frac{C_i \times V_i \times n}{m_i \times 1000} \times 100$$

式中，C_i 为试样溶液中核苷酸各组分的浓度，μg/mL；V_i 为试样溶液的体积，

mL；m_i 为试样的质量，g；n 为样液稀释倍数。

试样中核苷酸的含量 Z，以质量分数（mg/100g）表示，按下式计算：

$$Z = \text{CMP}+\text{AMP}+\text{UMP}+\text{GMP}+\text{IMP}$$

式中，Z 为核苷酸含量，mg/100g；CMP 为胞嘧啶核苷酸含量，mg/100g；AMP 为腺嘌呤核苷酸含量，mg/100g；UMP 为尿嘧啶核苷酸含量，mg/100g；GMP 为鸟嘌呤核苷酸含量，mg/100g；IMP 为次黄嘌呤核苷酸含量，mg/100g。

计算结果以两次独立测定结果的算术平均值表示；保留到小数点后两位。

在重复性条件下获得的两次独立测定结果的绝对差值不得超过算术平均值的 10%。

第五节　牛磺酸的检测

一、牛磺酸及其对人体健康的影响

牛磺酸（taurine）即 β-氨基乙磺酸，又称牛胆碱、牛胆素，最早由牛黄中分离出来，故得名。它是一种含硫的非蛋白氨基酸，不参与体内蛋白质的生物合成。牛磺酸虽然不参与蛋白质合成，但却与胱氨酸、半胱氨酸的代谢密切相关。人体合成牛磺酸的半胱氨酸亚硫酸羧酶（CSAD）活性较低，主要依靠摄取食物中的牛磺酸来满足机体需要。

牛磺酸主要以游离形式广泛分布于动物组织（尤其是海洋贝类动物）中，海生动物含量尤为丰富，哺乳类组织细胞内也有较高含量的牛磺酸，特别是神经、肌肉和腺体内含量更高，是机体内含量最丰富的自由氨基酸，体内牛磺酸几乎全部以游离形式存在，且大部分在细胞内，细胞内外浓度比为（100～50000）：1，人体含牛磺酸总量为 12～18g，其中 15～66mg 存在于血浆中，75%以上存在于骨骼肌肉，心肌细胞与血清牛磺酸浓度之比为 200：1。

机体可以从膳食中摄取或自身合成牛磺酸，动物性食品是膳食牛磺酸的主要来源，尤其是海生动物。体内合成是从含硫氨基酸（半胱氨酸、甲硫氨酸等）经一系列酶促反应转化而来，但自身合成能力较低。牛磺酸的分子质量较小（125.1Da），易吸收。牛磺酸主要是从肾脏排泄，肾脏依据膳食中牛磺酸含量调节其排出量，以维持体内牛磺酸含量的相对稳定。

牛磺酸是婴幼儿生长发育过程中的一种必需氨基酸，对婴幼儿早期脑神经系统发育和视力发育具有重要的作用。婴幼儿体内合成牛磺酸的酶系尚未成熟，因此奶粉中添加接近母乳水平的牛磺酸能有效保障婴幼儿的身体发育。此外，牛磺酸具有特殊的生理功能，如提高免疫力、缓解疲劳、调节神经传导，还具有消炎、解热、镇痛、抗病毒等生物活性。但是牛磺酸对身体健康的影响是双向的，补充过量的牛磺酸能抑制体内其他营养元素的吸收，牛磺酸对婴幼儿及成人的影响主要表现在以下几个方面。

1. 促进婴幼儿脑组织和智力发育

牛磺酸在脑内的含量丰富、分布广泛，能明显促进神经系统的生长发育和细胞增殖、分化，且呈剂量依赖性，在脑神经细胞发育过程中起重要作用。研究表明：早产儿脑中的牛磺酸含量明显低于足月儿，这是因为早产儿体内的 CSAD 尚未发育成熟，合成牛磺酸不足以满足机体的需要，需由母乳补充。母乳中的牛磺酸含量较高，尤其初乳中含量更高。如果补充不足，将会使幼儿生长发育缓慢、智力发育迟缓。牛磺酸与幼儿、胎儿的中枢神经及视网膜等的发育有密切的关系，长期单纯的牛奶喂养，易造成牛磺酸的缺乏。

2. 提高神经传导和视觉功能

1975 年 Hayes 等报道，猫的饲料中若缺少牛磺酸，会导致其视网膜变性，长期缺乏，终致失明。猫以及夜行猫头鹰之所以要捕食老鼠，其主要原因是老鼠体内含有丰富的牛磺酸，可保持其锐利的视觉。婴幼儿如果缺乏牛磺酸，会发生视网膜功能紊乱。

3. 防止心血管病

牛磺酸在循环系统中可抑制血小板凝集，降低血脂，保持人体正常血压和防止动脉硬化；对心肌细胞有保护作用，可抗心律失常；对降低血液中胆固醇含量有特殊疗效，可治疗心力衰竭。

4. 影响脂类的吸收

肝脏中牛磺酸的作用是与胆汁酸结合形成牛磺胆酸，牛磺胆酸对消化道中脂类的吸收是必需的。牛磺胆酸能增加脂质和胆固醇的溶解性，解除胆汁阻塞，降低某些游离胆汁酸的细胞毒性，抑制胆固醇结石的形成，增加胆汁流量等。

5. 改善内分泌状态，增强人体免疫

牛磺酸能促进垂体激素分泌，活化胰腺功能，从而改善机体内分泌系统的状态，对机体代谢以有益的调节；并具有促进有机体免疫力的增强和抗疲劳的作用。

6. 影响糖代谢

牛磺酸可与胰岛素受体结合，促进细胞摄取和利用葡萄糖，加速糖酵解，降低血糖浓度。研究表明，牛磺酸具有一定的降血糖作用，且不依赖于增加胰岛素的释放。牛磺酸对细胞糖代谢的调节作用可能是通过受体后机制实现的，它主要依靠与胰岛素受体蛋白的相互作用，而不是直接与胰岛素受体结合。

7. 抑制白内障的发生发展

牛磺酸具有调节晶状体渗透压和抗氧化等重要作用，在白内障发生发展过程中，晶状体中山梨酸含量增加，晶体渗透压增加，而作为调节渗透压的重要物质牛磺酸浓度则明显降低，抗氧化作用减弱，晶状体中的蛋白质发生过度氧化，从而引起或加重白内障的发生。补充牛磺酸可抑制白内障的发生发展。

8. 改善记忆的功能

在牛磺酸与脑发育关系的动物试验研究中发现，牛磺酸可提升大白鼠的学习与记忆能力。补充适量牛磺酸不仅可以提高学习记忆速度，而且还可以提高学习记忆的准确性，并且对神经系统的抗衰老也有一定作用。

9. 维持正常生殖功能

正常的生殖功能需要用牛磺酸来维持。有资料证实，猫饲料中牛磺酸含量低于 0.101%时，其生殖功能不良，死胎、流产和先天缺陷率增高，幼仔存活率下降。含 0.105%以上时，才能维持正常的生殖功能。

10. 其他功能

牛磺酸对防治缺铁性贫血有明显效果，它不仅可以促进肠道对铁的吸收，还可增加红细胞膜的稳定性。牛磺酸还是人体肠道内双歧杆菌的促生因子，优化肠道内细菌群结构；还具有抗氧化、延缓衰老作用；能够促进急性肝炎恢复正常；对四氯化碳中毒有防治作用，并能抑制由此所引起的血清谷丙转氨酶的升高。对肾毒性有防治作用，牛磺酸对顺铂所致的兔原代肾小管上皮细胞改变有保护作用。另有报道，牛磺酸可镇静、镇痛和消炎，对冻伤、KCN 中毒及偏头疼也有防治作用。

二、牛磺酸的限量要求

国际食品法典委员会（CAC）对牛磺酸的标准限定为最多 12mg/100kcal，欧盟亦采用此标准。我国食品安全国家标准 GB 10765—2010、GB 10767—2010 对牛磺酸的限量标准为 3mg/100kJ。不同国家或地区牛磺酸的限量标准见表 5-9。

表 5-9 不同国家、地区和国际组织牛磺酸的限量标准

国家/地区/组织	牛磺酸含量
欧盟	二段配方奶粉，含量不大于 2.9mg/100 kJ
CAC	3mg/100 kJ 12mg/100kcal
中国	3mg/100 kJ
美国	—
澳大利亚、新西兰	0.8 ~ 3.0mg/100 kJ
韩国	—
日本	—

三、牛磺酸的检测方法

1. OPA 柱后衍生法［参考 GB 5009.169—2016 第一法 邻苯二甲醛（OPA）柱后衍生高效液相色谱法］

原理：样品用水溶解，用偏磷酸沉淀蛋白质，经超声波振荡提取、离心、微孔滤膜过滤后，通过钠离子色谱柱分离，与邻苯二甲醛衍生反应，用荧光检测器进行检测，外标法定量。

试样的处理：准确称取固体样品 1～5g，谷类样品 5g，液体样品 5～30g（精确至 0.01g，试样中含牛磺酸 5μg 以上），加 30mL 偏磷酸溶液（30g/L）溶解，充分摇匀，移入 100mL 容量瓶中；放入超声波振荡器中振荡 10～15min，取出冷却至室温后，用水定容至刻度；样液在 5000r/min 条件下离心 10min，取上清液经 0.45μm 微孔膜过滤，接取中间滤液以备进样。

测定参考条件：色谱柱为钠离子氨基酸分析专用柱（250mm×4.6mm）或同等性能的色谱柱；流动相为柠檬酸缓冲液；流动相流速：0.30mL/min；荧光衍生溶剂流速 0.30mL/min；柱温 55℃；检测波长激发波长 338nm，发射波长 425nm；进样量 20μL。

2. 丹磺酰氯柱前衍生法

GB 5009.169—2016 第二法和 AOAC 方法（AOAC Official Method 997.05）均采用丹磺酰氯柱前衍生法，利用液相色谱紫外检测器进行检测。

原理：样品用水溶解，用亚铁氰化钾和乙酸锌沉淀蛋白质。取上清液用丹磺酰氯衍生反应，衍生物经 C_{18} 反相色谱柱分离，用紫外检测器（波长 254nm）或荧光检测器（激发波长 330nm，发射波长 530nm）检测，外标法定量。

试液提取：称取固体样品 1～5g，谷类样品 5g，液体样品 5～30g（精确至 0.01g）于 100mL 容量瓶中，加入 80mL 温水（50～60℃）溶解，充分混匀，置超声波振荡器中振荡 10min，冷却到室温。沉淀蛋白质后，涡旋混合，用水定容至刻度，充分混匀，试液于 5000r/min 下离心 10min，取上清液备用。上清液在 4℃暗处保存放置 24h 稳定。

试液衍生化：吸取 1.00mL 上述上清液到 10mL 具塞玻璃试管中，加入 1.00mL 碳酸钠缓冲液，1.00mL 丹磺酰氯溶液，充分混合，室温避光衍生反应 2h（1h 后需摇晃 1 次），加入 0.10mL 盐酸甲胺溶液涡旋混合，以终止反应，避光静置至沉淀完全。取上清液经 0.45μm 微孔滤膜过滤，取滤液备用。衍生物在 4℃可避光保存 48h。另取 1.00mL 标准工作液，与试液同步进行衍生。

测定参考条件：色谱柱为 C_{18} 反相色谱柱（粒径 5μm，250mm×4.6mm）或同等性能色谱柱；流动相为 10mmol/L 乙酸钠缓冲液-乙腈（70+30）；流速 1.00mL/min；柱温为室温；紫外检测器或二极管阵列检测器检测波长为 254nm，或荧光检测器激发波长 330nm，发射波长 530nm。

3. 其他方法

检测牛磺酸的方法还有滴定法、比色法、薄层扫描法、氨基酸自动分析法、荧光法、分光光度法及高效液相色谱法等。滴定法、薄层扫描法和比色法容易受到其他氨基酸的干扰，误差相对较大；薄层扫描法对薄层板制备、点样、展开及显色等条件要求严格，灵敏度及准确度较低，重现性较差。氨基酸自动分析法仪器价格昂贵，限制使用范围难以普及，反应试剂不稳定，需氮气保护。荧光法灵敏度较低，需在高温避光条件下反应。分光光度法具有仪器价廉、操作简便、易于推广普及等特点，但很少应用于牛磺酸测定。高效液相色谱法因精确度、灵敏度较高，样品处理比较简单，能够快速进行样品分析而被广泛应用。

第六节　左旋肉碱的检测

一、左旋肉碱及其对人体健康的影响

左旋肉碱（L-carnitine）又称 L-肉毒碱、维生素 Bt 等，化学名为 L-*β*-羟基-*γ*-三甲铵丁酸，或者（*R*）-3-羟基-4-三甲铵丁酸，英文名是(*R*)-3-hydrox-4-(trimethylammonio) butyrate。结构式见图 5-14。

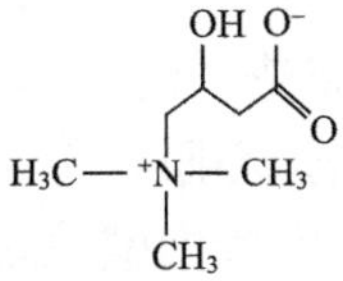

图 5-14　左旋肉碱的结构式

左旋肉碱在常温下的外观形状为白色透明粉末或晶状体粉末，在水、乙醇和生物碱溶液中具有很好的溶解性，几乎不溶于丙酮和乙酸乙酯，在空气中吸湿性很强，容易潮解。左旋肉碱的熔点为 210℃，耐高温。

左旋肉碱在脊椎动物和无脊椎动物组织中普遍存在，也存在于一些植物和微生物中。1905 年，两位俄国科学家 Gulewitsch 和 Krimberg 首先从人和动物的肌肉抽提物中发现了左旋肉碱。1927 年，Tomita 和 Sendju 证实了其分子结构。1948 年，Fraenkel 发现了大黄粉虫幼虫的生长需要一种生长因子，认为是 B 族维生素，并将此命名为维生素 Bt。1952 年，Carter 确证了维生素 Bt 就是左旋肉碱。1953 年，美国化学文摘（CAS）将左旋肉碱放在维生素 Bt 的索引栏目下。1958 年，Fritz 发现左旋肉碱在动物的脂肪代谢过程中具有重要作用，能刺激脂肪氧化，从而加速脂肪代谢速率，确立了其对人体脂肪酸氧化的重要作用。1973

年，首例肉碱缺乏症病例得到报道，并用肉碱治疗。1984 年，美国 FDA 明确规定左旋肉碱是一种重要的食品营养强化剂。1985 年，在芝加哥召开的国际营养学术会议上，左旋肉碱被列为“多功能营养品”。1986 年，左旋肉碱被报道是人体必需的一种营养物质。之后，全世界科学研究人员不断研究着左旋肉碱的生理生化功能、营养作用、临床作用等各方面的特性，左旋肉碱逐渐被人们认识了解并得到广泛应用。

1. 左旋肉碱的生理作用

左旋肉碱是一种分子量小的类蛋白质分子，广泛存在于人体的各组织中，尤以心肌及骨骼肌中含量最高。在体内，左旋肉碱的主要生理功能是作为脂肪酸运输的载体，以乙酰基左旋肉碱的形式，将中长链脂肪酸从细胞线粒体膜外转移到膜内，使其在线粒体基质中氧化产生能量，并提高机体的耐受力。通过影响丙酮酸激酶的活性，影响动物体内能量代谢的正常进行。作为一种抗氧化剂，通过防止铁螯合物的形成而捕捉自由基。当初级抗氧化防御屏障不能保证完全清除自由基时，左旋肉碱作为长链脂肪酰基的载体，参与膜的修复过程中膜磷脂的去酰化-重酰化，有利于膜的及时修复。左旋肉碱能防止动物体内过量氨产生的毒性，提高动物的免疫力以及抗病抗应激的能力。左旋肉碱还间接参与糖元异生和调节生酮过程的作用，有效降低运动后血液中乳酸的浓度以及参与精子的成熟过程。另外，左旋肉碱具有能够调整胃肠功能，促进消化液分泌，提高消化酶活性的功能，从而增进食欲和采食。

综上，左旋肉碱有助于缓解疲劳、清除体内的胆固醇，保护血管，降低血脂，减少身体脂肪，降低体重，增强心肌细胞氧化脂肪的能力，可以起到促进消除疲劳，提高运动的耐力等作用。左旋肉碱缺乏将干扰酸的代谢而导致能量合成不足，出现易疲劳、肌肉无力、心慌等症状，造成脂类物质的积累而造成肥胖、脂肪肝等，严重者出现代谢紊乱、昏迷甚至死亡。

2. 左旋肉碱的应用

由于左旋肉碱具有多种重要的生理功能，因此作为功能性食品添加剂，目前左旋肉碱已应用于医药保健、食品和饲料等领域，并已被瑞士、法国、美国和世界卫生组织规定为法定的多用途营养剂，得到广泛的应用。

我国卫生部于 1994 年将左旋肉碱列入食品营养强化剂范畴，因其具有减肥功效，它也是一种常用的减肥食品添加剂。1996 年，全国食品添加剂标准化技术委员会第 16 次会议通过的《食品添加剂使用卫生标准》（GB 2760—1996）规定了允许饮料、乳饮品、饼干、固体饮料、乳制品中使用左旋肉碱酒石酸盐为食品营养强化剂。

3. 左旋肉碱添加于婴幼儿奶粉

左旋肉碱不仅在能量产生和脂肪代谢中起重要作用，在维持婴儿生命及促进婴幼儿发育的一些生理过程，如生酮过程、氮代谢等方面有一定功能。左旋肉碱对婴儿体内脂肪代谢至关重要，有助于婴儿保持体温，且有助于早产儿发育，被视为婴儿必需营养素。人不仅可通过食物获取左旋肉碱，在体内亦可自行合成，但婴幼儿自身的肉碱生物合成能力较低，不能满足其正常代谢需要，必须外源摄取。母乳中左旋肉碱含量较高，产后第一周浓度达到 80～100nmol/mL，然后逐渐下降至 60nmol/mL。适合婴儿摄取的含左旋肉碱的食物种类有限，每日在婴幼儿食品中补充左旋肉碱是必要的。随着社会的发展，许多家庭选择使用市售奶粉喂养婴儿。因此，目前世界上已有多个国家和地区在婴儿奶粉中加入左旋肉碱，国内也已有添加肉碱的婴儿奶粉上市。GB 10765—2010 中规定了左旋肉碱可作为婴幼儿配方食品添加物。

二、左旋肉碱的限量要求

左旋肉碱现被收载在美国药典、欧洲药典、美国食品法典等国际药典和法典中，欧洲同时建立了饲料添加剂标准，在中国已经具有国家药品标准、食品添加剂标准和饲料添加剂标准。目前，世界上已有 22 个国家和地区允许在婴儿奶粉中加入左旋肉碱以预防肉碱缺乏症。

1993 年，左旋肉碱获得美国食品药品管理局（FDA）和世界卫生组织（WHO）认可，专家委员会认为维生素 Bt（即左旋肉碱）是“公认安全无毒”的，但禁止销售右旋和混旋型肉碱，因右旋肉碱是竞争性抑制剂。

1994 年，德国卫生部规定左旋肉碱使用量无需规定上限。

1996 年，全国食品添加剂标准化技术委员会允许饮料、乳饮品、饼干、固体饮料、乳制品中使用左旋肉碱。

1997 年，我国卫生部科教发 13 号文件认定左旋肉碱为安全营养强化剂。

《食品安全国家标准 婴儿配方食品》（GB 10765—2010）规定左旋肉碱可作为可选择性成分作为婴幼儿配方食品添加物，其含量应符合表 5-10 中的规定。

表 5-10　左旋肉碱指标

可选择性成分	指标				检验方法
	每 100kJ		每 100kcal		
	最小值	最大值	最小值	最大值	
左旋肉碱/mg	0.3	N.S.	1.3	N.S.	GB 29989—2013

注：N.S.表示没有特别说明。

三、左旋肉碱的检测方法

（一）婴幼儿食品和乳品中左旋肉碱的测定的国家标准（GB 29989—2013）

原理：试样经过水提取，用高氯酸沉淀蛋白质后过滤。滤液经碱皂化后使溶液中结合态的左旋肉碱游离出来。左旋肉碱与乙酰辅酶 A 在乙酰肉碱转移酶的催化下反应生成乙酰肉碱和游离的辅酶 A。游离的辅酶 A 和 2-硝基苯甲酸反应生成黄色物质，其颜色深浅与游离的辅酶 A 含量成正比。因游离的辅酶 A 与左旋肉碱是等摩尔反应关系，可间接求出试样中左旋肉碱含量。

分析步骤：准确称取 5g（精确至 0.0001g）混合均匀的试样于烧杯中，用 30mL 40℃温水溶解，转入 100mL 容量瓶中。加入 10mL 13%高氯酸溶液，混合均匀后静置 20min。用蒸馏水定容至刻度，混匀，用定量滤纸过滤。

取滤液 20mL，用 4mol/L 氢氧化钾溶液调 pH 为 12.5～13.0 后，置于 40℃水浴 60min。冷却后用 13%高氯酸调 pH 为 7.0～7.5。将样液转入 50mL 容量瓶中，用蒸馏水定容。混匀后置于 4℃冰箱中过夜。将试样处理液从冰箱中取出放置至室温，取上清液用 0.45μm 滤膜过滤后备用。

标准曲线的绘制：吸取左旋肉碱标准工作液 2.0mL 于 1cm 比色皿中，加入 0.8mL 显色工作液和 100μL 乙酰辅酶 A 溶液，盖上比色皿盖，混合均匀后放入分光光度计中，分光光度计的波长调为 412nm，5min 后归零。迅速加入 100μL 乙酰肉碱转移酶溶液，混合均匀后放入分光光度计中，反应 10min 后记录吸光度值。以左旋肉碱标准工作液的浓度为横坐标，以吸光度值为纵坐标，制作标准曲线。

试样测定：取 2.0mL 试样处理液测定其吸光度值。在标准曲线上查得试样待测液的浓度。

分析结果的表述：试样中左旋肉碱的含量 X，以质量分数（mg/100g）表示，按下式计算：

$$X = \frac{C \times 50}{m \times V \times 10} \times 100$$

式中，X 为样品中左旋肉碱含量，mg/100g；C 为从标准曲线上查得的试样处理液浓度，μg/mL；V 为滤液的体积，mL；m 为试样的质量，g。计算结果以重复性条件下获得的两次独立测定结果的算术平均值表示，结果保留小数点后一位。

精密度：在重复性条件下获得的两次独立测定结果的绝对差值不应超过算术平均值的 10%。

其他：方法检出限为 0.6mg/100g，定量限为 2mg/100g。

（二）国内外其他检测方法

1. 液相色谱-串联质谱法

原理：采用水萃取游离分析物，微波辅助酸水解测定总分析物，通过 LC/MS-MS-ESI 对待测物进行分析和定量测定。

样品前处理：称取 25g 乳粉样品，加水稀释至最终质量为 225g。称取 1g 至 55mL 聚四氟乙烯管中，加入 5mL 水及 2.5mL 10%（*W/W*）硝酸，盖上盖，涡旋混匀，置于微波消解仪中（微波程序：10min 内上升至 120℃，1000W 功率下保持 40min），冷却至室温，用水定容至 25mL，取 0.5mL 样品与 0.5mL 乙腈混合，过 0.45μm PTFE 滤膜，置于硅烷化进样瓶中待测。

LC-MS/MS 测定：使用安捷伦 Zorbax 300-SCX 色谱柱（3.0mm×50mm，5μm）或等效色谱柱。流速为 1.0mL/min，总运行时间超过 4.2min。流动相条件是 100%流动相 A 1min，100%流动相 B 1.5min，100%流动相 A 3min。色谱柱温度是 40℃，自动进样器温度是 5℃，进样体积是 1μL。调整自动进样器冲洗设置，尽量避免过载。使用配有阳极 ESI 的 AB Sciex API 4000 质谱仪，采用多反应监测（MRM）模式。MS/MS 的整体设置见表 5-11。

表 5-11　MS/MS 设置参数

指标	设置值
电离方式	阳离子模式（ESI+）
监测方式	MRM
离子喷雾电压/V	1000
涡轮泵离子喷射温度/℃	550
去簇电压/V	120
停留时间/ms	100
入口电压/V	10
碰撞室出口电压/V	25
碰撞气体	氮气，5psig*
气帘气体	氮气，20psig
雾化气体	氮气，60psig
辅助气体	氮气，60psig
针位	*y* =5mm，*x* =5mm

* 1psig≈6.90kPa。

2. 其他方法

目前，除以上列举的微生物法和液相色谱质谱联用法外，文献中报道了测定左旋肉碱含量的其他方法，主要有免疫法、高效液相色谱法、毛细管电泳色谱法、高效阴离子色谱法等。酶反应试剂盒法因稳定性和准确度较差，未得到广泛应用。目前国内外报道最多的方法为高效液相色谱法，通常采用离子对试剂或柱前衍生，以提高其分离效能和检测灵敏度。

第七节 肌醇的检测

一、概论

肌醇（inositol），学名环己六醇，也称内消旋肌醇，广泛存在于各种天然动物、植物及微生物组织中，因最初由肌肉组织中提取，故得名肌醇（又称肌肉糖）。肌醇的分子式为 $C_6H_{12}O_6$，分子量 180.16，结构式如图 5-15 所示。白色结晶粉末，味甜，无臭，其甜度为蔗糖的一半。其水溶液对石蕊呈中性，无旋光性。在空气中稳定。每克溶于 6mL 水中，在乙醇中极微溶，不溶于乙醚及氯仿。在动物细胞内，肌醇以磷脂成分的形式存在，在植物细胞中，以植酸形式存在。

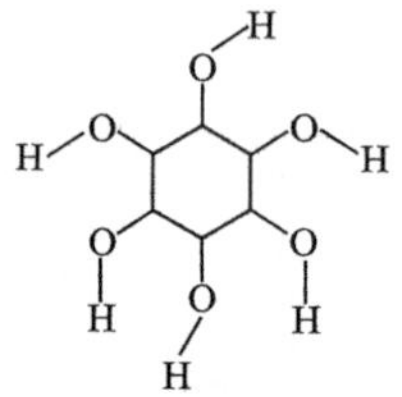

图 5-15 肌醇的结构式

肌醇在自然界存在多个顺、反异构体，发现的有 4 种，分别为 D-手性肌醇(D-chiro-inositol)、L-手性肌醇(L-chiro-inositol)、肌肉肌醇（myo-inositol）和鲨肌醇（scyllo-inositol）。最常见的是肌肉肌醇，D-手性肌醇和 L-手性肌醇量虽少，但分布很广。几乎所有生物都含有游离态或结合态的肌醇。游离态的肌醇主要存在于肌肉、心脏、肺脏中，是磷脂的一种磷脂酰肌醇的组成成分。

二、对人体健康的影响

肌醇参与体内新陈代谢活动，能合成肌醇磷脂、膜磷脂、鞘脂等前体物质，为人类多种细胞生长所必需。20 世纪 90 年代以来人们发现，人体内若缺乏肌醇，膳食中脂肪酸能在肝脏中合成甘油三酯积累在体内，对健康不利；而肌醇可与肉瘤碱结合使脂肪很快转化为热能而被消耗，从而防止脂肪在人体内尤其在心血管内沉积下来，对脂肪肝、肝炎、肝硬化、糖尿病、肥胖症等疾病有治疗和预防作用。肌醇是一种人体必需的营养因子，具有类似维生素 B_1 和维生素 H 的作用，人体每天对肌醇的需求量是 1～2g。美国于 1987 年就推荐含乳婴儿食品中应加入一定量肌醇。

肌醇作为食品营养强化剂，被允许在调制乳粉（仅限儿童用乳粉）、果蔬汁（肉）饮料（包括发酵型产品等）和风味饮料限量添加。许多保健饮料和儿童食品都有微量肌醇。

三、肌醇的限量要求

国家标准《食品安全国家标准 婴幼儿配方食品》（GB 10765—2010）规定肌醇可作为可选择性成分添加到婴幼儿配方食品中，其含量应符合表 5-12 中的规定。国际食品法典委员会（CAC）标准[STAN 72-1981（2011 年修订）]规定与 GB 10765—2010 一致。

表 5-12　肌醇指标

可选择性成分	指标				检验方法
	每 100kJ		每 100kcal		
	最小值	最大值	最小值	最大值	
肌醇/mg	1.0	9.5	4.2	39.7	GB 5009.270—2016

四、肌醇的检测方法

我国检测乳制品中肌醇的标准方法为《食品安全国家标准 食品中肌醇的测定》（GB 5009.270—2016）第二法为气相色谱法。标准相关内容如下。

（一）气相色谱法

原理：试样中的肌醇用水和乙醇提取后，与硅烷化试剂衍生，正己烷提取，经气相色谱分离，外标法定量。

试样处理：固体试样混合均匀后称取 1g（精确至 0.0001g）于 50mL 容量瓶中，加入 12mL 约 40℃温水溶解试样；液体试样直接称取 12g（精确至 0.0001g）于 50mL 容量瓶中。上述试样超声提取约 10min，用乙醇定容至刻度，混匀。静置约 20min 后，取 10mL 于 15mL 离心管中，以不低于 4000 r/min 离心约 5min。取上清液 5mL 于旋转蒸发仪浓缩瓶中。

干燥与衍生：向浓缩瓶中加入 10mL 无水乙醇，在 80℃±5℃下旋转浓缩至近干时再加入 5mL 无水乙醇继续浓缩至彻底干燥（有水将使下步硅烷化不彻底）。加入硅烷化试剂 10mL，超声溶解 5min 并转移至 25mL 有螺纹盖的离心管中，放于 80℃±5℃水浴中衍生反应约 75min，其间每隔约 20min 取出振荡一次，然后取出冷却至室温。加入 5mL 正己烷，振荡混合后静置分层。取上层液 3mL 于预先加少许无水硫酸钠的带螺纹盖离心管中，振荡后以不低于 4000 r/min 离心，此为试样测定液。

测定参考色谱条件：色谱柱，填料为 50%氰丙基-甲基聚硅氧烷的毛细管柱（柱长 60 m，内径 0.25mm，膜厚 0.25 μm）或同等性能的色谱柱；进样口温度 280℃；检测器温度 300℃；分流比 10∶1；进样量 1.0μL。程序升温见表 5-13。

表 5-13　程序升温

升温速率/（℃/min）	目标温度/℃	持续时间/min
初始温度	120	0
10	190	50
10	220	3

标准曲线制作：分别将标准溶液测定液注入到气相色谱仪中，以测得的峰面积（或峰高）为纵坐标，以肌醇标准测定液中肌醇的含量为横坐标制作标准曲线。

试样溶液的测定：分别将试样测定液注入到气相色谱仪中得到峰面积（或峰高），从标准曲线中获得试样测定液中肌醇的含量（mg）。

分析结果的表述：试样中肌醇含量按下式计算：

$$X = \frac{C_s \times f_i}{m_i} \times 100$$

式中，X 为试样中肌醇含量，mg/100g；C_s 为从标准曲线中获得试样测定液肌醇的含量，mg；m_i 为试样的质量，g；f_i 为试样测定液所含肌醇换算成试样中所含肌醇的系数，为 10。以重复性条件下获得的两次独立测定结果的算术平均值表示，结果保留三位有效数字。

精密度与检出限：在重复性条件下获得的两次独立测定结果的绝对差值不得超过算术平均值的 10%。本标准第一法、第二法检出限均为 2.0mg/100g。

（二）离子色谱法

原理：游离肌醇，采用盐酸提取样品中的肌醇，过滤除杂后采用离子色谱测定含量。磷脂酰肌醇，采用氯仿提取样品中的结合态肌醇，固相萃取去除样品中的脂类成分，浓酸处理将结合态肌醇水解为游离态肌醇，过滤除杂后采用离子色谱测定含量。

样品前处理：游离肌醇：奶粉样品加水溶解后取 0.5～5g 置于 100mL 容量瓶中，加入 0.5%盐酸，调节 pH 为 4.5，定容至 100mL，0.45μm 滤膜过滤后待测。

结合态肌醇：提取，取 4g 加水溶解后的奶粉样品，加入 10mL 甲醇，振荡 20min，加入 20mL 氯仿，振荡 5min，加入 5mL 6%偏磷酸和 1mL 1mol/L 氯化钠溶液，混匀后离心，弃去底部氯仿层，样品经氮吹蒸干；净化，用 2∶1 的氯仿-甲醇复溶样品，上 SPE 柱净化，3mL 正己烷-乙醚（80∶20）淋洗，3mL 正己烷-乙醚（50∶50），4mL 甲醇，4mL 甲醇-氯仿水溶液（75∶15∶10）洗脱，洗脱液 60℃水浴氮吹干燥；水解，加入 40μL 乙酸和 2mL 浓盐酸，置于 110℃烘箱 2h，加入 10mL 水稀释，加入 1.25mL 氢氧化钠，定容至 50mL，0.45μm 滤膜过滤待测。

测定：仪器条件见表 5-14。

表 5-14　离子色谱条件

指标	设置值
泵 1 压力限/psi	2000
泵 1 流动相	0.12%（30mmol/L）NaOH
泵 1 流速/(mL/min)	0.4
泵 2 压力限/psi	2000
泵 2 流动相	3%（750mmol/L）NaOH
泵 2 流速/(mL/min)	0.4
进样量/μL	20
肌醇保留时间/min	11～13
监测时间/min	25

（三）国内外其他检测方法

目前有关文献报道的肌醇检测方法有高碘酸钾氧化法、滴定法、紫外分光光度法、微生物法、高效液相色谱法（HPLC）、气相色谱法（GC）、气相色谱-质谱法（GC-MS）、气相色谱-质谱/质谱法（GC-MS/MS）、离子色谱法。其中，高碘酸钾氧化法、滴定法、紫外分光光度法由于检出限较高，适于含量较大的样品；微生物法测试时间较长；高效液相色谱法和离子色谱法对色谱柱和检测器的要求较高，因此国内外报道最多的检测方法为气相色谱法和气相色谱-质谱法。

第八节　胆碱的检测

一、概论

1. 胆碱的性质

胆碱（choline）的化学名为（β-羟乙基）三甲基铵的氢氧化物，是离子化合物，其分子结构式为 $HOCH_2CH_2N^+(CH_3)_3OH$。胆碱分子式为 $C_5H_{15}NO_2$，分子量为 121.18，结构式如图 5-16 所示。

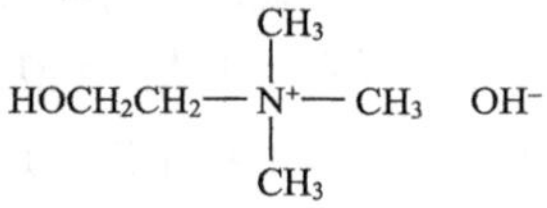

图 5-16　胆碱的结构式

胆碱呈无色味苦的水溶性白色浆液，有很强的吸湿性，暴露于空气中能很快吸水。胆碱容易与酸反应生成更稳定的结晶盐（如氯化胆碱），在强碱条件下也不稳定，但在热条件下相当稳定。由于胆碱耐热，因此在加工和烹调过程中的损失很少，干燥环境下即使长时间储存食物中胆碱含量也几乎没有变化。

2. 胆碱的发现

胆碱是一种强有机碱，1849 年首次从猪肝中被分离出，并于 1862 年首次定名，1866 年被化学合成。此后一直认为胆碱为磷脂的组分，但直到 1941 年才由 Devigneaud 首先弄清它的生物合成途径。1940 年，Sura 和 Gyorgy Goldblatt 根据他们各自的工作，报道了胆碱对大白鼠生长必不可少的特性，表明了它具有维生素特性。胆碱是卵磷脂的关键组成成分，也存在于神经鞘磷脂之中，是机体可变的甲基的一个来源而作用于合成甲基的产物，同时又是一个乙酰胆碱的前体。

20 世纪 30 年代已知胆碱为试验用的大鼠中必需的营养成分，尤其是其正常生长所必需的。虽然人类及其他动物可以从食物中获取所需要的量，但由于很多动物体内不能合成胆碱，特别是幼年动物，当不给予试验动物含有胆碱的食物或不给予合成胆碱所必需营养物质时，可以造成缺乏病，并引起肝与肾的损害。据此，比较多的营养学家还是把它列入维生素类中。胆碱现已成为人类食品中常用的添加剂。美国《联邦法典》将胆碱列为“一般认为安全”（generally recognized as safe）的产品；欧盟 1991 年颁布的法规将胆碱列为允许添加于婴儿食品的产品。

二、对人体健康的影响

胆碱是世界上至今发现的 14 种维生素之一，是人体所需的重要营养素。胆碱是一种抗脂肪肝的因子，可预防脂肪沉积于肝脏中，加速脂肪进入细胞的活动，帮助调节肝脏和胆囊的功能，预防胆结石，它能被乙酰化形成乙酰胆碱，是神经冲动传递的介质。缺乏胆碱会引起胃溃疡、胃出血、心脏疾病、肾管阻塞、动脉硬化等疾病。胆碱一般以磷酸胆碱或乙酰胆碱的形式广泛分布在卵磷脂、蛋黄、肝脏、啤酒小麦芽中，成年人可以从食物中获取，所以成年人中尚未发现胆碱缺乏者。对全部依靠婴幼儿配方乳粉提供营养的婴幼儿而言，胆碱也是必不可少的营养成分之一被添加到婴幼儿配方奶粉中。

由于胆碱在自然界中的广泛存在，加上人体自身也能合成胆碱，所以不易造成缺乏症。目前需要添加胆碱的产品主要是婴幼儿配方奶粉和动物饲料，主要是以氯化胆碱的形式添加。

三、胆碱的限量要求

国家标准《食品安全国家标准 婴幼儿配方食品》（GB 10765—2010）规定胆碱可作为可选择性成分添加到婴幼儿配方食品中，其含量应符合表 5-16 中的规定。

表 5-16　胆碱指标

每 100kJ		每 100kcal	
最小值	最大值	最小值	最大值
1.7mg	12.0mg	7.1mg	50.2mg

四、胆碱的测定方法

（一）酶比色法[参考《食品安全国家标准 婴幼儿食品和乳品中胆碱的测定》（GB 5413.20—2013）]

原理：试样中的胆碱经酸水解后变成游离态的胆碱，再经酶氧化后与显色剂反应生成有色物质，其颜色的深浅在一定浓度范围内与胆碱含量成正比。

样品的前处理方法：称取 5g（精确到 0.01g）混合均匀的试样于 100mL 的锥形瓶中，加入 30mL 盐酸溶液（1 mol/L）。

样品的水解：将装有试样的容器放在 70℃水浴中，加塞混匀，水解 3h（每隔 30min 振摇一次），冷却。用氢氧化钠溶液调 pH 为 3.5～4.0，转入 50mL 容量瓶中，用蒸馏水定容至刻度。过滤水解液。滤液应是澄清的，否则用 0.45μm

的滤膜再次过滤。滤液放在4℃的冰箱中可以保存3d。

标准曲线的绘制：分别吸取2mL、4mL、6mL、8mL胆碱氢氧化物标准工作溶液于10mL的容量瓶中，用蒸馏水稀释至刻度。准备6支试管，1支试管用作试剂空白（A），另5支试管由1至5编号，分别用于标准溶液和标准溶液的四个稀释度。按表5-17加入试剂。

表5-17 制作标准曲线时的试剂添加量

试剂	试管A	试管1	试管2	试管3	试管4	试管5
稀释度1（50μg/mL）/mL	—	0.100	—	—	—	—
稀释度2（100μg/mL）/mL	—	—	0.100	—	—	—
稀释度3（150μg/mL）/mL	—	—	—	0.100	—	—
稀释度4（200μg/mL）/mL	—	—	—	—	0.100	—
标准溶液（250μg/mL）/mL	—	—	—	—	—	0.100
蒸馏水/mL	0.100	—	—	—	—	—
发色剂/mL	3.00	3.00	3.00	3.00	3.00	3.00

试样的测定：将每个试样准备2支试管（B、C），按表5-18加入试剂。

表5-18 测定试样时的试剂添加量

	试管B	试管C
试剂	滤液空白	试样
待分析滤液/mL	0.100	0.100
蒸馏水/mL	3.00	—
发色剂/mL	—	3.00

比色测定：用密封保护膜盖住试管，混匀。把试管置于37℃水浴中保温反应15min。将试样及标准系列溶液从水浴中取出，冷却至室温。在波长505 nm处，用蒸馏水作空白，测定吸光度值。以胆碱标准溶液的浓度为横坐标，以标准溶液的吸光度值减去试剂空白的吸光度值为纵坐标，制作标准曲线。

分析结果的表述：净吸光度值的计算，通常新鲜配制的试剂会产生轻微颜色，且由于水解作用滤液也不是无色的，为了除去这些干扰因素，应该从总吸光度值中减去各自的空白值（试管A和试管B）。试样净吸光度值按下式计算：

$$A = A_{tot} - A_{b1} - A_{ex}$$

式中，A 为试样净吸光度值；A_{tot} 为总吸光度值（试管 C）；A_{bl} 为试剂吸光度值（试管 A）；A_{ex} 为滤液吸光度值（试管 B）。A_{bl} 和 A_{ex} 不应大于总吸光度值的 20%，对于标准曲线，$A_{ex}=0$。

胆碱含量的计算：在标准曲线上查出净吸光度值的位置，并记下相应的浓度 c，以每 100g 试样中胆碱氢氧化物的毫克数表示胆碱的含量（X），单位为 mg/100g，试样中的胆碱氢氧化物含量按下式计算：

$$X=\frac{c\times V\times 100}{m\times 1000}$$

式中，X 为试样中的胆碱氢氧化物含量，mg/100g；c 为自标准曲线上查得的胆碱氢氧化物的浓度，μg/mL；V 为水解液被稀释的体积（通常为 50mL），mL；m 为试样的质量，g；1000 为换算系数。计算结果以重复性条件下获得的两次独立测定结果的算术平均值表示，结果保留整数位。

精密度：在重复性条件下获得的两次独立测定结果的绝对差值不得超过算术平均值的 8%。

其他：方法检出限为 1mg/100g，定量限为 3mg/100g。

（二）雷氏盐分光光度法

原理：试样中的胆碱用氢氧化钡-甲醇-三氯甲烷混合溶液水解抽提，经弗罗里硅土层析净化，与雷纳克铵盐溶液形成粉红色的胆碱雷纳克铵盐，用丙酮溶解洗脱，于 526 nm 测定吸光度值。在一定浓度范围内，胆碱雷纳克铵盐颜色的深浅与其含量成正比。

样品前处理方法：称取固体试样 10g（精确到 0.01g）、液体试样 20g（精确到 0.01g）于磨口锥形瓶中，加入 50mL 氢氧化钡-甲醇-三氯甲烷提取液。混合均匀后接入回流装置，于 79℃±2℃的水浴锅内水解抽提 4h。每隔 1h 振荡一次，以避免试样结块。水解抽提结束后，取出锥形瓶冷却至室温，过滤。滤渣用冰醋酸-甲醇混合液洗涤 3～4 次，洗液一并收集于 100mL 容量瓶中。用甲醇定容至刻度，混匀。

分析步骤：层析柱制备：用乳胶管连接层析柱与滴头，用少量脱脂棉堵住层析柱底部，倒入约 5 cm 高的弗罗里硅土，用甲醇浸湿，备用。

层析：分别吸取胆碱标准溶液 0mL、1.0mL、2.0mL、3.0mL、4.0mL、5.0mL 注入层析柱中，当溶液完全进入柱床后，依次用 5mL 和 10mL 甲醇，20mL 乙酸甲酯洗涤层析柱。再加入 5mL 雷纳克铵盐溶液，用适量的冰醋酸洗去过量的雷纳克铵盐，直至层析柱上无雷纳克铵盐附着处呈现硅土原有的白色。用丙酮洗脱粉红色的胆碱雷纳克铵盐，收集于 10mL 的容量瓶中，用丙酮定容（如果洗脱液浑浊需过 0.45μm 的滤膜）。在波长 526nm 处测定溶液的吸光度值，以胆碱酒石酸氢盐含量为横坐标（m_x），吸光度值为纵坐标绘制标准曲线。

试样的测定：吸取 10mL 试样水解液于层析柱中，其余操作按照层析方法进行。自标准曲线上查得 10mL 试样水解液中胆碱酒石酸氢盐的含量。

分析结果的表述：试样中的胆碱以胆碱氢氧化物计，以 mg/100g 表示，按下式计算：

$$X = \frac{m_x}{\frac{m}{100} \times V} \times 100 \times 0.474$$

式中，X 为试样中胆碱氢氧化物的含量，mg/100g；m 为试样的质量，g；V 为层析时吸取试样水解液的体积，mL；m_x 为从标准曲线上查得胆碱酒石酸氢盐的含量，mg；0.474 为胆碱酒石酸氢盐转化为胆碱氢氧化物的系数。计算结果以重复性条件下获得的两次独立测定结果的算术平均值表示，结果保留整数位。

精密度：在重复性条件下获得的两次独立测定结果的绝对差值不得超过算术平均值的 10%。

其他：方法检出限为 2mg/100g，定量限为 5mg/100g。

（三）离子色谱法（参考 AOAC 标准检测方法《婴幼儿配方食品及成人营养品中胆碱的测定 离子色谱法》）

原理：利用微波辅助水解将婴幼儿配方食品中的胆碱释放出来，通过 Dionex Ionpac CS19 色谱柱将胆碱从其他离子中分离，抑制电导法检测，用于检测样品中总胆碱的量。

样品前处理方法：称取 25g 样品置于 250mL 聚丙烯瓶中，加入 200g 去离子水记录总质量，盖上瓶塞振荡，充分混匀。移取 10g 试样溶液至 100mL 微波消解管中，加入 10g 3mol/L 盐酸溶液，记录总质量。向微波消解管中投入磁转子，按照表 5-19 程序进行微波辅助水解，待微波消解管温度降至低于 50℃取出，并于通风橱内打开。转移样品至 50mL 离心管中，盖上盖子摇匀，用 0.2μm 滤膜过滤约 3mL 滤液于 50mL 具盖离心管中，称取 0.75g 滤液于 50mL 离心管

表 5-19 微波辅助水解程序

序号	步骤	时间/min	温度/℃	功率/W
1	升温	10	100	1200
2	保持	10	100	1200
3	冷却	15	—	—

中，加入去离子水至总质量为 12.5g。

样品中和：用 15mL 去离子水活化 Dionex OnGuard ⅡA 柱（2.5mL）。用 25mL 注射器吸取 12mL 试样，以 2mL/min 速度推入净化柱，弃去前 6mL，收集后面的 3mL 于 10mL 样品瓶中。

色谱条件：Dionex IonPac CS19 保护柱及分析柱，2mm；淋洗液：甲基磺酸（MSA）；淋洗梯度：5～13min 为 6.4mmol/L MSA，13min 升至 25mmol/L MSA，13～17min 为 25mmol/L MSA；淋洗液来源：Dionex EGC Ⅲ MSA 淋洗液发生器配 Dionex CRCTC Ⅱ在线捕获器；流速：0.25mL/min；进样体积：5μL；柱温：30℃；自动进样器温度：10℃；检测器：抑制电导检测器，配 Dionex CSRS™ 300 阳离子抑制器（2mm），抑制电流 5～13min 为 5mA，13～17min 为 19mA；运行时间：17min。

（四）LC-MS/MS（液相色谱-串联质谱）法

AOAC 2015 年发布了基于 LC-MS/MS 技术的胆碱和肉毒碱测定方法，该方法已经成为目前公认的测定胆碱的最准确方法，且可以同时测定肉毒碱。

原理：该方法采用水萃取游离分析物，微波辅助酸水解测定总的分析物，通过 LC-MS/MS-ESI 对胆碱和肉毒碱进行同时分析和定量测定。

样品前处理方法：称取 25g 婴幼儿配方奶粉，加水稀释至最终质量为 225g。分析液体即食产品（RTF）胆碱时，要先进行预稀释，方法是称取 1.0g 该品，用水稀释至最终质量为 5.0g。

总胆碱样品溶液制备：称取 1.0g 混合产品或稀释产品至 55mL MARSXpress 管中制备样品，加入 5mL 水，加入 2.5mL 70%（*W/W*）硝酸，MARSXpress 系统进行微波消解，消解液冷却后转移至 50mL 含水聚丙烯管中，用 25mL 水稀释至刻度。取 0.5mL 样品溶液与 0.5mL 乙腈在微型离心管中混合，用 0.45 μm PTFE 注射器过滤膜过滤至硅烷化的进样瓶中。

分析步骤：色谱条件：使用岛津高效液相系统和安捷伦 Zorbax 300-SCX 色谱柱（3.0mm×50mm，5μm）。流速为 1.0mL/min，总运行时间超过 4.2min。流动相条件是 100%流动相 A 1min，100%流动相 B 1.5min，100%流动相 A 3min。色谱柱温度是 40℃，自动进样器温度是 5℃，进样体积是 1μL。

MS/MS 的整体设置见表 5-20。

表 5-20 MS/MS 设置

指标`	设置值
电离方式	阳离子模式（ESI+）
监测方式	MRM

续表

指标	设置值
离子喷雾电压/V	1000
涡轮泵离子喷射温度/℃	550
去簇电压/V	120
停留时间/ms	100
入口电压/V	10
碰撞室出口电压/V	25
碰撞气体	氮气，5 psig
气帘气体	氮气，20 psig
雾化气体	氮气，60 psig
辅助气体	氮气，60 psig
针位	$y = 5$mm，$x = 5$mm

第九节　其他食品添加剂的检测

一、叶黄素

叶黄素是一种重要的抗氧化剂，为类胡萝卜素家族（一组植物中发现的天然的脂溶性色素）的一员，又名“植物黄体素”，在自然界中与玉米黄素共同存在。

叶黄素对视网膜中的黄斑有重要保护作用，缺乏时易引起黄斑退化和视力模糊，进而出现视力退化、近视等症状。叶黄素是视黄醇的前体，在人体内可转化为视黄醇。叶黄素对眼睛的主要生理功能是作为抗氧化剂和光保护作用。视神经不可再生，极易受到有害自由基的伤害，叶黄素的抗氧化作用可抑制有害自由基的形成。叶黄素可吸收大量蓝光，蓝色可见光的波长和紫外线接近，是能达到视网膜的可见光中潜在危害性最大的一种光，在到达视网膜上敏感的细胞前，光先经过叶黄素的最高聚集区，这时若视黄斑处的叶黄素含量丰富就能将这种伤害减至最小。叶黄素对人体的具体功能作用如下：①是视网膜的主要色素成分；②保护眼睛不受光线损害，延缓眼睛的老化及防止病变；③抗氧化，有助于预防机体衰老引发的心血管硬化、冠心病和肿瘤疾病；④保护视力、缓解视疲劳症状等。

叶黄素使用限量：根据《食品安全国家标准 食品添加剂使用标准》（GB 2760—2014）中规定，叶黄素在以乳为主要配料的即食风味食品或其预制产品（不包括冰淇淋和风味发酵乳）中的最大使用量为 0.05g/kg。

食品中叶黄素的测定方法：《食品安全国家标准 食品中叶黄素的测定》（GB 5009.248—2016）中的液相色谱-紫外检测法。

方法原理简介：奶粉经皂化处理后，用乙醚-正己烷-环己烷溶剂体系提取叶黄素，浓缩后用高效液相色谱仪测定，外标法定量。

检测所使用的主要仪器设备：液相色谱仪（配紫外检测器）、分析天平、氮吹仪、–4℃ 5000r/min 低温离心机。

二、*β*-胡萝卜素

β-胡萝卜素是自然界中最普遍存在也是最稳定的天然色素，是一种抗氧化剂，是维护人体健康不可缺少的营养素，在抗癌、预防心血管疾病、白内障及抗氧化方面有显著的功能，并进而防止老化和衰老引起的多种退化性疾病。

缺乏 *β*-胡萝卜素可引起多种症状：夜盲症、黏膜干燥、干眼症及近视等，还可能增加癌症、白内障、心血管疾病、生殖系统疾病、泌尿系统疾病及呼吸道感染的发生机会，以及出现过早衰老、失眠、浑身无力和皮炎、皮肤角质化等症状。但体内 *β*-胡萝卜素过量也会有副作用，如皮肤褪色（黄色会慢慢消褪）、稀便、瘀伤、关节痛。

β-胡萝卜素的质量标准：《食品安全国家标准 食品添加剂 *β*-胡萝卜素》（GB 8821—2011）。

β-胡萝卜素的使用限量：《食品安全国家标准 食品添加剂使用标准》（GB 2760—2014）规定，*β*-胡萝卜素在调制乳、调制乳粉和调制奶油粉中最大使用量均为 1g/kg。

β-胡萝卜素的测定方法：乳制品中 *β*-胡萝卜素的检测方法执行中华人民共和国国家标准《食品安全国家标准 食品中胡萝卜素的测定》（GB 5009.83—2016）。

方法原理简介：试样经皂化后，使 *β*-胡萝卜素完全变为游离态。用石油醚萃取后，反相色谱法分离，外标法定量。

检测所使用到的主要仪器设备：液相色谱仪（配紫外检测器）、天平、恒温水浴锅。

三、香兰素、甲基香兰素、乙基香兰素

（一）香兰素简介

香兰素是一种很普遍的、广泛使用的食用香精。在汇总了众多的动物和人体试验数据后，FAO/WHO 联合专家委员会设立的日摄入最高限量为 10mg/kg bw，欧盟食品安全局设立的最高限量则是每人每天 47mg。在不超过当前限量的前提下使用香兰素，不会产生食品安全问题。实际上，一般情况下也不会有人大

剂量食用香兰素，因为香兰素就跟其他许多香精一样，添加的量太大就不再是香，而是苦了。

香兰素对人体健康没有直接的危害，但是对于以哺乳为主的婴儿却有显著影响，研究显示：相对于没有添加香兰素的配方奶，婴儿吃添加了香兰素的配方奶吮吸得更用力，吃得也更多。这些可能会对婴儿食量，以及后期的口味偏好造成影响，同时大剂量食用含有香兰素食品可导致头痛、恶心、呕吐、呼吸困难，甚至损伤肝、肾等。

（二）香兰素使用标准及限量规定

根据中国当前的食品添加剂使用标准（GB 2760—2014），针对 0～6 月龄婴儿的婴儿配方食品不允许添加食用香精。不过，针对 6 个月以上的较大婴儿和幼儿配方食品，包括二段和三段婴幼儿配方奶粉，则是允许使用香兰素、乙基香兰素和香荚兰豆浸膏的。这三者的最大允许使用量分别为 5mg/100mL、5mg/100mL 和按照生产需要适量使用。CAC 标准也是规定 6 个月以上的较大婴儿和幼儿配方食品中香兰素、乙基香兰素最大允许使用量为 5mg/100mL。

（三）香兰素的检测方法

2017 年国家食品药品监督管理总局发布了 2017 年第 64 号公告，公布了《食品中香兰素、甲基香兰素和乙基香兰素的测定》的食品补充检验方法，对香兰素的检测方法进行规范。采用液相色谱-质谱联用技术同时测定婴幼儿配方奶粉中香兰素。

原理：样品经乙腈提取后，再以正己烷除脂净化，高效液相色谱-串联质谱仪进行检测，外标法定量。

样品前处理：称取 1g（精确至 0.01g）婴幼儿配方乳粉、婴幼儿谷类辅助食品样品：，置于 50mL 聚丙烯离心管中，加入 3mL 水，涡旋振荡 30s，加入 7mL 乙腈，涡旋振荡 30s，超声处理 25min，10000r/min 离心 5min 后，取上层清液 2mL 于 10mL 玻璃离心管中，加入 1mL 正己烷，涡旋混合 30s，5000r/min 离心 3min 后，取下层清液，过滤膜（0.22μm，有机相），待分析。

a. 色谱条件：色谱柱为 XDBC$_{18}$ 柱，4.6mm×50mm，1.8μm，或性能相当者；流动相 A 为 0.1%甲酸水溶液，流动相 B 为甲醇，梯度洗脱条件见表 5-21；流速 0.3mL/min；柱温 30℃；进样量 2μL。

b. 质谱条件：离子源为电喷雾离子源；扫描方式为正离子扫描（ESI+）；检测方式为多反应监测（MRM）；离子化电压为雾化气、辅助气和气帘气压力，雾化温度应优化至最佳灵敏度，监测离子对和定量离子对及其他质谱参数见表 5-22。

表 5-21　梯度洗脱条件

时间/min	流动相 A/%	流动相 B/%
0	75	25
0.5	75	25
2	50	50
6	50	50
7	10	90
9	10	90
12	75	25

表 5-22　两种化合物的定性离子对、定量离子对和质谱分析参数

序号	分析物	离子对 *m/z*	去簇电压/V	碰撞能量/eV	入口电压/V	出口电压/V
1	香兰素	153.1/93.1*	90	19	10	13
		153.1/125.0	90	14	10	13
2	乙基香兰素	167.2/111.0*	90	17	10	13
		167.2/93.0	90	23	10	13

*定量离子对。

四、免疫球蛋白

（一）简介

免疫球蛋白（immunoglobulin，Ig）指具有抗体活性或化学结构，与抗体分子相似的球蛋白。免疫球蛋白是免疫活性分子中的一类，对增强机体的免疫抗病能力具有关键作用，免疫球蛋白在调节动物体的生理功能和某些特定物质的代谢方面起着重要作用。研究发现母乳中免疫球蛋白含量达 600mg/L。免疫球蛋白主要用于临床治疗，现已有大量的研究证明，人口服外源性免疫球蛋白也同样具有预防肠道疾病，调节免疫等功效。因此，对免疫球蛋白应用于食品中已受到科技工作者的普遍重视。

目前有多种测定免疫球蛋白含量的方法，如单向免疫扩散法（史敏言等）、火箭免疫电泳法、酶联免疫吸附法、化学发光显影法、免疫透射比浊法等。其中，单向免疫扩散法因操作简单、无需特殊仪器、测定成本低而被广泛使用。但该方法也存在反应时间长（24～72h）、准确性差、影响因素多和不能自动化等问题。免疫透射比浊法的特点是简单快速、准确性好、灵敏度高、重复性好，且基本用量小，可用于自动化分析。

（二）限量要求

免疫球蛋白用于食品由于功能不明确，目前其既不属于食品添加剂也不属于营养强化剂，因此在婴幼儿配方乳粉中，不得人为添加免疫球蛋白。

（三）测定方法

1. 液相色谱法

方法测定原理：在磷酸盐缓冲液（pH 6.5）条件下样品中免疫球蛋白与配基连接，在甘氨酸-盐酸缓冲液（pH 2.5）条件下洗脱免疫球蛋白进行测定。

高效液相色谱仪具有紫外检测器和梯度洗脱装置。色谱条件：色谱柱为Pharmacia HI-Trap Protein G 柱；流速为 0.4mL/min；进样量为 20μL；检测波长为 280nm；流动相 A 为 0.05mol/L 磷酸盐缓冲液（pH 6.5），流动相 B 为 0.05mol/L 甘氨酸-盐酸缓冲液（pH 2.5），进行梯度洗脱。

样品前处理：称取 0.1g 样品，用流动相 A 稀释至 25.0mL，摇匀，通过 0.45μm 滤膜。

该方法最低检出浓度为 0.5mg/kg。

2. 免疫透射比浊法、单向免疫扩散法

免疫透射比浊法和单向免疫扩散法测定结果的比较：两种测定方法对同一样品中免疫球蛋白的测定结果差异不显著（$P>0.05$）。但用单向免疫扩散法所得结果批内变异系数（CV）为 1.16%～9.77%。而免疫透射比浊法批内 CV 仅为 0.51%～1.88%。可见免疫透射比浊法的测定结果可重复性好、精确度高。单向免疫扩散法由于操作简单，不需要特殊仪器设备，测定成本低，目前使用很普遍。但是此方法受影响因素较多：①乳脂肪、杂蛋白的干扰，影响产生同心环，使凑取直径时易产生误差，降低灵敏度；②在测定沉淀环直径时使用了游标卡尺，不可避免肉眼读数的误差；③反应所需时间较长，约 24h。而免疫透射比浊法则有如下几点优点：①用自动化仪器连续测定，使得操作变得简便；②由分光光度计自动读数，排除了部分人为因素的影响，提高了检测的准确性；③反应时间仅需 1h；④所需样品用量小，这样不仅节约样品，还可以进行大批量的样品测定。

五、膳食纤维

（一）简介

膳食纤维，指不易被消化的碳水化合物类食物营养素，在消化系统中有吸收水分的作用。膳食纤维分为非水溶性和水溶性纤维两大类，主要是非淀粉多糖的多种植物物质，包括纤维素、木质素、甲壳质、果胶、β-葡聚糖、菊糖和低聚糖等；其中纤维素、半纤维素和木质素是 3 种常见的非水溶性纤维，存在于植物细胞壁中；而果胶和树胶等属于水溶性纤维，则存在于自然界的非纤维性物质中。它是健康饮食不可缺少的物质，可以清洁消化壁和增强消化功能，同时可稀释食物中的致癌物质和有毒物质或加速其移除，保护脆弱的消化道和预防结肠癌。

（二）膳食纤维的生理功能

膳食纤维对促进良好的消化和排泄固体废物有着举足轻重的作用。适量地补充膳食纤维，可使肠道中的食物增大变软，促进肠道蠕动，从而加快排便速度，防止便秘和降低结肠癌的风险。另外，纤维素还可以调节血糖，有助于预防糖尿病；可以减少消化过程对脂肪的吸收，从而降低血液中胆固醇、甘油三酯的水平，防治高血压、心脑血管疾病。

国际相关组织推荐的膳食纤维日摄入量为：美国防癌协会推荐标准为每人每天 30～40g，欧盟食品科学委员会推荐标准为每人每天 30g。

（三）婴幼儿奶粉中膳食纤维的限量标准

目前没有婴幼儿奶粉中有关膳食纤维的限量规定。

（四）膳食纤维的检测方法

乳制品中膳食纤维的检测方法按照国家标准《食品安全国家标准 婴幼儿食品和乳品中不溶性膳食纤维的测定》（GB 5413.6—2010）方法执行。

方法原理简介：使用中性洗涤剂将试样中的糖、淀粉、蛋白质、果胶等物质溶解除去，不能溶解的残渣为不溶性膳食纤维，主要包括纤维素、半纤维素、木质素等，并包括不溶性灰分。

检测所使用到的主要仪器设备：天平（感量为 0.1mg）、烘箱（110～130℃）、恒温箱（37℃±2℃）、纤维测定仪。

六、麦芽糊精

（一）简介及生理功能

麦芽糊精也称水溶性糊精或酶法糊精。它是以各类淀粉作原料，经酶法工艺低程度控制水解转化、提纯、干燥而成，是一类不含淀粉的淀粉衍生物。其原料是含淀粉质的玉米、大米等，也可以是精制淀粉，如玉米淀粉、小麦淀粉、木薯淀粉等。麦芽糊精是一种没有甜味的营养性多糖。它的短链结构可以减轻肠道负担，诱导胰腺淀粉酶的分泌。另外，麦芽糊精不会影响幼儿味觉的敏锐度，并且可以减少蛀牙的发生率，对儿童牙齿的发育也有好处。因此，麦芽糊精是配方奶粉中碳水化合物的来源之一。一段配方奶粉针对的是6个月以内的婴儿，这个阶段的婴儿淀粉酶的功能还未发育完善，不能利用麦芽糊精等淀粉类物质产生热量，因此在这个阶段的配方奶粉中使用乳糖作为碳水化合物的来源。二段奶粉和三段奶粉碳水化合物的组成包括乳糖、蔗糖、麦芽糊精和低聚果糖。

在奶粉中添加适量麦芽糊精可使产品体积膨胀、不易结块、速溶、冲调性好、延长产品货架期，同时降低成本、提高经济效益。但如果在婴幼儿奶粉中过量添加低营养的麦芽糊精，将会造成婴幼儿营养不良，危害健康。

（二）使用限量

目前配方奶粉中我国对添加麦芽糊精没有限量要求。一般厂家控制在一段奶粉不添加，二段以上奶粉添加量5%～20%。

（三）麦芽糊精的检测方法

目前没有婴幼儿配方奶粉中麦芽糊精检测的国家标准方法，相关的文献报道也很少。AOAC Official Method 2001.03 中膳食纤维（包含抗性麦芽糊精）的测定采用酶-重量法和液相色谱法。

七、磷脂

（一）简介

磷脂（phospholipid），也称磷脂类、磷脂质，是指含有磷酸的脂类，属于复合脂。磷脂是组成生物膜的主要成分，分为甘油磷脂与鞘磷脂两大类，分别由甘油和鞘氨醇构成。磷脂为两性分子，一端为亲水的含氮或磷的头，另一端为疏水（亲油）的长烃基链。由于此结构，磷脂分子亲水端相互靠近，疏水端相互靠近。磷脂是重要的两亲物质，它们是生物膜的重要组分、乳化剂和表面活性剂。

（二）磷脂的生理功能

磷脂可以调节代谢、增强体能、改善脑功能、增强记忆力，还可以促进脂溶性维生素吸收、增强体内分泌系统对过滤性病毒的抵抗力，并具有预防胆结石、克山病、便秘及利尿护肾、调节植物性神经功能等。

（三）磷脂的限量标准

配方奶粉中添加磷脂可增加奶粉的速溶性，改进产品的湿润性和分散性，使蛋白质成分的分散和稳定作用大大提高。根据《食品安全国家标准 食品添加剂使用标准》（GB 2760—2014）规定，磷脂在婴幼儿配方奶粉中按生产需要适量使用。

（四）磷脂的检测方法

目前没有乳粉和婴幼儿配方奶粉中磷脂测定的国家标准方法，文献报道的检测方法也较少。

八、低聚半乳糖

（一）简介

低聚半乳糖（galato-oligosaccharide，GOS）是一种功能性低聚糖，其分子结构一般是在半乳糖或葡萄糖分子上连接 1～7 个半乳糖基，即 Gal-(Gal)$_n$-Glc/Gal（n 为 0～6）。低聚半乳糖成分组成复杂，是具有不同聚合度或同一聚合度但含有多个不同糖苷键异构体的寡糖混合物。低聚半乳糖的主链以半乳糖为构成单元，链端常以单个葡萄糖结尾，单糖之间的糖苷键连接方式以 1, 4-半乳糖为主，此外还包括 1, 2-半乳糖、1, 3-半乳糖、1, 2-葡萄糖、1, 3-葡萄糖、1, 4-葡萄糖、1, 6-葡萄糖等连接方式。在自然界中，动物的乳汁中存在微量的低聚半乳糖，而人母乳中含量较多。低聚半乳糖具有较强的耐酸性、耐热性，不会因为在加工过程中的高温杀菌及被人体胃酸分解而失去其本来应有的特性。

（二）生理功能

低聚半乳糖是唯一能够被人体肠内八大有益菌所利用的。低聚半乳糖是人体肠道中双歧杆菌、嗜酸乳酸杆菌等有益菌极好的营养源和有效的增殖因子，可以改善人体肠道的消化吸收功能。婴儿体内的双歧杆菌菌群的建立很大程度上依赖母乳中的低聚半乳糖成分。低聚半乳糖能有效地被双歧杆 B 菌和乳酸杆 A 菌同时利用。

中华人民共和国卫生部 2008 年第 20 号公告批准低聚半乳糖为新资源食品。低聚半乳糖产品作为新资源食品，被广泛应用在婴幼儿食品、乳制品、饮料、烘烤食品、糖果中。

（三）低聚半乳糖的测定方法

国家标准《食品安全国家标准 食品添加剂使用标准》（GB 2760—2014）中给出了低聚半乳糖含量的测定方法。

方法一为高效液相色谱双柱法，主要原理是试样用水提取后，分别利用银型阳离子交换柱、氨基柱分离，高效液相色谱-示差折光检测器测定，面积归一化法进行定量。

方法二为高效液相色谱法，主要原理是在邻氨基苯甲酰胺标记后，利用内标法确定不同低聚半乳糖的物质的量浓度，通过不同低聚半乳糖的分子量，将物质的量浓度换算为质量浓度进行定量。

由于目前还无法制备所有组分的标准样品，不能进行低聚半乳糖各组分（包括半乳低聚二糖到半乳低聚八糖）的外标法检测。

国内外的检测方法主要有薄层色谱法、高效液相色谱法、离子色谱法。而高效液相色谱-示差检测法较为普遍使用，但液相色谱柱的分离效果不够理想、示差折光检测器灵敏度较低。离子色谱作为液相色谱的一种，由于其优异的分离能力及配有高灵敏度的脉冲安培检测器，在糖的检测中得到越来越多的应用。AOAC.2001.02 中推荐的离子交换色谱法是一种在国际上得到广泛应用的测定食品中低聚半乳糖的方法。

具体操作如下：

1. 仪器和试剂

（1）50%（*W*/*W*）NaOH 水溶液（优级纯）。

（2）磷酸盐缓冲液：0.2mol/L，pH 6.0。将 22.0g KH_2PO_4 和 6.0g $K_2HPO_4 \cdot 3H_2O$ 溶解在水中，稀释到 1L，在自动高压灭菌锅中灭菌（120℃/30min）。

（3）盐酸溶液：1mol/L，将 8.3mL 浓盐酸用水稀释到 1L。

（4）乙腈：高效液相色谱级。

（5）乙腈溶液：20%（*V*/*V*），用水将 200mL 乙腈稀释至 1L。

（6）乙腈溶液：3%（*V*/*V*），用水将 30mL 乙腈稀释至 1L。

（7）水浴锅：温控范围（50±2）～（100±2）℃。

（8）β-半乳糖酶溶液：2000U/mL（在磷酸盐缓冲液中悬浮）。

（9）高速离心机。

2. 样品处理

（1）样品制备：分析前均质液体样品。打碎硬粒，过 $1mm^2$ 筛（18 号筛）。

（2）提取：称量带螺旋盖的 50mL 塑料瓶（M_1）。称量一定数量样品，含 GOS 和乳糖共 0.1～0.3g，但样品量不要超过 10g，放入 50mL 的塑料瓶（M_2，测试样部分）中。加约 40mL 热的（约 80℃）磷酸盐缓冲液，盖上盖子混合。将塑料瓶在 80℃±2℃水浴中搅拌 30min 后，放入冰浴冷却至室温。测量 pH 并用 1mol/L NaOH 或 1mol/L HCl 调节至 5.7～6.3。用磷酸盐缓冲液稀释至约 50mL。称量瓶、盖及溶液的质量，计算测试提取液的质量（M_3）。

（3）酶解：

溶液处理：称量带螺旋盖的塑料瓶（M_4），取（2）中的提取液 20g，放入瓶中，样品的净重为 M_5。移取 1mL 的 β-半乳糖酶溶液，放入瓶中，盖紧瓶盖，混合。初始测试溶液：称量带螺旋盖的塑料瓶（M_7），移取 1mL 的 β-半乳糖酶溶液和 1mL 磷酸盐缓冲液并在 100℃水浴中处理 10min，灭酶，冷却。称取

（2）中的提取液 20g，放入瓶中，样品净重为 M_8，盖紧盖子，混合。将以上活性酶溶液和灭酶溶液在 60℃±2℃培养 30min，连续轻微搅拌，当溶液温度到达 60℃时开始计加热时间。在搅拌期间，避免泡沫或气泡产生。用冰浴冷却。添加 5mL 20%乙腈到此溶液中，混合，称量盖紧盖子的瓶子（M_6），添加 4mL 20%乙腈到初始测试溶液中，混合，称量盖紧盖子的瓶子（M_9）。离心溶液（10000*g*，10min），上清液经 0.2μm 滤膜过滤，滤液浓缩处理。酶失活提取物溶液称为 A_1，水解提取物溶液称为 A_2。用 3%乙腈稀释上述离心滤液，使半乳糖和乳糖含量在工作标准溶液浓度范围内。

（4）计算：计算缓冲液提取液 A_1 中的初始的半乳糖含量 Gb 和乳糖含量 Lb，水解溶液 A_2（g/100g 测试样品）中的半乳糖含量，公式如下：

$$\mathrm{Gb}=\mathrm{CGb}\times D_1\times (M_9-M_7)/F\times M_8\times 100$$

式中，CGb 单位为 mg 半乳糖/kg 未酶解溶液 A_1；F 为因子，计算公式为 $F=M_2\times 100/(M_3-M_1)$；$D_1$ 为 A_1 溶液中半乳糖稀释倍数。

$$\mathrm{Gt}=\mathrm{CGt}\times D_2\times (M_6-M_4)/(F\times M_5\times 100)$$

式中，CGt 单位为 mg 半乳糖/kg 酶解溶液 A_2；D_2 为 A_2 溶液中半乳糖稀释倍数。

$$\mathrm{Lb}=\mathrm{CLb}\times D_3\times (M_9-M_7)\,F\times M_8\times 100$$

式中，CLb 单位为 mg 乳糖/kg 未酶解溶液 A_1；D_3 为 A_1 溶液中乳糖稀释倍数。

计算从低聚半乳糖（Gg）中释放的半乳糖（g/100g 测试样品）：

$$\mathrm{Gg}=\mathrm{Gt}-\mathrm{Gb}-\mathrm{Gl}$$

式中，Gl 为从乳糖中释放出的半乳糖，等于 Lb/1.9。

计算低聚半乳糖含量（g/100g 测试样品）：

$$\mathrm{GOS}=k\times \mathrm{Gg}$$

式中，$k=(180+162n)/(180n)$，其中 n 为低聚半乳糖分子中半乳糖部分的平均数。例如，$n=2$，$k=1.4$。

采用高效液相色谱测定低聚半乳糖常常会出现测定结果偏高的情况，为此，研究人员开发了基于离子色谱法测定低聚半乳糖的方法，即液相色谱-离子色谱法。

原理：样品用磷酸盐缓冲液提取，用液相色谱分离不同聚合度的低聚糖。分别收集二糖和聚合度为三以上的糖类。用 β-半乳糖苷酶水解，采用离子色谱法测定酶解后的半乳糖，计算出低聚半乳糖含量。采用离子色谱法测定收集的二糖中的各类低聚半乳糖。将测得的各类低聚半乳糖结果相加，计算出样品中低聚半乳糖的含量。

样品前处理：称取 5g 样品置于 50mL 刻度离心管中，加入 0.5g α-淀粉酶，加入 40mL 水溶解，混匀。在 60℃水浴中持续振荡 30min，冷却至室温后用水定容至 50mL，必要时加 1～3 滴乙醇消泡。

提取液酶解：移取 5.0mL 试样溶液于 50mL 容量瓶中，用磷酸盐缓冲液定容至 50mL，移取 5.0mL 于 10mL 刻度离心管中，加入 0.5mL β-半乳糖苷酶溶液，混匀，在 60℃水浴中持续振荡 60min，冷却至室温后用 20%乙腈定容至 10mL。溶液摇匀，10000 r/min 离心 10min，上层水相用滤纸过滤，稀释后用 0.22μm 滤膜过滤，用于测定酶解后半乳糖的浓度（c_1）。同时移取 5.0mL 于 10mL 刻度离心管中，加入 0.5mL 磷酸盐缓冲液，混匀，在 60℃水浴中持续振荡 60min，冷却至室温后用 20%乙腈定容至 10mL。溶液摇匀，10000 r/min 离心 10min，上层水相用滤纸过滤，稀释后用 0.22μm 滤膜过滤，用于测定初始提取溶液中游离乳糖（c_2）和游离半乳糖的浓度（c_3）。

仪器参考条件：色谱柱为 CarboPac PA-20，150mm×3mm，粒径 3.5μm；淋洗液 A 为去离子水，淋洗液 B 为 250mmol/L 氢氧化钠溶液，淋洗液 C 为 100mmol/L 氢氧化钠溶液，含 400mmol/L 乙酸钠；流速 0.45mL/min；检测器为脉冲安培检测器，金工作电极；柱温 30℃；进样体积 10μL。

测定：将浓度为 c_1、c_2、c_3 的试样溶液分别注入离子色谱仪中，得到相应的乳糖和半乳糖信号响应值（峰面积），根据标准曲线得到待测液中乳糖和半乳糖浓度。

九、低聚果糖

低聚果糖（FOS）和低聚半乳糖一样，作为一种益生元，经常被添加到婴幼儿配方奶粉等食品中。低聚果糖是一种水溶性膳食纤维，长期服用可以降低血清胆固醇、改善脂质代谢，经动物和人体试验证实。低聚果糖具有如下生理功能：为双歧杆菌等有益菌所利用，即只增殖 10～100 倍时双歧杆菌（致病菌）具有双向调节的功效。人体摄入低聚果糖后，体内有益菌群双歧杆菌数量可抑制外源致病菌和肠内固有腐败细菌（如沙门氏菌等）生长繁殖，减少肠内腐败物质的生长和积累，促进肠道蠕动，防止便秘和腹泻。

低聚果糖的测定方法为高效阴离子交换色谱-脉冲安培检测（HPAEC-PAD）法。

样品前处理：精确称取 0.2g 奶粉样品或量取 1mL 液体样品，置入 10mL 容量瓶中，加入 3mL 水，超声溶解 10min，加入乙酸缓冲液定容至刻度，混匀，将溶液转移至 1mL 离心管中，4000r/min 离心 20min，过滤，移取 0.5mL 滤液至进样小瓶中，加入 0.5mL 淀粉葡萄糖苷酶溶液，涡旋混匀后，40℃孵育 60min，置入沸水浴中 5min 终止酶解反应，静置至室温，加入 4mL 水混匀，0.45μm 滤膜过滤，待测。

仪器条件：色谱柱为 CarboPac PA1，1.4mm×250mm；保护柱为 CarboPac PA1，1.4mm×50mm；柱温 30℃；流速 1mL/min；进样量 1μL；流动相 A 为 1mol/L 氢氧化钠溶液，流动相 B 为水；洗脱条件见表 5-23。检测器为电化学检测器，检测器波形参数见表 5-24。

表 5-23　梯度洗脱条件

时间/min	流动相 A/%	流动相 B/%
0	15	85
30	83	17
35	83	17
35.01	100	0
55	100	0
55.01	15	85
65	15	85

表 5-24　检测器波形

时间/s	电压/V	积分
0.00	0.05	
0.20	0.05	开始
0.40	0.05	结束
0.41	0.75	
0.60	0.75	
0.61	–0.15	
1.00	–0.15	

参 考 文 献

白小琼，孔德义. 2011. 牛磺酸研究进展. 中国食物与营养, 17(5): 78-80.

蔡秋杏，戴梓茹，张晨晓. 2011. 检测牛奶及奶粉中肌醇的气相色谱法研究. 钦州学院学报, 26(6): 44-46.

曹慧，陈小珍，王瑾，等. 2012. 同位素稀释-超高效液相色谱-串联质谱技术分析婴儿配方奶粉中的维生素 D. 质谱学报, 33(4): 232-236.

陈稚，揭新明，蔡康荣. 2007. 高效液相色谱与电喷雾电离质谱联用测定婴儿配方奶粉中的牛磺酸和维生素. 广东医学院学报, 25(3): 252-254.

丁永胜, 牟世芬. 2004. 离子色谱法测定饲料中氯化胆碱和三甲胺的含量. 色谱, 22(2): 174-176.
侯冬岩, 回瑞华, 徐丽丽, 等. 2007. 奶粉中脂肪酸的气相色谱-质谱分析. 分析测试学报, (S1): 231-232.
胡桂林, 张雪峰, 崔涛. 2011. 气相色谱-质谱/质谱法测定牛奶和奶粉中的肌醇. 中国乳品工业, 39(8): 47-49.
胡晓娟, 张锦, 赵圓. 2011. 反相高效液相色谱法测定保健品中左旋肉碱的含量. 光谱实验室, 28(2): 743-746.
黄芳, 吴惠勤, 杭义萍. 2011. 高效液相色谱-串联质谱法测定食品中维生素 D_2 和维生素 D_3. 理化检验-化学分册, 47(5): 577-579.
黄挺, 张伟, 刘洋, 等. 2007. 液相色谱-同位素稀释质谱法测定配方奶粉中的烟酰胺. 色谱, 25(6): 922-925.
黄伟雄, 梁富荣. 2002. 肌醇硅烷化反应的质谱研究. 华南预防医学, 28(6): 52-53.
黄喆雯, 唐钦强. 2008. 2, 4-二硝基氟苯柱前衍生高效液相色谱法测定婴幼儿配方乳粉中牛磺酸含量. 食品科学, 29(3): 415-417.
刘晓永, 钱和, 刘建利. 2003. 肌醇研究近况与展望. 江苏食品与发酵, (4): 7-10.
刘亚风, 祝伟霞, 袁萍, 等. 2010. 婴幼儿配方奶粉中牛磺酸质量分数的检测方法. 中国乳品工业, 38(2): 52-54.
罗海英, 冼燕萍, 郭新东, 等. 2010. 奶粉中肌醇的气相色谱-质谱法测定. 食品科学, 31(2): 117-119.
乔琳, 王继凤, 徐胜文. 2012. 简述左旋肉碱的应用价值. 第九届沈阳科学学术年会论文集, 沈阳: 27-31.
宋荣, 常碧影. 2001. 雷氏盐重量法测定饲料级氯化胆碱. 饲料广角, (23): 17-19.
孙伟红, 冷凯良, 邢丽红, 等. 2010. 高效液相色谱串联质谱法同时测定大黄鱼肝和鲟鱼肝中的脂溶性维生素. 分析试验室, 29(S1): 313-315.
童玲. 2012. 婴幼儿乳粉和保健食品中肉碱对映体的拆分及 HPLC 测定. 杭州: 浙江大学硕士学位论文.
汪学荣, 王光慈, 阚建全. 2002. 左旋肉碱生理功能及其应用进展. 粮食与油脂, 15(11): 45-46 .
王芬, 张婷, 顾振新, 等. 2012. 高效液相色谱法测定紫菜中牛磺酸含量. 食品科学, 33(18): 162-164.
王一红, 冯家力, 潘振球, 等. 2007. 液相色谱-串联质谱法分析 10 种水溶性维生素. 中国卫生检验杂志, 17(7): 1160-1162.
王咏梅, 金晓英, 袁东星, 等. 2001. 高效液相色谱法直接测定肌醇样品中肌醇的含量. 食品科学, 22(8): 70-72.
尹凤芝, 张慧. 2013. 婴幼儿食品和乳品中胆碱的测定:雷氏盐分光光度法. 生命科学仪器, 11(Z1): 54-57.
喻凌寒, 苏流坤. 2009. 婴幼儿配方食品中生物素的高效液相色谱-质谱联用测定. 分析测试学报, 28(2): 231-234.
张丽娟, 李伟英. 1993. 婴儿奶粉及食品中胆碱的测定. 营养学报, 15(2): 207-211.
赵振宇, 张韻慧. 2009. 牛磺酸药理作用的研究新进展. 中国医院药学杂志, 29(16): 1390-1393.
郑洪国, 宁张磊, 梁立娜, 等. 2009. 离子色谱法检测氯化琥珀胆碱注射液中的氯化胆碱的含量. 药物分析杂志, 29(12): 2147-2149.

周敏, 陈亚波, 杨彤. 2014. 微生物法测定维生素功能饮料中的肌醇含量. 安徽农业科学, 42(7): 2123-2125.

周秀琴. 2003. 日本开发米糠抗癌新品 EGMP. 粮食与油脂, 16(2): 46.

竺琴, 苏流坤, 郑家概, 等. 2012. 高效液相色谱-质谱联用测定婴幼儿配方奶粉中的左旋肉碱. 分析测试学报, 31(3): 355-358.

祝伟霞, 杨冀州, 刘亚风, 等. 2008. 保健品中左旋肉碱的反相高效液相色谱法测定. 分析测试学报, (27)10: 1124-1127.

邹晓莉, 周艳阳, 乔蓉, 等. 2011. 高效阴离子色谱法快速分析保健食品中的左旋肉碱. 卫生研究, 40(3): 358-360, 364.

Buchman A L. 2003. Choline deficiency during parenteral nutrition in humans. Nutrition in Clinical Practice, 18(5): 353-358.

Buscher B A P, van der Hoeven R A M, Tjaden U R, et al. 1995. Analysis of inositol phosphates and derivatives using capillary zone electrophoresis-mass spectrometry. Journal of Chromatography A, 712(1): 235-243.

Chen Q C, Li B W. 2003. Separation of phytic acid and other related inositol phosphates by high-performance ion chromatography and its applications. Journal of Chromatography A, 1018(1): 41-52.

Daily J W, Hongu N, Mynatt R L, et al. 1998. Choline supplementation increases tissue concentrations of carnitine and lowers body fat in Guinea pigs. The Journal of Nutritional Biochemistry, 9(8): 464-470.

Desiderio C, Mancinelli A, de Rossi A, et al. 2007. Rapid determination of short chain carnitines in human plasma by electrospray ionisation-ion trap mass spectrometry using capillary electrophoresis instrument as sampler. Journal of Chromatography A, 1150(1/2): 320-326.

Freimüller S, Altorfer H. 2002. A chiral HPLC method for the determination of low amounts of D-carnitine in L-carnitine after derivatization with (+)-FLEC. Journal of Pharmaceutical and Biomedical Analysis, 30(2): 209-218.

Gilliland D L , Black C K , Denison J E, et al. 2012. Simultaneous determination of vitamins D_2 and D_3 by LC-MS/MS in infant formula and adult nutritionals: first action 2011.13. Journal of AOAC International, 95(3): 1-5.

Gilliland D L, Black C K, Denison J E, et al. 2013. Simultaneous determination of vitamins D_2 and D_3 by electrospray ionization LC/MS/MS in infant formula and adult nutritionals: first action 2012.11. Journal of AOAC International, 96(6): 1387-1395.

Greiner R, Carlsson N G, Alminger M L. 2000. Stereospecificity of myo-inositol hexakisphosphate dephosphorylation by a phytate-degrading enzyme of *Escherichia coli*. Journal of Biotechnology, 84(1): 53-62.

Kagawa M, Machida Y, Nishi H. 1999. Enantiomeric purity determination of acetyl-L-carnitine by reversed-phase high-performance liquid chromatography using chiral derivatization. Journal of Chromatography A, 857(1/2): 127-135.

Liu X D, Villalta P W, Sturla S J. 2009. Simultaneous determination of inositol and inositol phosphates in complex biological matrices: quantitative ion-exchange chromatography/tandem mass spectrometry. Rapid Communications in Mass Spectrometry, 23(5): 705-712.

Oates K, Chen L, de Borba B, et al. 2013. Choline in infant formula and adult nutritionals by ion chromatography and suppressed conductivity: first action 2012.20. Journal of AOAC International, 96(6): 13-177.

Seline K G, Johein H. 2007. The determination of L-carnitine in several food samples. Food Chemistry, 105(2): 793-804.

Takahashi M, Terashima K, Nishijima M, et al. 1996. Separation of carnitine enantiomers as the 9-anthroylnitrile derivatives and high-performance liquid chromatographic analysis on an ovomucoid-conjugated column. Journal of Pharmaceutical and Biomedical Analysis, 14(11): 1579-1584.

Vernez L, Hopfgartner G, Wenk M, et al. 2003. Determination of carnitine and acylcarnitines in urine by high-performance liquid chromatography-electrospray ionization ion trap tandem mass spectrometry. Journal of Chromatography A, 984(2): 203-213.

Vogt C, Georgi A, Werner G. 1995. Enantiomeric separation of D/L-carnitine using HPLC and CZE after derivatization. Chromatographia, 40(5/6): 287-295.

Vogt C, Kiessig S. 1996. Separation of D/L-carnitine enatiomers by capillary electrophoresis. Journal of Chromatography A, 45(1/2): 53-60.

Wong K S, Jane J. 1995. Effects of pushing agents on the separation and detection of debranched amylopectin by high-performance anion-exchange chromatography with pulsed amperometric detection. Journal of Liquid Chromatography, 18(1): 63-80.

York J D, Guo S, Odom A R, et al. 2001. An expanded view of inositol signaling. Advances in Enzyme Regulation, 41: 57-71.

第六章 微生物检验

第一节 引 言

婴儿配方奶粉中的危害包括生物性、化学性和物理性危害。生物性危害是由微生物所致的，相对其他危害而言，微生物性危害更难控制，已成为影响婴儿配方奶粉安全的主要风险之一。婴儿配方奶粉的消费有许多环节，包括原料收获、预处理、加工、储藏、运输和销售等，每个环节都存在被病原微生物污染的可能性。微生物性危害主要包括两种：①细菌性危害，包括引起食物中毒的细菌及其毒素造成的危害；②真菌性危害，包括真菌及其毒素造成的危害。

婴儿配方奶粉生物性危害问题一直受到世界各国的关注。联合国粮食及农业组织（FAO）和世界卫生组织（WHO）下设的国际食品法典委员会（CAC）于2004 年在日内瓦召开“婴儿配方奶粉中阪崎肠杆菌和其他微生物”的联席会议。会议报告将婴儿配方奶粉中病原微生物分成三类。A 类：流行病学和微生物学都有令人信服的证据表明，被污染的婴儿奶粉是婴儿患病的传播媒介和传染源，这类微生物包括阪崎肠杆菌和肠炎沙门氏菌；B 类：对婴儿致病，已从奶粉中检出，但无论是流行病学还是微生物学都不能很明确地表明，被污染的婴儿奶粉是婴儿传染病的传播媒介或传染源，这类微生物包括团聚肠杆菌、伤口埃希氏菌、蜂房哈夫尼亚菌、肺炎克雷伯氏菌、产酸克雷伯氏菌、克氏柠檬酸杆菌、弗氏柠檬酸杆菌和阴沟肠杆菌。C 类：对婴儿致病，尽管已从奶粉中检出，但没有证据表明被污染的婴儿奶粉是婴儿患病的原因，这类微生物包括蜡样芽孢杆菌、艰难梭菌、产气荚膜梭菌、肉毒梭菌、金黄色葡萄球菌和单核细胞增生李斯特氏菌（简称单增李斯特氏菌）。因此，CAC 报告要求成员国对婴儿配方奶粉除监控常见病原菌外，还必须监测和控制新出现的条件致病菌。我国国务院、各职能部门和各级政府高度重视，2002 年下达了“十五”国家重大科技奶业专项，对乳制品中几种常见致病菌进行了研究，其中包括沙门氏菌、金黄色葡萄球菌、单增李斯特氏菌及大肠杆菌 O157 等。2016 年，国务院有关部门继续加强乳品质量安全监管工作，进一步完善乳品法规标准体系，发布了多项与乳制品中微生物检测相关的国家标准。

近年来，婴儿配方奶粉中由于出现致病菌而引发的食品安全问题层出不穷。

例如，阪崎肠杆菌是引起广泛关注的一种新出现病原菌。1998 年，比利时爆发阪崎肠杆菌引起的新生儿小肠结肠坏死事件，涉及 12 个新生儿，死亡 10 人。2001 年 4 月，美国田纳西州，一早产婴儿死于脑膜炎，对哺喂该婴儿的奶粉进行检测，分离出了阪崎肠杆菌，进一步分析表明该株阪崎肠杆菌与引起婴儿脑膜炎的菌株相同。2002 年 11 月，美国食品药品管理局（FDA）从美国惠氏奶粉中检出阪崎肠杆菌，国家质量监督检验检疫总局要求召回在我国境内销售的两种惠氏奶粉。2002 年 9 月，香港地区食环署从德国美乐宝奶粉中检出阪崎肠杆菌，要求召回在香港地区销售的美乐宝奶粉。国际食品法典委员会（Codex Alimentarius Commission，CAC）于 2004 年 2 月在瑞士日内瓦发布的“婴儿配方奶粉中阪崎肠杆菌和其他微生物”会议报告指出，在婴儿配方奶粉中会污染多种病原菌，这些菌除常见的沙门氏菌、金黄色葡萄球菌、单增李斯特氏菌之外，还包括近期出现的阪崎肠杆菌、肺炎克雷伯氏菌、产酸克雷伯氏菌等。国内外研究发现，阪崎肠杆菌的风险群体是新生儿和婴儿，特别是免疫力低下的早产儿，能引起败血症、脑膜炎和坏死性小肠结肠炎，感染后死亡率高达 33%～80%。2008 年，Iversen 等通过荧光扩增片段长度多态性、自动核糖体分型、16S rRNA 基因测序、DNA-DNA 杂交和表型阵列等多种分子生物学技术研究，将该菌由种（阪崎肠杆菌）扩大为属（克罗诺杆菌属），这个新属包括 6 个种。2012 年，Joseph 等利用 ^{16}S rRNA 基因序列分析和多位点测序技术对克罗诺杆菌属进行分类研究，提出将克罗诺杆菌属分为 7 个种。

此外，沙门氏菌也是一种常见的食源性致病菌，婴幼儿免疫系统脆弱，一旦喂食被沙门氏菌污染的婴幼儿配方奶粉，极易感染致病，出现发烧、腹泻等症状，严重时可能会引发败血症，甚至死亡。2017 年 12 月 2 日，法国卫生部（DGS）发表公报宣布，获悉“8 个大区 20 名半岁以下婴儿近期感染沙门氏菌”，卫生当局紧急召回由法国乳品巨头兰特黎斯集团生产的 3 种品牌共 12 批次第一年龄段婴儿奶粉；13 日，我国国家质量监督检验检疫总局发布《质检总局关于法国兰特黎斯集团 CRAON 工厂生产的婴幼儿配方食品的消费提示》，提醒消费者如果购买了妈咪爱、喜丽雅、赐多利三大品牌 32 批次内的产品，切勿给宝宝食用。

根据《食品安全国家标准 婴儿配方食品》（GB 10765—2010），我国婴儿配方奶粉的微生物指标包括菌落总数、大肠菌群、沙门氏菌、金黄色葡萄球菌等，此外，对于 1 段配方粉还规定了阪崎肠杆菌的限量（表 6-1）。

表 6-1　婴儿配方奶粉微生物指标

项目	采样方案及限量（若非指定，均以 CFU/g 表示）				检验方法
	n	*c*	*m*	*M*	
菌落总数	5	2	1000	1000	GB 4789.2
大肠菌群	5	2	10	100	GB 4789.3 平板计数法
金黄色葡萄球菌	5	2	10	100	GB 4789.10 平板计数法
阪崎肠杆菌[a]	3	0	0CFU/100g	—	GB 4789.40 计数法
沙门氏菌	5	0	0CFU/25g	—	GB 4789.4

注：*n* 表示同一批次产品应采集的样品件数；*c* 表示最大可允许超出 *m* 值的样品数；*m* 表示微生物指标可接受水平的限量值；*M* 表示微生物指标的最高安全限量值。

a. 仅适用于供 0～6 月龄婴儿食用的配方奶粉。

菌落总数是指在单位质量（g）的被检样品中所含能在严格规定的条件下（培养基、培养温度与时间、计数方法等）培养所生成的细菌菌落总数。菌落总数的含义，仅指在一定条件下能繁殖的细菌，而对某些需特殊条件培养的细菌则不能在该指标中反映出来。目前我国食品卫生指标中的菌落总数是在营养琼脂培养基中，经 35～37℃培养 48h 所生成的菌落总数。食品中菌落总数测定的目的在于了解食品受外界污染的程度，菌落总数越高表明食品中存在致病菌的危险越大，存在腐败菌的数量越多，食品越容易变质。

大肠菌群是指来自人和温血动物的粪便，需氧或间性厌氧，在 37℃能发酵乳糖产酸产气的革兰氏阴性无芽孢杆菌。大肠菌群包括埃希氏菌属、克雷伯氏菌属、肠杆菌属和柠檬酸菌属。食品中大肠菌群检出与否表明食品中是否存在粪便污染，食品中有粪便污染，则可以推断该食品中存在着肠道致病菌的可能性，潜伏着食物中毒和流行病的威胁，同时也反映出被检食品对人体健康存在危害。大肠菌群检测已被国内外广泛用于食品卫生工作中。

而金黄色葡萄球菌、阪崎肠杆菌及沙门氏菌作为常见的致病菌，在国内外的婴幼儿奶粉检测中也引起了高度的重视。

现阶段，我国食品生产加工还是以众多的中小型企业为主，为了使这些自身管理水平还不高的企业达到一定卫生要求，降低微生物污染，在产品标准中提出“菌落总数”“大肠菌群”的污染指标是十分有意义的。但是，基于对人体健康危险性的评估，以及不断出现的新病原菌，还需要更多的标准来进行规范和管理。例如，克雷伯氏菌是医源性感染中最重要的条件致病菌，易感对象为免疫力低下或长期使用抗生素的人群，肺炎克雷伯氏菌易引起肺炎、支气管炎和创伤感染，有时引起严重的败血症、脑膜炎、腹膜炎和肝脓肿等，产酸克雷伯氏菌可引起脑膜炎、败血症、结肠炎和食物中毒，有的菌株产生 ST 和 LT 肠毒素。而在我国现行婴儿配方奶粉限量标准中未涉及克雷伯氏菌。但无论 CAC 报告还是研究文献都表明该菌会污染婴儿配方奶粉。有人对 35 个国家 141 份婴儿奶粉中肠杆菌科污染情况进行了调查，肺炎克雷伯氏菌污染概率为 13/144，产酸克雷伯氏菌为 4/144；肺炎克雷伯氏菌污染量为 0.19～46.22CFU/100g，产酸克雷伯氏菌为 0.36～1.47CFU/100g。克雷伯氏菌为大肠菌群成员之一，根据国家标准的规定，大肠菌群的限量为：n=5，c=2，m=10CFU/g，M=100CFU/g。标准限量高于实际染菌量，现行标准不能有效监测克雷伯氏菌，建议另外设定克雷伯氏菌的限量。

第二节　卫生指标菌的检测

食品安全微生物限量指标可分为致病菌（pathogens bacterium）和指示菌（indicator organisms）两类。指示菌包括菌落总数、肠杆菌科、大肠埃希菌和大肠菌群。微生物指示菌与致病菌存在的可能性，有一定的相关性。因为指示菌的数量明显高于致病菌，且检测方法简单，结果容易得到确认，因此指示菌在食品的安全评估方面有一定的作用。指示菌超过一定的限量，提示食品可能存在下列不良操作：①食品原材料品质不良；②未煮熟；③交叉污染；④清洗不彻底；⑤温度和时间控制不当；⑥储存条件不合适。

欧盟、澳大利亚、新西兰、加拿大等国家和地区都在采用菌落总数、大肠埃希菌、肠杆菌科、大肠菌群等指示菌。我国新发布的乳制品标准则采用菌落总数和大肠菌群，不同国家和地区对微生物指示菌的设定、采样及限量有所区别。

一、菌落总数

菌落总数又称为需氧菌落总数、需氧菌平板计数（aerobic plate count）或标准平板计数（standard plate count，SPC），是指食品检样经过处理，在一定条件下（如培养基、培养温度和培养时间等）培养后，所得每克（毫升）检样中形成的微生物菌落总数。由于厌氧或微需氧菌、有特殊营养要求的以及非嗜中温的细菌在现有条件下不能满足其生理需求，故难以生长繁殖，因此菌落总数并不表示实际中的所有细菌总数，而是满足一定培养条件的总活菌数。菌落总数是食品的质量指标，而不是食品的安全指标。在食品安全风险分析中，菌落总数并不是优先考虑的项目。因为菌落总数在小于 10^6 CFU/g 的情况下，食品中的细菌通常是混合菌，而超过这个数量，通常会有一个优势菌，食品是否可以接受、食品的感官品质往往取决于优势菌的类型。

二、大肠菌群

大肠菌群（coliform）并非细菌学分类命名，它不代表某一个或某一属细菌，而是指具有某些特性的一组与粪便污染有关的细菌。一般认为该菌群细菌可包括大肠埃希菌、柠檬酸杆菌、产气克雷伯氏菌和阴沟肠杆菌等；不包括对乳糖发酵阴性的细菌，如沙门氏菌、志贺杆菌、耶尔森菌。大肠菌群是评价食品卫生质量的重要指标之一。大肠埃希菌（*Escherichia coli*）又称大肠杆菌（*E. coli*），是肠道正常寄生菌，在环境卫生不良的情况下，常随粪便散布在周围环境中。大肠杆菌的检出说明可能存在粪便污染。如果在食品生产的多个环节重复检出大肠杆菌，则提示食品安全的风险在增加。肠杆菌科（Enterobacteriaceae）是一大群生物学性状相似的革兰氏阴性杆菌，大多数寄生在人和动物的肠道中，除包含大肠菌群外，还包括沙门氏菌、痢疾杆菌和致病性大肠埃希菌等与食源性疾病暴发相关的重要致病菌。因此，肠杆菌科作为指示菌较大肠菌群更敏感、更准确。其优点为可消除因大肠菌群产气特性随检验方法和试验条件不同而造成的结果不准确。若经过热处理的食品中肠杆菌科的计数超过一定限量，则表明在加工过程中存在着一个或多个缺陷，如不适当的加工工艺、加工后的二次污染、储存的温度不当等。在乳品工业中采用肠杆菌科作为指示菌有着更重要的公共卫生学意义。

三、采样方案

目前国外大部分食品微生物限量标准的采样方案是遵循国际食品微生物规格委员会（International Commission on Microbiological Specifications of Foods，ICMSF）的要求分为二级和三级采样方案。我国新颁布的《食品安全国家标准 食品微生物学检验 总则》（GB 4789.1—2016）也采用了 ICMSF 的采样方案。二级采样方案设有 n、c 和 m 值，三级采样方案设有 n、c、m 和 M 值，意义分别为：n 表示同一批次产品应采集的样品件数；c 表示最大可允许超出 m 值的样品数；m 表示微生物指标可接受水平的限量值；M 表示微生物指标的最高安全限量值。按照二级采样方案设定的指标，在 n 个样品中，允许有小于或等于 c 个样品其相应微生物指标检验值大于 m 值。按照三级采样方案设定的指标，在 n 个样品中，允许全部样品中相应微生物指标检验值小于或等于 m 值；允许有小于或等于 c 个样品其相应微生物指标检验值在 m 值和 M 值之间；不允许有样品相应微生物指标检验值大于 M 值。2010 年我国新发布的相关乳制品产品标准也采用了二级和三级采样方案。

四、菌落总数安全限量标准

不同的国家、国际组织和地区有着相似的致病菌限量标准，但食品微生物限量指示菌在不同的食品中标准限量值的差异很大。

（一）欧盟委员会食品微生物指示菌限量标准

欧盟委员会（European Commission，EC）食品微生物限量标准分为：①食品安全标准，是指对市场销售的产品规定微生物限量。欧盟的食品安全标准包括27类（种）食品，只在一种水产品中规定了大肠埃希菌作为排泄物污染指示菌的限量。②生产过程卫生标准，是指产品在生产过程中规定相应的微生物限量。此标准不适用于市场上销售的产品，标准设定了限量值，超过此值，就应采取措施确保生产过程的卫生控制达到安全要求。

按照国际食品法典委员会（CAC）《食品微生物标准的制定和应用准则》（CAC/GL 21-1997）的阐述，食品安全原则上要控制源头、产品设计和制造过程以及在生产期间的卫生应用，主要包括生产制造应用的危害分析与关键控制点（hazard analysis and critical control point，HACCP）系统有关的措施。这些预防措施提供了比微生物测试更加有效的途径，因为单用微生物方法来确定食品的安全性是有限的。欧盟的微生物学标准主要用来验证 HACCP 计划及其他卫生管理措施的有效性，制定必要的食品微生物学标准以判定食品加工过程是否合适。欧盟对市场销售的 27 类（种）食品规定了微生物限量。菌落总数、大肠埃希菌、肠杆菌科指示菌限量用来规范肉及肉制品、乳与乳制品、水产品、蔬菜、水果及其制品、蛋制品的食品加工过程。

（二）澳大利亚、新西兰食品安全标准

澳大利亚、新西兰食品安全标准包括通用标准、产品标准和食品加工过程安全标准。通用标准是产品都要达到的要求，如标签、食品添加剂、污染物、农药残留和微生物限量。

澳大利亚、新西兰微生物通用标准中涉及微生物限量的有 26 类食品，其中 14 类食品中包含指示菌限量，主要用于市场销售的乳制品等婴幼儿食品。除此以外的微生物指示菌则用于规范食品加工过程的安全。

（三）加拿大食品中指示菌限量

加拿大相关食品中指示菌包括菌落总数、大肠杆菌、大肠菌群和粪大肠菌群，对市售食品进行限量。加拿大主要规范乳制品、果蔬及即食食品中微生物指示菌的限量。

（四）我国 2010 年新发布的相关乳制品产品微生物指示菌限量

2010 年我国新发布了 15 项乳制品产品标准，与以前的产品标准中微生物限

量相比，新标准的特点是采用了二级和三级采样方案，其中微生物指示菌包括菌落总数和大肠菌群。我国及其他国家和地区的婴幼儿配方食品限量标准对比见表 6-2。

表 6-2　不同国家和地区婴幼儿食品微生物指示菌限量标准

国家/地区	食品种类	指示菌	取样计划		限量标准	
			n	*c*	*m*	*M*
欧盟	供小于 6 月龄婴儿的干的婴儿配方食品	肠杆菌科	10	0	10g 中未检出	
	较大婴儿和幼儿配方食品	肠杆菌科	5	0	10g 中未检出	
澳大利亚、新西兰	婴儿配方粉	菌落总数	5	2	10^3CFU/g	10^4CFU/g
		大肠菌群	5	2	<3CFU/g	10CFU/g
	添加产乳酸培养物的婴儿配方粉	菌落总数	5	2	10^3CFU/g	10^4CFU/g
		大肠菌群	5	2	<3CFU/g	10CFU/g
加拿大	婴儿配方食品（谷基和乳基）	菌落总数	5	2	10^3CFU/g	10^4CFU/g
		大肠杆菌	5	1	<1.8CFU/g	10CFU/g
中国	婴儿配方食品	菌落总数	5	2	10^3CFU/g	10^4CFU/g
		大肠菌群	5	2	10CFU/g	100 CFU/g
	较大婴儿和幼儿配方食品	菌落总数	5	2	10^3CFU/g	10^4CFU/g
		大肠菌群	5	2	10CFU/g	100 CFU/g

2010 年我国发布 15 项乳制品产品标准，其中 11 项产品标准规定了菌落总数和大肠菌群限量，采用了二级和三级采样方案，指示菌的选择和采样方案符合国际通用原则。2016 年我国发布了新的标准来规定食品中的菌落总数和大肠菌群限量。我国目前的食品产品标准中指示菌的采样并未选用二级或三级采样方案，乳制品指示菌的采样方案为其他产品标准的制（修）订提供了参考。

五、检测方法及标准

（一）菌落总数

1. 国标方法［《食品微生物学检验　菌落总数测定》（GB 4789.2—2016）］

（1）样品稀释。

称取 25g 样品置于盛有 225mL 磷酸盐缓冲液或生理盐水的无菌均质杯内，8000～10000r/min 均质 1～2min，或放入盛有 225mL 稀释液的无菌均质袋中，用拍击式均质器拍打，制成 1∶10 的样品匀液。用 1mL 无菌吸管或微量移液器吸取 1∶10 样品匀液 1mL，沿管壁缓慢注于盛有 9mL 稀释液的无菌试管中（注意吸管或吸头尖端不要触及稀释液面），振摇试管或换用 1 支无菌吸管反复吹打使其混合均匀，制成 1∶100 的样品匀液。按上述操作制备 10 倍系列稀释样品匀液。每递增稀释一次，换用 1 支 1mL 无菌吸管或吸头。根据对样品污染状况的估计，选择 2～3 个适宜稀释度的样品匀液（液体样品可包括原液），在进行 10 倍递增稀释时，吸取 1mL 样品匀液于无菌平皿内，每个稀释度做两个平皿。同时，分别吸取 1mL 空白稀释液加入两个无菌平皿内作空白对照。及时将 15～20mL 冷却至 46℃的平板计数琼脂培养基（可放置于 46℃±1℃恒温水浴箱中保温）倾注平皿，并转动平皿使其混合均匀。

（2）培养。

待琼脂凝固后，将平板翻转，36℃±1℃培养 48h±2h。水产品在 30℃±1℃培养 72h±3h。如果样品中可能含有在琼脂培养基表面弥漫生长的菌落时，可在凝固后的琼脂表面覆盖一薄层琼脂培养基（约 4mL），凝固后翻转平板，进行培养。

（3）菌落计数。

可用肉眼观察，必要时用放大镜或菌落计数器，记录稀释倍数和相应的菌落数量。菌落计数以菌落形成单位（colony forming unit，CFU）表示。选取菌落数在 30～300CFU 之间、无蔓延菌落生长的平板计数菌落总数。低于 30CFU 的平板记录具体菌落数，大于 300CFU 的可记录为多不可计。每个稀释度的菌落数应采用两个平板的平均数。其中一个平板有较大片状菌落生长时，则不宜采用，而应以无片状菌落生长的平板作为该稀释度的菌落数；若片状菌落不到平板的一半，而其余一半中菌落分布又很均匀，即可计算半个平板后乘以 2，代表一个平板菌落数。当平板上出现菌落间无明显界线的链状生长时，则将每条单链作为一个菌落计数。

（4）结果。

若只有一个稀释度平板上的菌落数在适宜计数范围内，计算两个平板菌落数的平均值，再将平均值乘以相应稀释倍数，作为每克（毫升）样品中菌落总数结果。

若有两个连续稀释度的平板菌落数在适宜计数范围内时，按下式计算：

$$N=\frac{\sum C}{(n_1+0.1n_2)d}$$

式中，N 为样品中菌落数；$\sum C$ 为平板（含适宜范围菌落数的平板）菌落数之和；n_1 为第一稀释度（低稀释倍数）平板个数；n_2 为第二稀释度（高稀释倍数）平板个数；d 为稀释因子（第一稀释度）。

若所有稀释度的平板上菌落数均大于 300CFU，则对稀释度最高的平板进行计数，其他平板可记录为多不可计，结果按平均菌落数乘以最高稀释倍数计算。

若所有稀释度的平板菌落数均小于 30CFU，则应按稀释度最低的平均菌落数乘以稀释倍数计算。

若所有稀释度（包括液体样品原液）平板均无菌落生长，则以小于 1 乘以最低稀释倍数计算。

若所有稀释度的平板菌落数均不在 30～300CFU 之间，其中一部分小于 30CFU 或大于 300CFU 时，则以最接近 30CFU 或 300CFU 的平均菌落数乘以稀释倍数计算。

（5）菌落总数的报告。

菌落数小于 100CFU 时，按“四舍五入”原则修约，以整数报告。菌落数大于或等于 100CFU 时，第三位数字采用“四舍五入”原则修约后，取前两位数字，后面用 0 代替位数；也可用 10 的指数形式来表示，按“四舍五入”原则修约后，采用两位有效数字。

若所有平板上为蔓延菌落而无法计数，则报告菌落蔓延。

若空白对照上有菌落生长，则此次检测结果无效。

称重取样以 CFU/g 为单位报告，体积取样以 CFU/mL 为单位报告。

2. 菌落总数商品化试剂盒检测方法［《商品化试剂盒检测方法 菌落总数 方法一》（SN/T 4544.1—2016）］

（1）原理。

菌落总数测试片（Easy Test ™ Aerobic Count）是一种预先制备好的培养基系统，含有标准的培养基和氧化三苯四氮唑（TTC）指示剂，菌落在测试片上呈红色或粉红色，这样可增强菌落计数效果。

（2）操作步骤。

a. 样品制备和增菌培养：按照 GB 4789.2 方法进行样品制备。制成 1∶10 的样品匀液后，无菌操作调节该样品匀浆的 pH 为 6.6～7.2，酸性样液用 1mol/L NaOH 调节，碱性样液用 1mol/L HCl 调节，或根据产品标准规定的酸碱溶液来调节 pH。

b. 样品稀释：按照 GB 4789.2 的程序进行，培养基为菌落总数测试片（Easy Test ™ Aerobic Count）。

c. 样品接种和培养

接种：根据食品卫生标准要求或对标本污染情况的估计，选择 2～3 个适宜稀释度检验。将测试片置于平坦表面处，揭开上层膜，用吸管或者移液器吸取某一稀释度的 1mL 样液，垂直加到测试片的中央处，将上层膜盖下，待稀释液扩散后放入培养箱培养。每个稀释度接种两张测试片，每张 1mL。

培养：将测试片的透明面朝上，水平置于培养箱内，可堆叠至 30 片，36℃±1℃条件下培养 48h±2h。如有产品标准等特殊要求，则按相应的标准或要求进行。

d. 菌落计数和记录：到培养时间后立即计数，计数红色菌落；菌落计数和记录的规则同 GB 4789.2。

e. 计数说明，结果计算与报告：不论菌落大小都应计数。当细菌浓度很高时，整个测试片会变成红色或粉红色，将结果记录为“多不可计”。本测试片有 20 个等分方格，当菌落数量过多计数困难时，可选择几个有代表性菌落的小方格，计算平均菌落数，再乘以相应倍数，即可得到整个测试片上的估算菌落数。

结果判定和报告的规则同 GB 4789.2。

（二）大肠菌群

1. 国标方法［《食品微生物学检验 大肠菌群计数》（GB 4789.3—2016）］

（1）大肠菌群 MPN 计数法。

a. 样品的稀释：称取 25g 样品，放入盛有 225mL 磷酸盐缓冲液或生理盐水的无菌均质杯内，8000～10000r/min 均质 1～2min，或放入盛有 225mL 磷酸盐缓冲液或生理盐水的无菌均质袋中，用拍击式均质器拍打 1～2min，制成 1：10 的样品匀液。样品匀液的 pH 应在 6.5～7.5 之间，必要时分别用 1mol/L NaOH 或 1mol/L HCl 调节。用 1mL 无菌吸管或微量移液器吸取 1：10 样品匀液 1mL，沿管壁缓缓注入 9mL 磷酸盐缓冲液或生理盐水的无菌试管中（注意吸管或吸头尖端不要触及稀释液面），振摇试管或换用 1 支 1mL 无菌吸管反复吹打，使其混合均匀，制成 1：100 的样品匀液。根据对样品污染状况的估计，按上述操作，依次制成十倍递增系列稀释样品匀液。每递增稀释 1 次，换用 1 支 1mL 无菌吸管或吸头。从制备样品匀液至样品接种完毕，全过程不得超过 15min。

b. 初发酵试验：每个样品，选 3 个适宜的连续稀释度的样品匀液（液体样品可以选择原液），每个稀释度接种 3 管月桂基硫酸盐胰蛋白胨（LST）肉汤，每管接种 1mL（如接种量超过 1mL，则用双料 LST 肉汤），36℃±1℃培养 24h±2h，观察导管内是否有气泡产生，24h±2h 产气者进行复发酵试验，如未产气则继续培养至 48h±2h，产气者进行复发酵试验。未产气者为大肠菌群阴性。

c. 复发酵试验：用接种环从产气的 LST 肉汤管中分别取培养物 1 环，移种于煌绿乳糖胆盐肉汤（BGLB）管中，36℃±1℃培养 48h±2h，观察产气情况。产气者，计为大肠菌群阳性管。

d. 大肠菌群最可能数（MPN）的报告：按 c 确证的大肠菌群 LST 阳性管数，检索 MPN 表，报告每克（毫升）样品中大肠菌群的 MPN 值。

（2）大肠菌群平板计数法。

a. 样品的稀释：见大肠菌群 MPN 计数法中 a。

b. 平板计数：选取 2～3 个适宜的连续稀释度，每个稀释度接种 2 个无菌平皿，每皿 1mL。同时取 1mL 生理盐水加入无菌平皿作空白对照。及时将 15～20mL 冷至 46℃的结晶紫中性红胆盐琼脂（VRBA）倾注于每个平皿中。小心旋转平皿，将培养基与样液充分混匀，待琼脂凝固后，再加 3～4mL VRBA 覆盖平板表层。翻转平板，置于 36℃±1℃培养 18～24h。

c. 平板菌落数的选择：选取菌落数在 15～150CFU 之间的平板，分别计数平板上出现的典型和可疑大肠菌群菌落（如菌落直径较典型菌落小）。典型菌落为紫红色，菌落周围有红色的胆盐沉淀环，菌落直径为 0.5mm 或更大，最低稀释度平板低于 15CFU 的记录具体菌落数。

d. 证实试验：从 VRBA 平板上挑取 10 个不同类型的典型和可疑菌落，少于 10 个菌落的挑取全部典型和可疑菌落。分别移种于 BGLB 肉汤管内，36℃±1℃培养 24～48h，观察产气情况。凡 BGLB 肉汤管产气，即可报告为大肠菌群阳性。

e. 大肠菌群平板计数的报告：经最后证实为大肠菌群阳性的试管比例乘以 c 中计数的平板菌落数，再乘以稀释倍数，即为每克（毫升）样品中大肠菌群数。例如，10^{-4} 样品稀释液 1mL，在 VRBA 平板上有 100 个典型和可疑菌落，挑取其中 10 个接种 BGLB 肉汤管，证实有 6 个阳性管，则该样品的大肠菌群数为：$100\times6/10\times10^{-4}$/g（mL）$=6.0\times10^{5}$CFU/g（mL）。若所有稀释度（包括液体样品原液）平板均无菌落生长，则以小于 1 乘以最低稀释倍数计算。

2. 大肠菌群和大肠杆菌商品化试剂盒检测方法（SN/T 4547—2017 商品化试剂盒检测方法 大肠菌群和大肠杆菌 方法一）

（1）原理。

大肠杆菌/大肠菌群测试片法是一种预先制备的含有指示剂及冷水可溶性凝胶的培养基系统进行微生物培养的方法。大肠杆菌/大肠菌群测试片含有紫罗兰红胆汁（violet red bile，VRB）培养基和 β-葡萄糖苷酸酶指示剂，大肠杆菌产生的 β-葡萄糖苷酸酶与培养基中的指示剂反应，显示为蓝色并带有气泡的特征菌落；大肠菌群细菌发酵乳糖产酸产气，与 pH 指示剂反应显示为红色并带有气泡的特征菌落。

（2）操作步骤。

a. 样品制备：称取 25g 样品置于盛有 225mL 磷酸盐缓冲液或生理盐水的无菌均质杯内，8000～10000r/min 均质 1～2min，或放入盛有 225mL 磷酸盐缓冲液或生理盐水的无菌均质袋中，用拍击式均质器拍打 1～2min，制成 1∶10 的样品匀液。

用 1mL 无菌吸管或微量移液器吸取 1∶10 样品匀液 1mL，沿管壁缓慢注于盛有 9mL 磷酸盐缓冲液或生理盐水的无菌试管中（注意吸管或吸头尖端不要触及稀释液面），振摇试管，使其混合均匀，制成 1∶100 的样品匀液。

按上述操作程序，制备 10 倍系列稀释样品匀液。每递增稀释一次，换用 1 支 1mL 无菌吸管或吸头。从制备样品匀液到样品接种完毕，全过程不得超过 15min。

b. 样品匀液接种和培养：根据对样品的污染状况的估计及相关限量要求，选取 2～3 个适宜的连续稀释度的样品匀液，每个稀释度接种 2 张测试片。同时，分别吸取 1mL 磷酸盐缓冲液或生理盐水加入两张测试片内作为空白对照。

接种：将大肠杆菌/大肠菌群测试片置于平坦试验台面，揭开上层膜，用吸管吸取 1mL 样液匀液垂直滴加到测试片的中央，将上层膜缓慢盖下，避免产生气泡和上层膜直接落下，把压板（平面底朝下）置于上层膜中央，轻轻地压下，使样液均匀覆盖于圆形的培养面积上。拿起压板，静置至少 1min 以使其凝固。

培养：将测试片的透明面朝上，水平置于培养箱内，堆叠片数不超过 20 片，培养温度为 36℃±1℃。大肠菌群检测时培养时间为 24h±2h；大肠杆菌检测时培养时间为 48h±2h。

c. 结果计算与报告

判读：可用肉眼观察，必要时用放大镜或菌落计数器，记录稀释倍数和相应的大肠菌群或大肠杆菌菌落数量。菌落计数以 CFU 表示。

在大肠杆菌/大肠菌群测试片上，蓝色有气泡的菌落为大肠杆菌。蓝色有气泡和红色有气泡的菌落之和为大肠菌群数。测试片圆形面积边缘上及边缘以外的菌落不做计数。出现大量气泡、不明显的小菌落，培养区呈蓝色或暗红色时，进一步稀释样品可获得准确的读数。

菌落计数与报告：选取菌落数在 15～150CFU 之间的测试片计数大肠菌群或大肠杆菌菌落总数。小于 15CFU 的测试片记录具体菌落数，大于 150CFU 的记录为多不可计。每个稀释度的大肠菌群或大肠杆菌菌落数应采用两个测试片的平均数。

若只有一个稀释度的测试片的菌落数在适宜计数范围内，计算两个测试片大肠菌群或大肠杆菌菌落数的平均值，再将平均值乘以相应稀释倍数，作为每克（毫升）样品中大肠菌群或大肠杆菌菌落总数结果。

若有两个连续稀释度的测试片菌落数在适宜计数范围内时，按下式计算：

$$N = \sum a - (n_1 + n_2)d$$

式中，N 为样品中大肠菌群或大肠杆菌总数；$\sum a$ 为测试片（含适宜范围菌落数的测试片）大肠菌群或大肠杆菌落数之和；n_1 为第一稀释度（低稀释倍数）测试片个数；n_2 为第二稀释度（高稀释倍数）测试片个数；d 为稀释因子（第一稀释度）。

若所有稀释度的平板菌落数都小于 15CFU，则应按稀释度最低的测试片上的平均菌落数乘以稀释倍数计算。若所有稀释度（包括液体样品原液）的测试片上均无菌落生长，则以小于 1 乘以最低稀释倍数计算。若所有稀释度的测试片菌落数均不在 15～150CFU 之间，其中一部分小于 15CFU 或大于 150CFU 时，则以最接近 15CFU 或 150CFU 的平均菌落数乘以稀释倍数计算。计算菌落数大于 150CFU 的测试片时，可计数一个或两个具有代表性的方格内的菌落数，换算成单个方格内的菌落数后乘以 20 即为测试片上估算的菌落数（圆形生长面积为 $20cm^2$）。

报告：大肠菌群或大肠杆菌总数小于 100CFU 时，按“四舍五入”原则修约，以整数报告。大肠菌群或大肠杆菌总数大于或等于 100CFU 时，第三位数字采用“四舍五入”原则修约后，取前两位数字，后面用 0 代替位数；也可用 10 的指数形式来表示，按“四舍五入”原则修约后，采用两位有效数字（参考 AOAC Official Method 991.14 Coliform and *Escherichia coli* Counts in Food）。

若空白对照上有菌落生长，则此次检测结果无效。

称重取样以 CFU/g 为单位报告，体积取样以 CFU/mL 为单位报告。

第三节 致病菌的检测

一、采样方案

目前国外大部分食品微生物限量标准的采样方案是遵循国际食品微生物规格委员会（ICMSF）的要求分为二级和三级采样方案。我国颁布的《食品安全国家标准 食品微生物学检验 总则》（GB 4789.1—2016）也采用了 ICMSF 的采样方案。二级采样方案设有 *n*、*c* 和 *m* 值，三级采样方案设有 *n*、*c*、*m* 和 *M* 值，意义分别为：*n* 表示同一批次产品应采集的样品；*c* 表示最大可允许超出 *m* 值的样品数；*m* 表示微生物指标可接受水平的限量值；*M* 表示微生物指标的最高安全限量值。按照二级采样方案设定的指标，在 *n* 个样品中，允许有小于等于 *c* 个样品其相应微生物指标检验值大于 *m* 值。按照三级采样方案设定的指标，在 *n* 个样品中，允许全部样品中相应微生物指标检验值小于或等于 *m* 值；允许有小于等于 *c* 个样品其相应微生物指标检验值在 *m* 值和 *M* 值之间；不允许有样品相应微生物指标检验值大于 *M* 值。

二、金黄色葡萄球菌

（一）婴幼儿奶粉中金黄色葡萄球菌限量标准

我国颁布的 GB 10765—2010 中规定粉状婴儿配方食品中金黄色葡萄球菌的

限量为：n=5，c=2，m=10CFU/g，M=100CFU/g（GB 4789.2 平板计数法）。欧盟颁布的《关于食品微生物标准 2073/2005/EC 的修订条例》中规定牛奶粉及乳清粉中凝固酶阳性葡萄球菌限量为：n=5，c=2，m=10CFU/g，M=100CFU/g。并规定若发现值＞10^5CFU/g，则必须测试由葡萄球菌产生的肠毒素。六个月以下婴儿的培养奶粉中肠毒素限量为 10g 中不得含有。多数发达国家对食品中卫生指标的控制则主要采用良好生产规范及关键控制点等中间控制，如国际食品法典委员会（CAC）对婴儿食品卫生控制的要求为：产品应在卫生条件下制备、包装和保存，应符合婴幼儿食品卫生推荐性国际操作规范（CAC/RCP 21—1979）的相关规定。

（二）金黄色葡萄球菌定性检验［《食品微生物学检验 金黄色葡萄球菌检验》（GB 4789.10—2016）］

1. 原理

通过将样品进行选择性增菌，将增菌液接种到选择性鉴别琼脂培养基中产生典型的金黄色葡萄球菌菌落，金黄色葡萄球菌通过血浆凝固酶反应确定。判定检测样品中是否存在金黄色葡萄球菌。

2. 操作步骤

（1）样品的处理。

称取 25g 样品至盛有 225mL 7.5%氯化钠肉汤的无菌均质杯内，8000～10000r/min 均质 1～2min，或放入盛有 225mL 7.5%氯化钠肉汤无菌均质袋中，用拍击式均质器拍打 1～2min。若样品为液态，吸取 25mL 样品至盛有 225mL 7.5%氯化钠肉汤的无菌锥形瓶（瓶内可预置适当数量的无菌玻璃珠）中，振荡混匀。

（2）增菌和分离培养。

a. 将上述样品匀液于 36℃±1℃培养 18～24h。金黄色葡萄球菌在 7.5%氯化钠肉汤中呈浑浊生长。

b. 将上述培养物，分别划线接种到 Baird-Parker 平板和血平板，血平板 36℃±1℃培养 18～24h。Baird-Parker 平板 36℃±1℃培养 24～48h。

c. 金黄色葡萄球菌在 Baird-Parker 平板上呈圆形，表面光滑、凸起、湿润，菌落直径为 2～3mm，颜色呈灰黑色至黑色，有光泽，常有浅色（非白色）的边缘，周围绕以不透明圈（沉淀），其外常有一清晰带。当用接种针触及菌落时具有黄油样黏稠感。有时可见到不分解脂肪的菌株，除没有不透明圈和清晰带外，其他外观基本相同。在血平板上，形成菌落较大，圆形、光滑凸起、湿润、金黄色（有时为白色），菌落周围可见完全透明溶血圈。挑取上述菌落进行革兰氏染色镜检及血浆凝固酶试验。

（3）鉴定。

a. 染色镜检：金黄色葡萄球菌为革兰氏阳性球菌，排列呈葡萄球状，无芽孢，无荚膜，直径为0.5～1μm。

b. 血浆凝固酶试验：挑取 Baird-Parker 平板或血平板上至少 5 个可疑菌落（小于 5 个全选），分别接种到 5mL 脑心浸液肉汤（BHI）培养基和营养琼脂小斜面，36℃±1℃培养 18～24h。取新鲜配制兔血浆 0.5mL，放入小试管中，再加入 BHI 培养物 0.2～0.3mL，振荡摇匀，置 36℃±1℃温箱或水浴箱内，每半小时观察一次，观察 6 h，如呈现凝固（即将试管倾斜或倒置时，呈现凝块）或凝固体积大于原体积的一半，被判定为阳性结果。同时以血浆凝固酶试验阳性和阴性葡萄球菌菌株的肉汤培养物作为对照。也可用商品化的试剂，按说明书操作，进行血浆凝固酶试验。

结果如可疑，挑取营养琼脂小斜面的菌落到 5mL BHI，36℃±1℃培养 18～48 h，重复试验。

（三）金黄色葡萄球菌 Baird-Parker 平板计数法［《食品微生物学检验 金黄色葡萄球菌检验》（GB 4789.10—2016）］

1. 原理

通过一系列样品稀释液被接种到 Baird-Parker 培养基中产生典型的金黄色葡萄球菌菌落，金黄色葡萄球菌通过血浆凝固酶反应确定。每克样品的金黄色葡萄球菌数量以凝固酶阳性菌落的比例为基础而计算得到。

2. 操作步骤

（1）样品的稀释。

a. 称取 25g 样品置盛有 225mL 磷酸盐缓冲液或生理盐水的无菌均质杯内或置盛有 225mL 稀释液的无菌均质袋中，匀质后制成 1∶10 的样品匀液。

b. 用 1mL 无菌吸管或微量移液器吸取 1∶10 样品匀液 1mL，沿管壁缓慢注于盛有 9mL 稀释液的无菌试管中（注意吸管或吸头尖端不要触及稀释液面），振摇试管或换用 1 支 1mL 无菌吸管反复吹打使其混合均匀，制成 1∶100 的样品匀液。

c. 按 b 操作程序，制备 10 倍系列稀释样品匀液。每递增稀释一次，换用 1 支 1mL 无菌吸管或吸头。

（2）样品的接种。

根据对样品污染状况的估计，选择 2～3 个适宜稀释度的样品匀液，在进行 10 倍递增稀释时，每个稀释度分别吸取 1mL 样品匀液以 0.2mL、0.3mL、0.4mL 的接种量接种三块 Baird-Parker 平板，然后用无菌 L 棒涂布整个平板，注意不要触及平板边缘。使用前，如 Baird-Parker 平板表面有水珠，可放在 25～50℃的培养箱里干燥，直到平板表面的水珠消失。

（3）培养。

在通常情况下，涂布后，将平板静置 10min，如样液不易吸收，可将平板放在培养箱 36℃±1℃培养 1h；等样品匀液吸收后翻转平皿，倒置于培养箱，36℃±1℃培养 24～48 h。

（4）典型菌落计数和确认。

a. 金黄色葡萄球菌在 Baird-Parker 平板上呈圆形，表面光滑、凸起、湿润，菌落直径为 2～3mm，颜色呈灰色到黑色，有光泽，常有浅色（非白色）的边缘，周围绕以不透明圈（沉淀），其外常有一清晰带。当用接种针触及菌落时具有黄油样黏稠感。有时可见到不分解脂肪的菌株，除没有不透明圈和清晰带外，其他外观基本相同。

b. 选择有典型的金黄色葡萄球菌菌落的平板，且同一稀释度 3 个平板所有菌落数合计在 20～200CFU 之间的平板，计数典型菌落数。

c. 从典型菌落中任选 5 个菌落（小于 5 个全选）进行鉴定试验。分别做染色镜检、血浆凝固酶试验；同时划线接种到血平板，36℃±1℃培养 18～24h 后观察菌落形态，金黄色葡萄球菌菌落较大，圆形、光滑凸起、湿润、金黄色（有时为白色），菌落周围可见完全透明溶血圈。

（5）结果计算。

若只有一个稀释度平板的菌落数在 20～200CFU 之间且有典型菌落，计数该稀释度平板上的典型菌落；若最低稀释度平板的典型菌落数小于 20CFU，计数该稀释度平板上的典型菌落；若某一稀释度平板的典型菌落数大于 200CFU，但下一稀释度平板上没有典型菌落，计数该稀释度平板上的典型菌落；若某一稀释度平板的典型菌落数大于 200CFU，而下一稀释度平板上虽有典型菌落但不在 20～200CFU 范围内，应计数该稀释度平板上的典型菌落，均按照以下公式计算：

$$T = \frac{AB}{Cd}$$

式中，T 为样品中金黄色葡萄球菌菌落数；A 为某一稀释度典型菌落的总数；B 为某一稀释度血浆凝固酶阳性的菌落数；C 为某一稀释度用于血浆凝固酶试验的菌落数；d 为稀释因子。

若 2 个连续稀释度的平板典型菌落数均在 20～200CFU 之间，则按照以下公式计算：

$$T = \frac{A_1B_1 / C_1 + A_2B_2 / C_2}{1.1d}$$

式中，T 为样品中金黄色葡萄球菌菌落数；A_1 为第一稀释度（低稀释倍数）典型菌落的总数；A_2 为第二稀释度（高稀释倍数）典型菌落的总数；B_1 为第一稀释度（低稀释倍数）血浆凝固酶阳性的菌落数；B_2 为第二稀释度（高稀释倍数）血浆凝固酶阳性的菌落数；C_1 为第一稀释度（低稀释倍数）用于血浆凝固酶试验的菌落数；C_2 为第二稀释度（高稀释倍数）用于血浆凝固酶试验的菌落数；1.1 为计算系数；d 为稀释因子（第一稀释度）。

（6）结果与报告。

根据 Baird-Parker 平板上金黄色葡萄球菌的典型菌落数，按（5）中公式计算，报告每克（毫升）样品中金黄色葡萄球菌数，以 CFU/g 表示；如 T 值为 0，则以小于 1 乘以最低稀释倍数报告。

（四）金黄色葡萄球菌商品化试剂盒检测方法［《商品化试剂盒检测方法 沙门氏菌 方法一》（SN/T 4545.16—20167）］

1. 原理

金黄色葡萄球菌测试片法是一种预先制备的含有指示剂及冷水可溶性凝胶的培养基系统进行微生物培养的方法。金黄色葡萄球菌测试片 STX 含有显色的经过改良的 Barid-Parker 培养基，对于金黄色葡萄球菌有很强的选择性。测试片上的紫红色菌落为金黄色葡萄球菌，若有出现紫红色以外的其他颜色，则必须使用含有显色剂和脱氧核糖核酸（DNA）的确认反应片。金黄色葡萄球菌产生的脱氧核糖核酸酶会和反应片中的显色剂形成粉红色晕圈。

2. 操作步骤

（1）样品制备。

称取 25g 样品置盛有 225mL 磷酸盐缓冲液或生理盐水的无菌均质杯内，8000～10000r/min 均质 1～2min，或放入盛有 225mL 磷酸盐缓冲液或生理盐水的无菌均质袋中，用拍击式均质器拍打 1～2min，制成 1∶10 的样品匀液。

用 1mL 无菌吸管或微量移液器吸取 1∶10 样品匀液 1mL，沿管壁缓慢注于盛有 9mL 磷酸盐缓冲液或生理盐水的无菌试管中（注意吸管或吸头尖端不要触及稀释液面），振摇试管，使其混合均匀，制成 1∶100 的样品匀液。

按上述操作程序，制备 10 倍系列稀释样品匀液。每递增稀释一次，换用 1 支 1mL 无菌吸管或吸头。从制备样品匀液到样品接种完毕，全过程不得超过 15min。

（2）样品匀液接种和培养。

根据对样品的污染状况的估计及相关限量要求，选取 2～3 个适宜的连续稀释度的样品匀液，每个稀释度接种 2 张测试片。同时，分别吸取 1mL 磷酸盐缓冲液或生理盐水加入两张测试片内作为空白对照。

接种：将金黄色葡萄球菌测试片置于平坦试验台面，揭开上层膜，用吸管吸取 1mL 样液匀液垂直滴加到测试片的中央，将上层膜缓慢盖下，避免产生气泡和上层膜落下，把压板（平面底朝下）置于上层膜中央，轻轻地压下，使样液均匀覆盖于圆形的培养面积上。拿起压板，静置至少 1min 以使其凝固。

培养：将测试片的透明面朝上，水平置于培养箱内，堆叠片数不超过 20 片，在 36℃±1℃条件下培养 24h±2h。

确认反应：如果上述测试片上没有菌落生长或菌落全部是紫红色（典型的金黄色葡萄球菌特征），无需进行确认；如果测试片上出现黑色、蓝绿色菌落或紫红色菌落不明显，需要确认反应片做进一步确认。将上层膜掀起，将确认反应片置入测试片的培养范围内，再将上层膜放下覆盖在确认反应片上。用手指以滑动的方式轻轻将测试片与确认反应片压紧，包括确认反应片的边缘，此步骤可使测试片与确认反应片紧密接触并除去气泡，最后把插入确认反应片的测试片放在 36℃±1℃的培养箱内培养 1～3h。

（3）结果计算与报告。

可用肉眼观察，必要时用放大镜或菌落计数器，记录稀释倍数和相应的菌落数量。菌落计数以 CFU 表示。

在金黄色葡萄球菌测试片上，紫红色的菌落直接计数为金黄色葡萄球菌；需要使用确认反应片确认时，计数有粉红色晕圈的菌落。没有粉红色晕圈的菌落不是金黄色葡萄球菌，不应计数。如果整个培养面积呈粉红色而没有明显的晕圈，说明金黄色葡萄球菌大量存在，结果记录为“多不可计”。培养圆形面积边缘上及边缘以外的菌落不做计数。

选取菌落数在 15～150CFU 之间的测试片计数金黄色葡萄球菌菌落总数。小于 15CFU 的测试片记录具体菌落数，大于 150CFU 的记录为多不可计。每个稀释度的金黄色葡萄球菌菌落数应采用两个平板的平均数。

若只有一个稀释度的测试片的菌落数在适宜计数范围内，计算两个测试片金黄色葡萄球菌菌落数的平均值，再将平均值乘以相应稀释倍数，作为每克（毫升）样品中菌落总数结果。

若有两个连续稀释度的测试片菌落数在适宜计数范围内时，按下式计算：

$$N=\sum a/(n_1+0.1n_2)d$$

式中，N 为样品中金黄色葡萄球菌总数；$\sum a$ 为测试片（含适宜范围菌落数的平板）金黄色葡萄球菌菌落数之和；n_1 为第一稀释度（低稀释倍数）测试片个数；n_2 为第二稀释度（高稀释倍数）测试片个数；d 为稀释因子（第一稀释度）。

若所有稀释度的平板菌落数都小于 15CFU，则应按稀释度最低的测试片上的平均菌落数乘以稀释倍数计算。若所有稀释度（包括液体样品原液）的测试片上均无菌落生长，则以小于 1 乘以最低稀释倍数计算。若所有稀释度的测试片菌落数均不在 15～150CFU 之间，其中一部分小于 15CFU 或大于 150CFU 时，则以最接近 15CFU 或 150CFU 的平均菌落数乘以稀释倍数计算。计算菌落数大于 150CFU 的测试片时，可计数一个或两个具有代表性的方格内的菌落数，换算成单个方格内的菌落数后乘以 20 即为测试片上估算的菌落数（圆形生长面积为 $20cm^2$）。

报告：金黄色葡萄球菌总数小于 100CFU 时，按“四舍五入”原则修约，以整数报告；金黄色葡萄球菌总数大于或等于 100CFU 时，第三位数字采用“四舍五入”原则修约后，取前两位数字，后面用 0 代替位数；也可用 10 的指数形式来表示，按“四舍五入”原则修约后，采用两位有效数字。

若空白对照上有菌落生长，则此次检测结果无效。

称重取样以 CFU/g 为单位报告，体积取样以 CFU/mL 为单位报告。

（五）金黄色葡萄球菌 MPN 计数

1. 原理

使用最大自然数（概率论）的方法来估算样品中的金黄色葡萄球菌浓度。

2. 操作步骤

（1）样品的稀释。

a. 称取 25g 样品置盛有 225mL 磷酸盐缓冲液或生理盐水的无菌均质杯内或置盛有 225mL 稀释液的无菌均质袋中，匀质后制成 1∶10 的样品匀液。

b. 用 1mL 无菌吸管或微量移液器吸取 1∶10 样品匀液 1mL，沿管壁缓慢注于盛有 9mL 稀释液的无菌试管中（注意吸管或吸头尖端不要触及稀释液面），振摇试管或换用 1 支 1mL 无菌吸管反复吹打使其混合均匀，制成 1∶100 的样品匀液。

c. 制备 10 倍系列稀释样品匀液。每递增稀释一次，换用 1 支 1mL 无菌吸管或吸头。

（2）接种和培养。

a. 根据对样品污染状况的估计，选择 3 个适宜稀释度的样品匀液，在进行 10 倍递增稀释时，每个稀释度分别吸取 1mL 样品匀液接种到 10%氯化钠胰酪胨大豆肉汤管，每个稀释度接种 3 管，将上述接种物于 36℃±1℃培养 45～48h。

b. 用接种环从有细菌生长的各管中移取 1 环，分别接种 Baird-Parker 平板，36℃±1℃培养 45～48 h。

（3）典型菌落确认。

a. 金黄色葡萄球菌在 Baird-Parker 平板上，菌落直径为 2～3mm，颜色呈灰色到黑色，边缘为淡色，周围为一浑浊带，在其外层有一透明圈。用接种针接触菌落有似奶油至树胶样的硬度，偶然会遇到非脂肪溶解的类似菌落；但无浑浊带及透明圈。

b. 从典型菌落中至少挑取 1 个菌落接种到 BHI 肉汤和营养琼脂斜面，36℃±1℃培养 18～24 h。进行血浆凝固酶试验。

（4）结果与报告。

计算血浆凝固酶试验阳性菌落对应的管数，查 MPN 检索表，报告每克样品中金黄色葡萄球菌的最可能数，以 MPN/g 表示。

三、阪崎肠杆菌

（一）简介

阪崎肠杆菌（*Enterobacter sakazakii*），是一种周生鞭毛、能运动、无芽孢的革兰氏阴性细菌，是肠道正常菌丛中的一种细菌，在一定条件下可引起人和动物致病，曾被命名为黄色阴沟肠杆菌（*Enterobacter cloacae*），为肠杆菌科肠杆菌属的一个种，1980 年改名为坂崎肠杆菌。2008 年 Iversen 等在记录新细菌类群分类、命名、鉴定和系统发育的官方杂志《国际系统与进化微生物学杂志》（*International Journal of Systematic and Evolutionary Microbiology*，IJSB）上撰文，根据扩增片段长度多态性（amplified fragment length polymorphism，AFLP）分析、^{16}S rRNA 全序列比较、DNA-DNA 杂交试验的遗传特征分析和 Biotype100、Biologe 细菌鉴定系统的表型特征分析，提议将阪崎肠杆菌生物群划分为一个新属，即克罗诺杆菌属（*Cronobacter* spp.），属内包括 1 个新组合（相当于 1 个种）、4 个新种和 3 个新亚种。新组合为阪崎克罗诺杆菌（*Cronobacter sakazakii*），4 个新种分别为丙二酸盐阳性克罗诺杆菌（*Cronobacter malonaticus*）、苏黎世克罗诺杆菌（*Cronobacter turicensis*）、穆汀斯克罗诺杆菌（*Cronobacter muytjensii*）、都柏林克罗诺杆菌（*Cronobacter dublinensis*），其下 3 个新亚种为：都柏林克罗诺杆菌都柏林亚种（*Cronobacter dublinensis* subsp. *dublinensis*）；都柏林克罗诺杆菌洛桑亚种（*Cronobacter dublinensis* subsp. *lausannensis*）；都柏林克罗诺杆菌乳粉亚种（*Cronobacter dublinensis* subsp. *lactaridi*）。

2008 年，阪崎肠杆菌的分类和术语产生了变化，根据提议，国际食品法典委员会第三十一届会议《食典标准及相关文本修正案》对“婴幼儿配方奶粉卫生操作规范”的拟议草案，将阪崎肠杆菌（*Enterobacter sakazakii*）修订为“*Enterobacter sakazakii*（*Cronobacter* 属）”，认为 *Cronobacter* 属与阪崎肠杆菌同义，阪崎肠杆菌现有鉴别体系对 *Cronobacter* 属仍然适用，但是，有必要意识到这个生物类型中存在 6 个种，以便正确解释分离株和鉴别试验，特别是那些基于分子学方法的试验。为保证命名清楚，建议同时使用两种说法，

“*Enterobacter sakazakii*（*Cronobacter* 属）”。

（二）对人体健康的影响

阪崎克罗诺杆菌是一种食源性的致病菌，主要以婴儿配方奶粉为传染源，也可以通过婴儿用品、食品及仪器设备传播。主要感染婴儿和新生儿，从而导致坏死性结肠炎、败血症和脑膜炎，可导致高达 20%～50%的致死率。鉴于阪崎克罗诺杆菌对婴幼儿构成的巨大潜在危害，阪崎克罗诺杆菌被国际微生物协会定义为“严重危害特定人群，威胁生命或导致慢性实质性后遗症的细菌”。

Urmenyi 和 Franklin 两位科学家在 1961 年首次报道了由该菌引起的两例脑膜炎病例，随后在全球范围内相继出现了由坂崎肠杆菌引起的脑膜炎、败血症和坏死性小肠结肠炎的报道。2001 年 4 月，在美国某医院新生儿重症监护室一早产儿发烧、心动过速，脑脊液培养发现坂崎肠杆菌，诊断为脑膜炎，用抗生素治疗无效，9 天后死亡，扩大检查该院 49 名婴儿的粪便和尿液，发现 10 人为坂崎肠杆菌阳性，其原因是使用了某批 Portagen 婴儿配方奶粉，而且在该批奶粉中也检查出了坂崎肠杆菌，结果导致 Portagen 婴儿配方奶粉于 2002 年 4 月被召回。1998 年，在比利时有 12 名婴儿因哺喂同一牌号的婴儿配方奶粉而发生小肠结肠坏死，在这些婴儿和该批奶粉中同时分离出坂崎肠杆菌，当该批奶粉停用后，未有新的病例发生。从大多数病例看，坂崎肠杆菌主要危害婴儿，也有小部分成人感染骨髓炎和菌血症的报道，虽然有抗生素的治疗，但总体死亡率高达 80%。目前，该菌感染源头还不十分清楚，但多数报告表明奶粉是主渠道。

2004 年，我国安徽阜阳发生劣质奶粉引发“大头娃娃”事件，从 87 份阜阳劣质奶粉样品中检测到 11 例阪崎肠杆菌阳性样品，这是国内首次从婴儿配方奶粉中分离到阪崎肠杆菌菌株。这些研究表明，奶粉中阪崎肠杆菌，尤其是婴儿配方奶粉中的阪崎肠杆菌是危害健康的一种重要生物因素。

（三）我国关于奶粉中阪崎肠杆菌的检测方法标准

目前我国关于奶粉中阪崎肠杆菌的检测方法分为三类，一是传统的培养方法及其改进方法；二是普通 PCR 方法；三是实时荧光 PCR 方法。

我国于 2005 年和 2008 年分别颁布了检验检疫行业标准奶粉中阪崎肠杆菌检验方法（SN/T 1632.1—2005、SN/T 1632.2—2005、SN/T 1632.3—2005）和国家标准《食品卫生微生物学检验 阪崎肠杆菌检验》（GB/T 4789.40—2008），这两项标准为保证我国乳品安全发挥了重要作用。

2008 年，阪崎肠杆菌的分类和术语产生了变化，根据国际食品法典委员会第三十一届会议《食典标准及相关文本修正案》的拟议草案，将阪崎肠杆菌（*Enterobacter sakazakii*）修订为“*Enterobacter sakazakii*（*Cronobacter* 属）”，在阪崎肠杆菌重新分类命名之后，为保证正常开展阪崎肠杆菌的检验工作以及检验结果的准确性，天津出入境检验检疫局及中国检验检疫科学研究院联合对SN/T 1632—2005标准进行了修订，2013年颁布了修订后的标准出口奶粉中阪崎肠杆菌（克罗诺杆菌属）检验方法（SN/T 1632.1—2013、SN/T 1632.2—2013、SN/T 1632.3—2013）。

2016年国家标准进行了修订，颁布了修订后的标准《食品安全国家标准 食品微生物学检验 克罗诺杆菌属（阪崎肠杆菌）检验》（GB 4789.40—2016），代替《食品安全国家标准 食品微生物学检验 阪崎肠杆菌检验》（GB4789.40—2010）、《出口奶粉中阪崎肠杆菌（克罗诺杆菌属）检验方法 第1部分：分离与计数》（SN/T 1632.1—2013）。

在此，详细介绍国家标准《食品安全国家标准 食品微生物学检验 克罗诺杆菌属（阪崎肠杆菌）检验》（GB 4789.40—2016）及检验检疫行业标准出口奶粉中阪崎肠杆菌（克罗诺杆菌属）检验方法（SN/T 1632.2—2013、SN/T 1632.3—2013）。

1.《食品安全国家标准 食品微生物学检验 克罗诺杆菌属（阪崎肠杆菌）检验》（GB 4789.40—2016）

（1）阪崎肠杆菌检验。

a. 前增菌和增菌：取检样100g（mL）加入已预热至44℃装有900mL缓冲蛋白胨水的锥形瓶中，用手缓缓地摇动至充分溶解，36℃±1℃培养18h±2h。移取1mL转种于10mLmLST-Vm肉汤，44℃±0.5℃培养24h±2h。

b. 分离：轻轻混匀mLST-Vm肉汤培养物，各取增菌培养物1环，分别划线接种于两个阪崎肠杆菌显色培养基平板，36℃±1℃培养24h±2h。挑取至少5个可疑菌落，不足5个时挑取全部可疑菌落，划线接种于TSA平板。25℃±1℃培养48h±4h。

c. 鉴定：自TSA平板上直接挑取黄色可疑菌落，进行生化鉴定。阪崎肠杆菌的主要生化特征见表6-3。可选择生化鉴定试剂盒或全自动微生物生化鉴定系统。

表6-3　阪崎肠杆菌（克罗诺杆菌属）细菌生化特性

生化试验	特征
黄色素产生	+
氧化酶	–
L-赖氨酸脱羧酶	–
L-鸟氨酸脱羧酶	（+）
L-精氨酸双水解酶	+

续表

生化试验		特征
柠檬酸水解		(+)
发酵	D-山梨醇	(−)
	L-鼠李糖	+
	D-蔗糖	+
	D-蜜二糖	+
	苦杏仁苷	+

注：+>99%阳性；−>99%阴性；（+）90%～99%阳性；（−）90%～99%阴性。

d. 结果与报告：综合菌落形态和生化特征，报告每 100g（mL）样品中检出或未检出阪崎肠杆菌。

（2）阪崎肠杆菌计数。

a. 样品的稀释：固体和半固体样品：无菌称取样品 100g、10g、1g 各三份，加入已预热至 44℃分别盛有 900mL、90mL、9mL BPW 中，轻轻振摇使充分溶解，制成 1∶10 样品匀液，置 36℃±1℃培养 18h±2h。分别移取 1mL 转种于 10mLmLST-Vm 肉汤，44℃±0.5℃培养 24h ±2 h。

液体样品：以无菌吸管分别取样品 100mL、10mL、1mL 各三份，加入已预热至 44℃分别盛有 900mL、90mL、9mL BPW 中，轻轻振摇使充分混匀，制成 1∶10 样品匀液，置 36℃±1℃培养 18h±2h。分别移取 1mL 转种于 10mLmLST-Vm 肉汤，44℃±0.5℃培养 24h ±2 h。

b. 分离、鉴定：同上。

c. 结果与报告：综合菌落形态、生化特征，根据证实为阪崎肠杆菌的阳性管数，查 MPN 检索表，报告每 100g（mL）样品中阪崎肠杆菌的 MPN 值。

2.《出口奶粉中阪崎肠杆菌（克罗诺杆菌属）检验方法 第 2 部分：PCR 方法》（SN/T 1632.2—2013）

（1）方法提要。

奶粉经增菌后，采用细菌基因组 DNA 提取试剂盒提取 DNA，以提取的 DNA 为模板进行 PCR 扩增，琼脂糖凝胶电泳检测 PCR 产物是否有特征条带，从而对奶粉中是否污染阪崎肠杆菌（克罗诺杆菌属）进行快速检测。

（2）检验步骤。

a. 增菌：无菌称取奶粉试样 100g，加到已预热的（45℃）装有 900mL MLST 的 2L 三角瓶中，振摇使样品充分混匀后，44℃恒温培养 22～24h。在液面 1cm 以下取 MLST 增菌液 0.2mL 加到装有 5mL BHI 的小试管中，混匀，36℃±1℃恒温水浴 4 h，水面要高于试管中培养基高度。

b. 模板 DNA 提取：取 BHI 增菌液 1.5mL，10000r/min 离心 2min，尽量倒尽上清液。按细菌基因组 DNA 提取试剂盒操作说明书提取模板 DNA，所提取的模板 DNA 溶于 50μL TE 中。剩余 BHI 增菌液 36℃±1℃恒温过夜培养，以备确证试验使用。

c. PCR 扩增：反应体系体积为 50μL：10×PCR 缓冲液 5μL、引物对（10μmol/L）各 2μL、dNTP（10mmol/L）1μL、Taq DNA 聚合酶（5U/μL）0.5μL、水 38.5μL、模板 DNA 1μL。

反应条件：94℃预变性 5min，94℃变性 30s，57℃退火 30s，72℃延伸 30s，进行 35 个循环，72℃延伸 5min，4℃下保存。

d. 质控：检测过程中要设阳性对照、阴性对照和空白对照。分别接种阪崎肠杆菌和大肠杆菌到 10mL NB 中，36℃±1℃过夜培养，各取 1.5mL 增菌液，离心，提取 DNA 模板。阪崎肠杆菌 DNA 模板作阳性对照，大肠杆菌 DNA 模板作阴性对照，空白对照以无菌水作为模板，加样量与样品加样量一致。

e. PCR 扩增产物电泳检测：用 0.5×TBE 电泳缓冲液配制 1.5%琼脂糖电泳凝胶并趁凝胶未凝固时加入溴化乙锭使其最终浓度达到 1μg/mL，制胶。在电泳槽中加入电泳缓冲液，使液面没过胶面。将适量 PCR 扩增产物分别和相应的 6×加样缓冲液混合，点样，其中一孔加入 100bp DNA ladder。9V/cm 恒压，电泳 20～30min。紫外凝胶成像仪下观察电泳结果，拍照并记录结果。

（3）结果及判断。

PCR 扩增产物电泳检测结果：阪崎肠杆菌（克罗诺杆菌属）PCR 扩增产物为 282bp。

结果判断：对照结果：阴性对照未出现预期大小的扩增条带；空白对照未出现预期大小的扩增条带；阳性对照出现预期大小的扩增条带，以上指标有一项不符合均视为此次试验无效。

结果判定：待测样品出现预期大小的扩增条带，怀疑存在阪崎肠杆菌，需进一步确证；待测样品未出现预期大小的扩增条带，为阴性结果。

确证试验：取 36℃±1℃恒温培养的相应 BHI 增菌液接种于克罗诺杆菌显色培养基，开始挑取可疑菌落并进行生化鉴定。

结果表述：PCR 扩增产物电泳检测结果阳性，且经确证为阳性，报告“检出/100g”。PCR 扩增产物电泳检测结果阴性，报告“未检出/100g”。

3.《出口奶粉中阪崎肠杆菌（克罗诺杆菌属）检验方法 第 3 部分：荧光 PCR 方法》（SN/T 1632.3—2013）

（1）方法提要。

奶粉经增菌后，取增菌液 1mL，加到 1.5mL 无菌离心管中，以 8000r/min 的转速离心 5min，轻轻倒去上清液，倒置于吸水纸上，吸干液体，不同样品应在吸水纸不同地方吸干；加入 50μL DNA 提取液（使用前室温解冻并充分混匀，快速吸收），混匀后沸水浴 5min，以 12000r/min 的转速离心 5min，取上清液作为模板进行荧光 PCR 扩增，观察荧光 PCR 仪的实时曲线，从而对奶粉中阪崎肠杆菌（克罗诺杆菌属）进行快速检测。

（2）操作步骤。

a. 前增菌和增菌：取检样 100g 加入已预热至 45℃装有 900mL 灭菌水的锥形瓶中，振摇使样品充分溶解，36℃±1℃培养 18～22h。移取 1mL 转种于 10mL 改良月桂基硫酸盐胰蛋白胨肉汤（MLST，见 SN/T 1632.2 附录 A.1）中，36℃±1℃培养 18～22h。

b. 模板 DNA 准备：每瓶培养的 MLST 分别取 1mL 加到 1.5mL 无菌离心管中，8000r/min 离心 5min，轻轻倒去上清液，倒置于吸水纸上，吸干液体，不同样品应在吸水纸不同地方吸干；加入 50μL DNA 提取液（使用前室温解冻并充分混匀，快速吸取），混匀后沸水浴 5min，12000r/min 离心 5min，取上清液以待检验（如不能及时检验，可将上清液于–20℃保存）。也可使用其他经验证的 DNA 提取方法。

c. 荧光 PCR 检测：反应体系总体积为 25μL，其中含：上游引物和下游引物（10μmol/L）各 0.4μL、FastSart Universal Probe Master（2×）12.5μL、探针（10μmol/L）0.2μL、模板 DNA 2μL，ddH_2O 补齐至 25μL。反应步骤：反应步骤一，95℃反应 10min；反应步骤二，95℃反应 5s，55℃退火 20s，同时收集荧光信号，共进行 40 个循环。反应产物可在 4℃保存。

检测过程中要设阳性对照、阴性对照和空白对照。分别接种阪崎肠杆菌和大肠杆菌到 10mL NB 中，36℃±1℃过夜培养，各取 1.5mL 增菌液，离心，提取 DNA 模板。阪崎肠杆菌 DNA 模板作阳性对照，大肠杆菌 DNA 模板作阴性对照，空白对照以无菌水作为模板，加样量与样品加样量一致。

d. 结果与报告：检测样本 Ct（每个反应管内的荧光信号达到设定的阈值时所经历的循环数）值小于或等于 35.0 时，报告阪崎肠杆菌（克罗诺杆菌属）筛选阳性；检测样本 Ct 值大于 35.0 且小于 40.0 时，重复一次，如果 Ct 值仍小于 40.0，且曲线有明显的对数增长期，可报告阪崎肠杆菌（克罗诺杆菌属）筛选阳性，否则报告阪崎肠杆菌（克罗诺杆菌属）未检出；样本检测不到 Ct 值时，报告阪崎肠杆菌（克罗诺杆菌属）未检出。筛选阳性的样本按 GB 4789.40—2016 进行确证，报告每 100g 样品中检出或未检出阪崎肠杆菌（克罗诺杆菌属）。

四、沙门氏菌

（一）简介

沙门氏菌属（*Salmonella*）是一大群寄生于人类和动物肠道内，生化反应和抗原构造相似的革兰氏阴性杆菌，有的专对人类致病，有的只对动物致病，也有对人和动物都致病，这些统称为沙门氏菌。

沙门氏菌目前已经发现 1800 种以上，按抗原成分可分为甲、乙、丙、丁、戊等基本菌型。其中与人类疾病有关的主要有甲组的副伤寒甲杆菌，乙组的副伤寒乙杆菌和鼠伤寒杆菌，丙组的副伤寒丙杆菌和猪霍乱杆菌，丁组的伤寒和肠炎杆菌。

此菌可引起禽伤寒、鸡白痢、猪霍乱、鼠伤寒沙门氏菌病、猪副伤寒、马流产沙门氏菌病等疾病。致病性最强的是猪霍乱沙门氏菌（*Salmonella cholerae*），其次是鼠伤寒沙门氏菌（*Salmonella typhimurium*）和肠炎沙门氏菌（*Salmonella enteritidis*）。

感染沙门氏菌或食用被带菌者粪便污染的食品，可使人发生食物中毒。据统计在世界各国的种类细菌性食物中毒中，沙门氏菌引起的食物中毒常列榜首。

1. 沙门氏菌的生物学特性

沙门氏菌为肠杆菌科（Enterobaceriaceae）沙门氏菌属（*Salmonella*）的革兰氏阴性需氧或兼性厌氧菌，棒杆状细菌，可以在 aw（水分活性）＞0.95 和 pH＞4.9 及 8～45℃生长。此菌不特别耐热，当存在于牛奶中时，可以在商业巴氏消毒法中的各种时间、温度杀死。此菌可以在人类肠道、热血动物、冷血动物、环境产品和生的农业产品中发现，是人类和许多类动物的致病菌。许多沙门氏菌感染后 12～72 h 表现为腹泻、发烧、腹绞痛，病症经常持续 4～7d，许多人不经治疗就可痊愈。但在有些患者中，沙门氏菌感染从肠道传播到血循环，然后到身体的其他部位并引起需要住院治疗的严重疾病，除非使用抗生素及时治疗否则可能引起死亡。老人、婴幼儿和那些免疫系统受损的人最易感染该菌。沙门氏菌对外界环境有一定的抵抗力，如在水、牛奶、肉类和蛋类制品中可存活数周至数月，在粪便中可存活 1～10 个月，冰雪中可存活 3～4 个月，在 18～20℃、盐分为 5%～8%时可存活 30 多天。对热有一定的抵抗力，60℃经 1h，70℃经 20min，75℃经 5min 才能灭活。

2. 奶粉中沙门氏菌污染

沙门氏菌除了定居在肠道内，有时也在湿的、干的食品工厂环境中存在。尽管沙门氏菌可以从多种不同的来源带入，但是在食品安全管理好的婴儿配方食品和后续婴儿配方食品厂很少发生此菌的入侵，干的区域完全独立于湿的区域，仅仅灭菌物质可以进入干的区域，工人穿着合适，按照 GHP 操作，在干区域湿度得到严格监控，在那些区域仅微生物合格的物质可以添加到粉状物中。设备中检测的位置沙门氏菌可以生长（湿的位置）或存活（干的位置），应当遵从 GHP。因此，在食品安全管理好的生产粉状配方食品工厂就很少存在沙门氏菌，除非发生某些环节的失败。由于沙门氏菌很少存在，所以合适的数据很难获得。

因此，在婴幼儿后续配方食品中肠杆菌科和沙门氏菌间不可能建立关系。工厂检验表明，监控生产环境中的肠杆菌科及在生产中按照GMP/GHP和HACCP操作有助于控制沙门氏菌的流行。

（二）对人体健康的影响

根据中华人民共和国卫生部制定的《人间传染的病原微生物名录》，沙门氏菌的危害程度为第三类。沙门氏菌病任何年龄均可罹患，但年幼（尤以1岁左右者）、年老、有慢性消耗性疾病者及近期内服用过抗菌药物者易感性增高。常由于食物污染而暴发大或小的流行，往往同席多人或在集体食堂中多人发病。沙门氏菌感染剂量为15～20个菌，死亡率达1%～4%。成人的致病菌量需高达10万以上，甚至10亿，而儿童和有原发病史者所需菌量则少得多。吞入大量的活菌，可引起显性感染，菌量很少时常呈暂时的带菌状态。沙门氏菌是美国食物中毒致死的主要原因。美国每年大约报告40000例沙门氏菌感染病例。但实际的感染人数可能要达20倍以上，因为许多轻型患者可能未确诊。据不完全统计，每年大约有1000人死于急性沙门氏菌感染。沙门氏菌主要污染肉类食品，鱼、禽、奶、蛋类食品也可受此菌污染。沙门氏菌食物中毒全年都可发生，吃了未煮透的病、死牲畜肉或在屠宰后其他环节污染的牲畜肉是引起沙门氏菌食物中毒的最主要原因。

（三）世界各国及地区、组织关于奶粉中沙门氏菌污染的限量法规

1. 国际食品法典委员会关于奶粉中沙门氏菌污染的指导水平

沙门氏菌是众所周知的危害人类的食源性病原体。据报道，在美国，婴幼儿中沙门氏菌病的发生率比所有年龄层发病率高八倍以上。婴幼儿免疫受损时更加脆弱，也导致了他们患沙门氏菌病可能更严重甚至死亡。目前还不清楚沙门氏菌在婴幼儿中的发病率增加是因为婴幼儿更容易被感染，还是因为婴幼儿比其他年龄组的人寻求更多医疗保健或者有症状时进行粪便培养的可能性更大。至少6个被报道的发生在1985～2005年涉及约287名婴幼儿的沙门氏菌疫情与婴儿配方奶粉有关联。大部分暴发涉及不寻常的沙门氏菌血清型，这也可能成为这些暴发之间联系的辅助线索。人们逐渐认识到，暴发和散发的由于婴幼儿配方奶粉导致的沙门氏菌病病例很可能是被漏报了。

因此，建立微生物限量指标非常必要。然而微生物限量的建立既要满足风险控制的要求，又要满足食品微生物限量建立与应用的规则（CAC/GL 21-97）。因此有两套限量指标，一个为病原监控，另一个为生产的卫生指示，本书仅介绍病原部分。病原微生物限量：该限量针对于包装完成后到被使用的终产品（粉末形式）。见表6-4。

表 6-4　微生物限量表

微生物	n	c	m/g	计划类别
阪崎肠杆菌*（克罗诺杆菌属）	30	0	0/10g	2
沙门氏菌**	60	0	0/25g	2

注：n 表示符合限量的样本数量；c 表示在 2 类计划中最多被允许的缺陷产品数目，m 表示在 2 类计划中从缺陷产品中分离出好的微生物限量。

*被检测的平均浓度是 340g 中 1CFU（假设的标准离散是 0.8，检测的概率是 95%）或 100g 中 1CFU（假设的标准离散是 0.5，检测的概率是 99%）。

**被检测的平均浓度是 526g 中 1CFU（假设的标准离散是 0.8，检测的概率是 95%）。

检测阪崎肠杆菌和沙门氏菌的最近标准版本分别是 ISO/TS 22964：2006 和 ISO 6579-1：2017，或是采取其他可以提供相同灵敏度、重复性、可靠性的方法。

2. 欧盟关于婴儿食品和奶制品中沙门氏菌污染的最大允许限量

欧盟对食品微生物标准 2073/2005/EC 进行修订，制定条例 1441/2007/EC。修订了婴儿配方奶粉中致病菌限量，包括沙门氏菌和阪崎肠杆菌。具体限量见表 6-5。

表 6-5　微生物限量表

食品种类	微生物及其毒素、代谢物	采样计划[a]		限量[b]		分析参考方法[c]	标准应用时期
		n	c	m	M		
六个月以下婴儿的婴儿配方奶粉和特殊医疗目的的干膳食食品	沙门氏菌	30	0	25g 中不含有		EN/ISO 6579	超市货架期内产品
后续配方食品	沙门氏菌	30	0	25g 中不含有		EN/ISO 6579	超市货架期内产品

a. n 表示包含样品的个数；c 表示在 m 和 M 之间评价给的样品个体数值。

b. m=M。

c. 适用于最新版本。

3. 美国 FDA 关于婴幼儿配方奶粉中沙门氏菌的规定

2014 年 6 月 11 日，美国 FDA 颁布其“严管”奶粉的最终政策。路透社在颁布前指出，美国将更新对婴幼儿奶粉厂商的生产指引，包括要求它们必须要对两种“恶菌”进行检测。FDA 强制要求美国的婴幼儿奶粉生产商必须检测沙门氏菌和阪崎肠杆菌。前者会导致腹泻和发热，并引发婴幼儿严重的健康问题，后者可以在包括奶粉在内的干燥环境生存，有机会导致婴幼儿出现脑膜炎。此番“严管”是因为美国政府吸取了最近一些年来的教训，包括一些大型奶粉生产商出现了全国性的召回，影响了极具商业价值的婴幼儿奶粉产业。FDA 发布通报中说，在“发展的关键阶段”，FDA 为婴幼儿奶粉定下了高标准，这包括安全性和营养。通报指出，美国政府注意到很多在美国市场的生产商已经在生产安全的产品，并在已经自愿遵从“最终措施”中规定的良好生产规范和质量控制措施，但是有关措施强调从联邦层面强制性执行。婴幼儿配方奶粉生产商必须都要向 FDA 注册，并在营销新配方前通知 FDA。如果 FDA 断定某款婴幼儿配方产品对人体健康构成威胁，生产商必须要进行召回。

4. 中国关于婴幼儿配方奶粉中沙门氏菌的限量水平的标准

我国针对婴幼儿配方奶粉的标准主要有《食品安全国家标准 婴儿配方食品》（GB 10765—2010）和《食品安全国家标准 较大婴儿和幼儿配方食品》（GB 10767—2010）。其中《食品安全国家标准 婴儿配方食品》（GB 10765—2010）是对应于国际食品法典委员会（CAC）的标准 Codex Stan 72—1981（Revision 2007）*Stanard for infant formula and formulas for special medical purposes intended for infants* 中 A 的部分，还参照了中国营养学会 2000 年编著的《中国居民膳食营养素参考摄入量》编制的。该标准除了维生素、矿物质外，还对微生物的限量做出了限定。该标准规定了粉状的婴儿配方食品的微生物限量（微生物限量见表 6-6），液态婴儿配方食品的微生物指标应符合商业无菌的要求，并按 GB/T 4789.26 规定方法检验。

表 6-6 《食品安全国家标准 婴儿配方食品》（GB 10765—2010）中微生物限量

项目	采样限量及方案[a]（若非指定，均以 CFU/g 或 CFU/mL 表示）				检验方法
	n	c	m	M	
菌落总数[b]	5	2	1000	10000	GB 4789.2
大肠菌群	5	2	10	100	GB 4789.3 平板计数法
金黄色葡萄球菌	5	2	10	100	GB 4789.10 平板计数法
阪崎肠杆菌[c]	5	0	0/100g	—	GB 4789.40 计数法
沙门氏菌	5	0	0/25g	—	GB 4789.4

a. 样品分析与处理按照 GB 4789.1 和 GB 4789.18 进行。

b.不适用于添加活性菌种（好氧或兼性厌氧的益生菌）的产品[产品中活性益生菌的数量应≥10^6CFU/g（mL）]。

c. 仅适用于 0～6 月龄婴儿食用的配方食品。

在《食品安全国家标准 较大婴儿和幼儿配方食品》（GB 10767—2010）标准中，微生物限量只规定了菌落总数、大肠菌群和沙门氏菌的限量。见表 6-7。

表 6-7 《食品安全国家标准 较大婴儿和幼儿配方食品》（GB 10767—2010）中微生物限量

项目	采样限量及方案[a]（若非指定，均以 CFU/g 或 CFU/mL 表示）				检验方法
	n	*c*	*m*	*M*	
菌落总数[b]	5	2	1000	10000	GB 4789.2
大肠菌群	5	2	10	100	GB 4789.3 平板计数法
沙门氏菌	5	0	0/25g	—	GB 4789.4

a. 样品分析与处理按照 GB 4789.1 和 GB 4789.18 进行。

b. 不适用于添加活性菌种（好氧或兼性厌氧的益生菌）的产品[产品中活性益生菌的数量应≥10^6CFU/g（mL）]。

5. 其他国家或地区关于牛奶及奶制品中沙门氏菌的限量指标

澳大利亚和新西兰食品标准 1.6.1（Australia New Zealand Food Standards Code -Standard 1.6.1-*Microbiological limits for food*）食品微生物限量中规定了婴幼儿配方奶粉中微生物的限量标准（表 6-8）。

表 6-8 澳大利亚和新西兰食品标准 1.6.1 中微生物限量表

食品	微生物	*n*	*c*	*m*	*M*
粉状婴儿配方食品	蜡样芽孢杆菌	5	10	100	
	凝固酶阳性的金黄色葡萄球菌	5	1	0	10
	大肠菌群	5	2	<3	10
	沙门氏菌	10	0	0	
	细菌总数	5	2	10^3	10^4

与我国国家标准相比，澳大利亚和新西兰的标准在沙门氏菌检测方面还是存在区别的。澳大利亚和新西兰的标准中 n=10，我国的标准中 n=5。n 代表同一批次产品采集的样品数，表明我国在抽样数量上较澳大利亚和新西兰少了一半。

（四）我国关于奶粉中沙门氏菌的检测方法标准

1. 《食品安全国家标准 食品微生物学检验 沙门氏菌检测》（GB 4789.4—2016）

（1）原理。

根据细菌在不同生长培养基上生长状况不同而将目标菌进行分离的方法。

（2）操作步骤。

a. 前增菌：称取 25g（mL）样品放入盛有 225mL 缓冲蛋白胨水（BPW）的无菌均质杯中，以 8000～10000r/min 均质 1～2min，或置于盛有 225mL BPW 的无菌均质袋中，用拍击式均质器拍打 1～2min。若样品为液态，不需要均质，振荡混匀。如需测定 pH，用 1mol/mL 无菌 NaOH 或 HCl 调 pH 至 6.8±0.2。无菌操作将样品转至 500mL 锥形瓶中，如使用均质袋，可直接进行培养，于 36℃±1℃培养 8～18h。如为冷冻产品，应在 45℃以下不超过 15min，或 2～5℃不超过 18h 解冻。

b. 增菌：轻轻摇动培养过的样品混合物，移取 1mL，转种于 10mL 四硫磺酸钠煌绿增菌液（TTB）内，于 42℃±1℃培养 18～24h。同时，另取 1mL，转种于 10mL 酵母培养基 SC 内，于 36℃±1℃培养 18～24h。

c. 分离：分别用接种环取增菌液 1 环，划线接种于一个亚硫酸铋（BS）琼脂平板和一个木糖赖氨酸脱氧胆盐（XLD）琼脂平板，或 HE（Hektoen Enteric）琼脂平板或沙门氏菌属显色培养基平板。于 36℃±1℃分别培养 18～24h（XLD 琼脂平板、HE 琼脂平板、沙门氏菌属显色培养基平板）或 40～48h（BS 琼脂平板），观察各个平板上生长的菌落，各个平板上的菌落特征见表 6-9。

表 6-9　沙门氏菌属在不同选择性琼脂平板上的菌落特征

选择性琼脂平板	沙门氏菌
BS 琼脂	菌落为黑色有金属光泽、棕褐色或灰色，菌落周围培养基可呈黑色或棕色；有些菌株形成灰绿色的菌落，周围培养基不变
HE 琼脂	蓝绿色或蓝色，多数菌落中心呈黑色或几乎全黑色；有些菌株为黄色，中心呈黑色或几乎全黑色
XLD 琼脂	菌落呈粉红色，带或不带黑色中心，有些菌株可呈现大的带光泽的黑色中心，或呈现全部黑色的菌落；有些菌株为黄色菌落，带或不带黑色中心
沙门氏菌属显色培养基	按照显色培养基的说明进行判定

（3）生化试验。

从选择性琼脂平板上分别挑取 2 个以上典型或可疑菌落，接种三糖铁琼脂，先在斜面划线，再于底层穿刺；接种针不要灭菌，直接接种赖氨酸脱羧酶试验培养基和营养琼脂平板，于 36℃±1℃培养 18～24h，必要时可延长至 48h。在三糖铁琼脂和赖氨酸脱羧酶试验培养基内，沙门氏菌属的反应结果见表 6-10。

表 6-10　沙门氏菌属在三糖铁琼脂和赖氨酸脱羧酶试验培养基内的反应结果

三糖铁琼脂				赖氨酸脱羧酶试验培养基	初步判断
斜面	底层	产气	硫化氢		
K	A	+（–）	+（–）	+	可疑沙门氏菌
K	A	+（–）	+（–）	–	可疑沙门氏菌

续表

三糖铁琼脂				赖氨酸脱羧酶试验培养基	初步判断
斜面	底层	产气	硫化氢		
A	A	+（−）	+（−）	+	可疑沙门氏菌
A	A	+/−	+/−	−	非沙门氏菌
K	K	+/−	+/−	+/−	非沙门氏菌

注：K 表示产碱，A 表示产酸；+表示阳性；−表示阴性；+（−）表示多数阳性，少数阴性；+/−表示阳性或阴性。

接种三糖铁琼脂和赖氨酸脱羧酶试验培养基的同时，可直接接种蛋白胨水（供做靛基质试验）、尿素琼脂（pH 7.2）、氰化钾（KCN）培养基，也可在初步判断结果后从营养琼脂平板上挑取可疑菌落接种。于 36℃±1℃培养 18～24h，必要时可延长至 48h，按表 6-11 判定结果。将已挑菌落的平板储存于 2～5℃或室温至少保留 24h，以备必要时复查。

表 6-11　沙门氏菌属生化反应初步鉴别表

反应序号	硫化氢	靛基质	尿素（pH 7.2）	氰化钾	赖氨酸脱羧酶
A1	+	−	−	−	+
A2	+	+	−	−	+
A3	−	−	−	−	+/−

注：+表示阳性；−表示阴性；+/−表示阳性或阴性。

反应序号 A1：典型反应判断为沙门氏菌属，若尿素、氰化钾和赖氨酸脱羧酶三项中有一项异常，按表 6-12 可判定为沙门氏菌；若有两项异常，则为非沙门氏菌。

表 6-12　沙门氏菌属生化反应初步鉴定表

尿素（pH 7.2）	氰化钾	赖氨酸脱羧酶	判定结果
−	−	−	甲型副伤寒沙门氏菌（要求血清学鉴定结果）
−	+	+	沙门氏菌Ⅳ或Ⅴ（要求符合本群生化特性）
+	−	+	沙门氏菌个别变体（要求血清学鉴定结果）

注：+表示阳性；−表示阴性。

反应序号 A2：补做甘露醇和山梨醇试验，沙门氏菌靛基质阳性变体两项试验结果均为阳性，但需要结合血清学鉴定结果进行判定。

反应序号 A3：补做 ONPG（邻硝基酚 β-D-半乳糖苷）。ONPG 阴性为沙门氏菌，同时赖氨酸脱羧酶阳性，甲型副伤寒沙门氏菌为赖氨酸脱羧酶阴性。

（4）血清学鉴定。

抗原的准备：一般采用 1.2%～1.5%琼脂培养物作为玻片凝集试验用的抗原。O 血清不凝集时，将菌株接种在琼脂量较高的（如 2%～3%）培养基上再检查；如果是由于 Vi 抗原的存在而阻止了 O 凝集反应时，可挑取菌苔于 1mL 生理盐水中做成浓菌液，于酒精灯火焰上煮沸后再检查。H 抗原发育不良时，将菌株接种在 0.55%～0.65%半固体琼脂平板的中央，俟菌落蔓延生长时，在其边缘部分取菌检查；或将菌株通过装有 0.3%～0.4%半固体琼脂的小玻管 1～2 次，自远端取菌培养后再检查。

多价菌体抗原（O）鉴定：在玻片上划出 2 个约 1cm×2cm 的区域，挑取 1 环待测菌，各放 1/2 环于玻片上的每一区域上部，在其中一个区域下部加 1 滴多价菌体（O）抗血清，在另一区域下部加入 1 滴生理盐水，作为对照。再用无菌的接种环或针分别将两个区域内的菌落研成乳状液。将玻片倾斜摇动混合 1min，并对着黑暗背景进行观察，任何程度的凝集现象皆为阳性反应。

多价鞭毛抗原（H）鉴定：同多价菌体抗原（O）鉴定。

2. 其他检测方法

（1）实时荧光 PCR 方法。

《进出口乳及乳制品中沙门氏菌 快速检测方法 实时荧光 PCR 法》（SN/T 2415—2010）中描述了一种基于实时荧光 PCR 的检测方法。

a. 方法提要：乳及乳制品经增菌后，取增菌液 1mL 加到 1.5mL 无菌离心管中，8000*g* 离心 5min，尽量吸弃上清液；提取 DNA，取 DNA 模板进行荧光 PCR 扩增，观察荧光 PCR 仪的实时曲线，对乳及乳制品中的沙门氏菌进行快速检验。

b. 试剂和材料：除另有规定外，试剂为分析纯或生化试剂。试验用水应符合 GB/T 6682 中一级水的规格。所有试剂均用无 DNA 酶污染的容器分装。

c. 检测用引物（对）序列

5′ GCGTTCTGAACCTTTGGTAATAA 3′

5′ CGTTCGGGCAATTCATTA 3′

引物（对）10μmol/L。

d. 探针

5′ FAM TGGCGGTGGGTTTTGTTGTCTTCT TAMRA 3′

10μmol/L。

e. 步骤

取样和增菌：取样前消毒样品包装的开启处和取样工具，无菌称取样品 25g 加入装有 225mL 预热到 45℃的灭菌水的三角瓶中，使样品充分混匀，36℃±1℃

培养 18～22h。分别移取培养 18～22h 的悬液各 10mL 加入 90mL 缓冲蛋白胨水中，36℃±1℃培养 18～22h。

模板 DNA 准备：每瓶培养的缓冲蛋白胨水分别取 1mL 加到 1.5mL 离心管中。13000～16000*g* 离心 2min，去上清液。加入 600μL 核酸裂解液，重新悬浮起来。100℃水浴 5min 后，冷却至室温。13000～16000*g* 离心 3min，将上清液移至干净的 1.5mL 离心管中。加入 0.8 倍体积的异丙醇，放入冰箱静置 1h 或过夜。13000～16000*g* 离心 2min，去上清液，吸干。70%乙醇轻柔倒置几次洗涤，13000～16000*g* 离心 2min，小心去上清液。吸干，风干 10～15min。100μL 双蒸水 4℃保存（如不能及时检验，放置–20℃保存）。也可以使用经过评估的等效的细菌核酸提取试剂盒。

DNA 浓度和纯度的测定：取适量 DNA 溶液原液加双蒸水稀释一定倍数后，使用核酸蛋白分析仪或紫外分光光度计测 260nm 和 280nm 处的吸收值。DNA 的浓度按照下式计算：

$$C = A_{260} \times N \times 50$$

式中，C 为 DNA 浓度，μg/mL；A_{260} 为 260nm 处的吸光度值；N 为核酸稀释倍数。当浓度为 10～100μg/mL，A_{260}/A_{280} 值为 1.7～1.9 时，适宜于实时荧光 PCR 扩增。

实时荧光 PCR 检测：反应体系总体积为 25μL，其中含：10×PCR 缓冲液 2.5μL，引物对（10μmol/L）各 1μL，dNTP（10μmol/L）1μL，TaqDNA 聚合酶（5U/μL）0.5μL，探针 1μL，水 16μL，模板 DNA 2μL（浓度 10～100μg/mL）。反应步骤一：94℃预变性 1min。反应步骤二：94℃变性 5s，60℃退火延伸 20s，30 个循环。检验过程中分别设阳性对照、阴性对照、空白对照。以沙门氏菌纯培养物提取的 DNA 为阳性对照，以大肠杆菌或其他非沙门氏菌属肠杆菌纯培养物提取的 DNA 为阴性对照，以灭菌水为空白对照。样品设 3 个重复，对照设 2 个重复，以 Ct 平均值作为最终结果。

PCR 体系有效性判定：

空白对照：无荧光对数增长，相应的 Ct＞25.0。

阴性对照：无荧光对数增长，相应的 Ct＞25.0。

阳性对照：有荧光对数增长，且荧光通道出现典型的扩增曲线，相应的 Ct＜25.0。

以上三条有一条不满足，试验视为无效。

检测结果判定：

如有荧光对数增长，且 Ct≤25，则判定为被检样品筛选阳性。

如无荧光对数增长，且 Ct=30，则判定为被检样品筛选阴性。

如 25<Ct<30，则重复一次。如再次扩增后 Ct 仍<30，则判定沙门氏菌筛选阳性；如再次扩增后无荧光对数增长，且 Ct=30，则判定沙门氏菌筛选阴性。

筛选阴性的被检样品报告未检出，筛选阳性的被检样品，按照传统检测方法 GB/T 4789.4 进行确证，报告以传统检测结果为准。

（2）沙门氏菌属垂直膜过滤法。

《出口食品中沙门氏菌属检测方法第 6 部分：垂直膜过滤法》（SN/T 1059.6—2016）中描述了新的检测方法，具体步骤如下。

a. 称取 25g（mL）样品放入盛有 225mL BPW 的无菌均质杯中，以 8000～10000 r/min 均质 1～2min，或置于盛有 225mL BPW 的无菌均质袋中，用拍击式均质器拍打 1～2min。若样品为液态，不需要均质，振荡混匀。无菌操作将样品转至 500mL 锥形瓶中，如使用均质袋，可直接进行培养，于 36℃±1℃培养 8～18h。

b. 轻轻摇动培养过的样品混合物，移取 0.1mL，转种于 10mL 氯化镁孔雀绿肉汤（Rappaport-Vassiliadis Enrichment Broth，RVS）肉汤的无菌试管中，混合均匀，于 41.5℃±1℃培养 24h±3h；或移取 1mL，转种于 10mL Muller-Kauffmann 连四硫酸盐新生霉素肉汤（MKTTn）肉汤的无菌试管中，混合均匀，于 36℃±1℃培养 24h±3h，进行选择性增菌。

c. 分离：用接种环取选择性增菌液 1 环，划线接种于一个 BS 琼脂平板和一个 XLD 琼脂平板（或 HE 琼脂平板），于 36℃±1℃分别培养 18～24h（XLD 琼脂平板、HE 琼脂平板）或培养 40～48h（BS 琼脂平板），观察各个平板上生长的菌落。沙门氏菌典型菌落特征为：BS 琼脂上，菌落为黑色有金属光泽、棕褐色或灰色，菌落周围培养基可呈黑色或棕色；有些菌株形成灰绿色的菌落，周围培养基不变。HE 琼脂上，菌落为蓝绿色或蓝色，多数菌落中心呈黑色；有些菌株为黄色，中心呈黑色或几乎全黑色。XLD 琼脂上，菌落呈粉红色，带或不带黑色中心，有些菌株可呈现大的带光泽的黑色中心，或呈现全部黑色的菌落，有些菌株为黄色菌落，带或不带黑色中心。

d. 鉴定

吸取 250μL PBS 缓冲液至玻璃试管中；

从选择性平板上挑取 5 个典型菌落，移至试管中，混合均匀成样品液，室温培养（25℃）10min；

加入 800μL 0.5%吐温-20 磷酸盐缓冲液于样品液中，并均匀混合；

加入 200μL 样品液至膜上；

加入 250μL 0.2mol/L EDTA 溶液；

加入 250μL 3,3',5,5'-四甲基联苯胺（TMB）底物溶液；

加入 100μL 2mol/L 硫酸溶液，终止反应；

着色后稳定几秒判读结果：应在 5min 内读取结果，否则无效；

检测过程中同时设置阴、阳性对照，以沙门氏菌纯培养物为阳性对照，试验用水为阴性对照。

e. 结果判定：阴性对照结果应为无色，阳性对照结果应为蓝色。如检测膜呈现均匀的蓝色，没有斑点，可以看到整个测试区域表面，判定为沙门氏菌属筛选阳性，否则，判定为沙门氏菌属筛选阴性。

（3）商品化试剂盒检测法 沙门氏菌（SN/T 4545.1—2016）。

该方法利用环介导恒温扩增技术进行沙门氏菌的筛选检测。根据沙门氏菌属特有靶序列上的 6 个独立区域，采用 4 条特异引物及一种链置换活性的 DNA 聚合酶，在 65℃左右完成恒温扩增。在环介导恒温扩增反应中，产生肉眼可见的副产物焦磷酸镁乳白色沉淀，反应产物在荧光染料的作用下，阴阳性结果产生显色差异，即可以通过颜色变化观察判断结果。

a. 样品制备、增菌培养：按照 GB 4789.4 进行样品制备、增菌和分离。

b. 模板 DNA 准备

增菌液模板 DNA 制备：直接取该增菌液 1mL 加到 1.5mL 无菌离心管中。10000 r/min 离心 2min，尽量去上清液。加入 800μL DNA 提取液，混匀后沸水浴 10min，置冰上 10min；10000 r/min 离心 2min，上清液即为模板 DNA 作为试样待测，取上清液置−20℃可保存 6 个月备用。

可疑菌落模板 DNA 的制备：对于分离的可疑菌落，可直接挑取，然后加入 800μL DNA 提取液，混匀后沸水浴 10min，置冰上 10min；10000r/min 离心 2min，上清液即为模板 DNA 作为试样待测。

c. 环介导恒温核酸扩增：每次反应设置空白对照、阴性对照和阳性对照。空白对照以水替代 DNA 模板，阴性对照和阳性对照可使用试剂盒中自带的，也可使用实验室自行制备的阴性对照和阳性对照。

反应过程：取出足够试验用的沙门氏菌 HF 反应管，于室温解冻；分别吸取阴性对照、阳性对照和待测 DNA 试样各 2.5μL 加入到不同的沙门氏菌 HF 反应管中，每个样品做 2 个平行管；将反应管在 65℃恒温扩增反应 60min。

d. 结果观察：反应结果，将反应管倒置甩动 2 次，再正置甩动 2 次，使工作液与显色液充分混合，冷却至室温后在黑色背景下观察。

e. 结果判定：在空白对照和阴性对照反应管液体为橙色，阳性对照反应管液体为绿色的条件下：

待测样品 2 个平行反应管液体至少 1 个呈绿色，该样品结果为沙门氏菌初筛阳性，需对样品的二次增菌液或可疑纯菌落按照《食品微生物学检验 总则》（GB 4789.1—2016）进行确认，并报告结果。

待测样品 2 个平行反应管液体均呈橙色，则沙门氏菌检验结果为阴性，报告未检出。

若与上述条件不符，则本次检测结果无效，应更换试剂按本方法重新检测。

参考文献

Baur C, Krewinkel M, Kranz B, et al. 2015. Quantification of the proteolytic and lipolytic activity of microorganisms isolated from raw milk. International Dairy Journal, 49: 23-29.

Collins R N, Treger M D, Goldsby J B, et al. 1968. Interstate outbreak of *Salmonella* newbrunswick infection traced to powdered milk. JAMA, 203(10): 838-844.

Denis O, Suetens C, Hallin M, et al. 2009. Methicillin-resistant *Staphylococcus aureus* ST398 in swine farm personnel, Belgium. Emerging Infectious Diseases, 15(7): 1098-1101.

Fang R, Li X, Hu L, et al. 2009. Cross-priming amplification for rapid detection of *Mycobacterium tuberculosis* in sputum specimens. Journal of Clinical Microbiology, 47(3): 845-847.

Gutiérrez-Rojo R, Torres-Chavolla E. 2007. A rapid polymerase chain reaction assay for *Enterobacter sakazakii* detection in infant milk formulas. Journal of Rapid Methods and Automation in Microbiology, 15(4): 345-358.

Ip M, Yung R W, Ng T K, et al. 2005. Contemporary methicillin-resistant *Staphylococcus aureus* clones in Hong Kong. Journal of Clinical Microbiology, 43(10): 5069-5073.

Iversen C, Mullan E N, McCardell B, et al. 2008. *Cronobacter* gen. nov. a new genus to accommodate the biogroups of *Enterobacter sakazakii*, and proposal of *Cronobacter sakazakii* gen. nov. comb. nov. *Cronobacter malonaticus* sp. nov. *Cronobacter turicensis* sp. nov. *Cronobacter muytjensii* sp. nov. Cron. International Journal of Systematic and Evolutionary Microbiology, 58(6): 1442-1447.

Joseph S, Cetinkaya E, Drahovska H, et al. 2012. *Cronobacter condimenti* sp. nov. isolated from spiced meat, and *Cronobacter universalis* sp. nov. a species designation for *Cronobacter* sp. genomospecies 1, recovered from a leg infection, water and food ingredients. International Journal of Systematic and Evolutionary Microbiology, 62(Pt 6): 1277.

Lai K K. 2001. *Enterobacter sakazakii* infections among neonates, infants, children, and adults. Medicine, 80(2): 113-122.

Liao D Q. 2000. Gene conversion drives within genic sequences: concerted evolution of ribosomal RNA genes in bacteria and archaea. Journal of Molecular Evolution, 51(4): 305-317.

Montanhini M T M, Montanhini R N, Pinto J P N, et al. 2013. Effect of temperature on the lipolytic and proteolytic activity of *Bacillus cereus* isolated from dairy products. International Food Research Journal, 20(3): 1417-1420.

Muytjens H L, Kollée L A. 1990. *Enterobacter sakazakii* meningitis in neonates: causative role of formula?. The Pediatric Infectious Disease Journal, 9(5): 372-373.

Pavic S , Brett M , Petric N , et al. 2005. An outbreak of food poisoning in a kindergarten caused by milk powder containing toxigenic *Bacillus subtilis* and *Bacillus licheniformis*. Archiv Fur Lebensmittelhygiene, 56(1): 1-24.

Ribeiro J C Jr, Lima J B A, de Lemos K L, et al. 2015. Proteolytic and lipolytic microbiota of refrigerated raw milk from northeast and southern regions of Brazil. Semina: Ciências Agrárias, 36(6Supl2): 4289.

Rowe B, Hutchinson D N, Gilbert R J, et al. 1987. *Salmonella Ealing* infections associated with consumption of infant dried milk. The Lancet, 330(8564): 900-903.

Taylor J M. 2010. Heat-stable toxin production by strains of *Bacillus cereus*, *Bacillus firmus*, *Bacillus megaterium*, *Bacillus simplex* and *Bacillus licheniformis*. FEMS Microbiology Letters, 242(2): 313-317.

van Acker J, de Smet F, Muyldermans G, et al. 2001. Outbreak of necrotizing enterocolitis associated with *Enterobacter sakazakii* in powdered milk formula. Journal of Clinical Microbiology, 39(1): 293-297.

Vessoni P, Moraes D A, Fajardo D N. 2002. The effect of nisin on growth kinetics from activated *Bacillus cereus* spores in cooked rice and in milk. Journal of Food Protection, 65(2): 419-422.

Weissman J B, Deen A D, Williams M, et al. 1997. An island-wide epidemic of salmonellosis in Trinidad traced to contaminated powdered milk. The West Indian Medical Journal, 26(3): 135-143.

第七章　有害物质检验

第一节　引　言

有毒有害物质的检测是乳及乳制品检测的重要组成部分。2008 年“三鹿奶粉事件”发生后，乳制品的质量安全问题已成为舆论的焦点。2008 年 9 月，国家质检总局发布了《关于进一步加强乳制品及相关食品中三聚氰胺及其他有毒有害物质检验监管工作的紧急通知》，同年年底，国务院办公厅转发 13 部委制定的《奶业整顿和振兴规划纲要》，对乳制品中有害物质检测的重要性提升到了前所未有的高度。在“三聚氰胺”事件后，又发生了国内奶粉企业“汞污染召回”事件和新西兰奶粉的“双氰胺污染”事件。一系列乳制品安全事件的曝光使国内外监管机构针对乳制品中药物残留、污染物残留等均制定了更为严格的限量标准，检测商品的范围也在不断扩大。

本节按照有毒有害物质种类对现有的国内外限量标准和检测方法进行了归纳和整理，主要包括农兽药残留、污染物残留、生物毒素、放射性及辐照和其他有毒有害物质等几个方面，以供生产企业、监管部门和检测机构相关人员参考使用。

第二节　药物残留检测

一、乳及乳制品中药物残留检测现状

（一）乳及乳制品中的药物残留的来源

近 20 年来，农兽药及抗生素在农业中的应用日益广泛，其在降低牲畜发病率与死亡率、促进生长、改善产品品质方面的作用是十分显著的，已成为现代农业不可或缺的物质基础。但是农兽药和抗生素的使用无疑会导致动物体内药物的滞留或蓄积，并以残留的方式进入人体。目前，已知的农兽药和抗生素种类达 500 万种以上，至少有 6 万种已进入人们的生产和生活中。乳及乳制品中的农兽药及抗生素残留主要来自养殖环节，同时，环境污染、饲料加工和调配不当也会导致乳品中的农兽药残留。在牲畜养殖过程中，普遍存在长期使用或超标准使用

药物添加剂，随意使用新型或高效药物，大量使用医用药物，不严格遵守农兽药的使用对象、使用期限、使用剂量及休药期规定等现象，这些都是造成药物在体内过量积累，导致农兽药残留的重要因素。

（二）乳及乳制品中的农兽药及抗生素残留的危害

乳及乳制品中的农兽药及抗生素残留对消费者健康有极大的危害。外源性物质的毒性与剂量和接触时间有关，长期摄入将产生慢性或蓄积中毒，同时会使人在使用同种或同类药物时产生耐药性或交叉耐药性，从而影响疗效，甚至可能出现一些药物无法控制人体细菌感染的情况。并且，这些残留药物可使人体消化道中的部分有益菌群受到抑制，从而破坏菌群平衡，导致疾病发生。由于婴幼儿的药物代谢功能不完善，因此对其更加敏感。注射部位和一些代谢器官（如肝）常含有高浓度药物，摄入后出现中毒的概率大大增加。牛奶中的药物残留还会直接影响乳及乳制品的品质。例如，用含有抗生素的原料奶生产酸奶等发酵产品，残留在牛奶中的抗生素会抑制菌种发酵，影响产品质量，造成经济损失。

（三）部分国家和地区对乳及乳制品药物残留的标准测定方法及限量规定

世界各国都十分注重食品标准的制定及对食品安全的监管。日本是世界上较早制定现代食品技术法规的国家之一，尤其对于加工业，具有一套非常完善的法规与标准体系。早在 1950 年，日本厚生省就颁布了有关乳制品质量的管理条令，并随着时代的发展，不断更新逐渐完善。日本将乳制品分为三类：鲜乳（不允许添加任何其他物质，即 100%纯鲜乳）、调配乳（添加了鲜乳以外的其他物质）、加工奶（经乳粉复原加工而成）。其法规与标准严格规范从组织生产到加工以及产品的包装、标识全程。日本对乳与乳制品中农用化学品、兽药的最大残留量，污染物的限量等有专门的标准规范，在制定中同时也充分考虑与国际食品法典的接轨。日本食品化学研究振兴财团针对乳制品中 422 种农兽药残留限量具有相应的规定。相比之下，我国的国家标准食品中农药残留最大限量（GB 2763-2021）对鲜乳和乳粉的规定仅有八种：硫丹、艾氏剂、狄氏剂、滴滴涕、六六六、林丹、氯丹、七氯。

欧盟在 2007 年第 852 号法定文件《2007 年欧盟（婴儿配方食品以及后续配方食品）条例》中规定了婴幼儿食品中杀虫剂的残留限量的标准。其中规定不得在婴幼儿食品中检测到的杀虫剂有乙拌磷、丰索磷、三苯锡、吡氟氯禾灵、七氯、反式环氧七氯、除草醚、氧化乐果、特丁磷、艾氏剂、狄氏剂及异狄氏剂共十二种，该法规规定此类不得在婴幼儿食品中检出的杀虫剂的限量一律为 3μg/kg。另外虽然还有一些杀虫剂可以在婴幼儿食品中检出，但是制定了严格的限量要求，如克线丹（6μg/kg）、甲基内吸磷（6μg/kg）、灭线磷（8μg/kg）、氟虫腈（4μg/kg）、甲基代森锌（6μg/kg）。这些杀虫剂在婴幼儿食品中不得超过其规定的最大残留限量（表 7-1）。

表 7-1　牛奶中限用药物最高残留量　（单位：μg/kg）

药物	最高残留限量	药物	最高残留限量
羟氨苄青霉素	4	恩诺沙星	100
氨苄青霉素	4	红霉素	40
杆菌肽	500	庆大霉素	200
苄青霉素	4	林可霉素	150
头孢噻林	100	新霉素	100
金霉素	100	土霉素	100
邻氯青霉素	30	大观霉素	200
多黏菌素 E	50	链霉素	200
双氯青霉素	30	硫酰胺	100
二氢链霉素	200	四环素	100
甲氧苄胺嘧啶	50	泰乐菌素	50

日本涉及婴幼儿奶粉的法规不多，主要有以下几部分：基于食品卫生法的成分规格、制造方法的标准，即《关于乳及乳制品的成分规格的部令》（简称《乳等部令》）；还有关于特别用途食品的用途标签的许可标准，即《婴儿配方奶粉的标签许可标准》等；另外还有《健康促进法》（旧《营养改善法》）。

我国的食品标准大约已超过 3000 个，涉及奶业行业（包括与奶业有关的上下游的乳畜品种、奶牛养殖场及其环境、饲料及饲养、疾病卫生防疫及检疫、生产设备、牛奶检验、牛奶运输及储存、产品加工与检测等）的相关标准就有 321 个。2003 年，农业部公告第 265 号中明文规定，不得使用不符合《兽药标签和说明书管理办法》规定的兽药产品，不得使用《食品动物禁用的兽药及其他化合物清单》所列的 21 类药物及未经农业部批准的兽药，不得使用进口国明令禁用的兽药，肉禽产品中（包含乳制品）不得检出禁用药物。

2008 年，国务院公布实施的《乳品质量安全监督管理条例》和国务院办公厅《奶业整顿和振兴规划纲要》，要求进一步完善乳品安全国家标准，用 1 年左右时间整合现行乳品标准。2010 年 1～2 月，第一届食品安全国家标准审评委员会审查通过 66 项乳品安全国家标准。2010 年 3 月 26 日，卫生部颁布乳品安全国家标准，包括乳品产品标准 15 项、生产规范 2 项、检验方法标准 49 项。

目前 CAC 和相关国家仅在生乳中设置兽药残留规定，不在乳制品中设置上述要求。我国参照国际组织和多数国家做法，仅在《食品安全国家标准 生乳》（GB 19301—2010）中设置兽药残留规定，具体按照现有兽药残留标准和国家有关规定、公告执行。乳品产品标准规定所用生乳原料应符合《食品安全国家标准 生乳》（GB 19301—2010）。

乳品安全标准清理过程中对婴幼儿食品标准进行了系统修订，将原有的 11 项婴幼儿食品标准整合为 4 项，基本涵盖各类婴幼儿食品。婴幼儿食品安全标准修订既要确保产品安全性也要满足婴幼儿营养需要。标准清理除了对污染物、微生物指标进行了修订，还根据我国实际情况，调整了营养素要求。婴幼儿食品安全标准的修订主要参考 CAC 标准和中国营养学会《中国居民膳食营养素参考摄入量》。对于新制定的《特殊医学用途婴儿配方食品通则》，由于此类产品既要以普通婴儿配方食品为基础，又要根据不同疾病或医学状况的特殊要求进行调整，成分复杂且营养要求各异，尚缺乏相应的配套管理措施，需要进一步加紧研究，修改完善后发布。

（四）我国关于乳品中药物残留的检测方法标准

兽药及抗生素种类繁多，国家标准化管理委员会和农业部先后颁布并反复修订了牛奶或奶粉中包括喹诺酮、磺胺、氯霉素等在内的 40 余项国家标准。此外还有一些行业标准和地方标准，是对国家标准的有力补充，在简化前处理方面做出了较大改进。

二、喹诺酮类药物残留检测

（一）简介

喹诺酮类药物属于吡酮酸衍生物，是人类在合成抗生素方面的重要突破，是一类十分重要的广谱抗生素，已成为水产养殖中最重要的抗感染药物之一。大部分喹诺酮类药物均可对胃肠道产生刺激，透过血脑屏障进入脑组织，引起神经系统的不良反应；严重时可导致婴幼儿前颅膨胀、颅内压升高，导致儿童或青少年出现可逆性关节痛。

农业部公告第 235 号中对达氟沙星、二氟沙星、恩诺沙星、沙拉沙星、氟甲喹和噁喹酸在不同的动物源性（包括牛、猪、鸡、鱼等）食品中（包括肌肉、肝、肾、脂肪等）的残留限量进行了详细的规定。《食品中兽药最高残留限量》也对达氟沙星、氟甲喹、沙拉沙星的残留限量进行了相应规定。

（二）样品前处理及测定方法

目前已报道的乳及乳制品中喹诺酮类药物残留的检测方法有色谱法、色谱-

串联质谱法、免疫分析法等。

1. 高效液相色谱法

由于高极性、高熔点的特性，喹诺酮类药物不适宜采用气相色谱法进行测定。喹诺酮类药物均含有苯并杂环或并杂环骨架和羰基、羧基、杂原子等生色团或助色团组成的共轭系统，在紫外区具有较强的特征性吸收，因此，液相色谱法成为喹诺酮类药物较为广泛的分析检测方法。

喹诺酮类药物在大多数溶剂（包括水）中的溶解性都较差，因此在前处理中往往根据其在不同 pH 条件下溶解性的差异来选择合适的提取和净化溶剂。有的方法中采用了磷酸酸化的乙腈溶液进行提取，涡旋混匀之后，离心；上清液加正己烷脱脂后，留取下层清液；再以纯乙腈重复提取之后，旋蒸至不易蒸干的黄色液滴。有的方法中则选用了三氯乙酸酸化的乙腈溶液作为浸提溶液，涡旋混匀之后，超声、离心。Starata-X 反相聚合物柱净化过滤，氮气吹干净化液，以乙腈-柠檬酸/乙酸铵缓冲液溶解残余物，供液相色谱测定。

采用液相色谱进行测定时，色谱柱往往选取比较常用的 C_{18} 柱（如 250mm×4.6mm，粒径 5μm），流动相可采用乙腈-柠檬酸/乙酸铵缓冲液，也有方法采用 0.05mol/L 磷酸溶液-三乙胺+乙腈（90+10，*V*/*V*），检测器常为荧光检测器。

2. 色谱-串联质谱法

色谱-串联质谱法分析的选择性和灵敏度均很高，在喹诺酮类药物残留的确证分析中应用较为广泛。早期主要采用气相色谱-串联质谱法，待测物经过烷基化反应使羧基变成酯，降低了待测物的极性以适于气相色谱分离，缺点是灵敏度较低。Takatsuki 对该方法进行了改良，采用“还原-脱羧”的方法，使待测物得到更好的分离。

液相色谱-串联质谱法的发展大大降低了喹诺酮类药物残留检测的检出限。国家标准 GB/T 22985—2008 中 11 种喹诺酮类药物的检测低限均为 1.0μg/kg，检验检疫行业标准 SN/T 1751.2—2007 中 16 种喹诺酮类药物的检测低限均为 10.0μg/kg。前处理步骤也较其他方法简单：有的方法采用了含有磷酸盐缓冲液的乙腈作为提取溶剂，振荡提取完毕后，将乙腈旋转蒸发掉，以磷酸盐缓冲液进行复溶，并将其过 HLB 固相萃取小柱，洗脱液氮吹浓缩后，以甲酸-甲醇溶液定容，供液相色谱-串联质谱测试；有的方法则以含有 1%乙酸的乙腈溶液进行超声提取，离心后收集上清液，重复提取一次，加入正己烷脱脂，再加入异丙醇进一步提取，再次用正己烷脱脂，弃去正己烷层，以样品溶解液（含 0.1%甲酸的乙腈溶液+含 0.1%甲酸的水溶液，比例为 13+87）定容后，进行液相色谱-串联质谱测试；有的方法采用 EDTA-Mcllvaine 缓冲液超声提取喹诺酮类目标化合物，HLB 固相萃取柱进行净化，将净化液氮吹浓缩后，以 0.2%甲酸-水溶液溶解，进行液相色谱-串联质谱测试。

3. 免疫分析法

免疫分析法利用喹诺酮类药物结构中含有的羧基基团，与载体蛋白游离氨基进行缩合反应，从而将喹诺酮与载体连接合成人工抗原，最终达到对喹诺酮类药物进行分析的目的。李向梅等（2014）利用胶体金免疫层析方法，采用柠檬酸三钠还原法制备胶体金颗粒；将装有 100mL 胶体金溶液的洁净小烧杯置于磁力搅拌器上并搅拌，用 0.1mol/L K_2CO_3 调 pH 值至 8.5，然后逐滴加入 10mL 用双蒸水稀释的混合抗体，搅拌 10min 后，加入 20%（w/v）BSA 溶液 2mL，继续搅拌 10min，4℃ 12000r/min 离心 30min，弃上清，用 0.02mol/L PBS（5%蔗糖，1%BSA，0.5%吐温 20，pH 7.4）将管底红色沉淀悬溶至 100mL，将悬溶好的金溶液加入到洁净酶标微孔中，每孔加入 40μL，然后放入冷冻干燥机中冷冻过夜，将冻好的金标微孔用铝箔袋密封好待用。采用 0.01mo/L pH 7.4 的磷酸盐缓冲液（PBS）作为包被缓冲液，将包被原稀释后用 BioDot-3060 喷在 NC 膜上，于 37℃干燥 2h 制备抗原包被液。待检测时，200μL 新鲜奶样加入微孔金中，轻轻来回吹打 3～4 次使微孔金完全溶解后，将组装好的试纸条插入微孔中，5min 后即可观察结果。

三、同化激素类药物残留检测

（一）β-受体激动剂类（苯乙胺类）药物残留检测

β-受体激动剂对于动物具有提高饲料转化率和瘦肉率的作用，它在肝、肺、和眼部组织中残留量高。人一次摄入 100～200mg/kg，组织所含的即可达到治疗剂量，往往出现副反应或其他危害，表现为头痛、狂躁不安、心动过速、血压下降等中毒症状。目前 β-受体激动剂类与甾类激素（性激素）被列为对健康威胁最严重的同化激素。《食品安全国家标准 食品中兽药最大残留限量》（GB 31650—2019）将克伦特罗、沙丁胺醇、西马特罗及其盐、酯列为禁止使用的药物，在动物源性食品中不得检出。澳门特别行政区第 132013 号行政法规规定牛奶中克伦特罗的最高残留限量为 0.05μg/L。联合国粮食及农业组织/世界卫生组织食品添加剂联合专家委员会（JECFA）推荐牛奶中克伦特罗的最高残留限量为 0.05μg/kg。

1. 色谱法

β-受体激动剂类药物都含有氨基、羧基等富含活泼氢的基团，直接进行气相色谱分析会产生强烈的吸附，出现拖尾峰甚至不出峰。衍生化方法一般使 β-受体激动剂类药物中带活泼氢的基团烷基化或酯化（如硅烷化、烷基硼酸衍生化、酰化、成环），从而避免由于氢键相互作用力产生的吸附，有利于峰形的改善，对分离效果和灵敏度的提高也有一定的帮助。

虽然 β-受体激动剂类药物具有紫外发色基团，但是采用液相色谱（紫外检测器、荧光检测器、电化学发光检测器）直接进行分析时干扰多，检测灵敏度较低，只能达到 1.0μg/kg，不能满足残留监控分析的要求，通常需要进行衍生化，为药物增加发色基因，提高分析的灵敏度，常见的衍生化方法为重氮-偶合衍生化法。

2. 色谱-质谱联用法

采用气相色谱-质谱联用法分析 β-受体激动剂类药物残留时，需要首先对目标物进行衍生化，常见的衍生化方法有硅烷化、烷基硼酸衍生化、酰化和成环反应。样品经过衍生化后，采用质谱专用的毛细管色谱柱，能减少高温条件下的柱流失，降低背景干扰，进而提高检测的灵敏度。

液相色谱-串联质谱法具有无需衍生化且检测灵敏度高等优点，正逐渐成为测定 β-受体激动剂类药物残留的主要方法。前处理往往采用水解—提取—净化三个步骤。

水解主要包括酶解和酸解，目的是水解那些与 β-受体激动剂类药物相结合的轭合物或组织，使待测物游离出来，促进后续的提取步骤。酶解常用的酶有葡萄糖苷酸酶、芳基硫酸酶、硫酸酯蛋白酶、枯草杆菌蛋白酶等。酶的用量因酶的种类、样品基质、水解条件而异。酸解所用溶剂主要为稀盐酸。水解与提取往往同时进行。有的标准方法在水解后直接以正己烷进行脱脂，即以混合阳离子交换反相固相萃取柱进行净化。而有的标准方法则在水解后采用中性偏碱性异丙醇-乙酸乙酯溶液进行进一步的提取，然后再以混合阳离子交换反相固相萃取柱进行净化。采用混合型固相萃取柱兼顾了苯胺型和苯酚型两类 β-受体激动剂类药物的结构特点，使方法更具有普遍适用性。

（二）甾类同化激素药物残留检测

在畜牧业生产中使用激素主要是用来防治疾病、调整繁殖和加快生长发育。用于动物的激素有性激素和皮质激素，以性激素最常用，包括雌激素、孕激素和雄激素。多数激素类药物都具有潜在的致癌作用，轻染类、人工合成激素类等对人体发育也有一定的影响。欧盟自 1988 年起禁止将所有甾类同化激素用于促生长目的，并且同时制定了对欧盟国家内、外部输入的动物源性食品实施严格监控的措施。在我国，20 世纪 90 年代后用于促生长目的的各类同化激素药物也陆续被禁止使用。但是由于巨大经济利益的驱使，在世界范围内同化激素仍然被大量滥用，一些国家（包括美国在内），仍然允许将内源性激素用于促进动物生长，只是对其应用范围和使用方法均已有了严格的限制，例如，只允许在育肥期时，在耳基部皮下埋植，不得进行深部注射等。

1. 雄激素类药物残留检测

雄激素除维持雄性副性征发育外，其促生长作用是多方面的，主要表现为促进蛋白质合成，抑制蛋白质分解代谢，使体内保持正氮平衡，提高代谢效率，改善饲料的转化率。牛奶和奶粉中雄激素的检测主要包括 α-群勃龙、β-群勃龙、19-乙烯去甲睾酮和 epi-19-乙烯去甲睾酮等。

（1）免疫分析法。

一般利用 RIA 或 Elisa 方法对生物样品中的雄激素类药物残留进行筛选分析，特点是灵敏、简便、高通量，但是存在假阳性和不适宜多残留分析等问题。随着技术的进步，逐渐发展为将免疫技术与理化分析相结合的免疫亲和色谱法。

（2）色谱法。

液相色谱法测定雄激素类药物残留尽管缺乏适用于多数检测目标物的高灵敏检测器，分离和检测能力不如毛细管气相色谱-质谱联用法，但是液相色谱法可直接对目标物进行分离，无需衍生化，其前处理步骤更为简单，故液相色谱一般用于样品净化或雄激素单一组分的分析。雄激素类药物的脂溶性一般较高，在反相色谱柱（如经典的 C_{18} 柱）上有很好的保留。采用正相色谱柱，如二醇基柱，对雄激素类物质也有较高的选择性，但是流动相中的微量水分会干扰硅胶柱对雄激素的保留能力，影响分析的重现性，使用键合的氰基柱或二羟基柱对该问题有一定程度的改善。

（3）液相色谱-串联质谱法。

液相色谱-串联质谱法能够弥补液相色谱在多残留分离检测上的不足，同时前处理步骤简单，试样在中性偏酸（如乙酸钠缓冲液）条件下加酶（如 β-葡糖苷酸酶/芳基硫酸酯酶）水解，37℃振荡过夜，加乙腈沉淀蛋白质，加入乙酸乙酯进行提取，凝胶色谱柱（如 S-X3 Bio-Beads 填料）净化，洗脱液旋蒸至干，甲醇定容、过滤膜后，进行液相色谱-串联质谱分析。

2. 雌激素类药物残留检测

奶及奶制品中雌激素的检测主要包括 17β-雌二醇、雌三醇、炔雌醇等。气相色谱-质谱联用法是最为常用的方法：有的方法中采用乙腈-乙酸乙酯进行涡旋提取，水浴蒸干，加入氢氧化钠溶解，正己烷脱脂，涡旋、离心，收集下层提取液，用 C_{18} 固相萃取柱和硅胶固相萃取柱依次净化，残余物加甲苯和硅烷化试剂（二硫赤藓糖醇+*N*-甲基三甲基硅基三氟乙酰胺+三甲基硅烷）衍生，气相色谱（HP-5 MS 石英毛细管色谱柱）分离，电子轰击（EI）源色谱检测；有的方法则采用乙酸钠-氯化钠-乙腈溶液为提取溶剂，加入正己烷脱脂，Oasis HLB 固相萃取柱净化，加入干燥的乙酸乙酯-吡啶-五氟苯甲酰于 60℃条件下进行衍生化，氮气吹干，加入碳酸氢钠和异辛烷混合提取，取上清液进行气相色谱分离，负化学电离质谱法进行检测。

3. 孕激素类药物残留检测

牛奶和奶粉中孕激素的检测主要包括醋酸美仑孕酮、醋酸氯地孕酮、醋酸甲地孕酮等。液相色谱-串联质谱法是最为常见的测定方法。牛奶或奶粉样品中加入氨水+乙醇+乙酸乙酯+石油醚，振荡提取，上层提取液经无水硫酸钠装填的玻璃柱过滤，再用乙酸乙酯+石油醚重复提取一次，提取液再次过无水硫酸钠玻璃柱，合并提取液，氮气吹干。加入乙腈，于 60℃水浴中保持 3min，使脂肪溶化，涡旋、离心，上清提取液加入正己烷脱脂，离心，将上清液氮气浓缩吹干。依次加入正己烷、氢氧化钠溶液、氯化镁溶液，快速混匀，60℃水浴中保持 15min，然后于−5℃下离心，吸取上清液，氮气吹干。正己烷复溶后，经氰丙基型固相萃取柱净化，过膜后，进行液相色谱-串联质谱测试。

4. 糖皮质激素类药物残留检测

牛奶和奶粉中糖皮质激素的检测主要包括氢化泼尼松龙、地塞米松。前处理方法大多较为简单：有的方法采用乙腈为提取溶剂，然后经 C_{18} 固相萃取柱进行净化，氮气吹干后，以流动相溶解残渣，过膜后供液相色谱-串联质谱分析测定，色谱柱为 Inertsil ODS-3 C_{18} 柱，质谱离子源为大气压化学电离源（APCI）；有的方法则采用乙酸缓冲液、甲醇、甲醇饱和正己烷依次提取，均质、离心，弃去正己烷层，旋蒸至干，提取液经 Oasis HLB 固相萃取柱净化，氮气吹干后，以甲醇复溶，过膜，供液相色谱-串联质谱测定，色谱柱采用 Acquity UPLC BEH C_{18} 柱，质谱采用电喷雾离子源。

（三）非甾类同化激素药物残留检测

非甾类同化激素主要为非甾类雌性激素，如二苯乙烯类、玉米赤酶醇类。较为典型的玉米赤酶烯酮是由镰刀菌产生的一种真菌毒素，属于雷索酸内酯类化合物，其还原产物为玉米赤酶醇，主要用于反刍动物促生长作用。

现有的国家标准中均采用了液相色谱-串联质谱法检测牛奶或奶粉中的非甾类同化激素。前处理中，样品以乙腈或甲醇为提取溶剂，同时乙腈还作为沉淀剂，起到沉淀去除蛋白质的作用，正己烷脱脂，以阴离子交换固相萃取柱或氨基固相萃取柱进行净化，氮气吹干后，以流动相进行复溶，过膜后，供液相色谱-串联质谱测定，色谱柱为 ZORBAX Eclipse SB-C_8 或 XBridge C_8 柱，质谱采用电喷雾电离源，负离子扫描模式。

四、硝基呋喃类药物残留检测

合成的硝基呋喃类药物有呋喃妥因、呋喃唑酮和呋喃西林。由于这类药物具有抗菌谱广，抑菌和杀菌作用不受脓液和组织分解产物的影响，不易产生耐药性，口服吸收迅速，与磺胺药物和抗生素无交叉耐药性，使用方便等优点，在兽医临床上被广泛使用，硝基呋喃类药物也常被用作药物添加剂。连续小剂量给药或短期内给予大剂量的硝基呋喃类药物，均可造成动物组织中的药物残留，导致动物性食品污染。喹噁啉类、硝基呋喃类和硝基咪唑类药物急性中毒性较高，安全范围小，临床上中毒病例较多。多数药物在动物试验中具有“三致”效应，如喹乙醇、卡巴氧、硝基呋喃，一般要求在食品中不得检出。

液相色谱-串联质谱法是检测硝基呋喃类代谢物的常见方法。前处理时，牛奶或奶粉试样用三氯乙酸水解并脱蛋白质，在酸性条件下（如加入 0.2mol/L 的盐酸溶液），加入衍生试剂（可采用 2-硝基苯甲醛，以二甲基亚砜或甲醇溶解），将硝基呋喃类代谢物在 37℃恒温振荡水浴条件下衍生化，避光反应 16h，溶液离心，上清液加磷酸氢二钾+氢氧化钠（pH 约为 7.4），离心，取上清液经 Oasis HLB 固相萃取柱净化，收集洗脱液，氮气吹干。以乙酸-乙腈溶液定容后，采用液相色谱-串联质谱进行测试。色谱柱选择 Atlantis C_{18} 或 XTcrra MS C_{18} 或相当者，质谱选择电喷雾离子源，正离子扫描模式。有的方法为简化前处理步骤，在净化过程中不使用固相萃取柱，而是在提取液中加入乙酸乙酯（乙酸乙酯的体积与提取时加入的酸性溶液的量一致），反复提取两次，加氮气吹干，以 0.1% 甲酸水溶液溶解，加正己烷脱脂后，进行液相色谱-串联质谱测试。

五、磺胺类药物残留检测

磺胺类药物多具有芳香伯胺基团，均具有紫外吸收。其抑菌作用在于干扰细菌的酶系统对对氨基苯甲酸的利用。对氨基苯甲酸是叶酸的组成部分，而叶酸是微生物体内一种氧化还原酶的基础原料，是微生物生长必需的物质。可溶性磺胺类药物入口后可迅速吸收，并遍布全身，以在血浆中的浓度为最高，在泪水和乳汁中的浓度为血清中浓度的 5%～15%。磺胺类药物广泛应用于防治人和动物的多种细菌性疾病。由于在体内作用时间和代谢时间都较长，因此通过任何途径摄入的磺胺类药物均可在尿中沉淀，导致肾脏损害；还可引起溶血性贫血或再生障碍性贫血、粒细胞减少、血小板减少或白血病样反应；磺胺类药物还有增加新生儿患胆红素脑病的危险。

（一）色谱法

早期的磺胺类药物残留检测常采用气相色谱法，样品通过提取和净化后均需进行重氮甲烷（以 *N*-甲基-*N*-亚硝基对甲苯磺酰胺的乙醚溶液，加入碱性溶液水解制得）甲基化，目的是增加磺胺类药物的挥发性，降低其极性，以利于气相色谱的分离分析。检测器通常选用电子捕获检测器（ECD），检测器温度需大于 300℃。ECD 的检测灵敏度较高，对很多杂质均有响应，因此采用气相色谱法对磺胺类药物进行分析时，对前处理的净化要求都较高。

由于大部分磺胺类药物均有芳环结构，紫外吸收较强，因此液相色谱法也是测定磺胺类药物残留量的典型方法。前处理时采用酸性-丙酮-乙酸乙酯溶液作为提取溶剂，阳离子交换固相萃取柱进行净化。液相色谱采用紫外检测器（或二极管阵列检测器）直接进行检测。有的方法则利用磺胺类药物结构中都具有的氨基，以荧光试剂对目标物进行衍生化，用荧光检测器进行检测。由于荧光检测器的选择性更高，因此采用该种方法时对净化的要求较低。

（二）色谱-质谱法

气相色谱-质谱法是磺胺类药物分析常见的确证方法，目标物需要经过重氮甲烷甲基衍生化（去掉分子中的极性氨基基团），色谱柱采用中等极性或非极性毛细管柱均可，质谱采用电子轰击源（EI）。气相色谱-质谱法测定磺胺类物质，灵敏度高且能提供结构信息，不足的是前处理中需要进行衍生。液相色谱-串联质谱法克服了这一缺点，简化了前处理的过程，缩短了前处理时间。

采用液相色谱-串联质谱法检测，前处理用高氯酸溶液进行提取，涡旋振荡辅以超声萃取，以 HLB 柱进行净化，氮气浓缩至约 0.2mL，用甲醇-乙酸溶液补至 1mL，过膜后供液相色谱-串联质谱分析。有的前处理方法更为简单，样品加入内标工作液之后涡旋混合均匀，以乙腈、水分别提取两次，上清液过膜后进行液相色谱-串联质谱分析。

六、阿维菌素类药物残留检测

阿维菌素类药物属于大环内酯类抗生素，但不具有抗菌性，有很强的杀虫作用。

（一）色谱法

阿维菌素类药物极性较弱，水溶性低，而且在正相溶剂（如饱和烃类）中的溶解性也较差，易溶于极性溶剂（如甲醇、丙酮），分子量大，难以气化，又无合适的衍生化方法，这些性质决定了阿维菌素类物质不能采用气相色谱及气相色谱-质谱法进行分析。

利用阿维菌素类药物的共轭二烯结构的强紫外吸收，可以采用液相色谱法（紫外检测器）对阿维菌素类药物进行分析。采用紫外检测器直接进行液相色谱分析往往检测灵敏度不够，不能满足分析要求。食品安全国家标准 GB 29696—2013 用液相色谱法对牛奶中阿维菌素类药物残留进行测定，采用的是荧光检测器，前处理采用乙腈为提取溶剂，C_{18} 柱净化，三氟乙酸酐和 *N*-甲基咪唑衍生化，高效液相色谱-荧光法进行测定，该方法的检出限为 1μg/kg。但是关于荧光衍生化的反应条件，不同的试验往往存在较大差异，因此该方法尚存争议。

（二）色谱-质谱法

液相色谱-串联质谱法也是常见的测定阿维菌素类药物残留的方法。对于牛奶基质，前处理采用乙腈-二氯甲烷提取，辅加以饱和氯化钠，氮气吹干后，加入乙腈溶解，正己烷脱脂。对于奶粉基质，以乙腈为提取溶剂，反复提取两次，正己烷脱脂，下层液过滤后，进行液相色谱-串联质谱分析，色谱柱采用 Intersil C_8 柱，质谱采用电喷雾电离源，负离子扫描方式。

（三）免疫分析法

采用间接竞争 Elisa 方法对阿维菌素类药物进行分析，可用于大批量样品的筛选。取 5g 样品，加 10mL 甲醇，均质，涡旋、超声振荡，−20℃冷冻 1h 左右，离心，取上清液，与等体积的磷酸盐缓冲液混合后，直接进行测定。

七、氨基糖苷类药物残留检测

氨基糖苷类药物是临床应用最多的一类抗菌药物，主要是通过注射、饮水等方式进入动物体内。例如，在治疗动物乳腺炎、子宫炎、心内膜炎、创伤感染、细菌性腹泻、呼吸道感染等疾病时，经常给动物肌内注射青霉素类抗生素。治疗奶牛或奶山羊乳腺炎时，常常把青霉素类抗生素直接注入乳房内。如果在休药期结束前将动物产奶供人饮用，则会在奶中残留超量的青霉素类抗生素。另外，在兽医临床用药时还常常将不同的抗生素联合起来使用（如青霉素与链霉素联合使用），更容易造成抗生素类药物在动物体内残留，导致动物性食品污染。链霉素最易引起变态反应，具有潜在的致畸作用。庆大霉素和卡那霉素主要损害前庭和耳蜗神经，导致眩晕和听力减退，同时是诱发药源性肾衰竭的常见因素，尤其是儿童和老年人更易引起。我国对牛奶中部分氨基糖苷类抗生素的最高残留限量见表 7-2。

表 7-2　牛奶中部分氨基糖苷类抗生素的最高残留限量

抗生素	最高残留限量/（mg/kg）
双氢链霉素	不得检出
新霉素	0.15
链霉素	不得检出

（一）气相色谱法

采用气相色谱法测定氨基糖苷类抗生素需要对其进行衍生化。衍生化试剂可以选择三甲基硅咪唑+七氟丁酰咪唑，或者是采用三氟乙酸和离子交换柱净化之后，以七氟丁酰咪唑衍生化，再以三甲基硅烷化。气相色谱选用的检测器为电子捕获检测器。

（二）反相液相色谱法

氨基糖苷类抗生素的结构中均含有多个氨基和羟基，碱性较强，极性高，分子量大，具有良好的水溶性。该类物质缺少发色基团，液相色谱测定灵敏度低，较强的亲水性使其不易在反相色谱柱上保留，影响了分离效果。通过在流动相中添加乙酸缓冲液，使分配性能得到改善。部分方法在前处理中将其衍生化，已添加发色基因，同时增强其在色谱柱上的保留能力，常用的衍生化试剂有邻苯二醛、1-氟-2, 4-二硝基苯。

（三）离子对色谱法

碱性强、水溶性好的性质决定了离子对色谱法非常适合氨基糖苷类抗生素的分析。采用磷酸缓冲液和10%三氯乙酸溶液进行提取，正己烷脱脂后加入离子对试剂（如正己烷磺酸钠、含氟羧酸类），C_{18} 固相萃取柱净化，以邻苯二醛作为柱前衍生试剂，或以硼酸钠缓冲液为柱后衍生试剂，进行高效液相色谱检测，检测器可以选择荧光检测器或紫外检测器。

（四）质谱法

虽然理论上来讲，大部分化合物都可以用质谱来检测，但是截至目前，采用质谱法检测氨基糖苷类物质的报道很少，一般仅作为确证方法。在电喷雾离子化条件下，流动相的离子强度应尽可能小，即有机相的比例应尽可能大，但是这对离子对色谱分析氨基糖苷类抗生素明显是不利的，并且非挥发性离子对试剂的添加量应严格控制，否则将会对质谱造成不可逆的严重影响。

八、大环内酯类药物残留检测

大环内酯类药物多属于碱性和脂溶性药物，在体内分布容积较高，一般很少引起严重的不良反应，但易发生蓄积和慢性中毒，如红霉素、泰乐菌素等易造成肝损害和听觉障碍。

（一）色谱法

大环内酯类抗生素的分子量一般都较大，难以气化，不适宜采用气相色谱法进行分析。含有共轭双键或 α, β-不饱和酮的大环内酯类药物均可采用液相色谱法（紫外检测器）进行分析。牛奶样品中加入乙腈，涡旋混合提取，超声，离心后取上清液，以 C_{18} 固相萃取柱进行净化。采用液相色谱进行分析时，色谱柱可选用 XBridge C_{18} 柱（或相当者），检测器选择紫外检测器。比较特殊的是红霉素和竹桃霉素，仅在低于 210nm 处有较强的紫外吸收，该区域许多物质均有紫外吸收，存在较严重的干扰，因此这两种大环内酯类物质不适宜采用液相色谱-紫外检测法进行分析。

（二）色谱-质谱法

液相色谱-串联质谱法是大环内酯类物质确证分析的理想方法。前处理时，牛奶或奶粉样品先以乙腈为溶剂进行提取，提取液旋蒸至剩余 4mL 左右，加入 2mL 磷酸盐缓冲液，再以 HLB 固相萃取柱进行净化。洗脱液经氮气吹干，以甲酸铵复溶后，进行液相色谱-串联质谱分析。

九、聚醚类抗生素药物残留检测

聚醚类抗生素是目前使用最广泛的抗球虫药，由于球虫易对药物产生耐药性，因此畜牧生产中对抗球虫药物的使用有加大剂量的倾向。大部分聚醚类抗生素在毒理学上属于高毒或剧毒，因此检测该类物质的残留具有重要的意义。

（一）直接检测法

1. 免疫测定法

聚醚类抗生素在免疫学角度属于小分子物质，需要与载体连接方能在动物体内有利于抗体合成。合成方法分为两类，一种是将聚醚类抗生素钠盐转化为游离羧酸的形式，另一种方法则在聚醚类抗生素末端羟基部位建立间隔臂和活性基团，合成半抗原。测试采用辣根过氧化酶标记的间接或直接竞争的酶联免疫方法。

2. 色谱-质谱法

对于气相色谱-质谱法来讲，聚醚类抗生素分子量较大，难以气化，加上热稳定性差，缺点在于测定灵敏度较低。

液相色谱-串联质谱法具有高灵敏度、高选择性的优点，采用电喷雾电离源，特别适合于聚醚类抗生素的检测。前处理时牛奶样品采用含有无机盐（如无水硫酸钠）的乙腈进行提取，正己烷脱脂，以 Oasis HLB 柱进行净化，供液相色谱-串联质谱分析，质谱采用电喷雾电离源，正离子扫描方式。

（二）衍生化色谱检测法

聚醚类抗生素具有较大的分子量，脂溶性强，官能团多而复杂（如羧基、羟基、酮基、缩醛及半缩醛基等），而且缺乏发色基团，因此除拉沙洛菌素（LAS，本身含有酚甲酸结构，可以采用紫外-可见光度法直接测定）外，其他聚醚类抗生素需要经过衍生化后，方能用光度法进行检测。

1. 紫外-可见衍生化法

在强酸和无水环境下，聚醚类抗生素与芳香醛（如香草醛、对二甲氨基苯甲醛、对甲氧基苯甲醛）发生 Komarowsky 反应，生成在可见光区有强吸收的有色物质，而后可以进行紫外-可见检测器检测。

2. 荧光衍生化法

9-蒽重氮甲烷、1-溴乙酰芘、丹酰肼均可作为聚醚类抗生素荧光衍生化试剂，衍生完成后经液相色谱分离，以荧光检测器进行检测分析。

十、氯霉素类药物残留检测

氯霉素类（酰胺醇类）是一种常用的广谱抗生素，在治疗肠道感染方面有特效。任何途径给予氯霉素均可引起再生障碍性贫血（粒细胞或全血细胞），并且其发生与使用剂量和频率无关，死亡率可达 50%，是第一个被禁止使用的药物。婴幼儿的代谢和排泄功能尚不完善，缺乏有效使氯霉素脱毒和降解的葡萄糖醛酸结合能力，从而导致氯霉素蓄积而干扰线粒体核糖体的功能，严重时可出现致命的“灰婴综合征”。最严重的是已有儿童服用氯霉素（2mg）和老年女性使用氯霉素眼膏（约 82mg）后死亡的报道。

（一）色谱法

氯霉素和甲砜霉素含有极性基团（如羟基、氨基、硫酰基、亚氨基等基团），挥发性均较差，在气相色谱分析测定前需要进行衍生化。常用的硅烷化衍生试剂有三甲基氯硅烷、六甲基二硅氧烷等。采用气相色谱法进行分析时，选择电子捕获检测器（ECD）比火焰离子化检测器（FID）能获得更高的灵敏度。

氯霉素及其衍生物均有很强的紫外吸收，可以直接采用液相色谱-紫外法进行检测。牛奶试样中残留的氯霉素，以乙酸乙酯提取，旋蒸至近干，以水复溶，加正己烷脱脂，下层液过 C_{18} 固相萃取柱进行净化，供液相色谱分析，色谱柱选择 C_{18} 柱，检测器为二极管阵列检测器，该方法的检出限为 10μg/kg。

（二）色谱-质谱法

液相色谱-串联质谱法是目前分析氯霉素类抗生素最常用的方法。前处理时，牛奶样品采用乙酸乙酯提取两次，加入适当浓度的无机盐（如氯化钠）-正己烷溶液进行脱脂，C_{18} 柱进行净化，氮吹后，供液相色谱-串联质谱进行分析，色谱柱选择 C_{18} 柱，离子源为电喷雾电离源，负离子扫描方式，该方法的检出限为 0.05μg/L。

十一、四环素类药物残留检测

很多畜牧饲料中含有四环素类药物。四环素类药物能够与骨骼中的钙结合，集中在婴幼儿的骨骼和牙齿中，引起牙齿荧光、变色和釉质发育障碍，严重时引起骨骼畸形、骨质生成抑制和婴幼儿骨骼生长抑制，造成暂时性的生长障碍。

（一）ROSA 法

ROSA 法基于胶体金免疫技术。试剂条胶体金结合垫上包被微生物受体抗体胶体金复合物，检测线为金霉素抗原，控制线包被微生物受体二抗。当样品中含有四环素类药物时，会与检测线包被抗原竞争结合金标复合物，金标复合物与检测线包被抗原结合形成红色线，未与检测线包被抗原结合的金标复合物移动到控制线与第二抗体结合形成红色线。检测线显色的强度与样品所含药物浓度成反比，检测线浅于控制线为阳性，深于或等于控制线为阴性，控制线不全或没有颜色为无效检测。该方法的检测限为：金霉素、土霉素 30μg/L，四环素 10μg/L。

（二）色谱法

采用液相色谱对四环素类药物进行分析时，应注意，四环素类物质易与金属离子形成螯合物，并在反相色谱柱的硅醇基上有吸附，常形成峰拖尾。为避免该种作用，常在流动相中加入酸（如磷酸、草酸、酒石酸、EDTA 等）。前处理时，牛奶或奶粉中的四环素类药物用 Na_2EDTA-Mcllvaine 缓冲液进行提取，冰浴超声，Oasis HLB 固相萃取柱和阳离子交换柱进行净化。色谱柱采用 Kromasil 100-5C_{18} 柱，流动相中添加草酸溶液，检测器采用紫外检测器。采用液相色谱-串联质谱法进行测定时，前处理方法与液相色谱法类似，色谱柱可选用 Intersil C_8-3 柱，流动相中加入甲酸，离子源为电喷雾电离源，采用正离子扫描方式。

十二、*β*-内酰胺类药物残留检测

β-内酰胺类药物的典型代表为青霉素类和头孢菌素类。青霉素类药物使用广泛，其代谢和降解产物具有很强的致敏作用，经常食用药物残留超标的乳与乳制品，轻的变态反应引起皮炎或皮肤瘙痒，严重的变态反应能导致过敏性休克，甚至危及生命。

（一）酶联免疫吸附法

牛奶中残留的青霉素用 PB 缓冲液提取，酶标板的微孔包被有偶联抗原，标样或样品中的青霉素与酶标记抗原竞争青霉素特异性抗体。通过洗涤除去没有与特异性抗体结合的酶标记抗原。加入底物液，结合到板上的酶标记物将底物转化为有色产物。加入终止液，在 450nm 处测定吸光度值，吸光度值与试样中青霉

素浓度成反比。该方法在牛奶中的最低检出限为2.0μg/L。

（二）色谱法

β-内酰胺类药物均含有羧酸基团，理论上可以采用阴离子交换色谱法进行测定。但是由于β-内酰胺类药物不稳定，在中性条件下即可发生分解，而采用阴离子交换色谱法测定时，流动相的pH低于药物稳定pH，故分析效果不甚理想。

采用反相液相色谱分析牛奶中的β-内酰胺类药物时，样品以四丁基溴化铵-乙腈溶液提取，C_{18}固相萃取柱净化，氮气吹干后，加入磷酸二氢钠-磷酸氢二钠-硫代硫酸钠-硫酸氢化四丁基铵溶液溶解，再加入苯甲酸酐-乙腈溶液，在50℃下水浴5min，迅速冷却后，加衍生化试剂，65℃水浴衍生10min，快速冷却，供液相色谱分析。色谱柱选择C_{18}柱，检测器为紫外检测器。

另外，也有方法采用液相色谱-荧光检测器对牛奶中β-内酰胺类药物进行分析。牛奶试样先经三氯乙酸沉淀蛋白质，在酸性甲醛的作用下，目标物反应成为荧光衍生物，以此来进行青霉素的检测分析。该方法的灵敏度为1μg/L。

（三）色谱-质谱法

已有的采用液相色谱-串联质谱法检测牛奶和奶粉中的β-内酰胺类药物，主要头孢匹林、头孢氨苄、头孢洛宁、头孢喹肟等。牛奶或奶粉试样中的头孢类药物残留用磷酸盐-乙腈缓冲液提取，低温冷冻离心，正己烷脱脂，旋转蒸发至干，加磷酸二氢钠-氢氧化钠溶液溶解后，过Oasis HLB固相萃取柱净化。该方法的检出限为牛奶中4.0μg/kg，奶粉中32μg/kg。

十三、农药残留检测

（一）奶粉中农药残留的检测标准方法

食品安全国家标准《食品中农药最大残留限量》（GB 2763—2021）规定了八种农药残留限量，并指定了相关的检测方法：《动物性食品中有机氯农药和拟除虫菊酯农药多组分残留量的测定》（GB/T 5009.162—2008）、《食品中有机氯农药多组分残留量的测定》（GB/T 5009.19—2008）。

《动物性食品中有机氯农药和拟除虫菊酯农药多组分残留量的测定》（GB/T 5009.162—2008）中规定了除林丹外七种农药残留检测的两种方法，分别是气相色谱-质谱法和气相色谱-电子捕获检测器法。气相色谱-质谱法的基本原理是：样品经过丙酮和石油醚振荡提取后，浓缩，并利用凝胶渗透色谱进行净化，最后用气相色谱-质谱法测定。该方法中七种农药残留的检测低限分别为：硫丹（0.5μg/kg）、艾氏剂（0.5μg/kg）、狄氏剂（0.2μg/kg）、滴滴涕（0.2μg/kg）、六六六（0.2μg/kg）、氯丹（0.2μg/kg）、七氯（0.5μg/kg）。气相色谱-电子捕获检测器法的基本原理是：样品经过丙酮和石油醚振荡提取后，浓缩后过凝胶柱净化，后用气相色谱-电子捕获检测器法测定。该方法可检测的农药残留的检测低限分别为：艾氏剂（0.25μg/kg）、狄氏剂（0.5μg/kg）、滴滴涕（0.5μg/kg）、六六六（0.5μg/kg）、七氯（0.5μg/kg）。食品安全国家标准 GB/T 5009.19—2008 中规定了除林丹外七种农药残留检测的两种方法，分别是毛细管柱气相色谱-电子捕获检测器法和填充柱气相色谱-电子捕获检测器法。原理与 GB/T 5009.162—2008 类似，几种农药的检出限也基本与 GB/T 5009.162—2008 一致。这两个标准的检出限可以满足国家标准规定的限量要求。

另外，食品安全国家标准《牛奶和奶粉中 511 种农药及相关化学品残留量的测定 气相色谱-质谱法》（GB/T 23210—2008）和《牛奶和奶粉中 493 种农药及相关化学品残留量的测定 液相色谱-串联质谱法》（GB/T 23211—2008）适用于对奶粉中国家标准规定的八种农药残留的检测。国家标准 GB/T 23210—2008 的原理是：样品用乙腈进行振荡提取，提取液浓缩后经 C_{18} 固相萃取柱净化，乙腈洗脱后经气相色谱-质谱仪测定。几种农药的检出限分别为：硫丹（120μg/kg）、艾氏剂（40μg/kg）、狄氏剂（40μg/kg）、滴滴涕（20μg/kg）、六六六（20μg/kg）、林丹（40μg/kg）、氯丹（40μg/kg）、七氯（120μg/kg）。GB/T 23211—2008 的原理是：样品用乙腈进行振荡提取，提取液浓缩后经 C_{18} 固相萃取柱净化，乙腈洗脱后经液相色谱-串联质谱仪测定。这两个国家标准是涉及奶粉中近 500 种农药的多残留检测，所以检出限较高，不能完全满足国家标准规定的限量要求。

（二）国内外相关奶粉中农药残留的检测方法

由于乳制品中农药残留具有种类多、残留量低等特点，对检测方法的准确性和灵敏度有较高的要求。因此，目前国内外关于乳制品中农药残留检测标准和方法的研究都是基于色谱及色谱-质谱联用技术开发的，如上文提到的国家标准方法采用的是气相色谱-电子捕获检测器、气相色谱-质谱仪及液相色谱-串联质谱仪。由于这些检测标准和方法的仪器检测性能相近，没有绝对检测能力的差别，因此关于乳制品农药残留检测方法的研究更多集中于样品前处理过程中。液液萃取、固相萃取、固相微萃取、基质分散固相萃取、凝胶渗透色谱、QuEChERS 方法等都有报道用于乳制品中农药残留检测的前处理过程中。

液液萃取技术是一种传统的样品前处理技术，利用被分析组分与样品中的干扰杂质化合物在两种互不相溶（或微溶）的溶剂中溶解度或分配系数的不同，使化合物从一种溶剂内转移到另外一种溶剂中。杨红等选择丙酮和乙腈混合溶液为提取剂，并加入少许磷酸，减少牛奶中白色絮状物并除去牛奶中的部分脂肪等干扰物质。再经液液萃取，除去水溶性杂质，提取待检农药多残留成分，从而提高回收率。液液萃取具有处理量大、分离效果好、回收率高等特点，得到广泛的应用。但同时液液萃取操作烦琐，也需要使用大量的有机溶剂，对分析人员的身体健康有一定的危害。

固相萃取技术由柱液相色谱技术和液固萃取相结合发展而来，利用选择性吸附与选择性洗脱的原理，使样品混合物通过柱子后，干扰物流出柱子，所测目标物保留在柱中，通过再选择合适的溶剂把保留在柱中的目标物洗脱下来，从而达到分离、净化的目的。也可选择性吸附干扰杂质，而让被测物质流出或同时吸附杂质和被测物质，再使用合适的溶剂选择性洗脱被测物质。Bordet 等选择低温提取样品，采用 C_{18} 及 Florisil 两柱串联净化，同时测定牛奶中的 21 种有机氯、6 种拟除虫菊酯及 7 种多氯联苯类农药残留；林竹光等利用超声辅助提取，Florisil 硅藻土和中性氧化铝双净化剂同时净化，利用正己烷-乙酸乙酯（1∶1，V/V）混合洗脱剂洗脱，采用气相色谱-负离子化学源质谱法分析牛奶饮品和奶粉中的 19 种有机磷农药残留。固相萃取具有不易乳化、需要有机溶剂少、净化效果好、分离效率高、快速、使用方便、重复性好、节省经费、安全等优点，因而在农药多残留的分离、提取、净化和浓缩方面得到了广泛应用，但固相萃取易将共存干扰物萃取出来，且富集倍数有限。

固相微萃取是在固相萃取技术基础上发展起来的新型分离技术。和其他传统技术相比，固相微萃取技术的显著优点是将萃取、浓缩两个步骤合并到一个步骤中完成。该技术操作简单、所需时间短、无需溶剂、用样量少、选择性强、对目标化合物有较好的选择性，并且有较高的灵敏度，可以应用于微量、痕量分析。González-Rodríguez 等利用固相微萃取-GC-多级质谱（MS/MS）分析了牛奶中多种有机氯和有机磷农药残留。在样品前处理方法上，采用了固相微萃取技术，不但缩短了分析时间，而且减少了有机溶剂使用量，降低了化学分析对环境带来的污染。

基质分散固相萃取是美国 Barker 教授在 1989 年首次提出并给予理论解释的一种萃取技术。其特点是将样品的组织匀浆、沉淀、离心、pH 调节、萃取、净化和转移等所有前处理步骤合并在一起，既缩短了样品前处理时间，又保证了萃取和净化效率。该技术简单高效，在生物、环境、食品样品的前处理中应用广泛，同时适用于各种分子结构和极性农药残留的提取净化。陈美瑜等利用改进的基质固相分散法与 GC-MS/MS 分析方法结合应用于牛奶中 13 种有机磷农药残留的同时分析，优化各样品前处理参数并对样品与分散剂中性氧化铝研磨后，采用乙腈超声提取，取得较好的分析效果。基质分散固相萃取技术提取净化效率高、耗时短、节省溶剂、样品用量少，因此更适用于如今的自动化分析，是目前农残、兽药残留比较有前途的前处理方法。

凝胶渗透色谱的固定相为凝胶颗粒，随流动相的移动，分子量大的分子沿凝胶颗粒间的间隙移动，在色谱柱中保留时间较短，分子量小的分子扩散到凝胶颗粒内部，在色谱柱中保留时间较长，从而达到净化和富集组分的目的。该技术对于去除色素、脂肪、蛋白质等大分子物质非常有效。曾凡刚利用凝胶渗透色谱进行净化，测定了牛奶中 10 种有机氯农药残留，结果完全可以满足多残留农残检测的要求。该技术简便省时，自动化程度高。

QuEChERS 方法是近几年发展起来的一种简单、快速、经济、高效、安全的样品前处理方法，被广泛应用于农产品的快速检测。其原理是利用吸附剂填料与基质中的杂质和干扰物质相互作用，吸附杂质和干扰物质从而达到除杂净化的目的。高馥蝶等采用 QuEChERS 方法进行样品前处理。牛奶样品经含 1%甲酸的乙腈溶液提取，同时加入无水硫酸钠和氯化钾盐析，提取液经 C_{18} 填料净化后直接测定。利用超高效液相色谱-四极杆-飞行时间质谱技术建立了牛奶中 13 种农药和 29 种兽药残留的快速检测方法。该方法具有高的回收率，准确的测定结果，这可以减少试剂的成本。该方法广泛的应用范围及操作的简易性使其成为残留物分析的首选方法之一。

十四、其他药物残留检测

（一）多肽类抗生素残留检测

多肽类抗生素均由氨基酸缩合、环化而成，没有游离的 N 末端和 C 末端，稳定性较差，分离较为困难，但细菌对其难以产生耐药性。

气相色谱-质谱法测定牛奶和奶粉中啶酰菌胺残留量，前处理采用乙腈提取，经盐析（所用试剂如无水硫酸钠）、离心、浓缩后，用凝胶渗透色谱（内部填料可为 Bio Beads S-X3）净化。色谱柱采用 HP-5MS，质谱电离源为电子轰击源（EI）。该方法的检出限为牛奶中 0.010mg/kg，奶粉中 0.080mg/kg。

液相色谱-串联质谱法测定牛奶和奶粉中杆菌肽残留量，前处理较气相色谱-质谱法更为简单。试样以乙腈-甲醇混合溶液为提取液，无须过柱，直接过膜后即可进行液相色谱-串联质谱分析。该方法的检出限为牛奶中 50.0μg/kg，奶粉中 250μg/kg。

（二）硝基咪唑类药物残留检测

通常采用液相色谱-串联质谱法测定牛奶和奶粉中甲硝唑、洛硝哒唑、二甲硝唑及其代谢物残留量。该方法采用乙腈-乙酸乙酯混合溶液提取目标分析物，阳离子固相萃取柱进行净化。检出限为牛奶中甲硝唑、洛硝哒唑、二甲硝唑为 0.5μg/kg，羟基甲硝唑为 1μg/kg，1-甲基-2-羟甲基-5-硝基咪唑为 2.5μg/kg；奶粉中甲硝唑、洛硝哒唑、二甲硝唑为 2.5μg/kg，羟基甲硝唑为 5μg/kg，1-甲基-2-羟甲基-5-硝基咪唑为 12.5μg/kg。

（三）镇静剂类药物残留检测

常用液相色谱-串联质谱法测定牛奶和奶粉中镇静剂类（乙酰丙嗪、氯丙嗪、氟哌啶醇、丙酰二甲氨基丙吩噻嗪、甲苯噻嗪、阿扎哌隆、阿扎哌醇、*β*-阻断剂咔唑心安）兽药残留量。前处理用碱性特丁基甲醚提取，弃去有机相后，水相再调为碱性后以特丁基甲醚反萃取。该方法的检出限为：牛奶中乙酰丙嗪、氯丙嗪、丙酰二甲氨基丙吩噻嗪、咔唑心安均为 0.5μg/L，甲苯噻嗪为 0.25μg/L，阿扎哌隆为 0.2μg/L，阿扎哌醇为 0.15μg/L，氟哌啶醇为 0.1μg/L；奶粉中乙酰丙嗪、氯丙嗪、丙酰二甲氨基丙吩噻嗪、咔唑心安均为 4.0g/L，甲苯噻嗪为 2.0μg/L，阿扎哌隆为 1.6μg/L，阿扎哌醇为 1.2μg/L，氟哌啶醇为 0.8μg/L。

（四）甲脒类 *α*-肾上腺素能受体激动剂残留检测

气相色谱法是测定牛奶中双甲脒残留标志物 2, 4-二甲基苯胺残留量的主要方法。试样中残留的双甲脒，用氢氧化钠水溶液提取，水解，萃取，七氟丁酸酐衍生，检测器为电子捕获检测器（ECD）。该标准方法的检出限为 2μg/kg。

（五）咪唑并唑类药物残留检测

采用高效液相色谱法测定牛奶中左旋咪唑残留量。前处理采用碳酸盐-乙酸乙酯混合溶液进行提取，C_{18} 柱净化。该标准方法的检出限为 2.5μg/kg。

也可用液相色谱-串联质谱法测定液态奶（包括原料奶、纯牛奶和脱脂牛奶）和奶粉（包括纯奶粉、脱脂奶粉和婴幼儿配方奶粉）中左旋咪唑残留量。前处理采用在碱性环境下以乙酸乙酯进行提取，盐酸酸化后，以强阳离子交换柱进行萃取净化，该方法的检出限为牛奶中 0.4μg/kg，奶粉中 3.2μg/kg。

（六）非甾体类抗炎镇痛药物残留检测

采用液相色谱-串联质谱法测定牛奶和奶粉中安乃近代谢物（4-甲酰氨基安替比林、4-乙酰氨基安替比林、4-甲基氨基安替比林、4-氨基安替比林）。前处理以 Tris-乙腈混合溶液进行提取，正己烷净化。该标准方法的检出限为牛奶中 5.0μg/kg、奶粉中 40.0μg/kg。而测定牛奶和奶粉中保泰松残留量时，前处理采用先在碱性条件下，乙醇、乙醚和石油醚脱脂，再在酸性条件下，以四氢呋喃-正己烷提取。该标准方法的检出限为牛奶中 5.0μg/kg，奶粉中 40.0μg/kg。

（七）吡啶类药物残留检测

气相色谱-质谱法适用于测定牛奶中氯羟吡啶残留量。前处理采用乙腈提取，碱性氧化铝柱净化，*N*,*O*-双三甲基硅基三氟乙酰胺与三甲基氯硅烷衍生后，进行气相色谱-质谱检测。该标准方法的检出限为 2μg/kg。

（八）苯并噻唑类药物残留检测

苯并噻唑类药物能干扰细胞的有丝分裂，具有明显的致畸作用及潜在的致癌和致突变效应，常用液相色谱-串联质谱法测定牛奶和奶粉中苯并噻唑类药物（如噻苯达唑、阿苯达唑、芬苯达唑、奥芬达唑、苯硫氨酯等）残留量。前处理时，样品以乙腈为溶剂进行提取，C_{18} 固相萃取柱进行净化。该方法的检出限为牛奶中 0.01mg/kg，奶粉中 0.08mg/kg。

（九）氮氨菲啶残留检测

液相色谱-串联质谱法是测定牛奶和奶粉中氨氮菲啶残留量的常见方法。试样中的氨氮菲啶用乙腈-甲醇-甲酸铵混合溶液提取，提取液经浓缩、脱脂后进行液相色谱-串联质谱法测定。该标准方法的检出限为牛奶中 0.010mg/kg，奶粉中 0.080mg/kg。

乳品的食用质量安全既包括乳品中本身含有的有毒、有害的重金属和农兽药残留，也包括原料奶的生产和乳品的加工过程中可对乳品质量产生影响的因素。而动物饲料是奶牛养殖和原料奶生产的基础。当前，饲料检测标准和方法的落后是影响牛奶质量的一个因素。此外，由于乳品是直接与包装物接触，包装材料的好坏也是影响乳品质量安全的潜在风险因素。作为检验检疫工作者，有义务修订、制定更为简便、快速、准确度高、覆盖范围广的原料奶、乳及乳制品、包装材料的检验方法。

第三节　三聚氰胺的检测

一、概论

三聚氰胺（melamine）（化学式：$C_3H_6N_6$），俗称密胺、蛋白精，IUPAC 命名为“1, 3, 5-三嗪-2, 4, 6-三胺”，是一种三嗪类含氮杂环有机化合物，被用作化工原料。三聚氰胺最早是被德国化学家利比希（Justusvon Liebig）于 1834 年合成。白色单斜晶体，几乎无味，微溶于水（常温下 3.1g/L），可溶于甲醇、甲酸、乙酸、热乙二醇、甘油、吡啶等。三聚氰胺是制造三聚氰胺-甲酸树脂（密胺塑料）的原料，还可以与乙醚配合作纸张处理剂，在一些涂料中作交联剂，以及阻燃化学处理剂等。三聚氰胺还是杀虫剂环丙氨嗪在动物和植物体内的代谢产物。环丙氨嗪是一种昆虫生长调节剂，对双翅目昆虫幼虫体有杀灭作用，尤其对在粪便中繁殖的几种常见的苍蝇幼虫（蛆）有很好的抑制和杀灭作用，长期摄入亦可引起慢性毒性。

三聚氰胺不允许作为食品添加剂使用，在国内外动物饲料和人类食品中出现污染均源于某些环节人为非法添加，目前食品工业中常用《食品安全国家标准 食品中蛋白质的测定》（GB 5009.5—2016）中的“凯氏定氮法”，通过测定氮原子的含量来间接推算食品中蛋白质的含量，由于三聚氰胺（含氮量 66%）与蛋白质（平均含氮量 16%）相比含有更高比例的氮原子，被很多不法分子利用添加到牛奶、蛋白粉、动物饲料等各类食品中，以造成食品蛋白质含量较高的假象。正是由于凯氏定氮法的缺陷：既能检测到蛋白质中的含氮量，又能检测到所有的有机含氮化合物中的含氮量，导致了 2008 年“三鹿奶粉污染事件”、2004 年亚洲和 2007 年北美的宠物食品污染事件。2004 年在亚洲一些国家发生了宠物狗因食用了一些“特别的宠物饲料”而发生急性肾衰竭死亡的事件，后来经调查发现饲料中被非法添加了三聚氰胺是引起宠物狗死亡的原因之一。2007 年之初，美国 FDA 召回超过 100 种被三聚氰胺和三聚氰酸污染的宠物饲料产品，这些污染饲料可以导致宠物狗和宠物猫泌尿系结晶的形成，进而导致大量猫狗死于急性肾衰竭。2008 年 9 月 11 日，新华社报道了因服用了被三聚氰胺污染的河北省石家庄市三鹿集团生产的“三鹿牌婴幼儿配方奶粉”而导致的婴幼儿泌尿系结石的暴发式流行。国家质检总局在被抽检的污染批次的“三鹿牌婴幼儿配方奶粉”中检测发现，三聚氰胺添加量最高达到 2563mg/kg，在其他被抽检的品牌奶制品中三聚氰胺的含量从 0.090mg/kg 到 619mg/kg 不等，根据我国官方公布的数字，此次事件造成了严重的后果，截至 2008 年 9 月 21 日，因使用婴幼儿奶粉而接受门诊治疗咨询且已康复的婴幼儿累计 39965 人，正在住院的有 12892 人，此前已治愈出院 1579 人，死亡 4 人，另截止到 9 月 25 日，香港有 5 人、澳门有 1 人确诊患病。事件引起各国的高度关注和对乳制品安全的担忧。

二、对人体健康的影响

三聚氰胺进入人体后，由于具有三嗪环结构，所以能抵抗人和动物体内的代谢，在机体内的代谢属于不活泼代谢或惰性代谢，即在机体内不会迅速发生任何类型的代谢变化，因此，三聚氰胺绝大部分以同系物或原体形式由肾脏排出，而非代谢产物形式排出。三聚氰胺在摄入后 10～15 天内会排泄掉，半衰期为 3～4h，低剂量的三聚氰胺对人体基本构不成威胁。可以通过大量喝水的方式排出体内大量三聚氰胺。三聚氰胺虽然是低毒物质，但是在酸性或者碱性条件下逐步水解为三聚氰酸。经相关研究证实，三聚氰胺和它的水解终产物三聚氰酸在分子间氢键的作用下可形成不溶于水的尿氰酸三聚氰胺晶体，在体内积聚而形成严重的肾、泌尿系统结石，而处于哺乳期的婴幼儿由于喝水少、肾脏又较成年人狭小，更易形成肾结石。根据 WHO 数据显示，从 2008 年 9 月 20 日至 2008 年 10 月 20 日期间，有超过 5400 名婴幼儿及幼童泌尿系统出现问题。

三、三聚氰胺的限量要求

三聚氰胺不是食品原料，也不是食品添加剂，禁止人为添加到食品中。对在食品中人为添加三聚氰胺的，依法追究法律责任。三聚氰胺作为化工原料，可用于塑料、涂料、黏合剂、食品包装材料的生产。资料表明，三聚氰胺可能从环境、食品包装材料等途径进入到食品中，其含量很低。为确保人体健康，确保乳与乳制品质量安全，我国发布了《关于乳与乳制品中三聚氰胺临时管理限量值规定的公告》（2008 年第 25 号），公告规定：婴幼儿乳粉中三聚氰胺的含量不高于 1mg/kg，即限量值为 1mg/kg。奶粉、液态奶、其他配方乳粉中三聚氰胺的限量值为 2.5mg/kg。含乳 15%以上的食品中三聚氰胺的检测限为 2.5mg/kg。2011 年 4 月 20 日，根据《食品安全法》及其实施条例规定，在总结《关于乳与乳制品中三聚氰胺临时管理限量值规定的公告》（2008 年第 25 号）实施情况基础上，考虑到 CAC 已提出食品中三聚氰胺限量标准，特制定我国三聚氰胺在食品中的限量值：婴儿配方食品中三聚氰胺的限量值为 1mg/kg，其他食品中三聚氰胺的限量值为 2.5mg/kg，高于上述限量的食品一律不得销售，同时废止《关于乳与乳制品中三聚氰胺临时管理限量值规定的公告》（2008 年第 25 号）。表 7-3 总结了主要国家对乳制品中三聚氰胺的限量规定。

表 7-3　各国三聚氰胺限量标准

国家/地区	品名	限量	信息来源
欧盟	含乳食品、高蛋白食品	2.5ppm	英国食品标准局（WHO 已公布）
美国	乳及乳制品、含乳食品	0.25ppm	美国食品药品管理局（WHO 已公布）
澳大利亚	婴儿配方奶粉	1.0ppm	澳大利亚、新西兰食品标准局（WHO 已公布）
	乳制品及含乳成分的食品	2.5ppm	
新西兰	作为食品成分的原料	5ppm	
加拿大	婴儿配方奶粉和唯一营养来源食品	1.0ppm	加拿大卫生部（WHO 已公布）
	乳制品及含乳成分的食品	2.5ppm	
日本	乳制品及含乳成分的食品	不得检出（0.5ppm，LC-MS/MS）	日本厚生劳动省
韩国	乳制品及含乳成分的食品	不得检出（1ppm，LC-GC/MS）	韩国食品药品安全厅
泰国	奶粉、婴幼儿乳制品	1ppm	泰国卫生部
	含乳食品	2.5ppm	

续表

国家/地区	品名	限量	信息来源
马来西亚	婴幼儿食品	1ppm	马来西亚卫生部（WHO 已公布）
	其他食品	2.5ppm	
俄罗斯	食品	1ppm	俄驻华使馆 3209 号函

四、三聚氰胺的检测方法

三聚氰胺快速检测技术有：酶联免疫吸附法（ELISA）、胶体金免疫层析技术、电化学法等。这些检测方法快速、灵敏、操作简便、无需贵重仪器设备，缺点是容易存在假阳性，只能作为企业及基层单位的初筛方法。采用色谱、色谱-质谱联用技术以其精确的定性、定量功能可以避免假阳性的出现，提高测定的准确性。下面分别对几种检测方法标准进行介绍。

（一）高效液相色谱法（HPLC）

原理：试样用乙腈或三氯乙酸溶液-乙腈提取，经强阳离子交换固相萃取柱净化后，用高效液相色谱测定，外标法定量。

前处理过程：称取 2g（精确至 0.01g）试样于 50mL 具塞塑料离心管中，加入 15mL 三氯乙酸溶液和 5mL 乙腈，超声提取 10min，再振荡提取 10min 后，以不低于 4000r/min 离心 10min。上清液经三氯乙酸溶液润湿的滤纸过滤后，用三氯乙酸溶液定容至 25mL，移取 5mL 滤液，加入 5mL 水混匀后做待净化液。

将待净化液转移至固相萃取柱中。依次用 3mL 水和 3mL 甲醇洗涤，抽至近干后，用 6mL 5%氨化甲醇溶液洗脱。整个固相萃取过程流速不超过 1mL/min。洗脱液于 50℃下用氮气吹干，残留物（相当于 0.4g 样品）用 1mL 流动相定容，涡旋混合 1min，过微孔滤膜后，供 HPLC 测定。

（二）液相色谱-串联质谱法（LC-MS/MS）

原理：试样用三氯乙酸溶液提取，经阳离子交换固相萃取柱净化后，用 LC-MS/MS 测定和确证，外标法定量。该方法的定量限为 0.01mg/kg。

样品预处理：称取 1g（精确至 0.01g）试样于 50mL 具塞塑料离心管中，加入 8mL 三氯乙酸溶液和 2mL 乙腈，超声提取 10min，再振荡提取 10min 后，以不低于 4000r/min 离心 10min。上清液经三氯乙酸溶液润湿的滤纸过滤后，做待净化液。

将待净化液转移至固相萃取柱中。依次用 3mL 水和 3mL 甲醇洗涤，抽至近干后，用 6mL 氨化甲醇溶液（5%）洗脱。整个固相萃取过程流速不超过

1mL/min。洗脱液于 50℃下用氮气吹干，残留物（相当于 1g 试样）用 1mL 流动相定容，涡旋混合 1min，过微孔滤膜后，供 LC-MS/MS 测定。样品采用 LC-MS/MS 检测，采用多反应监测（MRM）模式，母离子 *m/z* 127，定量子离子 *m/z* 85，定性子离子 *m/z* 68。

（三）气相色谱-质谱联用法（GC-MS）

原理：试样经超声提取、固相萃取净化后，进行硅烷化衍生，衍生产物采用选择离子监测（SIM）或多反应监测（MRM）质谱扫描模式，用化合物的保留时间和质谱碎片的丰度比定性，外标法定量。该方法的定量限为 0.05mg/kg。

样品预处理：称取 5g（精确至 0.01g）样品于 50mL 具塞比色管，加入 25mL 三氯乙酸溶液（1%），涡旋振荡 30s，再加入 15mL 三氯乙酸溶液，超声提取 15min，加入 2mL 乙酸铅溶液（22g/L），用三氯乙酸溶液（1%）定容至刻度。充分混匀后，转移上层提取液 30～50mL 至离心试管，以不低于 4000r/min 离心 10min。上清液待净化。

净化：准确移取 5mL 的待净化滤液至固相萃取柱中。再用 3mL 水、3mL 甲醇淋洗，弃淋洗液，抽近干后用 3mL 氨化甲醇溶液（5%）洗脱，收集洗脱液，50℃下氮气吹干。

衍生化：取上述氮气吹干残留物，加入 600μL 的吡啶和 200μL 衍生化试剂[*N*, *O*-双三甲基硅基三氟乙酰胺（BSTFA）+三甲基氯硅烷（TMCS）（体积比：99+1）]，混匀，70℃下反应 30min 后，供 GC-MS 法定量检测或确证。

采用电子轰击（EI）电离方式，选择离子监测质谱扫描模式，定性离子 *m/z* 99、171、327、342，定量离子 *m/z* 327。

（四）气相色谱-串联质谱法（GC-MS/MS）

原理：试样经超声提取、固相萃取净化后，进行硅烷化衍生，衍生产物采用选择离子监测（SIM）或多反应监测（MRM）质谱扫描模式，用化合物的保留时间和质谱碎片的丰度比定性，外标法定量。该方法的定量限为 0.005mg/kg。

样品预处理：称取 0.5g（精确至 0.01g）试样，加入 5mL 甲醇水溶液（1∶1），涡旋混匀 2min 后，超声提取 15～20min，以不低于 4000 r/min 离心 10min，取上清液 200μL 用微孔滤膜过滤，50℃下氮气吹干。

衍生化：取上述氮气吹干残留物，加入 600μL 的吡啶和 200μL 衍生化试剂[BSTFA+TMCS（99+1）]，混匀，70℃下反应 30min 后，供 GC-MS/MS 法定量检测或确证。

采用电子轰击电离方式，多反应监测质谱扫描模式，母离子 *m/z* 342，定量离子 *m/z* 327，定性离子 *m/z* 327 和 171。

（五）同位素稀释液相色谱-串联质谱法（LC-MS/MS）测定三聚氰胺和三聚氰酸

原理：试样中三聚氰胺和三聚氰酸残留采用乙腈和水提取，盐酸调节 pH 至 2.0～3.0 后，乙腈饱和正己烷脱脂，提取液经离子交换和硅胶复合固相萃取柱净化，LC-MS/MS 检测和确证，采用内标法定量。

样品的预处理过程如下。

1. 提取

称取均质试样 1g（精确到 0.01g）置于 50mL 塑料离心管中，分别加入 100μL 三聚氰胺同位素内标溶液（1μg/mL）和 200μL 三聚氰酸同位素内标溶液（1μg/mL），用 3mL 去离子水溶解，加入 47mL 乙腈，涡旋混合 30s，再加入一定量的 1mol/L 盐酸溶液调节 pH 至 2.0～3.0，涡旋混合 2min，超声 15min，4℃下 8000r/min 离心 5min，上清液过滤纸[滤纸先用乙腈+水（5+5）润湿]后取 2mL 于 15mL 玻璃试管中，加入 0.8mL 去离子水，用乙腈+水（5+5）稀释至 5mL 左右，待净化。

2. 净化

MCT 固相萃取柱依次用 3mL 甲醇，3mL 乙腈+水（5+5）过柱活化，保持柱体湿润。将待净化液转入 MCT 柱中，流速不能超过 1 滴/s，用 2mL 乙腈+水（5+5）润洗 15mL 玻璃试管并过柱，在低真空条件下抽干小柱，依次用 2mL 甲醇、4mL 5%氨水甲醇溶液洗脱柱上待分析组分，收集洗脱液，在不低于 40℃条件下氮吹至干，加入 1.0mL 流动相振荡溶解残渣，过有机滤膜后，使用液相色谱-质谱仪进行检测。

电喷雾正离子方式扫描，采用多反应监测模式，三聚氰胺和三聚氰酸的定性、定量离子对见表 7-4。

表 7-4　定性、定量离子对

化合物	母离子	子离子
三聚氰胺	127.1	85.5*
		68.4
$^{15}N_3$-三聚氰胺内标	130.1	87.4
三聚氰酸	127.9	42.0*
		85.0
$^{13}C_3$-三聚氰酸内标	130.9	43.0

*为定量离子。

检测结果按照下式计算：

$$X_i = \frac{R_i \times c_i \times V}{R_s \times m} \times \frac{1000}{1000}$$

式中，X_i 为试样中三聚氰胺和三聚氰酸残留量，μg/kg；R_i 为样液中分析物与内标物面积的比值；c_i 为从标准曲线上得到的药物残留量的溶液浓度，ng/mL；V 为样液的最终定容体积，mL；R_s 为标准曲线中分析物与内标物峰面积的比值；m 为最终样液代表的试样质量，g。

（六）国内外其他检测方法

参考美国 FDA 方法 LC-MS/MS（LIB 4421 婴儿配方奶粉中三聚氰胺和三聚氰酸）。

液相色谱-串联三重四极杆质谱（LC/MS）测定残留三聚氰酸（CYA）和三聚氰胺（MEL）方法应用于婴儿配方奶粉。采用 2.5%甲酸水提取样品，然后经过过滤、离心和稀释。这两种化合物可以使用相同的色谱程序，采用 LC HILIC 柱。三聚氰酸采用电喷雾电离负离子方式、三聚氰胺采用正离子模式，采用选择反应监测（SRM）。选择基质加标做校准曲线，曲线范围为 0.25～5μg/g，三聚氰酸和三聚氰胺基质加标的回收率（N=38）分别为 70%～114%（相对标准偏差 RSD 4.5%～22.7%）和 72%～110%（RSDs 5.7%～24.9%）。三聚氰胺和三聚氰酸的定量限为 0.25μg/g。

第四节　多环芳烃和多氯联苯的检测

一、概论

多环芳烃（PAHs）是指含有 2 个或 2 个以上苯环的碳氢化合物的统称。煤、石油、天然气、有机高分子化合物和许多碳氢化合物等在不完全燃烧后都能生成 PAHs。例如，取暖、化石燃料燃烧、公路交通、餐饮业，甚至是吸烟等人类活动都是 PAHs 的污染源。多环芳烃类物质数量多，广泛存在于人类生活的自然环境（如大气、水体、土壤、作物）和食品中，对人类危害极大，是重要的环境和食品污染物。迄今已发现有 200 多种 PAHs，其中有相当部分 PAHs 已被鉴定出具有致癌性，这使得近年来对于 PAHs 的检测研究成为一个新的热点。美国环境保护署将 16 种 PAHs 列为优先控制污染物并作为环境监测必检项目，包括萘、苊烯、苊、芴、菲、蒽、荧蒽、芘、苯并(*a*)蒽、䓛、苯并(*b*)荧蒽、苯并(*k*)

荧蒽、苯并(*a*)芘、茚并(1,2,3-*cd*)芘、二苯并(*a,h*)蒽、苯并萘嵌苯。我国政府也已经列出 7 种多环芳烃于“中国环境优先污染物黑名单”。PAHs 在环境中大多数是以吸附态和乳化态形式存在，大气中的 PAHs 以气、固两种形式存在，其中分子量小的 2～3 环 PAHs 主要以气态形式存在，4 环 PAHs 在气态、颗粒态中的分配基本相同，5～7 环的大分子量 PAHs 则绝大部分以颗粒态形式存在。水体中的 PAHs 可呈三种状态：吸附在悬浮性固体上；溶解于水；呈乳化状态。已知的地表水中的 PAHs 有 20 余种。地下水和海水中也检测到了 PAHs。另外食品中也含有一定的 PAHs，其主要来源为，在食品的加工过程中，特别在烟熏、火烤或烘焦过程中，所用油脂浸出溶剂提取的油脂中易含有一定量的 PAHs；在沥青路上晾晒粮食易被沥青污染。大气、水和土壤等环境中的 PAHs 可以使粮食、水果和蔬菜等食品受到污染。

多氯联苯（PCB）又称氯化联苯，是一类人工合成有机物，是联苯苯环上的氢原子被氯所取代而形成的一类氯化物。PCB 在工业上的广泛使用，已造成全球性环境污染问题。

PCB 对环境的污染是在 1960 年前后研究有机氯农药污染中出现的一组未知色谱峰而发现的，1966 年由瑞典的 S. 延森研究证实为 PCB。以后的研究表明，从 1944 年前后 PCB 就明显地污染生态系统，而且污染的严重程度远远超出预料。据估计存在于全世界海洋、土壤、大气中的 PCB 总量达到 25 万～30 万 t 以上，污染的范围很广，从北极的海豹、加拉帕戈斯的黄肌鲔，到南极的海鸟蛋，以及从日本、美国、瑞典等国人的乳汁中都能检出 PCB。

PCB 世界性污染主要来源于大量使用 PCB 的工厂，如用 PCB 作绝缘油的电机工厂，大量使用 PCB 作热载体和润滑油的化学工厂，造纸厂特别是再生纸厂。船舶的耐腐蚀涂料中含有 PCB，被海水溶出也是相当大的污染源。这些污染源的 PCB 以废油、渣浆、涂料剥皮等形式进入水系，沉积于水底，然后缓慢地向水中迁移，污染生态系统。

PCB 在大气中主要附着在颗粒物上，在水中则附着在悬浮颗粒物上。在强烈搅动或存在表面活性剂的情况下，PCB 也可部分地溶于水（有时达 10～20ppm）。污染海洋的石油能促使 PCB 分散于水中，并随海水的流动而迁移。大量 PCB 溶于海面漂浮的油膜，又能使海洋表层浮游生物受到严重的危害。

PCB 污染大气、水、土壤后，通过食物链的传递，富集于生物体内。例如，美国某地小麦、麦蒿中含 PCB 0.3ppm，牛乳中 PCB 含量高达 28ppm。

二、对人体健康的影响

多环芳烃在环境中的存在虽然是微量的，但其不断地生成、迁移、转化和降解，并通过呼吸道、皮肤、消化道进入人体，极大地威胁着人类的健康。多环芳烃对人体的主要危害部位是呼吸道和皮肤。人们长期处于多环芳烃污染的环境中，可引起急性或慢性伤害。常见症状有日光性皮炎、痤疮型皮炎、毛囊炎及疣状赘生物等。

（一）化学致癌作用

化学致癌是指化学物质引起正常细胞发生转化并发展成肿瘤的过程。化学致癌物可分为直接致癌物和间接致癌物，多环芳烃属于后者。多环芳烃是最早发现且为数最多的一类化学致癌物。目前已对 2000 多种化合物做了试验，发现有致癌作用的达 500 多种，其中 200 多种为多环芳烃及其衍生物。

（二）光致毒效应

由于多环芳烃的毒性很大，对中枢神经、血液作用很强，尤其是带烷基侧链的多环芳烃，对黏膜的刺激性及麻醉性极强，所以过去对多环芳烃的研究主要集中在生物体内的代谢活动性产物对生物体的毒作用及致癌活性上。但是越来越多的研究表明，多环芳烃的真正危险在于它们暴露于太阳光中紫外线辐射时的光致毒效应。科学家将多环芳烃的光致毒效应定义为紫外线的照射对多环芳烃毒性所具有的显著的影响。有试验表明，同时暴露于多环芳烃和紫外线照射下会加速自由基形成，破坏细胞膜，损伤 DNA，从而引起人体细胞遗传信息发生突变。在好氧条件下，光致毒作用将使多环芳烃光化学氧化形成内过氧化物，进行一系列反应后，形成醌，研究表明通过该氧化反应生成的醌是一种直接致突变物，它将引起人体基因的突变，同时也会引起人类红细胞溶血及大肠杆菌的死亡。

PCB 可经动物的皮肤、呼吸道和消化道而为机体所吸收。消化道的吸收率很高，低氯化物剂量每千克体重在 100mg 以内，高氯化物每千克体重在 5mg 以内时，经口摄入量的 90%可被迅速吸收。20 世纪 60 年代以来，因环境污染引起的家禽和人的 PCB 中毒，基本上都是由口侵入、经消化道吸收后发生的。PCB 被人或其他动物吸收以后，广泛分布于全身组织，以脂肪中含量最多。PCB 对哺乳动物的急性毒性试验表明，按每千克体重计算的半数致死量为：家兔 8～11g，小鼠 2g，大鼠 4～11.3g。严重中毒的动物可见腹泻、血泪、共济失调、进行性脱水、中枢神经系统抑制等病症，甚至死亡。动物长期小剂量接触药物可产生慢性毒作用，中毒症状表现为眼眶周围水肿、脱毛、痤疮样皮肤损害等。中毒动物的病理变化为肝细胞肿大，中央小叶区出现小脂肪滴和光面内质网明显增生。生化测定表明：PCB 对肝微粒体酶有明显的诱导作用，含氯量高的 PCB 这种作用更为显著。动物繁殖试验发现 PCB 能影响大鼠的生育力。PCB 对啮齿动物的致癌作用已在研究。

PCB 的毒性因动物种属、性别、投给方式、PCB 本身的化学结构，以及所含杂质不同而有很大差别。人类可能是最敏感的种属，摄入少量的 PCB 就能导致曾在日本发生过的“油症”。

在急性和亚急性中毒试验中，小鼠口服 KC-400 的 LD_{50}（半数致死剂量）每千克体重约为 2g，给药后 1～4 天死亡；腹腔一次注射 2,4,3′,4′-四氯联苯的 LD_{50} 为每千克体重 2.15g。死因为急性肝功能不全。大鼠口服 PCB 的 LD_{50} 为每千克体重 4g（AR-1221）到 11.3g（AR-1262）；一次静脉注射 AR-1254 时，雌性大鼠的 LD_{50} 为每千克体重 358mg；死因主要为进行性脱水和中枢神经抑制。

PCB 对人的危害最典型的例子是日本 1968 年米糠油中毒事件。受害者食用被 PCB 污染的米糠油（每千克米糠油含 PCB 2000～3000mg）而中毒。患者有下列症状：痤疮样皮疹，眼睑水肿和眼分泌物增多，皮肤、黏膜色素沉着，黄疸，四肢麻木，胃肠道功能紊乱等。截至 1978 年底，日本 28 个县（包括东京都、京都府、大阪府）正式确认了 1684 名患者为 PCB 中毒；在 1977 年前死于此症的有 30 多人。

三、多环芳烃和多氯联苯的限量要求

欧盟（EU）NO 835/2011 中规定婴儿配方奶粉和后续配方奶粉（包括婴儿牛奶和后续婴儿牛奶）中苯并(*a*)芘的限量为 1.0μg/kg，4 种多环芳烃[苯并(*a*)芘、苯并(*a*)蒽、苯并荧蒽、䓛]的总和为 1.0μg/kg；加工谷物和婴幼儿、儿童食品中苯并(*a*)芘的限量为 1.0μg/kg，4 种多环芳烃（苯并(*a*)芘、苯并(*a*)蒽、苯并荧蒽、䓛）的总和为 1.0μg/kg。

国家标准《食品安全国家标准　食品中污染物限量》（GB 2762—2017）中只规定了谷物及其制品、肉及肉制品和水产动物及其制品中苯并(*a*)芘的限量为 5μg/kg，并没有乳制品中的限量规定。

欧盟规定原料乳和常规食品（包括乳脂）中 PCB 的限量为 6.0pg/g。国家标准《食品安全国家标准　食品中污染物限量》（GB 2762—2017）中只规定了水产动物及其制品中的限量为 0.5mg/kg，并没有乳制品中的限量规定。

四、多环芳烃和多氯联苯的检测方法

我国并没有关于乳及乳制品中多环芳烃的检测方法标准，只有《食品安全国家标准　食品中苯并(*a*)芘的测定》（GB/T 5009.27—2016），该检测方法规定了食品中苯并(*a*)芘的检测方法。

该标准适用于谷物及其制品（稻谷、糙米、大米、小麦、小麦粉、玉米、玉米面、玉米渣、玉米片）、肉及肉制品（熏、烧、烤肉类）、水产动物及其制品（熏、烤水产品）、油脂及其制品中苯并(*a*)芘的测定。

原理：试样经过有机溶剂提取，中性氧化铝或分子印迹柱净化，浓缩至干，乙腈溶解，反相液相色谱分离，荧光检测器检测，根据色谱峰的保留时间定性，外标法定量。

试样预处理、提取和净化过程如下。

1. 谷物及其制品

预处理：去除杂质，磨碎成均匀的样品，储于洁净的样品瓶中，并做好标记，于室温下或按产品包装要求的保存条件保存备用。

提取：称取 1g（精确到 0.001g）试样，加入 5mL 正己烷，涡旋混合 0.5min，40℃下超声提取 10min，4000r/min 离心 5min，转移出上清液。再加入 5mL 正己烷重复提取一次。合并上清液，用下列两种净化方法之一进行净化。

净化方法 1：采用中性氧化铝柱，用 30mL 正己烷活化柱子，待液面降至柱床时，关闭底部塞。将待净化液转移进柱子，打开旋塞，以 1mL/min 的速度收集净化液到茄形瓶，再加入 50mL 正己烷洗脱，继续收集净化液。将净化液在40℃下旋蒸至约 1mL，转移至色谱仪进样小瓶，在 40℃氮气流下浓缩至近干。用 1mL 正己烷清洗茄形瓶，将洗涤液再次转移至色谱仪进样小瓶并浓缩至干。准确吸取 1mL 乙腈到色谱仪进样小瓶，涡旋复溶 0.5min，过微孔滤膜后供液相色谱测定。

净化方法 2：采用苯并(*a*)芘分子印迹柱，依次用 5mL 二氯甲烷及 5mL 正己烷活化柱子。将待净化液转移进柱子，待液面降至柱床时，用 6mL 正己烷淋洗柱子，弃去流出液。用 6mL 二氯甲烷洗脱并收集净化液到试管中。将净化液在40℃下氮气吹干，准确吸取 1mL 乙腈涡旋复溶 0.5min，过微孔滤膜后供液相色谱测定。

2. 熏、烧、烤肉类及熏、烤水产品

预处理：肉去骨、鱼去刺、贝去壳，把可食部分绞碎均匀，储于洁净的样品瓶中，并做好标记，于–16～–18℃冰箱中保存备用。

提取：与谷物及其制品的提取方法相同。

净化方法 1：除了正己烷洗脱液体积为 70mL 外，其余操作同谷物及其制品的净化方法 1。

净化方法 2：操作同谷物及其制品的净化方法 2。

3. 油脂及其制品

提取：称取 0.4 g（精确到 0.001g）试样，加入 5mL 正己烷，涡旋混合 0.5min，待净化。（若样品为人造黄油等含水油脂制品，则会出现乳化现象，需要 4000 r/min 离心 5min，转移出正己烷层待净化。）

净化方法 1：除了最后用 0.4mL 乙腈涡旋复溶试样外，其余操作同谷物及其制品的净化方法 1。

净化方法 2：除了最后用 0.4mL 乙腈涡旋复溶试样外，其余操作同谷物及其制品的净化方法 2。

检测结果及计算：试样中苯并(*a*)芘的含量按下列公式计算：

$$x=\frac{\rho\times V}{m}\times\frac{1000}{1000}$$

式中，x 为试样中苯并(*a*)芘的含量，μg/kg；ρ 为由标准曲线得到的样品净化溶液的浓度，ng/mL；V 为试样最终定容体积，mL；m 为试样质量，g；1000 为由 ng/g 换算成 μg/kg 的换算因子。结果保留到小数点后一位。

第五节　硝酸盐、亚硝酸盐的检测

一、概论

随着人们生活质量的提高，奶制品在人们日常生活中所占比重越来越大，因此，预防奶制品污染是非常必要的。

亚硝酸盐广泛存在于自然界中。自然界中的含氮有机物在微生物的作用下可逐渐分解成氨，若有氧存在时，氨可进一步被微生物转化为亚硝酸盐和硝酸盐，硝酸盐在一定条件下也可还原为亚硝酸盐。亚硝酸盐的致病机制：一是大量的亚硝酸盐被血液吸收后，可使正常的血红蛋白（二价铁）变成变性血红蛋白（三价铁），从而失去携带氧气的功能，出现组织缺氧现象；二是亚硝酸盐与蛋白质代谢的中间产物仲胺反应，生成亚硝胺，亚硝胺具有一定的致癌性。

1. 奶粉质量安全事件频发

近年来，在检验奶粉产品质量的过程中，亚硝酸盐含量超标的现象时有发生。

（1）恒天然奶粉事件。

2013 年 7 月，世界乳业巨头新西兰恒天然集团表示，在 5 月出口中国的 42t 奶粉亚硝酸盐含量超标，再次引发了人们对恒天然集团产品和生产测试标准的质疑。恒天然集团表示，这批奶粉符合新西兰出口标准，但在 5 月抵达中国边境后被查出亚硝酸盐超标。该集团的发言人称，“这批产品的亚硝酸盐含量符合我们的标准，但到达中国后却被测出超标。”这名发言人补充说，这批产品没有进入零售渠道。新西兰政府对恒天然集团延期公布污染问题一举感到失望。新西兰外交部部长 Murray McCully 在访问中国时表示，“恒天然在重建中国消费者信心这方面还有很长一段路。”

当然，中枪质量丑闻的国际乳企绝不止恒天然集团。2013 年 8 月 19 日，国家质检总局通报，仅次于恒天然集团的新西兰第二大乳企——西部乳业公司生产的 2 批次总质量为 390kg 的乳铁蛋白中检出硝酸盐含量超标而撤消了其生产的一部分乳铁蛋白的出口许可。奶粉行业真可谓风波不断，热闹非凡。

（2）贝因美奶粉事件。

2014 年 2 月 24 日，吉林省食品药品监管局发布《近期全省食品监督抽检信息公示》，其中显示，一款由浙江某公司生产的黑芝麻营养面条被检出亚硝酸盐超标。

中山大学公共卫生学院营养系主任蒋卓勤介绍，在《食品安全国家标准 婴幼儿谷类辅助食品》（GB 10769—2010）中有规定，亚硝酸盐在婴幼儿谷类辅助食品中的污染物限量应该不大于 2mg/kg。“国家严禁在婴幼儿食品中添加亚硝酸盐，如果检出量超标要不是人为违法添加，要不就是原料中自带，只要对生产原料进行检测就一目了然。”

2. 硝酸盐和亚硝酸盐含量超标的原因

根据亚硝酸盐的生成和在自然界中的存在状况，乳制品中亚硝酸盐的来源应该有两种：一是草料在消化过程中自身产生，二是在饲喂过程中产生。然而，牲畜在消化过程中产生亚硝酸盐的可能性极小，所以亚硝酸盐超标主要是第二种原因造成的。通过分析上述事例，造成奶粉中硝酸盐和亚硝酸盐含量超标的原因主要有以下几方面，并应采取相应措施。

（1）环境因素。

首先做好环境评价，避免在高度污染的环境中设立饲养场；其次是牛舍的选择。如果牛舍狭小，通风不畅，牛的排泄物不及时清理，在天热的时候极易变质，产生大量氨气，蒸发的氨气被牛吸入，在微生物的作用下容易转化为亚硝酸盐。因此，奶牛的饲养应根据牛的数量确定牛舍的大小，加强通风，及时清除排泄物，这样可避免环境不良对生物本身造成的污染。

（2）饲喂因素。

首先是饮水。若饮水中亚硝酸盐含量高，很容易造成代谢产物中亚硝酸盐含量高，因此在确定饮水源时，必须对水源进行检验，可避免此现象的发生。其次是饲料。特别是各种配合饲料，由于生产厂家繁多，较难控制，主要是饲料生产商使用一些禁用品，如工业用氯化钠，各类含亚硝酸盐的添加剂，导致牛奶中亚硝酸盐含量超标。所以，各养殖户在选择饲料时最好检验亚硝酸盐含量，确定没有问题后再使用，在选择饲料供应商时，应相对固定，以免对饲料供应失去监控。

牛奶收购单位要严格把好收购质量关，加强质量检验，每一批次都不能放过，这样才能杜绝亚硝酸盐含量超标的牛奶流入生产环节。

二、对人体健康的影响

亚硝酸盐因具有抑菌作用，在食品加工行业作为一种食品添加剂被大量采用，但是含有超量硝酸盐与亚硝酸盐的乳品等经人食用后，过量的亚硝酸盐对人体具有一定的危害作用，可使人直接中毒，而且硝酸盐在人体内也可被还原为亚硝酸盐。因其进入人体血液后，会使血红蛋白中二价铁离子变成三价铁离子，变成高铁血红蛋白，失去携氧能力，导致细胞组织缺氧，当血液中异常地出现过多不能带氧的正铁血红蛋白，且比例超过一成半，便会出现高铁血红蛋白症，轻者头昏、心悸、呕吐、口唇青紫，重者神志不清、抽搐、呼吸急促，抢救不及时可危及生命。不仅如此，亚硝酸盐还是 *N*-亚硝基化合物（NNC）的前体物质。*N*-亚硝基化合物包括亚硝胺和亚硝酰胺，前者在体内经酶激活后成为终致癌物，后者不需任何代谢激活即能在胃中直接诱发肿瘤，可严重危害人体健康。

N-亚硝基化合物种类繁多，但毒性却相差甚大，毒理学研究表明，对于雄性大鼠，甲基苄基亚硝胺的 LD_{50}（半数致死量）为 18mg/kg，二乙基亚硝胺的 LD_{50} 为 216mg/kg，而乙基二羟乙基亚硝胺的 LD_{50} 却高达 7500mg/kg 以上。

不仅如此，*N*-亚硝基化合物还具有强烈的致癌能力，虽然目前科学家对它的致癌机制尚不完全明确，但通过动物试验可知能明显诱发各种癌症，其中致癌能力最强的二乙基亚硝胺平均诱癌剂量为 0.6mg/kg，能诱发包括肝脏、肾脏及膀胱等部位的癌症。

虽然 *N*-亚硝基化合物自然界含量很低，但在我们的胃中，由胃酸造成的酸性环境却给亚硝酸盐和胺类物质提供了绝好的合成机会，哪怕是胃酸缺乏的患者，胃内乘机繁殖的细菌也会促使其合成。不仅如此，口腔中食物腐败残留也会增加胺类物质的生成并创造出适当的酸性环境，而泌尿系统的细菌感染也会使碰巧通过尿液排放的亚硝酸盐和胺类物质合成。

三、硝酸盐、亚硝酸盐的限量要求

（一）我国安全限量标准

根据《食品安全国家标准 食品中污染物限量》（GB 2762—2017）和《食品安全国家标准 食品添加剂使用标准》（GB 2760—2014），亚硝酸盐在肉类中是属于食品添加剂，起到防腐护色的作用；在乳粉中作为不可避免存在的食品污染物。亚硝酸盐是我国独有限量规定的污染物之一，由表 7-5 可见，我国国标中关于亚硝酸盐作为污染物的限量指标数值低于 2mg/kg。所以，如果亚硝酸盐在乳品中作为污染物存在，那么其限量指标表述为我国独有限量指标。

表 7-5 亚硝酸盐和硝酸盐在特殊膳食用品和婴儿食品中的安全限量标准

食品类别（名称）	限量/（mg/kg）	
	亚硝酸盐（以 $NaNO_2$ 计）	硝酸盐（以 $NaNO_3$ 计）
婴儿配方食品	2.0[a]（以粉状产品计）	100（以粉状产品计）
较大婴儿和幼儿配方食品	2.0[a]（以粉状产品计）	100[b]（以粉状产品计）
特殊医学用途婴儿配方食品	2.0（以粉状产品计）	100（以粉状产品计）
婴幼儿谷类辅助食品	2.0[c]	100[b]
婴幼儿罐装辅助食品	4.0[c]	200[b]

a 仅适用于乳基产品。

b 不适于添加蔬菜和水果的产品。

c 不适于添加豆类的产品。

（二）其他各国安全限量标准

WTO 为了促进贸易自由化，解决贸易争端，达成了一系列协定。其中世界贸易组织《技术性贸易壁垒协议》（TBT 协议）规定，成员国采用的标准是国际标准化组织制定的标准。而世界贸易组织《实施卫生与植物卫生措施协定》（SPS 协议）则指出，成员国应将本国食品安全标准与 CAC 制定的食品法典标准相协调，采用 CAC 标准被认为是与 SPS 协议和 TBT 协议的要求相一致。我国作为 WTO 的成员国之一，需要履行 WTO 各项协议的相关承诺。但亚硝酸盐并不作为污染物存在于 CAC 标准《食品和饲料中污染物和毒素通用标准》（CODEX STAN 193—2015）中。

《食品和饲料中污染物和毒素通用标准》（CODEX STAN 193—2015）中对污染物的定义：凡不是有意加入食品中，而是在生产（包括行动执行过程中作物生产、畜牧兽医）、制造、处理、加工、填充、包装、运输和储藏等过程中带入食品的任何物质都称为污染物，但不包括昆虫碎体、动物毛发和其他不寻常的物质。污染物可有：化肥、农药、抗生素、激素、药物和包装材料溶出物等。真正能够引起中毒及致癌的物质是 *N*-亚硝基化合物，可以通过亚硝酸盐和胺类物质合成而来，这种物质在自然界中天然存在的含量很低，食品中天然存在的 *N*-亚硝基化合物更是低于 10μg/kg。有流行病学研究表示，由于智利硝石产量极高，且其农作物中使用的含硝酸盐类化肥量过高，使得其食物中所含亚硝酸盐较高，故认为智利胃癌死亡率居世界首位可能与此有关。

所有的证据表明，亚硝酸盐的摄入和相关癌症的发病有着直接关联。因此，2002 年 JACFA 对硝酸盐的每日允许摄入量（ADI）定为 3.7mg/(kg bw·d)，对亚硝酸盐的 ADI 定为 0.07mg/(kg bw·d)。

四、硝酸盐、亚硝酸盐的检测方法

（一）离子色谱法［参考《食品安全国家标准 食品中亚硝酸盐与硝酸盐的测定》（GB 5009.33—2016）］

原理：试样经沉淀蛋白质、除去脂肪后，采用相应的方法提取和净化，以氢氧化钾溶液为淋洗液，阴离子交换柱分离，电导检测器检测。以保留时间定性，外标法定量。亚硝酸盐和硝酸盐检出限分别为 0.2mg/kg 和 0.4mg/kg。

将试样匀浆备用，称取试样匀浆，以水洗入容量瓶中，超声提取 30min，保持固相完全分散。于 75℃水浴中放置 5min，取出放置至室温，加水稀释至刻度。溶液经滤纸过滤后，取部分溶液于 10000 r/min 离心 15min，上清液备用。活化固相萃取柱。

移取亚硝酸盐和硝酸盐混合标准溶液，加水稀释，配制梯度标准溶液，含亚硝酸根浓度为 0.00mg/L、0.02mg/L、0.04mg/L、0.06mg/L、0.08mg/L、0.10mg/L、0.15mg/L、0.20mg/L；硝酸根浓度为 0.0mg/L、0.2mg/L、0.4mg/L、0.6mg/L、0.8mg/L、1.0mg/L、1.5mg/L、2.0mg/L 的混合标准溶液，按照浓度从低到高依次进样。得到上述各浓度标准溶液的色谱图（图 7-1）。以亚硝酸根或硝酸根的浓度（mg/L）为横坐标，以峰高（μS）或峰面积为纵坐标，绘制标准曲线或计算线性回归方程。

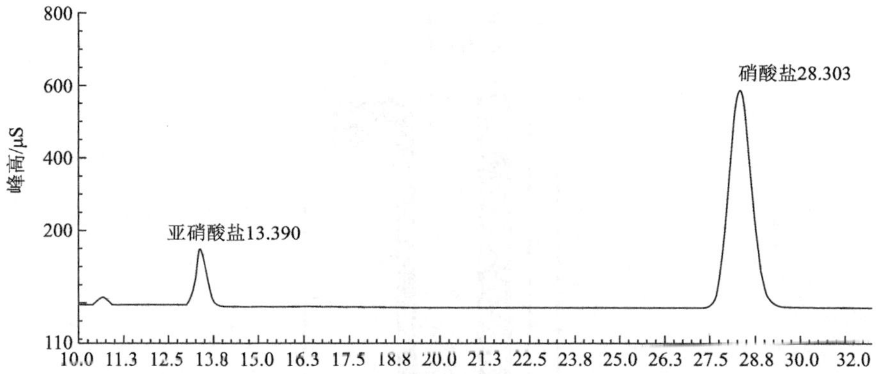

图 7-1　亚硝酸盐和硝酸盐混合标准溶液的色谱图

分别吸取空白和试样溶液，在相同工作条件下，进入离子色谱仪测定。亚硝酸盐（以 NO_2^-计）或硝酸盐（以 NO_3^-计）含量计算公式：

$$X=\frac{(\rho-\rho_0)\times V\times \mathrm{f}\times 1000}{m\times 1000}$$

式中，X 为试样中亚硝酸根或硝酸根的含量，mg/kg；ρ 为测定用试样溶液中的亚硝酸根或硝酸根的浓度，mg/L；ρ_0 为试剂空白溶液中亚硝酸根或硝酸根的浓度，mg/L；V 为试样溶液的体积，mL；f 为试样溶液稀释倍数；1000 为换算系数；m 为试样取样量，g。

（二）分光光度法（参考 GB 5009.33—2016《食品安全国家标准 食品中亚硝酸盐与硝酸盐的测定》）

原理：亚硝酸盐采用盐酸萘乙二胺法测定，硝酸盐采用镉柱还原法测定。试样经沉淀蛋白质、除去脂肪后，在弱酸性条件下亚硝酸盐与对氨基苯磺酸重氮化后，再与盐酸萘乙二胺偶合形成紫红色染料，采用外标法测得亚硝酸盐含量。采用镉柱将硝酸盐还原成亚硝酸盐，测得亚硝酸盐总量，由此总量减去亚硝酸盐含量，即得试样中硝酸盐含量。亚硝酸盐检出限：液体乳 0.06mg/kg，乳粉 0.5mg/kg，干酪及其他 1mg/kg；硝酸盐检出限：液体乳 0.6mg/kg，乳粉 5mg/kg，干酪及其他 10mg/kg。

如图 7-2 所示制备镉柱。用水装满镉柱玻璃管，并装入 2cm 高的玻璃棉做

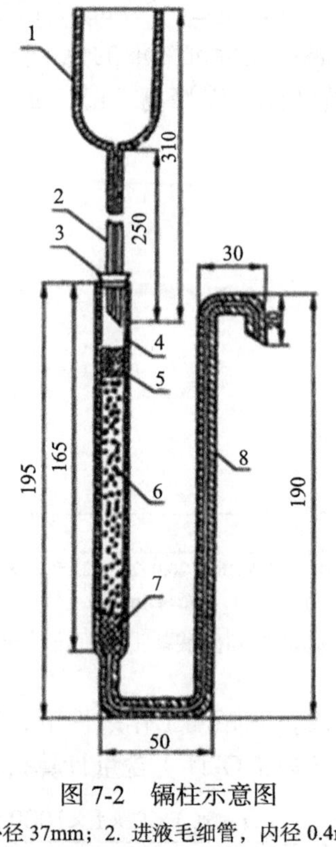

图 7-2　镉柱示意图

1. 储液漏斗，内径 35mm，外径 37mm；2. 进液毛细管，内径 0.4mm，外径 6mm；3. 橡皮塞；4. 镉柱玻璃管，内径 12mm，外径 16mm；5. 玻璃棉；6. 海绵状镉；7. 玻璃棉；8. 出液毛细管，内径 2mm，外径 8mm，图中数值单位均为 mm

垫，将玻璃棉压向柱底时，应将其中所包含的空气全部排出，在轻轻敲击下加入海绵状镉至 8～10cm 高，上面用 1cm 高的玻璃棉覆盖，上置一储液漏斗，末端要穿过橡皮塞与镉柱玻璃管紧密连接。当镉柱填装好后，先后用盐酸溶液和水洗，不得使镉层夹有气泡。

吸取 20mL 硝酸钠标准溶液，加入 5mL 氨缓冲液的稀释液，混匀后注入储液漏斗，流经镉柱还原，用原烧杯收集流出液，当储液漏斗中的样液流完后，再加 5mL 水置换柱内留存的样液。取 10.0mL 还原后的溶液于 50mL 比色管中，吸取 0.00mL、0.20mL、0.40mL、0.60mL、0.80mL、1.00mL、1.50mL、2.00mL、2.50mL 亚硝酸钠标准溶液，分别置于 50mL 带塞比色管中。向标准管与试样管中分别加入对氨基苯磺酸溶液后，各加入 1mL 盐酸萘乙二胺溶液，加水至刻度，混匀静置 15min，用 2cm 比色杯，于波长 538nm 处测吸光度，绘制标准曲线。

1. 亚硝酸盐的测定

称取制成匀浆的试样于烧杯中，加饱和硼砂溶液搅拌均匀，用 70℃左右的水试样洗入 500mL 容量瓶中，沸水浴中加热 15min，取出冷却并放置至室温。然后加入 5mL 亚铁氰化钾溶液摇匀，再加入 5mL 乙酸锌溶液，加水至刻度，摇匀放置 30min，除去上层脂肪，上清液用滤纸过滤，弃去初滤液 30mL，滤液备用。

吸取 40.0mL 上述滤液于 50mL 带塞比色管中，另吸取 0.00mL、0.20mL、0.40mL、0.60mL、0.80mL、1.00mL、1.50mL、2.00mL、2.50mL 亚硝酸钠标准溶液，分别置于 50mL 带塞比色管中。向标准管与试样管中分别加入对氨基苯磺酸溶液后，各加入 1mL 盐酸萘乙二胺溶液，加水至刻度，混匀静置 15min，用 2cm 比色杯，于波长 538nm 处测吸光度，绘制标准曲线。

2. 硝酸盐的测定

镉柱还原：先以稀氨缓冲液冲洗镉柱，流速控制在 3～5mL/min。吸取 20mL 滤液于烧杯中，加氨缓冲液，混合后注入储液漏斗，流经镉柱还原，用原烧杯收集流出液，当储液漏斗中的样液流尽后，再加 5mL 水置换柱内留存的样液。

将全部收集液如前再经镉柱还原一次，第二次流出液收集于 100mL 容量瓶中，继以水流经镉柱洗涤三次，每次 20mL，洗液一并收集于同一容量瓶中，加水至刻度，混匀。

吸取 10～20mL 还原后的样液于 50mL 比色管中。吸取 0.00mL、0.20mL、0.40mL、0.60mL、0.80mL、1.00mL、1.50mL、2.00mL、2.50mL 亚硝酸钠标准溶液，分别置于 50mL 带塞比色管中。向标准管与试样管中分别加入对氨基苯磺酸溶液后，各加入 1mL 盐酸萘乙二胺溶液，加水至刻度，混匀静置 15min，用 2cm 比色杯，于波长 538nm 处测吸光度，绘制标准曲线。

（三）格瑞斯反应法

在酸性条件下，亚硝酸盐可直接与硝基苯胺、磺胺酸、*p*-氨基乙酰苯反应，因此可以通过检测重氮化合物与NO_2^-反应生成含氮发色团来对食品中的亚硝酸盐进行检测。该检测方法最常用的两种试剂为氨基苯磺酸和 *N*-乙二铵，该反应的发色团最大吸收值为 500～600nm。格瑞斯反应的检测最低限量为 0.02～2μmol/L。该方法的优点是适用于不同的基质，简单有效；缺点是较易受到体系杂质的干扰，如巯基硫醇、抗坏血酸盐等抗氧化物会在亚硝酸与芳香苯胺反应前破坏衍生试剂，从而导致亚硝酸盐的回收率降低。通过高效液相色谱法与格瑞斯反应法结合，大大扩展了基质的检测范围，如在生物体液和食品等复杂基质中同样能检测到亚硝酸盐含量。

（四）快速检测法

快速检测法主要指试纸条检测法，是一种利用待测物质与试纸上的药物发生显色反应，再根据试纸的颜色变化检测其含量的方法。

根据亚硝酸盐在弱酸条件下可与苯磺酸和萘乙二胺反应生成紫红色螯合物的原理，研制了一种快速检测食品中亚硝酸盐的试纸条。在室温条件下操作，可达到半定量水平，且操作简便快速，呈色特效现象明显，检测下限较低，适合户外及特殊场所使用。同样，利用亚硝酸盐类能与显色剂在常温条件下发生反应而呈现出不同的颜色，再通过与标准比色卡进行对比最终得出所求含量范围的原理，研制了一种以定性中速滤纸作为试纸材料，使用含有 4-氨基苯磺酰胺、*N*-1-萘基乙二胺盐酸盐、*α*-萘胺溶液及对氨基苯磺酸溶液的混合显色剂，检测食品中的亚硝酸盐。虽然快速检测试纸条操作简便、耗时短，但该种方法不能实现对食品中硝酸盐、亚硝酸盐的全定量，因此需要引用可准确定量方法设备。

（五）荧光检测法

荧光检测法是一种可以检测可变复杂反应过程中物质的方法。可利用 Ce^{4+}作还原剂与 NO_2^-反应，用荧光检测 Ce^{3+}的浓度，从而得出亚硝酸盐含量。利用亚硝酸盐的这种检测特性，用 2-氨基-4-氯-1-羟基-6-磺酸基苯和 4-氨基荧光素作衍生试剂，在酸性条件下产生，在激发波长 495nm、492nm 和发射波长 608nm、518nm 处检测强烈荧光物质重盐。另外一种新的荧光探针 TMDCDABODIPY 能直接与 NO_2^-发生衍生化反应，产生强烈荧光物 MDCDABODIPY-T，该反应需在激发波长 500 nm、发射波长 510nm 条件下进行，并在 15min 内完成。该方法的线性范围为 9～300nmol/L，最低检出限量为 0.21nmol/L，回收率为 94.62%～105.95%。采用萘二胺（DAN）与 NO_2^-进行反应，其反应结果能产生强烈荧光物质 NAT，该物质能用 FLD-HPLC 法进行检测。

（六）分子发射空穴分析法

分子发射空穴分析法（MECA）则是先将亚硝酸盐还原成 NO，然后再通过氮气将其载入火焰，在波长 640nm 下对其进行检测。为检测较深颜色的溶剂解决了光谱技术上的难题。然而该检测方法也存在一些不足，就是检测过程中容易受到 CO_2、H_2S 等气体的干扰，即使对 H_2S 进行脱硫处理，效果仍不明显。

（七）紫外分光光度法

利用硝酸盐、亚硝酸盐在一定波长下具有吸收性的原理，建立紫外分光光度法。利用紫外分光光度法测定硝酸盐含量，试样经去除蛋白质、脂肪等净化处理后，在 210nm 处测定待测液中的硝酸盐含量。该方法加标回收率在 92.0%～96.6%之间。基于吸光度的加合性原理，采用双波长 *K* 系数-紫外分光光度法同时测定水中硝酸盐氮和亚硝酸盐氮，试验加标回收率在 92.3%～105.9%之间，满足相关标准要求，适用于大批量样品硝酸盐、亚硝酸盐含量的测定。使用光谱分析方法可实现对硝酸盐和亚硝酸盐的全定量测定，方法简便、快捷，但传统的分光光度法测定硝酸盐和亚硝酸盐含量时检测限较高，不能实现对低浓度硝酸盐和亚硝酸盐的测定。

（八）催化荧光光度法

在酸性介质中，亚硝酸根能对某些物质反应起催化作用，使其荧光强度较反应前明显下降，从而建立了催化荧光光度法检测试样中亚硝酸根含量。例如在酸性条件下，溴酸钾氧化亮绿 SF 反应过程较为缓慢，可利用亚硝酸盐对催化溴酸钾氧化亮绿 SF 反应导致其褪色的原理，在波长 530nm 测定亚硝酸盐产物的含量，从而间接得到亚硝酸盐的含量。但该方法容易受到 Fe^{3+}、Fe^{2+}、Br^-、I^-、Ag^+、SO_3^{2-}等离子的干扰。基于该原理，催化溴酸钾氧化吖啶橙反应，检测荧光强度变化值，测定痕量亚硝酸盐含量，检出限为 1.62μg/L。有研究人员优化试验方法，利用催化荧光光度法测定果汁中的亚硝酸盐含量，20℃时，在硫酸环境下，利用亚硝酸盐催化溴酸钾氧化硫酸耐尔蓝，根据荧光强度的变化，进而测定食品中亚硝酸盐含量。检测限达到 0.02μg/mL。

（九）化学发光法

化学发光法是利用硝酸盐与亚硝酸盐还原产生 NO，与臭氧反应生成可释放光子并产生化学发光的物质，即 NO_2^-，再通过反应信号值与硝酸盐和亚硝酸盐含量成正比的关系，检测其含量。利用该检测方法测定硝酸盐和亚硝酸盐含量，加标回收率在 95%～105%之间，检测限为 0.66μg/L。另有研究表明，该方法不受悬浮颗粒物和有色物质影响，样品可批量测定。目前，化学发光法多应用于测定水及空气中的硝酸盐及亚硝酸盐。

（十）光电检测法

根据检测试纸与亚硝酸盐发生显色反应的原理，试验将光电检测仪与检测试纸联用，对食品中的亚硝酸盐实行现场快速检测、定量。该方法将显色的试纸在光电检测仪的感应窗里测定，具有简便、快速等特点，值得推广应用。此外，研究应用的电化学方法还包括毛细管电泳-紫外检测法、电化学传感器法等。电化学方法可克服光谱法的一些问题，但其自身还存在不足，部分方法仍在试验阶段。

（十一）紫外检测器-离子色谱法

利用紫外检测器-离子色谱法测定酱腌菜中的亚硝酸盐与硝酸盐。样品经超声提取后，以 1.8mmol/L Na_2CO_3+1.7mmol/L $NaHCO_3$ 为流动相，经 Metrosep ASupp 4-250 阴离子交换色谱柱分离，210nm 处紫外检测。该方法对 NO_2^-和 NO_3^-的检出限分别为 1.0mg/kg 和 2.0mg/kg，加标回收率分别为 80.4%～82.1%和 93.1%～96.5%。另有试验验证，经优化后紫外检测器-离子色谱法检测限低于电导检测器-离子色谱法。

（十二）气相色谱法

利用选择性强的电子捕获检测器同时测定硝酸盐和亚硝酸盐，在 90℃以下，利用硫酸催化样品中硝酸根与苯发生反应生成硝基苯，经萃取后进样检测，硝酸盐的加标回收率在 79.72%～101.79%之间，亚硝酸盐的加标回收率在 88.06%～105.81%。气相色谱法可实现硝酸盐与亚硝酸盐的同时检测，满足相关标准要求，所需样品量少，操作较简便、快速，能够避免其他离子的干扰，实现一机多用。

（十三）液相色谱法

利用高效液相色谱法同步测定硝酸盐和亚硝酸盐含量，以磷酸二氢钾为流动相，经 Hypersil ODS 反相柱分离，紫外检测器在 204nm 波长下检测，硝酸盐的保留时间约为 2.80min，亚硝酸盐的保留时间约为 3.2min，检测时间较短。硝酸盐和亚硝酸盐的最低检测浓度分别为 0.0125mg/kg 和 0.0250mg/kg，回收率分别为 95.84%～97.12%和 90.54%～95.17%。有报道利用 HPLC-UV/VIS 同时检测硝酸盐和亚硝酸盐，亚硝酸盐经格瑞斯重氮反应柱前衍生，利用双波长检测器直接检测其含量。该方法可消除自身干扰物质，并可检测低浓度的硝酸盐和亚硝酸盐，检出限分别为 600ng/mL 和 6ng/mL。也有研究人员基于亚硝酸盐可被酸性高锰酸钾快速氧化为硝酸盐的原理，检测样品中的硝酸盐及亚硝酸盐。进行 2

次进样检测，分别测定硝酸盐含量和总硝酸盐含量，两者之差可换算出亚硝酸盐含量。该方法操作简单、成本较低。

第六节 黄曲霉毒素的检测

2011 年 12 月 24 日，国家质检总局公布了对 200 种液体乳产品质量的抽查结果。抽查发现蒙牛、长富纯牛奶两种产品黄曲霉毒素 M_1 项目不符合标准的规定。其中，蒙牛乳业（眉山）有限公司生产的一批次产品被检出黄曲霉毒素 M_1 超标 140%。2012 年 7 月，广州市工商行政管理局公布了第二季度第二次乳制品及含乳食品的抽检结果。5 批次南山倍慧婴幼儿奶粉被检出黄曲霉毒素 M_1 含量不合格。湖南出产的奶粉在广州被通报后，湖南省长沙市立即在南山奶粉生产现场开展彻查。抽检中发现，南山奶粉被抽检的 5 个批次倍慧婴幼儿奶粉，全部含有强致癌性物质黄曲霉毒素 M_1。

一、概论

黄曲霉毒素是黄曲霉和寄生曲霉的代谢产物，是一组化学结构类似的化合物，目前已分离鉴定出 12 种，包括 B_1、B_2、G_1、G_2、M_1、M_2、P_1、Q、H_1、GM、B_{2a}和毒醇。黄曲霉毒素的基本结构为二呋喃环和香豆素，在紫外线下，黄曲霉毒素 B_1、B_2发蓝色荧光，黄曲霉毒素 G_1、G_2发绿色荧光。黄曲霉毒素的分子量为 312～346。难溶于水，易溶于油、甲醇、丙酮和氯仿等有机溶剂，但不溶于石油醚、己烷和乙醚中。一般在中性及酸性溶液中较稳定，但在强酸性溶液中稍有分解，在 pH 9～10 的强酸溶液中分解迅速。其纯品为无色结晶，耐高温，黄曲霉毒素 B_1 的分解温度为 268℃，紫外线对低浓度黄曲霉毒素有一定的破坏性。

1993 年黄曲霉毒素被世界卫生组织的癌症研究机构划定为Ⅰ类致癌物，是一种毒性极强的剧毒物质。黄曲霉毒素的危害性在于对人及动物肝脏组织有破坏作用，严重时可导致肝癌甚至死亡。在天然污染的食品中以黄曲霉毒素 B_1 最为多见，其毒性和致癌性也最强。

二、黄曲霉毒素的限量要求

1995 年，世界卫生组织制定食品中黄曲霉毒素最高允许浓度为 15ppb（μg/kg），美国联邦政府有关法律规定食品和奶牛饲料中的黄曲霉毒素含量（指 $B_1+B_2+G_1+G_2$ 的总量）不能超过 15ppb，牛奶中的含量不能超过 0.5ppb，其他动物饲料中的含量不能超过 300ppb。而欧盟国家的规定更加严格，要求食品中的

黄曲霉毒素 B_1 的含量不能超过 2ppb，总量不能超过 4ppb，牛奶和奶制品中的黄曲霉毒素 M_1 含量不能超过 0.05ppb。

黄曲霉毒素 M_1 是动物摄入黄曲霉毒素 B_1 后在体内经羟基化代谢的产物，一部分从尿和乳汁排出，一部分存在于动物的可食部分，如乳、肝、蛋类、肾、血和肌肉中，其中以乳中最为常见，且乳和乳制品中的黄曲霉毒素 M_1 在生产和储藏期间相对稳定，不被巴氏消毒破坏。用含有黄曲霉毒素 B_1 100μg/kg 的饲料喂牛，牛乳中约含有黄曲霉毒素 $M_1$1μg/kg。黄曲霉毒素 M_1 的毒性和致癌性与黄曲霉毒素 B_1 的基本相似。由于牛乳及其制品是人类，特别是婴儿的主要食品，因此各国对其限量的要求十分严格，一些国家规定牛奶及奶制品中黄曲霉毒素 M_1 的含量不得超过 0.5μg/kg，而欧盟的规定更加严格，为 0.05μg/kg，我国食品安全国家标准中要求婴儿奶粉中黄曲霉毒素 B_1、黄曲霉毒素 M_1 的含量不得超过 0.5μg/kg。

三、黄曲霉毒素的检测方法

（一）薄层层析法

薄层层析法（TLC）是测定牛奶中黄曲霉毒素的经典方法，是通过肉眼比较的定性或者半定量的检测方法。TLC 具有设备简单、操作方便和成本较低等优点，于 1990 年被美国分析化学家协会（AOAC）定为标准方法。20 世纪 60 年代，TLC 是国内外检测黄曲霉毒素 M_1 的主要方法。其原理是将样品经提取、浓缩、薄层分离后，黄曲霉毒素 M_1 在紫外线（波长 365nm）下产生蓝紫色荧光，根据其在薄层板上显示荧光的最低检出量与标准溶液的荧光强度相比较来测定含量。《食品安全国家标准 食品中黄曲霉毒素 M 族的测定》（GB 5009.24—2016）、《奶和奶粉 黄曲霉毒素 M_1 含量测定 免疫亲和色谱法提纯和薄层色谱法测定》[ISO 14674：2005（IDF190：2005）]、《乳制品中黄曲霉毒素 M_1 的测定》（AOAC 974.17）采用的就是 TLC。TLC 的优点在于不依赖特殊仪器，成本低，易于普及，双向展开避免了杂质干扰，被用于大规模的筛查研究中。虽然 TLC 是牛奶中黄曲霉毒素 M_1 测定的官方规定方法之一，但是随着高效液相色谱和液相色谱-质谱技术的发展，TLC 的缺点也逐渐显现：样品处理烦琐，过程复杂，且提取和净化效果不够理想，双向展开增加了操作步骤和时间，对人和环境污染系数较大。在婴幼儿乳品黄曲霉毒素 M_1 和 B_1 检测时，该方法灵敏性和重现性较差，且其检出限无法满足国家规定的限量要求，而越来越少被采用，逐渐被更灵敏、高效的方法所代替。

1. 原理

样品经提取、浓缩、薄层分离后，黄曲霉毒素 M_1 与 B_1 在紫外线（波长

365nm）下产生蓝紫色荧光，根据其在薄层上显示荧光的最低检出量来测定含量。

2. 样品提取与净化

取 15.00g 样品，置于具塞锥形瓶中，加入 20mL 水，使样品湿润后再加入 90mL 甲醇，振荡 30min，收集 59mL 提取液（相当于 8g 样品）。

用石油醚分配净化：将以上收集的提取液移入 250mL 分液漏斗中，再按各种食品加入一定体积的氯化钠溶液（40g/L）。再加入 40mL 石油醚，振摇 2min，待分层后，将下层甲醇-氯化钠水层移至原量筒中，将上层石油醚溶液从分液漏斗上口倒出，弃去。再将量筒中溶液转移至原分液漏斗中。再重复用石油醚提取两次，每次 30mL，最后将量筒中溶液仍移至分液漏斗中。

用三氯甲烷分配提取：向原量筒中加入 20mL 三氯甲烷，摇匀后，再倒入原分液漏斗中，振摇 2min。待分层后，将下层三氯甲烷移至原量筒中，再重复用三氯甲烷提取两次，每次 10mL 合并移至原量筒中。弃去上层甲醇水溶液。

用水洗三氯甲烷层与浓缩制备：将合并后的三氯甲烷层倒回原分液漏斗中，加入 30mL 氯化钠溶液（40g/L），振摇 30s，静置。待上层浑浊液有部分澄清时，即可将下层三氯甲烷层收集于原量筒中。加入 10g 无水硫酸钠，振摇放置澄清后，将此液经装有少许无水硫酸钠的定量慢速滤纸过滤于 100mL 蒸发皿中。氯化钠水层用 10mL 三氯甲烷提取一次，并经过滤器一并滤于蒸发皿中。最后将无水硫酸钠也一起倒在滤纸上，用少量三氯甲烷洗量筒与无水硫酸钠，也一并滤于蒸发皿中，于 65℃水浴上通风挥干，用三氯甲烷将蒸发皿中残留物转移至浓缩管中，蒸发皿中残渣太多，则经滤纸滤入浓缩管中。在 65℃下用减压吹气法将此液浓缩至 0.4mL 以下，再用少量三氯甲烷洗管壁后，浓缩定量至 0.4mL 备用。

3. 测定

硅胶 G 薄层板的制备：薄层板厚度为 0.3mm，105℃活化 2h，在干燥器内可保存 1～2 天。

点板：取薄层板（5cm×20cm）两块，距板下端 3cm 的基线上各滴加两滴，在距第一与第二块板的左边缘 0.8～1cm 处各滴加 10μL 黄曲霉毒素 M_1 与 B_1 混合标准溶液，在距各板左边缘 2.8～3cm 处各滴加同一样液点 40μL，在第二块板的第 2 点上再滴加 10μL 黄曲霉毒素 M_1 与 B_1 混合标准溶液。一般可将薄层板放在盛有干燥硅胶的层析槽内进行滴加，边滴加边用冷风机冷风吹干。

展开：

（1）横展：在槽内加入 15mL 事先用无水硫酸钠脱水的无水乙醚（每 500mL 无水乙醚中加 20g 无水硫酸钠）。将薄层板靠近标准点的长边置于槽内，展至板端后，取出挥干，再同上继续展开一次。

（2）纵展：将横展两次挥干后的薄层板再用异丙醇-丙酮-苯-正己烷-石油醚（沸程 60～90℃）-三氯甲烷（5+10+10+10+10+55）混合展开剂纵展至前沿距原

点距离为 10～12cm 取出挥干。

（3）将纵展挥干后的板再用乙醚横展 1～2 次。

4. 观察与评定结果

在紫外灯下将第一、二块板相互比较观察，若第二块板的第 2 点在黄曲霉毒素 M_1 与 B_1 标准点的相应处出现最低检出量（黄曲霉毒素 M_1 与 B_1 的比值依次为 0.25 和 0.43），而在第一块板相同位置上未出现荧光点，则样品中黄曲霉毒素 M_1 与 B_1 含量在 0.5μg/kg 以下。

如果第一块板的相同位置上出现黄曲霉毒素 M_1 与 B_1 的荧光点，则观察第二块板第 2 点的样液点是否各与滴加的标准点重叠，如果重叠，再进行以下的定量与确证试验。

5. 稀释定量

样液中的黄曲霉毒素 M_1 与 B_1 荧光点的荧光强度与黄曲霉毒素 M_1 与 B_1 的最低检出量（0.0004μg）的荧光强度一致，样品中黄曲霉毒素 M_1 与 B_1 的含量为 0.5μg/kg；如果样液中黄曲霉毒素 M_1 与 B_1 的荧光强度比最低检出量强，则根据其强度逐一进行测定，估计减少滴加微升数或经稀释后再滴加不同微升数，直至样液点的荧光强度与最低检出量点的荧光强度一致为止。

6. 确证试验

在做完定性或定量的薄层板上，将要确证的黄曲霉毒素 M_1 和 B_1 的点用大头针圈出。喷以硫酸溶液（1+3），放置 5min 后，在紫外灯下观察，若样液中黄曲霉毒素 M_1 和 B_1 点与标准点一样均变为黄色荧光，则进一步确证检出的荧光点是黄曲霉毒素 M_1 和 B_1。

7. 分析结果的表述

黄曲霉毒素 M_1 或 B_1 的含量按下式进行计算：

$$X = 0.0004 \times \frac{V_1}{V_2} \times D \times \frac{1000}{m}$$

式中，X 为黄曲霉毒素 M_1 或 B_1 含量，μg/kg；V_1 为样液浓缩后体积，mL；V_2 为出现最低荧光强度时样液的滴加体积，mL；D 为浓缩样液的总稀释倍数；m 为浓缩样液中相当的试样质量，g；0.0004 为黄曲霉毒素 M_1 或 B_1 的最低检出量，μg。

（二）高效液相色谱法

高效液相色谱法（HPLC）是利用免疫亲和柱或其他固相萃取柱将样品中的黄曲霉毒素萃取、净化、浓缩，再通过 HPLC 串联不同检测器进行检测。免疫亲和柱是利用抗原抗体的特异性吸附特性。亲和柱只能特异性、选择性地吸附黄曲霉毒素，而其他杂质则顺利通过柱子，然后再利用洗脱液将黄曲霉毒素洗脱下来。该方法大大简化了样品的前处理过程，同时利用高效液相色谱进行定量和定性，可以同时测出黄曲霉毒素的总量和黄曲霉毒素 M_1、B_1、B_2、G_1、G_2 各自含量。

1. 原理

试样经溶解、离心、过滤后，当样品通过免疫亲和柱时，黄曲霉毒素特异性抗体选择性地与存在的黄曲霉毒素 B_1、B_2、G_1、G_2、M_1、M_2（抗原）键合，形成抗体-抗原复合体。经甲醇-乙腈混合溶液洗脱，带荧光检测器的高效液相色谱仪经柱后衍生测定黄曲霉毒素 B_1、B_2、G_1、G_2、M_1、M_2 的含量，外标法定量。

2. 步骤

称取 2g 试样，精确到 0.01g，置于 50mL 的离心管中。将 20mL 已预热到 50℃的水边加边振摇至奶粉完全溶解，在涡旋混合器中振荡 2min，混合均匀。如果奶粉不能完全溶解，将离心管在 50℃的水浴上加热，仔细混匀。将奶粉乳浊液冷却至室温后，于 10000r/min、–5℃条件下离心 10min，再用玻璃纤维滤纸过滤，待净化。

将提取的过滤液全部转移到 10mL 玻璃注射器中，调节空气压力泵，控制试样以 2～3mL/min 稳定的流速过柱，直至 2～3mL 空气通过柱体。向上述注射器内加入 10mL 水，以稳定的流速洗柱，弃去全部流出液，并使 2～3mL 空气通过柱体。准确加入 1.0mL 甲醇-乙腈混合溶液至上述注射器，以 2～3mL/min 稳定的流速将亲和柱上的黄曲霉毒素 B_1、B_2、G_1、G_2、M_1、M_2 洗脱下来，收集全部洗脱液于玻璃刻度试管中，用水定容至 2mL。在涡旋混合器上振荡 1min，过 0.45μm 滤膜，供液相色谱测定。

3. 液相色谱测定

根据样液中黄曲霉毒素 B_1、B_2、G_1、G_2、M_1、M_2 的含量情况，选定浓度相近的混合标准工作液，混合标准工作液中黄曲霉毒素 B_1、B_2、G_1、G_2、M_1、M_2 的响应值应在仪器检测的线性范围内。将混合标准工作液和样液等体积参插进样测定。在如下色谱条件下，黄曲霉毒素 B_1、B_2、G_1、G_2、M_1、M_2 参考保留时间分别为 7.1min、8.0min、9.2min、10.6min、11.4min、13.3min。

液相色谱参考条件：

（1）色谱柱：Inertsil ODS-3，5μm，250mm×4.6mm（内径）或相当者。

（2）流动相：水+甲醇+乙腈（11+4+5）。

（3）流速：流动相：1.0mL/min，柱后衍生液：0.45mL/min，柱后衍生反应器温度：35℃。

（4）柱温：35℃。

（5）检测波长：激发波长为 355nm，发射波长为 430nm。

（6）进样量：100μL。

4. 结果计算

每种黄曲霉毒素含量的测定按下式计算：

$$X_i = c_i \times \frac{V}{m}$$

式中，X_i 为试样中被测组分残留量，μg/kg；c_i 为从标准工作曲线上得到的被测组分溶液浓度，ng/mL；V 为样品溶液定容体积，mL；m 为样品溶液所代表试样的质量，g；i 表示第 i 种黄曲霉毒素，计算结果应扣除空白值。

（三）液相色谱-串联质谱法（LC-MS）

质谱法是通过将试样分子裂解为分子离子和各种离子碎片的集合，按质荷比（m/z）大小进行分离、记录的分析方法。MS 检测器具有更高的选择性、对分析物分子标识的确证、可用同位素标记作为内标等优势，HPLC-MS 比传统液相检测器灵敏度更高，选择性更强，提供了可靠、精确的分子量及结构信息，简化了实验步骤，节省了样品准备时间和分析时间，广泛应用于黄曲霉毒素的检测中。

1. 原理

液体试样或固体试样提取液经均质、超声提取、离心，取上清液经免疫亲和柱净化，洗脱液经氮气吹干，定容，微孔滤膜过滤，经液相色谱分离，电喷雾离子源离子化，多反应监测（MRM）方式检测。基质加标外标法定量。该方法黄曲霉毒素 M_1 定量限为 0.01μg/kg。

2. 步骤

1）提取

称取 10g（精确至 0.01g）试样，置于 250mL 烧杯中。将 50mL 已预热到 50℃的水加入到乳粉中，用玻璃棒将其混合均匀。如果乳粉仍未完全溶解，将烧杯置于 50℃的水浴中放置 30min。溶解后冷却至 20℃，移入 100mL 容量瓶中，用少量的水分次洗涤烧杯，洗涤液一并移入容量瓶中，用水定容至刻度，摇匀后分别移至两个 50mL 离心管中，在 6000r/min 下离心 15min，混合上清液，用移液管移取 50mL 上清液供净化处理用。

2）净化

免疫亲和柱的准备：将一次性的 50mL 注射器筒与亲和柱上顶部相串联，再将亲和柱与固相萃取装置连接起来。

试样的纯化：将以上试样提取液移至 50mL 注射器筒中，调节固相萃取装置的真空系统，控制试样以 2～3mL/min 稳定的流速过柱。取下 50mL 的注射器筒，装上 10mL 注射器筒。注射器筒内加入水，以稳定的流速洗柱，然后抽干免疫亲和柱。脱开真空系统，在免疫亲和柱下部放入 10mL 刻度试管，上部装上另一个 10mL 注射器筒，加入 4mL 乙腈，洗脱黄曲霉毒素 M_1，洗脱液收集在刻度试管中，洗脱时间不少于 60s。然后用氮气缓缓地在 30℃下将洗脱液蒸发至近干（如果蒸发至干，会损失黄曲霉毒素 M_1），用乙腈-水溶液（1+9）稀释至 1mL。

3. 测定

1）液相色谱参考条件

流动相：A 液，0.1%甲酸溶液；B 液，乙腈-甲醇溶液（1+1）。

梯度洗脱：参见表 7-6。

表 7-6 液相色谱梯度洗脱条件

时间/min	流动相 A/%	流动相 B/%	梯度变化曲线
0	68.0	32.0	—
4.20	55.0	45.0	6
5.00	0.0	100.0	6
5.70	0.0	100.0	1
6.00	68.0	32.0	6

注：1 为即时变化，6 为线性变化

流动相流动速度：0.3mL/min。

柱温：35℃。

试液温度：20℃。

进样量：10 μL。

2）质谱参考条件

检测方式：多反应监测（MRM），详见表 7-7 中母离子、子离子和碰撞能量。

表 7-7 离子选择参数表

黄曲霉毒素	母离子	定量子离子	碰撞能量	定性子离子	碰撞能量	离子化方式
M_1	329.0	273.5	22	259.5	22	ESI+

3）定性

试样中黄曲霉毒素 M_1 色谱峰的保留时间与相应标准色谱峰的保留时间相比较，变化范围应在±2.5%之内。黄曲霉毒素 M_1 的定性离子的重构离子色谱峰的信噪比（S/N）应大于或等于 3，定量离子的重构离子色谱峰的信噪比应大于或等于 10。

每种化合物的质谱定性离子必须出现，至少应包括一个母离子和两个子离子，而且同一检测批次，对同一化合物，样品中目标化合物的两个子离子的相对丰度比与浓度相当的标准溶液相比，其允许偏差不超过表 7-8 规定的范围。

表 7-8 定性时相对离子丰度的最大允许偏差

相对离子丰度	＞50%	0%～50%	10%～20%	≤10%
允许相对偏差	±20%	±25%	±30%	±50%

各检测目标化合物以保留时间和两对离子（特征离子对/定量离子对）所对应的 LC-MS/MS 色谱峰面积相对丰度进行定性。要求被测试样中目标化合物的保留时间与标准溶液中目标化合物的保留时间一致（一致的条件是偏差小于 20%），同时要求被测试样中目标化合物的两对离子对应 LC-MS/MS 色谱峰面积比与标准溶液中目标化合物的面积比一致。

4）试样测定

按照确立的条件，测定试液和标准系列溶液中黄曲霉毒素 M_1 的离子强度，外标法定量。色谱参考保留时间：黄曲霉毒素 M_1 为 3.23min。

5）定量测定

待测样液中被测组分的响应值应在标准曲线线性范围内，超过线性范围时，则应将样液用空白基质溶液稀释后重新进样分析或减少取样量，重新进行处理后再进样分析。

4. 分析结果的表述

采用外标法定量，按下式计算黄曲霉毒素 M_1 的残留量：

$$X = \frac{A \times V \times f \times 1}{m}$$

式中，X 为试样中黄曲霉毒素 M_1 的含量，μg/kg；A 为试样中黄曲霉毒素 M_1 的浓度，ng/mL；V 为样品定容体积，mL；f 为样液稀释因子；m 为试样的称样量，g。

以重复性条件下获得的两次独立测定结果的算术平均值表示，结果保留三位有效数字。在重复性条件下获得的两次独立测定结果的绝对差值不得超过算术平均值的 10%。

（四）免疫层析净化荧光分光光度法

免疫层析净化荧光分光光度法的原理是将试样经过离心、脱脂、过滤后滤液经过含有黄曲霉毒素 M_1 特异性单克隆抗体的免疫亲和柱层析净化，除去其他杂质，再洗脱下黄曲霉毒素 M_1。用荧光光度计测定黄曲霉毒素 M_1 的含量，其中测定时是先用荧光光度计标定溶液进行荧光光度计校准，再进行黄曲霉毒素 M_1 含量的测定。优点在于分析过程中不使用黄曲霉毒素 M_1 的标准物质，避免了操作人员造成的污染危险，不用担心黄曲霉毒素 M_1 标准品的购买困难，具有准确、快速、安全、简单等特点，可以满足少量和批量样品的检测需要。

1. 原理

试样经过离心、脱脂、过滤，滤液经含有黄曲霉毒素 M_1 特异性单克隆抗体的免疫亲和柱层析净化，黄曲霉毒素 M_1 交联在层析介质中的抗体上。此抗体对黄曲霉毒素 M_1 具有专一性，当样品通过亲和柱时，抗体选择性地与所有存在的黄曲霉毒素 M_1（抗原）键合。用甲醇-水（1+9）将免疫亲和柱上杂质除去，以甲醇-水（8+2）通过免疫亲和柱洗脱，将溴溶液衍生后的洗脱液置于荧光光度计中测定黄曲霉毒素 M_1 含量。该方法黄曲霉毒素 M_1 的检出限为 0.1μg/kg。

2. 试样提取与净化

称取 5g 试样（精确至 0.01g），用 30～60℃水将其慢慢溶解，定容至 50mL，加入 1.0g 氯化钠，将免疫亲和柱连接于 10mL 玻璃注射器下。准确移取 10.0mL 上述滤液注入玻璃注射器中，将空气压力泵与注射器连接，调节压力使溶液以约 6mL/min 流速缓慢通过免疫亲和柱，直至 2～3mL 空气通过柱体。以 10mL 甲醇-水（1+9）清洗柱子两次，弃去全部流出液，并使 2～3mL 空气通过柱体。准确加入 1.0mL（V_1）甲醇-水（8+2）洗脱液洗脱，流速为 1～2mL/min，收集全部甲醇-水洗脱液于玻璃试管中，备用。

3. 测定

取上述洗脱液加入 1.0mL（V）0.002%溴溶液，1min 后立即于荧光光度计测定样液中黄曲霉毒素 M_1 含量。

4. 结果计算

检测结果按下式计算：

$$X = \frac{(c - c_0) \times V_1 \times 10 \times V}{m}$$

式中，X 为试样中黄曲霉毒素 M_1 的含量，μg/kg；c 为荧光光度计中读取的样液中黄曲霉毒素 M_1 的浓度，μg/L；c_0 为荧光光度计中读取的空白试验中黄曲霉毒素 M_1 的浓度，μg/L；V_1 为最终净化甲醇-水（8+2）洗脱液体积，mL；V 为通过亲和柱试样体积，mL；m 为 50mL 试样中所含乳粉的质量，g/mL；10 为仪器的读数系数。

以重复性条件下获得的两次独立测定结果的算术平均值表示，结果保留到小数点后一位。

（五）快速检测法

1. 酶联免疫吸附法

酶联免疫吸附法（ELISA）具有快速和大批量检测的能力，其原理是样品中的黄曲霉毒素与酶标板上固定的抗原特异性竞争抗体，在固相载体表面形成抗原-抗体复合物，洗除多余抗体成分，加入酶标Ⅱ抗，与抗体反应通过酶催化显色剂显色，根据显色的深浅来判断样品中黄曲霉毒素的含量。ELISA 具有快速、灵敏、特异性强、成本低等特点，大大减少了工作人员的劳动量。样品不需要特殊处理，直接测定，仪器操作简单，适合黄曲霉毒素 M_1 大批样品的检测筛选，可用于现场检测。我国标准 NY/T 1664—2008 乳和乳粉中黄曲霉毒素 M_1 的测定使用酶联免疫吸附法。在 ISO 标准 14675：2003（IDF186：2003）牛奶和牛奶制品竞争酶联免疫分析的标准化指南中，黄曲霉毒素 M_1 含量的测定即为 ELISA 法。竞争性酶联免疫吸附试验从 1995 年起已成为 AOAC 检测黄曲霉毒素的官方方法。

原理：利用酶联免疫竞争原理，样品中残留的黄曲霉毒素 M_1 与定量特异性酶标抗体反应，多余的游离酶标抗体则与酶标板内的包被抗原结合，通过流动洗涤，加入酶显色底物显色后，与标准点比较定性。该方法黄曲霉毒素 M_1 的检出限为 0.5μg/kg。

分析步骤：加热器预热到 45℃±5℃，并至少保持 15min。液体试样或乳粉试样复原后振摇混匀，移取 450μL 至样品试管中，充分振摇，使其中的酶联免疫试剂颗粒完全溶解。将样品试管和酶联免疫检测试剂盒同时置于预热过的加热器内保温，保温时间 5～6min。使试样中的黄曲霉毒素 M_1 和酶联免疫试剂颗粒中的酶标记黄曲霉毒素 M_1 抗体结合。将样品试管内的全部内容物倒入试剂盒的样品池中，样品将流经“结果显示窗口”向绿色的激活环流去。当激活环的绿色开始消失变为白色时，立即用力按下激活环按键。试剂盒继续放置在加热器中保温 4min，使显色反应完成。将试剂盒从加热器中取出水平放置，立即进行检测结果判读，结果判读应在 1min 内完成。

目测判读结果：试样点的颜色深于质控点，或两者颜色相当，检测结果为阴性。试样点的颜色浅于质控点，检测结果为阳性。

双流向酶联免疫检测读数仪判读结果：数值≤1.05，显示 Negative，检测结果为阴性。数值＞1.05，显示 Positive，检测结果为阳性。

2. 胶体金法

基于竞争法胶体金免疫层析技术，用于快速筛查含有黄曲霉毒素 M_1 的液态奶、奶粉（含婴儿奶粉）等样品。此法将检测样品液加入速测卡上的样品孔，检测液中的黄曲霉毒素 M_1 与金标卡上的金标抗体结合形成复合物，若黄曲霉毒素 M_1 在检测液中浓度低于设定检测灵敏度值（阴性样本），未结合的金标抗体流到 T 区时，被固定在膜上的抗原捕获，形成一条可见的 T 线；若黄曲霉毒素 M_1

浓度高于设定检测灵敏度值，金标抗体即与黄曲霉毒素 M_1 全部形成复合物，不再与 T 线处抗原结合，T 线不可见。C 线为质控线，出现则说明该速测卡有效。市面上的速测卡盒在 2～8℃可稳定保存 4 个月，检测一个样品费用仅需几十元，检出限可达到 0.5μg/kg。该方法快速便捷、操作简单、成本低，适用于大量筛查牛奶中黄曲霉毒素 M_1，节省了人力、物力、财力。

第七节　硫氰酸钠的检测

一、概论

硫氰酸钠（NaSCN）是白色斜方晶系结晶或粉末，毒害品。易溶于水、乙醇和丙酮。硫氰酸钠的毒性主要由其在体内释放的氰根离子而引起。氰根离子在体内能很快与细胞色素氧化酶中的三价铁离子结合，抑制该酶活性，使组织不能利用氧。氰根离子所致的急性中毒分为轻、中、重三级。轻度中毒表现为眼及上呼吸道刺激症状，有苦杏仁味，口唇及咽部麻木，继而可出现恶心、呕吐、震颤等；中度中毒表现为叹息样呼吸，皮肤、黏膜常呈鲜红色，其他症状加重；重度中毒表现为意识丧失，出现强直性和阵发性抽搐，直至角弓反张，血压下降，尿、便失禁，常伴发脑水肿和呼吸衰竭。

原料乳或奶粉中掺入硫氰酸钠后可有效地抑菌、保鲜，是不法奶户的掺假物质之一。但硫氰酸钠是毒害品，少量的食入就会对人体造成极大伤害。2009 年 12 月卫生部发布的《食品中可能违法添加的非食用物质和易滥用的食品添加剂品种名单（第一批）》中明确规定乳及乳制品中硫氰酸钠属于违法添加物。

二、硫氰酸钠的限量要求

由于硫氰酸钠是一种有毒化工原料，国家禁止在食品加工中添加和使用，限量标准为不得添加或不得检出。

三、硫氰酸钠的检测方法

（一）液相色谱法

色谱条件：色谱柱 Agela-ASB C_{18}（250mm×4.6mm，5μm）；流动相为磷酸盐缓冲液：乙腈=95：5；柱温为 30℃；流速为 0.8mL/min；检测波长为 218nm；进样量 10μL。前处理方法：精密量取样品 10.00mL，置 50mL 具塞离心管中，加入乙腈 15mL。密塞强烈振摇提取 3min 后，至高速冷冻离心机中，4℃下 8000r/min 离心 3min，小心取出全部上层清液过碱性氧化铝柱。挤干，收集全部流出液于 100mL 梨形瓶中，加入 1mL 正丙醇，置 60℃恒温水浴中减压旋转蒸发至干，精密加入 1.00mL 磷酸盐缓冲液，振荡溶解后，取出置 2mL 的 TIP 离心管中，14000r/min 离心 3min 脱脂后取水层溶液过 0.45μm 滤膜，待测。

（二）离子色谱法

色谱条件：色谱柱为 Dionex IonPac AS16 阴离子分析柱（250mm×4.0mm），IonPac AG16 保护柱（50mm×4.0mm）。检测器为电导检测器，抑制器为 ASRS UL TRA Ⅱ阴离子抑制器：循环水模式；抑制电流为 175mA。淋洗液为 KOH 溶液，由淋洗液在线发生器产生，梯度洗脱模式。淋洗液流速为 1.0mL/min；检测池温度 35℃；柱温 30℃；进样量 100μL。样品经提取净化后，采用 Dionex IonPac AS16 阴离子分析柱进行分离。电导检测器进行检测。

第八节　放射性污染的检测

一、概论

（一）奶粉中放射性核素污染

奶粉中的放射性物质主要来源于天然放射性核素或人工放射性物质。

天然放射性核素分成两大类，一类为宇宙射线的粒子与大气中的物质相互作用产生，如 ^{14}C、^{3}H 等，另一类是地球在形成过程中存在的核素及其衰变产物，如 ^{238}U、^{235}U、^{32}Th 和 ^{40}K、^{87}Rb 等。天然放射性物质在自然界中的分布很广，存在于矿石、土壤、天然水和大气中，可以通过食物链进入生物圈，成为动植物组织的成分之一。一般认为，食品中的天然放射性物质的含量取决于天然放射性污染的概率和生物富集作用，基本不会影响食品的安全，除非含量很高。

人工放射性物质由人类利用核反应进行核爆炸试验或核能工业等活动所产生。如核爆炸时会产生大量的放射性裂变产物，随同高温气流被带到不同的高度，大部分在爆点附近地区沉降下来，较小的粒子能进入对流层甚至平流层，绕地球运行，经数天、数月或数年缓慢地沉降到地面，从而造成全球性的环境污染。而核动力工业中，如核电站的建立和运转，也可产生放射性裂变产物。根据国际原子能机构（IAEA）官网数据，截至 2014 年 4 月 30 日，全世界在役核反应堆为 435 个。从一座核电站排放出的放射性废物，虽然其极微量的浓度几乎检不出来，但经过生物链，会被成千上万倍地浓缩，成为食品放射性物质污染的一个来源。但最严重的放射性污染无疑是意外的核事故，如 1986 年发生在苏联的切尔诺贝利核电站核泄漏事故，2011 年 3 月日本福岛核电站的核事故，对周围的土壤、水体和生物造成了严重的污染，其危害是令人触目惊心的。因此，人工放射性物质是影响食品安全的重要因素。

综上所述，通常意义上的食品放射性污染是指食品吸附或吸收外来的（人工的）放射性核素，使其放射性高于天然本底。而奶粉主要来源于牛奶或羊奶，放射性核素通过受污染的饲料、水等进入牛、羊体内，经由生物富集作用最终造成奶粉中的放射性污染。

（二）婴幼儿奶粉灭菌技术及辐照

奶粉的生产大致包括如下过程：原料奶验收→预处理与标准化→杀菌浓缩→喷雾干燥→冷却储存→包装→成品。但是，由于细菌在自然环境中无处不在，从挤奶到成品分销至消费者手中，细菌有无数的机会进入牛奶及其制品中，造成微生物的污染。因此，灭菌成了现代牛奶产销中不可缺少的一个环节。

目前，奶粉生产企业采用的杀菌方式主要为高温短时间巴氏杀菌（HTST）（72～75℃或 82～85℃，保持 15～20s）和超高温瞬时灭菌（UHT）（135～140℃，保持 3～4s）。

辐照技术是第二次世界大战后发展起来的一种食品加工和食品保藏技术。它以一定剂量的电离辐射（^{60}Co 或 ^{137}Cs 放射源产生的 γ 射线、电子加速器产生的低于 10MeV 电子束或 X 射线）照射粮食和其他食品，利用由此产生的物理、化学、生物及生理学等变化进行杀虫、灭菌、抑制发芽和延缓成熟，其具有冷加工处理、无二次污染和化学残留、能耗低等特点。目前已有 42 个国家共批准了 240 多种辐照食品，主要包括豆类、谷物及其制品，干果果脯类，熟畜禽肉类，冷冻包装畜禽肉类，香辛料类，新鲜水果、蔬菜类及水产品类，基本囊括了绝大部分食品，但均未涉及婴幼儿奶粉。

二、对人体健康的影响

一般来说，放射性核素主要经消化道进入人体（其中食物占 94%～95%，饮用水占 4%～5%），通过呼吸道和皮肤进入得较少。但在核试验和核工业泄漏事故时，放射性物质经消化道、呼吸道和皮肤这几条途径均可进入人体而造成危害。放射性物质发出的射线会破坏机体内的大分子结构，甚至直接破坏细胞和组织结构，严重影响人们健康，尤其是对儿童的健康。切尔诺贝利核电站核泄漏事故后，白俄罗斯儿童患甲状腺癌、白血病的数量迅速增加，新生儿患有生理残疾的数量剧增。白俄罗斯儿童患甲状腺癌的比率，在发生核事故前为 1∶2000000，与其他国家相差无几，但到 1994 年为 1∶10000，上升了 200 倍，某些地区甚至高达 1∶1000，上升了 2000 倍。

鉴于放射性物质对儿童的伤害更为突出，关注食品尤其是婴幼儿食品中的放射性污染显得尤为重要。婴幼儿奶粉是除母乳外婴幼儿的主要食物，通常来源于动物（牛、羊等）的奶，一旦因核爆炸或泄漏事故造成过量的放射性物质通过作物、水、饲料、牧草等进入产奶动物体内，就会直接污染最终的奶产品，从而对婴幼儿的健康造成无法挽回的危害。

目前，国际上对于放射性核素已经形成较一致的共识，在合乎安全食用的食品天然放射性本底基础上，国际食品法典委员会也就食品中不同的放射性物质限量制定了指导水平，世界各国及相应地区都依据各自的情况进行了相应的风险评估，制定了包括奶粉在内的食品中放射性物质的限量法规和检测方法。

三、放射性污染的限量要求

（一）国际食品法典委员会关于奶粉中的放射性核素污染的指导水平

切尔诺贝利核电站核泄漏事故发生后，为了防止在国际贸易中不必要的干扰，国际食品法典委员会（CAC）组织制定并于 1989 年批准了《核事故污染后进入国际贸易的食品中放射性核素的指导水平》（CAC/GL 5—1989）。CAC 于 2003 年启动修订程序，修订工作组由欧盟和国际原子能机构（IAEA）主导，并得到比利时、芬兰、法国、德国、瑞士、英国和美国等国家的协助。2006 年 7 月，CAC 第二十九届会议审议通过了修正案，将其更名为《核或放射紧急情况污染后进入国际贸易的食品中放射性核素的指导水平》（CAC/GL 5—2006），并收入正式的法典标准《食品和饲料中的污染物和毒素法典通用标准》（CODEX STAN 193—1995）的 2013 年修订版中。

法典的指导水平（the guideline levels）是基于一年内 1mSv 的干预豁免水平（intervention exemption level）、污染食品占总消费量的 10%、婴儿和成年人食品消费量分别为 200kg 和 500kg 的假设导出。表 7-9 为 CAC 关于食品中放射性核素的指导水平。由于婴幼儿对放射性核素的敏感度较高，更容易出现健康问题，所以标准将婴幼儿食品与除婴儿食品外的其他食品进行了区分。对于消费数量很少（如少于每人每年 10kg）的食品，如香料，由于它们在人们的全部膳食中所占的份额很小，因此可以采用比主要食品高 10 倍的指导水平。

表 7-9　CAC 关于食品中放射性核素的指导水平

食品类别	放射性核素	限量水平/（Bq/kg）
婴幼儿食品	^{238}Pu，^{239}Pu，^{240}Pu，^{241}Am	1
婴幼儿食品	^{90}Sr，^{106}Ru，^{129}I，^{131}I，^{235}U	100
婴幼儿食品	$^{35}S^{*}$，^{60}Co，^{89}Sr，^{103}Ru，^{134}Cs，^{137}Cs，^{144}Ce，^{192}Ir	1000

续表

食品类别	放射性核素	限量水平/（Bq/kg）
婴幼儿食品	$^{3}H^{**}$，^{14}C，^{99}Tc	1000
非婴幼儿食品	^{238}Pu，^{239}Pu，^{240}Pu，^{241}Am	10
非婴幼儿食品	^{90}Sr，^{106}Ru，^{129}I，^{131}I，^{235}U	100
非婴幼儿食品	$^{35}S^{*}$，^{60}Co，^{89}Sr，^{103}Ru，^{134}Cs，^{137}Cs，^{144}Ce，^{192}Ir	1000
非婴幼儿食品	$^{3}H^{**}$，^{14}C，^{99}Tc	10000

* 指有机结合态的硫；

** 指有机结合态的氚。

表 7-9 中所指食品均指复原（复溶）后的食品或直接用于消费的食品，脱水或浓缩的食品不包括在内，故奶粉应按比例折算成鲜奶进行限定。不同组的放射性核素均单独应用指导水平，但同一组别的放射性核素（如 ^{134}Cs 和 ^{137}Cs）应以总量计算。

指导水平是“CAC 建议在国际贸易中允许流通的食品或饲料中某物质的最大水平”。就消费食品的放射防护而言，食品中的放射性物质污染水平不超过指导水平，就是适于人们消费的安全食品。当食品中放射性物质指标超过指导水平时，各国政府应该决定这些食品是否还在其领域或辖区内分配或流通，以及在什么情况下可以食用或允许进入市场。指导水平不同于最高限量，最高限量是指“CAC 建议法律允许的特定商品中某物质的最大浓度”，CAC 至今尚未接到进行风险评估，将放射性核素的指导水平转化为最高限值的请求。

（二）欧盟关于婴儿食品和奶制品中放射性核素污染的最大允许限量

1986 年切尔诺贝利核电站核泄漏事故发生后，由原子炉熔毁而漏出的辐射尘飘过俄罗斯、白俄罗斯和乌克兰，也飘过欧洲的部分地区，如土耳其、希腊、摩尔多瓦、罗马尼亚、立陶宛、芬兰、丹麦、挪威、瑞典、奥地利、匈牙利、捷克、斯洛伐克、斯洛文尼亚、波兰、瑞士、德国、意大利、爱尔兰、法国（包含科西嘉）和英国。1986 年 4 月，一些欧洲国家（除法国以外）开始强制实行食物限制，特别是菌类和牛奶。在德国、奥地利、意大利、瑞典、芬兰、立陶宛和波兰的某些地区，野味（包括野猪、鹿等），野生蘑菇，浆果以及从湖里打捞的食肉鱼类的铯-137 含量达到每千克几千贝克。在德国，一些野生蘑菇的铯-137 含量甚至达到了 40000Bq/kg。1987 年，欧洲共同体理事会的 3954/87 指令规定了食品及饲料中放射性同位素的最大允许限量（maximum permitted levels）。

2011 年日本福岛核事故发生后，欧盟为确保与日本所采取的行动水平一致，对来自日本的食品采用日本的暂行规定值。

表 7-10 中的婴儿食品特指供 4～6 个月的孩子食用的食品。对于婴幼儿奶粉，需要按比例复原后计算。而所有半衰期超过 10 天的核素不包括 ^{14}C、^{3}H、^{40}K。对于大蒜、香草等次要食品（minor foodstuffs），欧盟 944/89 指令规定最大限量水平为其他食品的 10 倍。

表 7-10　欧盟关于食品中放射性核素的最大允许限量

放射性核素	婴儿食品/（Bq/kg）	奶制品/（Bq/kg）	除微小食品外的其他食品/（Bq/kg）	液态食品/（Bq/L）
锶的同位素，尤其是 ^{90}Sr	75	125	750	125
碘的同位素，尤其是 ^{131}I	150（100）	500（300）	2000	500（300）
释放 α 粒子的钚和超钚元素的同位素，尤其是 ^{239}Pu，^{241}Am	1	20（1）	80（10）	20（1）
所有半衰期超过 10 天的核素，尤其是 ^{134}Cs、^{137}Cs	400（200）	1000（200）	1250（500）	1000（200）

注：括号内为日本的暂行规定值。

（三）美国关于食品中放射性核素的导出干预水平

美国对于食品中放射性污染的法规最初也源于应对切尔诺贝利核电站事故的影响，1986 年由美国食品药品管理局（FDA）和食品安全检验局（FSIS）分别设立了针对进口食品中放射性污染（^{131}I 和 ^{134}Cs、^{137}Cs）的关注水平值（level of concern，LOC）和筛查值（screening values），对事故发生区域进口的食品进行检测，之后经过进一步的数据完善，于 1998 年形成了食品中放射性污染导出干预水平（derived intervention levels，DILs）的法规。表 7-11 为 FDA 关于饮食中放射性核素组的导出干预水平。

导出干预水平采用个人防护年最高剂量 5mSv 和器官最高剂量 50mSv（ICRP，1957 年建议）为计算依据，结合六个年龄组（3 个月、1 岁、5 岁、10 岁、15 岁和成年人）针对不同放射性核素的剂量系数（dose coefficient，DC），膳食摄入量和污染食物在膳食中的比例，得出不同年龄组的数值，最终取最低值作为标准数值。所以导出干预水平虽然没有单独对婴幼儿食品的规定，但同样适合于婴幼儿食品。导出干预水平强调按组进行限定，其中"^{103}Ru+^{106}Ru"组中两个同位素的限定值差别较大，故采用比值加和方式进行限定。对于奶粉和浓缩果汁，同样要求以适当比例的无污染水复原后再进行检测。

表 7-11　FDA 关于饮食中放射性核素组的导出干预水平（牛奶按 1.03kg/L 换算）

放射性核素组	饮食中所有成分		牛奶中的折算值
	Bq/kg	pCi/kg	pCi/L
^{90}Sr	160	4300	4400
^{131}I	170	4600	4700
$^{134}Cs+^{137}Cs$	1200	32000	33000
$^{238}Pu+^{239}Pu+^{241}Am$	2	54	56
$^{103}Ru+^{106}Ru$	[（^{103}Ru /6800）+（^{106}Ru /450）]<1	[（^{103}Ru /18000）+（^{106}Ru /1200）]<1	[（^{103}Ru /190000）+（^{106}Ru /12000）]<1

（四）中国关于放射性核素的食品通用行动水平

20 世纪 70 年代初，为落实周恩来总理“进出口食品应进行无放射性物质污染签证”指示，按卫生部（74）卫防字 428 号文《检发食品卫生（放射性部分）科研规划》安排，在大量调查基础上，首次制定和试行了我国内部标准《食品中放射性物质限制量》（GBn 54—77，后改为 GBn 54—81）。1994 年按国际放射防护委员会（ICRP）26 号和 30 号出版物，根据原国家标准《放射卫生防护基本标准》（GB 4792—84）对公众长期持续照射控制原则，制定了包括 12 种核素的国家强制标准《食品中放射性物质限制浓度标准》（GB 14882—94）。

但随着 1996 年 IAEA 在《国际基本安全标准》中引入“剂量约束”概念后，GB 14882 不再适应新的安全需要，我国开始对其进行修订，2002 年，《电离辐射防护与辐射源安全基本标准》（GB 18871—2002）规定了食品通用行动水平（表 7-12），将牛奶和饮用水与婴儿食品归为一类，与一般消费食品相区别。实际应用时，应将对不同核素组分别给出的水平值单独应用于相应核素组中各种核素的活度的总和。同时根据 GB 14882 的表述，对于奶粉，其折算标准为 1kg 全脂淡奶粉相当于 7L 鲜奶。目前，正在修订的标准（2008 年立项）则基于剂量约束的概念，为了用于正常情况下疑有放射性污染的公众消费的食品监管，拟设立食品中放射性核素调查水平和限制浓度两个指标，分别为通用

表 7-12　中国关于放射性核素的食品通用行动水平

放射性核素	一般消费食品/（Bq/kg）	牛奶、婴儿食品和饮用水/（Bq/kg）
^{134}Cs、^{137}Cs、^{103}Ru、^{106}Ru、^{89}Sr	1000	1000
^{131}I	1000	100
^{90}Sr	100	100
^{241}Am、^{238}Pu、^{239}Pu	10	1

行动水平的 1/10 和 3/10，将使得我国由食品中人工放射性核素导致的有效剂量控制更加严格。

（五）其他国家或地区关于牛奶及奶制品中 ^{131}I、^{134}Cs 和 ^{137}Cs 的限量指标

自福岛核事故发生以来，不少国家和地区都纷纷制定针对日本输入食品的放射性浓度基准值，对事故产生的放射性核素，尤其是 ^{131}I、^{134}Cs 和 ^{137}Cs 进行了严格的限定。表 7-13 列出了一些国家对牛奶及奶制品中放射性核素 ^{131}I、^{134}Cs 和 ^{137}Cs 的指标值。

表 7-13 福岛核事故后一些国家对牛奶及奶制品中 ^{131}I、^{134}Cs 和 ^{137}Cs 的限量指标

国家/地区	牛奶及奶制品/（Bq/kg）	
	^{131}I	^{134}Cs、^{137}Cs
日本	300	50
新加坡	100	1000
泰国	100	500
韩国	150	370
菲律宾	1000	1000
越南	100	1000
马来西亚	100	1000
加拿大	100	300

四、放射性污染的检测方法

我国于 1994 年颁布了关于食品（含奶粉基质）中放射性核素检测的系列标准（GB 14883.1～10—1994），涉及 ^{3}H、^{89}Sr、^{90}Sr、^{147}Pm、^{239}Pu、^{240}Pu、^{131}I、^{137}Cs 等 8 种人工放射性核素和 ^{210}Po、^{226}Ra、^{228}Ra、天然钍、天然铀等 5 种放射性核素。1995 年，我国又颁布了生物样品/环境样品中放射性核素的 α 能谱法（GB/T 16141—1995）和 γ 能谱法（GB/T 16145—1995）。上述标准基本覆盖了核事故等人为活动会造成的放射性核素污染的种类和检测方法，但考虑到每次核事故中释放到环境中易于扩散且容易造成婴幼儿奶粉安全威胁的主要为 ^{131}I 和 ^{137}Cs，故在此主要介绍奶粉/牛奶基质中 ^{131}I 和 ^{137}Cs 的检测标准。

（一）奶粉中 ^{131}I 的检测（GB 14883.9—2016）

1. 放射化学测定法

原理：食品鲜样在碳酸钾溶液中浸泡后炭化、灰化，水浸取液用四氯化碳萃取分离、碘化银形式制源，以低本底 β 射线测量仪测量 ^{131}I 的 β 放射性浓度。

样品预处理：对于奶粉样品按 1∶7 的比例以水复原为牛奶溶液。取样 500mL，加入 1.0mL 碘载体溶液（1.772g 碘化钠溶于 100mL 水中）和 10mL 2.5mol/L 碳酸钾溶液，搅拌后分次移入 300mL 蒸发皿。在干燥箱内烤干，置于电炉上炭化至无烟。加 1g 亚硝酸钠，拌匀后在高温炉 450～500℃下灰化至白色。

将灰化好的样品灰用水加热浸取，过滤入 250mL 分液漏斗中，并多次用水冲洗蒸发皿，洗液过滤，总体积控制在 60mL 左右，弃去残渣。向分液漏斗加入 30mL 四氯化碳、2mL 次氯酸钠溶液，振摇 2min，然后加入 6mL 1 mol/L 盐酸羟胺溶液，振摇 2min。加入 0.5g 亚硝酸钠，振摇溶解后逐滴加入硝酸至反应完全，同时不断振摇，萃取至有机相紫色不再加深（注意放气），静置分层后将有机相转移至另一分液漏斗。加 15mL 四氯化碳入盛水相的分液漏斗，再萃取一次，合并有机相，弃去水相。有机相用 30mL 水洗一次，振摇 2min 后弃去水相。向盛有四氯化碳的分液漏斗中加入 20mL 水和数滴 0.1 mol/L 亚硫酸氢钠溶液，振摇至有机相无色，静置分层，将有机相转移至另一分液漏斗，水相放至 100mL 烧杯，再用 5mL 水洗有机相一次，振摇后弃去四氯化碳（或回收），合并水相。向烧杯内加入 3 滴铁载体溶液（10mg Fe^{3+}/mL），用 2mol/L 氢氧化钠溶液调至碱性，加热，趁热过滤溶液于 100mL 烧杯中，用少量弱碱性水洗沉淀，弃去沉淀（若无明显稀土元素污染，此步可略）。

加热煮沸清液，冷却，加入 5mL 2mol/L 硝酸后立即在搅拌下加入 1%硝酸银溶液 3mL，加热凝聚沉淀。冷却后将沉淀用可拆卸漏斗抽滤在已恒量的滤纸上，用 1%硝酸溶液洗沉淀数次，无水乙醇洗涤后，110℃下烘干。

检测及结果计算：将制得的样品源和 ^{137}Cs 监督源在低本底 β 射线测量仪上测量放射性。样品称至恒量。按下列公式计算：

$$D=\frac{NE'_{\mathrm{Cs}}}{E_{\mathrm{e}}E_{\mathrm{Cs}}}$$

式中，D 为样品源的衰变率，衰变/min；E_{e} 为 ^{131}I 的有效计数效率（包括自吸收校正），可用计数效率-质量曲线计算；E_{Cs} 为监督源在测定样品时测得的计数效率；E'_{Cs} 为监督源在标定有效计数效率时测得的计数效率；N 为样品中测得的 ^{131}I 净计数率，计数/min。

2. γ 能谱测定法

原理：食品鲜样直接或经前处理后装入一定形状和体积的样品盒内，在 γ 能

谱仪上测量样品中 ^{131}I 在 364.5keV 的 γ 射线特征峰全能峰净面积，与已知活度的标准放射源相比较，计算 ^{131}I 放射性浓度。对裂变后 6 天内新鲜裂变产物中 ^{131}I 测定最好应用 γ 能谱法，否则应进行衰变测量，以排除短寿命碘放射性同位素干扰。

样品预处理：取 500mL 奶，加 20mL 1.5mol/L 氢氧化钠溶液，混匀后蒸发浓缩至 170mL 以下，装入内外已清洗洁净的样品盒，求出浓缩系数。记录样品质量、高度，计算表观密度。

测定及计算：将装有待测样品的样品盒放置在探测器端帽上或支架上（样品底面距探测器端帽应小于 0.5cm），测量位置应与基准峰效率刻度时相同。对 ^{131}I 用 364.5keV 全能峰，记录样品测量时间、全能峰净面积（TPA）。

食品样品中 ^{131}I 放射性活度计算公式：

$$A=\frac{N}{TBWE_{\mathrm{h}}R(1+F)\mathrm{e}^{-\lambda t}}$$

式中，A 为食品中 ^{131}I 放射性活度浓度，Bq/kg 或 Bq/L；N 为测出 ^{131}I 全能峰净面积，计数；T 为样品测量时间，s；B 为 ^{131}I 的 364.5keV γ 射线的分支比，为 81.24%；W 为测量样品相应的鲜样量，kg 或 L；E_h 为基准峰效率，用 ^{137}Cs 661.6keV 能峰为基准峰，其数值由 E_h-H 关系曲线查出；R 为相对峰效率，可采用 ^{137}Cs 为基准峰，对于 ^{131}I 为 1.67，或通过试验方法得到，用模拟 ^{131}I 的 ^{133}Ba 标准溶液作出 356.0keV γ 射线的 E_h-H 关系曲线，求出 356.0keV 峰与 661.6keV 峰的探测效率比值，即为 ^{131}I 的相对峰效率；F 为测量效率总校正因子，%，见表 7-14；λ 为 ^{131}I 的衰变常数，h^{-1}；t 为采样到测量间的时间间隔，h^{-1}。

表 7-14　不同高度和表观密度时 ^{131}I 和 ^{137}Cs 测量效率总校正因子 F（单位：%）

核素	高度/cm	表观密度/（g/cm³）						
		0.4	0.6	0.8	1.0	1.2	1.4	1.6
^{131}I	1.0	3.1	2.0	1.0	0	−1.0	−1.0	−2.9
	1.5	4.5	2.9	1.5	0	−1.4	−2.8	−4.2
	2.0	5.8	3.8	1.9	0	−1.8	−3.6	−5.3
	2.5	7.0	4.6	2.3	0	−2.2	−4.3	−6.4
	3.0	8.2	5.4	2.6	0	−2.5	−5.0	−7.3
	3.5	9.4	6.1	3.0	0	−2.9	−5.6	−8.2
	4.0	10.5	6.8	3.3	0	−3.2	−6.2	−9.0
	4.5	11.6	7.5	3.6	0	−3.4	−6.7	−9.8
	5.0	12.6	8.1	3.9	0	−3.7	−7.2	−10.5

续表

核素	高度/cm	表观密度/（g/cm³）						
		0.4	0.6	0.8	1.0	1.2	1.4	1.6
	1.0	2.4	1.6	0.79	0	−0.78	−1.6	−2.3
	1.5	3.5	2.3	1.3	0	−1.1	−2.2	−3.3
	2.0	4.5	3.0	1.5	0	−1.4	−2.8	−4.2
	2.5	5.4	3.6	1.8	0	−1.7	−3.4	−5.0
^{137}Cs	3.0	6.4	4.2	2.1	0	−2.0	−3.9	−5.8
	3.5	7.2	4.7	2.3	0	−2.2	−4.4	−6.5
	4.0	8.1	5.3	2.6	0	−2.5	−4.9	−7.2
	4.5	8.9	5.8	2.8	0	−2.7	−5.3	−7.8
	5.0	9.7	6.3	3.1	0	−2.9	−5.7	−8.4

（二）奶粉中 ^{137}Cs 的测定（GB 14883.10—2016）

1. 磷钼酸铵法

原理：采用硝基盐酸浸取食品灰，经磷钼酸铵吸附分离，在柠檬酸掩蔽下以碘铋酸盐沉淀纯化铯后，使用低本底 β 射线测量仪测量 ^{137}Cs 的 β 放射性。

样品预处理：取一定量奶粉在电炉上炭化，炭化时要不断翻动或搅拌，但应防止着明火，以免细灰粒被气流带出。将炭化后样品先在高温炉中 200～250℃温度下灰化数小时后，再于 450℃灰化 12～24h，直到灰分呈白色或灰白色疏松颗粒或粉末状为止，必要时可延长灰化时间。

称取 1～10g（精确至 0.001g）灰样于 250mL 蒸发皿，加入 2.00mL 铯载体溶液和少量水润湿灰。慢慢滴入 40mL 硝基盐酸，在沸水浴上蒸干，再在电炉上低温加热到无烟后，于马弗炉中 450℃灼烧 0.5h。冷却，用 30～50mL 6mol/L 硝酸溶液浸煮并趁热离心，保留上清液。然后用热的 2mol/L 硝酸溶液和水 20mL 交替洗涤残渣 2 次。重复前述浸煮和洗涤一次，弃去残渣，合并上清液和洗出液于 250mL 烧杯。用浓氨水调浸出液 pH 至 1 左右，加水稀释至 200mL 左右。加入 1g 磷钼酸铵，搅拌 30min，放置，让沉淀沉降完全。

用虹吸法吸去大部分清液，剩余部分转入离心管离心，弃去上清液。用 1%（*V*/*V*）硝酸和水各 15mL 分别洗沉淀一次，离心。弃去上清液。然后加入 10mL 2 mol/L 氢氧化钠溶液，搅拌使沉淀溶解。加 5mL 30%柠檬酸溶液，小心加热，如有不溶物应趁热在定量滤纸上过滤，用 10mL 水依次洗涤烧杯和滤纸，合并滤液和洗涤液入 50mL 烧杯中，在电炉上缓缓蒸发至 5～8mL。

将烧杯放在冰浴中冷却，加入 2mL 冰醋酸和 2.5mL 碘铋酸钠溶液，用玻璃棒擦壁搅拌 3min 左右。碘铋酸铯沉淀在冰浴放置 15min 左右。将溶液和沉淀转入 10mL 离心管中离心，弃去上清液。用 10mL 冰醋酸洗涤烧杯后转入离心管，搅起沉淀进行洗涤，离心，弃去上清液。

用 10mL 冰醋酸溶液将全部沉淀均匀地转移至装有已恒量滤纸的可拆卸漏斗中，抽滤。用冰醋酸洗到滤出液无色为止。最后用 10mL 无水乙醇洗 1 次。然后将碘铋酸沉淀在 110℃下烘干，称至恒量。在低本底 β 射线测量仪上测量 ^{137}Cs 的 β 放射性，接着在同样条件下测量 ^{137}Cs 监督源。

测定及计算：在低本底 β 射线测量仪上测量 ^{137}Cs 放射性，接着在同样条件下测量 ^{137}Cs 监督源。按照下列公式计算：

$$A=\frac{NA_1M}{60W\delta RN_3}$$

式中，A 为食品中 ^{137}Cs 放射性活度浓度，Bq/kg 或 Bq/L；N 为样品测量得到的净计数率，计数/min；A_1 为经 ^{137}Cs 标准源校正的 ^{137}Cs 监督源的强度，衰变每分钟（dpm）；M 为灰鲜比，g/kg 或 g/L；W 为分析用灰质量，g；δ 为 ^{137}Cs 的自吸收系数，可由自吸收曲线查得；R 为铯的化学回收率；N_3 为样品测量时 ^{137}Cs 监督源的净计数率，计数每分钟（cpm）。

2. 亚铁氰化钴钾法

原理：硝基盐酸或浓硝酸浸取食品灰，亚铁氰化钴钾吸附，碘铋酸钠沉淀铯后，用低本底 β 射线测量仪测量 ^{137}Cs 的 β 放射性。

样品预处理：取一定量奶粉在电炉上炭化，炭化时不时翻动或搅拌，但应防止着明火，以免细灰粒被气流带出。将炭化后样品先在高温炉中 200～250℃温度下灰化数小时后，再于 450℃灰化 12～24h，直到灰分呈白色或灰白色疏松颗粒或粉末状为止，必要时可延长灰化时间。

称取 1～10g（精确至 0.001g）灰样于 250mL 蒸发皿，加入 2.00mL 铯载体溶液和少量水润湿灰。慢慢滴入 40mL 硝基盐酸，在沸水浴上蒸干，再在电炉上低温加热到无烟后，于高温炉中 450℃灼烧 0.5h。冷却，用 30～50mL 6mol/L 硝酸溶液浸煮并趁热离心，保留上清液。然后用热的 2mol/L 硝酸溶液和水 20mL 交替洗涤残渣 2 次。重复前述浸煮和洗涤一次，弃去残渣，合并上清液和洗出液于 250mL 烧杯。

向合并的溶液中加入 1g 亚铁氰化钴钾，不停搅拌 10min 左右，用定量滤纸过滤全部沉淀。用 30mL 蒸馏水先洗烧杯后洗沉淀。将沉淀连同滤纸一起转移至瓷坩埚中，在电炉上烘干、炭化，再在 450℃高温炉中灰化 10～20min，以不沾有亚铁氰化钴钾粉末的滤纸灰化变白、坩埚壁上没有黑色为灰化完成的标志，取出冷却。

坩埚中加入 10～20mL 沸水，搅拌并捣碎灰化物，静置片刻，上清液过滤到

100mL 烧杯中。如灰化不好，沸水浸取时炭末可能透过滤纸，会影响铯回收率。如发生这种情况，可将浸取液加热浓缩，使炭末集聚，然后再过滤除去炭末。再用沸水如此浸取铯 3 次。将合并的浸取液缓缓蒸至 5mL 左右，冷却至室温。加入 6mL 冰醋酸和 10mL 碘铋酸钠溶液，擦壁搅拌至碘铋酸铯沉淀出现，再放 10min 左右。

在装有已恒量滤纸的可拆卸漏斗中抽滤沉淀。用冰醋酸将沉淀全部转入漏斗并洗沉淀至洗出液无色，再用 10mL 无水乙醇洗沉淀。沉淀与滤纸一起在 120℃烘干，称至恒量。

测定及结果计算：在低本底 β 射线测量仪上测量碘铋酸铯的放射性，接着测量 ^{137}Cs 监督源。按磷钼酸铵法的计算公式计算结果。

3. γ 能谱测定法

原理：食品鲜样直接或经前处理后装入一定形状和体积的样品盒内，在 γ 能谱仪上测量样品中 ^{137}Cs 在 661.6keV 的 γ 射线特征峰全能峰净面积，与已知活度的标准放射源相比较，计算 ^{137}Cs 放射性浓度。当样品中有铯-134（^{134}Cs）存在时，应用本法进行 ^{137}Cs 的测定。

样品预处理：取 500mL 牛奶，直接蒸发浓缩至 170mL 以下，装入样品盒，使样品高度与 ^{137}Cs 标准放射源高度相同。求出浓缩系数。记录样品质量、高度，计算表观密度。

测定及结果计算：

$$A = \frac{N}{TE(1+F)BW\mathrm{e}^{-\lambda t}}$$

式中，A 为食品中 ^{137}Cs 放射性活度浓度，Bq/kg 或 Bq/L；N 为测量样品的 ^{137}Cs 全能峰净面积，单位为计数；T 为样品测量时间，s；E 为 ^{137}Cs 标准放射源在 661.6keV γ 射线全能峰的探测效率；F 为测量效率总校正因子，%，见表 7-15；B 为 ^{137}Cs 的 661.6keV γ 射线的分支比，为 84.62%；W 为测量样品相应的鲜样量，kg 或 L；λ 为 ^{137}Cs 的衰变常数，a^{-1}，$\lambda=0.693/T_0$，T_0 为 ^{137}Cs 的半衰期，30a；t 为采样到测量后的时间间隔，a。

表 7-15　不同高度和表观密度时 ^{137}Cs 测量效率的总校正因子 F　（单位：%）

高度/cm	表观密度/（g/cm³）						
	0.4	0.6	0.8	1.0	1.2	1.4	1.6
1.0	2.4	1.6	0.79	0	−0.78	−1.6	−2.3
1.5	3.5	2.3	1.3	0	−1.1	−2.2	−3.3

续表

高度/cm	表观密度/（g/cm^3）						
	0.4	0.6	0.8	1.0	1.2	1.4	1.6
2.0	4.5	3.0	1.5	0	−1.4	−2.8	−4.2
2.5	5.4	3.6	1.8	0	−1.7	−3.4	−5.0
3.0	6.4	4.2	2.1	0	−2.0	−3.9	−5.8
3.5	7.2	4.7	2.3	0	−2.2	−4.4	−6.5
4.0	8.1	5.3	2.6	0	−2.5	−4.9	−7.2
4.5	8.9	5.8	2.8	0	−2.7	−5.3	−7.8
5.0	9.7	6.3	3.1	0	−2.9	−5.7	−8.4

（三）其他检测方法

放射性物质的检测主要是基于射线和物质相互作用所产生的各种效应，如电离、光、电或热等，进行观测和测量放射性活度。放射性活度是衡量放射性核素发生自发变化（核跃迁）的物理量。它的定义是：在给定时刻处于特定能态下的一定量放射性核素的放射性活度 A 是 dN 除以 dt 所得的商。其中 dN 是在时间间隔 dt 内能态发生自发核跃迁数的期望值（注：定义中的“特定能态”是指该核素的基态；“自发核跃迁”是指自发核变化或同质异能跃迁）。表 7-16 列出了一些放射性核素活度的测量方法。放射性核素活度的测量是通过绝对测量或相对测量完成的。绝对测量是直接测量发射粒子并经过各种因素校正而得到活度值；相对测量是用已经准确计量过的标准放射源为基准，进行测量比较而获得样品的活度值。作相对测量时，要求所用的仪器条件、几何位置、环境状况均保持相同，以减小测定误差。相对测量的误差包括所用标准源带来的误差和本次测量的误差，故其准确度较差。

表 7-16　一些常见的放射性核素活度测量方法

方法名称	测量方式	用途	扩展不确定度（k=3）
小立体角法	绝对测量	α、X 核素的活度	0.1%～1%
4π 计数法	绝对测量	α、β 核素的活度	3%
4πβ-γ 符合法	绝对测量	β 衰变核素的活度	0.1%～3%
4πγNaI 法	绝对测量	EC、β 衰变核素的活度	0.1%～3%
4πβ+4πγ 符合法	绝对测量	各种衰变核素的活度	0.1%～3%
液体闪烁法	绝对测量	α 和一些低能 β 核素的活度	0.1%～3%
电离室法	相对测量	β 衰变放射性气体核素的活度	1%～4%

续表

方法名称	测量方式	用途	扩展不确定度（k=3）
γ 能谱仪	相对测量	β 衰变放射性气体核素的活度	3%
α、β、γ 量热法	绝对测量	α、β、γ 强度放射源的活度	3%

目前常用的放射性核素活度测量的检测器有电离探测器、闪烁探测器和半导体探测器。

电离探测器的原理为，如果放射性核素产生的核辐射被电离室中的气体吸收，该气体将发生电离。电离探测器是通过收集射线在气体中产生的电离电荷进行测量的。仪器组成常包括电离室、正比计数管或盖革-米勒计数管（G-M 管）。电离室是测量由电离作用而产生的电离电流，适用于测量强放射性；正比计数管和盖革-米勒计数管则是测量由每一入射粒子引起电离作用而产生的脉冲式电压变化，从而对入射粒子逐个计数，这适合于测量弱放射性。

闪烁探测器的原理是利用射线照射在某些闪烁体上而使它发生闪光的原理进行测量的仪器。它具有一个闪烁体，当射线进入其中时产生闪光，然后用光电倍增管将闪光信号放大、记录下来。闪烁探测器以其高灵敏度和高计数率的优点而被用作测量 α、β、γ 辐射强度。由于它对不同能量的射线具有很高的分辨率，所以又可作谱仪使用。通过能谱测量，鉴别放射性核素，并且在适当的条件下，能够定量分析几种放射性核素的混合物。此外，这种仪器还能测量照射量和吸收剂量。

半导体探测器的原理是将辐射吸收在固态半导体中，当辐射与半导体晶体相互作用时将产生电子-空穴对，由于产生电子-空穴对的能量较低，所以这种方法具有能量分辨率高且线性范围宽等优点。一般用硅制作的探测器可用于 α 计数、α、β 能谱测定；用锗制作的半导体探测器可用于 γ 能谱测量，而且探测效率高、分辨能力好。半导体探测器是近年来迅速发展的一类新型核辐射探测仪器，主要测定的放射性核素为：①α 放射性核素，^{226}Ra、^{222}Rn、^{235}U 等；②β 放射性核素，^{134}Cs、^{137}Cs、^{131}I 和 ^{60}Co 等。

但是，由于放射性核素种类较多，且每种核素都有自己独特的衰变方式，因此迄今没有一种能测量所有放射性核素活度的通用方法，每一种活度测量方法通常只适用于一定衰变方式和活度范围的放射性核素。从国内外的应用而言，目前基于半导体探测器的 γ 能谱法以其简单的前处理过程、易于操作、安全性高等优点被广泛应用，尤其在环境监测和大规模样品检测时具有其他方法不可比拟的优势。所以，我国的 GB 14883.9—2016、GB 14883.10—2016、GB/T 16140—2018 和 GB/T 16145—2020，以及美国 FDA 和温御斯特工程分析中心的方法（WEAC.RN.Method.3.0）均采用 γ 能谱仪检测法。但由于这一方法的灵敏度较差，且只能测量放射 γ 射线的核素，所以对于低含量放射性核素以及 α、β 射线的核素活度的测量还需要利用其他方法进行测量。

第九节 其他有害物质的检测

一、概论

奶粉中其他有害物质是指有可能对婴儿健康存在足以引起危害的污染物或不良物。奶粉是经过生乳采购、过滤杂质、脱脂、杀菌、成分调整、浓缩、干燥及包装等一系列的制作过程加工而成，工序繁多，而在运输、加工过程中也可能会引入一些其他的有害物质，例如，2011 年，瑞典研究人员发现多种大品牌婴幼儿奶粉中含有微量的砷；2012 年，国内某著名品牌婴幼儿奶粉的多个批次中检测到有毒重金属汞，被紧急召回；2013 年，新西兰某奶粉企业在其部分奶粉中检测到污染物双氰胺；2009 年，美国疾病控制和预防中心的研究人员在市面上销售的 15 种品牌的奶粉中检测到有害物高氯酸盐。长期使用含有这些有害物质的奶粉会对婴幼儿的健康造成严重危害。但就目前来看，这些有毒有害物质大多并非奶粉生产企业主观故意添加，而多是由于饲养奶牛的土地、水源、牧草等受到污染，最终迁移到奶粉中。一般情况下，这些有毒有害物质在奶粉中存在的概率微乎其微，这些有毒有害物质并不作为婴幼儿奶粉常规检测项目，因此，对婴幼儿的危害也存在一定的隐蔽性和不可预告性，有可能对婴幼儿造成更严重的危害，也需要婴幼儿奶粉生产企业和食品质量监管部门建立合理的风险监控体系来减少这些有毒有害物质的危害。

二、对人体健康的影响

铅、镉、汞和砷（因砷危害与重金属相似，故通常将它也视为一种重金属）等重金属对人体的危害很大。这些物质在人体中不易被排出，具有累积效应，当积累到一定量时会引发急慢性中毒现象，甚至会引发癌症。

汞，广泛存在于自然界，可以在生物体内积累，很容易被皮肤以及呼吸道和消化道吸收。微量的液体汞一般是无毒的，但汞蒸气和汞盐都是剧毒的，最危险的汞有机化合物是二甲基汞，仅几微升二甲基汞接触在皮肤上就可以致死。水俣病是汞中毒的一种。口服、吸入汞或接触后可以导致脑和肝损伤，破坏中枢神经系统，对口、黏膜和牙齿有不良影响。长时间暴露在高浓度汞环境中可以导致脑损伤和死亡。汞中毒后有以下临床表现：①急性汞中毒会造成：头痛、头晕、恶心、呕吐、腹痛、腹泻、乏力、全身酸痛、寒战、发热（38～39℃），严重者情绪激动、烦躁不安、失眠甚至抽搐、昏迷或精神失常；呼吸道方面表现为咳嗽、咳痰、胸痛、呼吸困难、发绀、听诊可于两肺及不同程度干湿啰音或呼吸音减弱；齿龈肿痛、糜烂、出血、口腔黏膜溃烂、牙齿松动，唇及颊黏膜溃疡，可有肝功能异常及肝脏肿大。②慢性汞中毒多表现为：头晕、头痛、失眠、多梦、健忘、乏力、食欲缺乏等精神衰弱表现，经常心悸、多汗，出现情绪与性格改变；齿龈肿胀、酸痛；手脚震颤，部分患者可有肝脏肿大，肝功能异常。

砷，可区分为有机砷及无机砷，有机砷化合物绝大多数有毒，有些还有剧毒。另外有机砷及无机砷中又分别分为三价砷及五价砷，在生物体内砷价数可互相转变。砷中毒后有以下临床表现：①急性砷中毒，多为误服或自杀吞服可溶性砷化合物引起。口服后 10min 至 5h 出现症状。表现为咽喉、食管烧灼感、恶心、呕吐、腹痛、腹泻，可致失水和循环衰竭、肾前性肾功能不全等；有头痛、头昏、乏力、口周围麻木、全身酸痛。重症患者烦躁不安、谵妄、妄想、四肢肌肉痉挛，意识模糊以至昏迷、呼吸中枢麻痹死亡；急性中毒后 3 日至 3 周出现迟发性多发性周围神经炎；表现为肌肉疼痛、四肢麻木、针刺样感觉异常、上下肢无力。②慢性砷中毒，除神经衰弱症状外，突出表现为多样性皮肤损害，好发在胸背部皮肤皱褶和湿润处。皮肤干燥、粗糙，可见丘疹、疱疹、脓疱，少数人有剥脱性皮炎，日后，皮肤呈黑色或棕黑色的散在色素沉着斑。毛发有脱落，手和脚掌有角化过度或蜕皮，典型的表现是手掌的尺侧缘、手指的根部有许多小的、角样或谷粒状角化隆起，可转变为皮肤原位癌；长期砷接触的人群中，肺癌发病率较高。

双氰胺，又称二氰二胺，常用作肥料、硝酸纤维素稳定剂、橡胶硫化促进剂、有机合成原料、硬化剂、去垢剂、硫化促进剂等，也用于制造塑料、人造树脂、人造漆、氰化合物，还是制造黑色素、炸药等的原料，也可用于检定钴、镍、铜和钯。新西兰奶粉查出有双氰胺的原因有可能是：牧草残留有为了提高牧草氮肥利用率的双氰胺，奶牛吃残留双氰胺的牧草，残留双氰胺随之进入奶牛乳汁，最后在奶粉中检出。双氰胺的细胞毒性小于三聚氰胺，目前的毒理学研究表明双氰胺对眼及皮肤黏膜有一定的刺激。

高氯酸盐存在于自然环境中，由于火箭和导弹燃料中大量使用高氯酸盐，如果处置不当，就会对土壤和饮用水源造成污染，有可能会迁移到奶粉中。已有研究发现，美国至少 28 个州存在饮用水系统遭高氯酸盐污染现象。高水平的高氯酸盐能够影响甲状腺、引起器官运作方式的改变，对胚胎和幼儿的影响尤为严重。至于低水平的高氯酸盐会不会对人体健康造成潜在威胁，目前的科学研究还不能给出结论。

三、其他有害物质的限量要求

婴幼儿奶粉中有毒有害物质污染多是由于饲养奶牛的土地、水源、牧草等受到污染，最终迁移到奶粉中。一般情况下，这些有毒有害物质在奶粉中存在的概率微乎其微。这些有毒有害物质并不作为婴幼儿奶粉常规检测项目，因此，对于目前婴幼儿奶粉中发现的有毒有害物质，如砷、汞等重金属，双氰胺和高氯酸盐等，国际上和国内的奶粉生产法规和检测标准中并没有明确的关于婴幼儿奶粉中这些有害物质限量规定。对日本来说，套用“食品中残留农业化学品肯定列表制度”，某物质不在“食品中可以检出的物质”列表中，一旦检出就被认为是不合格食品。按照“一律标准”规定，这些有毒有害物质的统一限量标准：0.01ppm（0.01mg/kg）。中国最新的关于婴幼儿奶粉的国家标准 GB 10765—2010 中也没有关于此类有害物质的限量要求。按照《食品安全国家标准 食品中污染物限量》（GB 2762—2017）中规定，乳制品中砷的限量标准为 0.1mg/kg，汞的限量标准为 0.1mg/kg，其中并没有关于双氰胺和高氯酸盐的限量标准。

四、其他有害物质的检测方法

我国目前关于奶粉中其他有害物质的检测方法标准只有《食品安全国家标准 食品中总砷及无机砷的测定》（GB 5009.11—2014）和《食品安全国家标准 食品中总汞及有机汞的测定》（GB 5009.17—2014），没有其他有害物质的检测方法标准。

（一）食品中总砷及无机砷的测定

《食品安全国家标准 食品中总砷及无机砷的测定》（GB 5009.11—2014）中关于总砷的检测方法有三种，分别是：电感耦合等离子体质谱法、氢化物发生原子荧光光谱法和银盐法。

电感耦合等离子体质谱法的原理：样品经酸消解处理为样品溶液，样品溶液经雾化由载气送入 ICP 矩管中，经过蒸发、解离、原子化和离子化等过程，转化为带电荷的离子，经离子采集系统进入质谱仪，质谱仪根据质荷比进行分离。对于一定的质荷比，质谱的信号强度于进入质谱仪的离子数成正比，即样品浓度与质谱信号强度成正比。通过测量质谱的信号强度对试样溶液中的砷元素进行测定。

氢化物发生原子荧光光谱法的原理：食品试样经湿法消解或干灰化法处理后，加入硫脲使五价砷预还原为三价砷，再加入硼氢化钠或硼氢化钾使还原生成砷化氢，由氩气载入石英原子化器中分解为原子态砷，在高强度砷空心阴极灯的发射光激发下发生原子荧光，其荧光强度在固定条件下与被测液中的砷浓度成正比，与标准系列比较定量。

银盐法的原理：试样经消化后，以碘化钾、氯化亚锡将高价砷还原为三价砷，然后与锌粒和酸产生的新生态氢生成砷化氢，经银盐溶液吸收后，形成红色胶态物，与标准系列比较定量。

该标准中关于无机砷的检测方法有两种，分别是液相色谱-原子荧光光谱法

（LC-AFS）和液相色谱-电感耦合等离子体质谱法（LC-AFS/MS）。

液相色谱-原子荧光光谱法的原理：食品中无机砷经稀硝酸提取后，以液相色谱进行分离，分离后的目标化合物在酸性环境下与 KBH_4 反应，生成气态砷化合物，以原子荧光光谱仪进行测定。按保留时间定性，外标法定量。

液相色谱-电感耦合等离子体质谱法的原理：食品中无机砷经稀硝酸提取后，以液相色谱进行分离，分离后的目标化合物经过雾化由载气送入 ICP 炬焰中，经过蒸发、解离、原子化、电离等过程，大部分转化为带正电荷的正离子，经离子采集系统进入质谱仪，质谱仪根据质荷比进行分离测定。以保留时间定性和质荷比定性，外标法定量。

（二）食品中总汞及有机汞的测定（GB 5009.17—2014）

该标准中关于总汞的检测方法有三种，分别是原子荧光光谱分析法、冷原子吸收光谱法和二硫腙比色法。

原子荧光光谱分析法的原理是试样经酸加热消解后，在酸性介质中，试样中的汞被硼氢化钾或者硼氢化钠还原成原子态汞，由载气（氩气）带入原子化器中，在特制汞空心阴极灯照射下，基态汞原子被激发至高能态，在去火化回到基态时发射出特征波长的荧光，其荧光强度与汞含量成正比，与标准系列比较定量。该检出限为 0.15μg/kg。

冷原子吸收光谱法的原理是汞蒸气对波长 253.7nm 的共振线具有强烈的吸收作用。试样经过酸消解或催化消解，使汞转化为离子状态，在强酸性介质中以氯化亚锡还原成元素汞，以氮气或干燥空气作为载体，将元素汞吹入汞测定仪进行冷原子吸收测定，在一定范围内其吸收值与汞含量成正比，与标准系列比较定量。该检测方法中的消解分为压力消解法和其他消解法，压力消解法检出限为 0.4μg/kg，其他消解法检出限为 10μg/kg。

另外还有二硫腙比色法，其原理是试样经消化后，汞离子在酸性溶液中可与二硫腙生成橙红色络合物，溶于三氯甲烷，与标准系列比较定量。该方法检出限为 25μg/kg。该方法在 2003 版标准中提及，在 2014 版中已删除。

该标准 2003 版中甲基汞的测定方法有气相色谱法（酸提取巯基棉法）和冷原子吸收光谱法（酸提取巯基棉法）两种。

气相色谱法（酸提取巯基棉法）的原理是，试样中的甲基汞用氯化钠研磨后，加入含有 Cu^{2+} 的盐酸，Cu^{2+} 与组织中结合的甲基汞交换，完全萃取后，经离心或过滤，将上清液调试至一定的酸度，用巯基棉吸附，再用盐酸洗脱，最后以苯萃取甲基汞，用带电子捕获检测器的气相色谱仪分析。

冷原子吸收光谱法（酸提取巯基棉法）的原理是，试样中的甲基汞用氯化钠研磨后，加入含有 Cu^{2+} 的盐酸，Cu^{2+} 与组织中结合的甲基汞交换，完全萃取后，经离心或过滤，将上清液调试至一定的酸度，用巯基棉吸附，再用盐酸洗脱，之后在碱性介质中用测汞仪测定，与标准系列比较定量。

在 2014 版新标准中测定甲基汞方法修改为液相色谱-原子荧光光谱联用法。

方法原理是食品中甲基汞经超声波辅助盐酸溶液提取后，使用反相色谱柱分离，色谱流出液进入在线紫外消解系统，在紫外线的照射下与强氧化剂过硫酸钾反应，甲基汞变成无机汞。在酸性条件下，无极汞与硼氢化钾在线反应生成汞蒸气，由原子荧光光谱仪测定，由保留时间定性，外标法定量。

（三）其他有害物质的其他检测方法

对于砷、汞等重金属来说，除了之前国家标准中的检测方法外，近几年国内外也发展了一些新的检测方法，如电感耦合等离子体发射光谱法。在等离子体中，元素受到热能的激发会发射出特征谱线，而根据特征谱线的强度可进行定性定量的测定。电感耦合等离子体发射光谱法实现了多种微量元素的同时测定，方法快速、准确，使用方便，广泛应用于各种物质中金属元素的测定，具有灵敏度高、线性范围宽、干扰小、易于进行多元素同时测定等优点。但在检测砷时，电感耦合等离子体质谱法多与氢化物发生法联用，这样可以克服大量氯的多原子离子干扰的缺点。氢化物发生法的优点是灵敏度高，可与一些基体元素分离，但也存在一些干扰问题，如过渡金属元素以及能形成氢化物的元素的干扰。此外，也有部分通过酶抑制法、免疫分析法、微生物法及化学显色法进行重金属检测的报道。

自从在新西兰牛奶中发现了双氰胺，国内外研究人员建立了多种双氰胺检测的方法，这些方法主要是通过固液萃取、液液萃取等方法进行样品前处理，之后在装有亲水相互作用（HILIC）色谱柱或氨基柱的高效液相色谱仪、高效液相色谱-串联质谱仪上进行测定。这些对婴幼儿奶粉中双氰胺的检测灵敏度较高。

奶粉中高氯酸盐的检测主要是采用离子色谱、离子色谱-串联配有大气压化学电离源（APCI）的质谱的方法，也有报道用配有离子交换色谱柱的高效液相色谱-串联质谱的方法。这些方法简便快速、准确可靠，适用于鲜牛奶、酸牛奶等其他乳制品中高氯酸盐的测定。

第十节　过敏原检验

一、概论

过敏性反应条件需要大分子蛋白质（抗原）刺激抗体的产生。因此，人们通过将致敏源蛋白酶水解为小分子肽和氨基酸，以此为基础的生产工艺已成功应用于水解配方奶粉的生产。这些婴幼儿配方奶粉的基础是动物或植物蛋白（酪蛋白、乳清、大豆和牛胶原蛋白），并已广泛用于儿童牛奶过敏或不耐受病例。研究人员和营养学家对这些有别于传统的配方奶粉在牛乳的初级预防中的作用仍未取得一致意见。但有证据显示，这些婴幼儿配方奶粉对那些处于牛奶过敏高风险威胁下的儿童可能是有益的。Chandra 等声称在高风险儿童中已通过 DBPCFC 证实，哺喂了乳清蛋白水解物和母乳的儿童比那些哺喂牛奶或豆奶配方奶粉的儿童可有效降低食物过敏患病率。

水解配方奶粉可分为部分水解和深度水解配方奶粉。在深度水解配方奶粉中，95%的肽分子质量低于 1500Da，其余低于 0.5%的肽分子的分子质量则大于 6000Da。部分水解配方奶粉中含有 2%～18%以上分子质量大于 6000Da 的肽分子片段。这些大分子肽可以引起过敏反应。部分水解配方奶粉在皮肤试验和激发试验中呈现更高的阳性率，同时也更易于在牛奶过敏儿童体内与 IgE 抗体蛋白结合。基于氨基酸的配方奶粉则不含肽分子，因此不会刺激免疫系统。作为母乳替代品，深度水解配方奶粉可有效降低 6 月龄内儿童食物过敏的发病率。

二、深度水解配方奶粉中过敏原来源

深度水解配方奶粉的生产原料有牛奶和大豆。牛奶中主要过敏原为酪蛋白（Bosd8，分子量为 20000～30000）、球蛋白（Bosd5，分子量为 18000）、Ot 乳白蛋白（Bosd4，分子量为 14000）、牛血清白蛋白（Bosd6，分子量为 67000）和牛免疫球蛋白，其中酪蛋白的免疫原性与抗原性最强。乳清蛋白是牛奶中的一种主要蛋白质，β-乳球蛋白和 α-乳白蛋白是其主要成分，分别占其总量的 40%～50%和 10%～20%。乳清蛋白具有较高的营养价值及功能特性，但乳清蛋白又是一种常见的过敏原，β-乳球蛋白是最主要的过敏原，其次为 α-乳白蛋白。大豆过敏原主要蛋白质组分有 Gly 111 Bd 60K、Gly m Bd 30K 和 Gly Ill Bd 28K 等，其分子量分别为 60000、30000 和 28000。

这些蛋白质水解不完全，残留的蛋白质或具有抗原决定簇的多肽均有可能引起牛奶过敏患者和大豆过敏患者的过敏反应。

三、致敏机制

（一）牛奶

牛乳过敏是由乳及乳制品中的蛋白过敏原所引发的一种变态反应，它是由 IgE 介导或非 IgE 介导的免疫反应。绝大多数的牛乳蛋白都具有潜在的致敏性，但目前普遍认为酪蛋白、β-乳球蛋白及 α-乳白蛋白是主要的过敏原，而牛乳中的微量蛋白质（牛血清白蛋白、免疫球蛋白、乳铁蛋白）在过敏反应中也起着非常重要的作用，有 30%～50%的牛乳过敏者对这些微量蛋白质过敏，且其中有些患者只对这些微量蛋白质过敏。

1. 牛乳中蛋白过敏原的主要结构特征

某种蛋白质成为部分人群的食物过敏原，这与蛋白质的结构关系非常密切，通过对蛋白过敏原的结构的研究，可以更好地探明结构与过敏的关系、各过敏原之间是否存在相同或相似的结构，为开发低过敏或无过敏食品提供依据。牛乳中主要蛋白过敏原的结构特征如下所述。

（1）酪蛋白。

酪蛋白是乳蛋白中的主要组分，也是其中的主要过敏原。牛乳中的酪蛋白以酪蛋白胶束状态存在，之后再与磷酸钙形成复合体，称为“酪蛋白酸钙-磷酸钙复合体”。酪蛋白由 α_{s1}-酪蛋白、α_{s2}-酪蛋白、β-酪蛋白、κ-酪蛋白四种蛋白质组成，它们分别占酪蛋白的 32%、10%、28%、10%。另外，现在 α_{s3}-酪蛋白、α_{s4}-酪蛋白、α_{s5}-酪蛋白也已被确认。

α_{s1}-酪蛋白由 199 个氨基酸组成，每个分子结合 8 个磷酸根，结合位点主要集中在肽链的第 43～79 位置处，这个部位经过酶解得到的磷肽可结合钙、铁、铜、锌等金属离子形成可溶性物质，促进金属离子在体内的吸收。α_{s1}-酪蛋白具有两亲性的极性结构，分子中含有一个疏水区和一个高度溶剂化的带电区，疏水性残基、带电荷残基的分布是不均匀的，疏水区在 1～44、90～113、132～199 氨基酸区段，在氨基酸序列疏水区的 α_{s1}-酪蛋白比 α-乳球蛋白、α-乳清蛋白所带电荷更多。

α_{s2}-酪蛋白由 207 个氨基酸组成，在所有酪蛋白中亲水性最强，含有 11 个磷酸化残基，其结构中有 3 簇带负电的磷酸化丝氨酸-谷氨酸残基，位于 8～12、56～63、129～133 氨基酸区段，仅有两个区域相对疏水，即 C 序列的 160～207 位和 90～120 位。

β-酪蛋白含有 209 个氨基酸，在所有酪蛋白中疏水性最强，含有负电荷的磷酸化丝氨酸的 N 端和非常疏水的 C 端明显分开，pH 为 6.6 时 N 端 21 位残基的极性区-11.5 的静电荷，而强疏水的 C 端没有静电荷，极性区域链长度的 1/10 带有全部电荷的 1/3，而占整个链长的 3/4 的疏水性 C 端的特定结构决定了 β-酪蛋白的强疏水性质。

κ-酪蛋白含有 169 个氨基酸残基，是酪蛋白中唯一含有糖成分、对钙不敏感的酪蛋白。κ-酪蛋白也是由不同的疏水区和极性区组成的两亲性分子，但在极性区不包括阴离子磷酸化丝氨酸簇，不能与钙结合。

α_{s1}-酪蛋白、α_{s2}-酪蛋白、β-酪蛋白、κ-酪蛋白虽然初级结构的相似性很小，但是它们还是有一些结构上的共同特征，使它们明显地区别于其他蛋白质：它们都是磷酸化的蛋白质，且三级结构松散易变。

（2）β-乳球蛋白。

β-乳球蛋白是乳清中含量最多的蛋白质，在鲜牛乳中以 36kDa 的二聚体形式存在，其单体由 162 个氨基酸残基组成。β-乳球蛋白占牛乳总蛋白的 10%，乳清蛋白的 50%。β-乳球蛋白含有 162 个氨基酸残基，5 个二硫键，其中 4 个为链内，1 个为链间。β-乳球蛋白的存在形式与 pH 有关，在鲜牛乳中（pH 6.6～6.8），它是以二聚体的形式存在，当 pH 低于 3.5 时，二聚体解离成单体，pH 在 3.5～5.2 之间时，二聚体四聚化形成八聚体，pH 高于 7.5 时，二聚体解离且构象发生变化形成膨胀的单体。β-乳球蛋白是一种脂质运载蛋白。脂质运载蛋白结构上的重要特征就是在其分子的 *N* 端有不易被破坏的相似序列，且 19 位总是色氨酸。脂质运载蛋白具有相同的由重复排列的 8 个或 10 个反向平行的 β-片层组成的 β-桶状结构。这一类蛋白质被认为具有强的致敏性，许多动物源性过敏原如马的主要过敏原 Equ c1、主要的鼠蛋白等都属于这类蛋白质。

β-乳球蛋白的一个重要特性就是能够结合疏水性和两亲性的分子。β-乳球蛋白的视黄醇结合特性已经引起了人们的广泛关注。关于 β-乳球蛋白的生物学功能仍有许多疑问，它被认为与动物的母性生理有关，但可能更多的是营养方面的作用。

（3）α-乳白蛋白。

α-乳白蛋白属于溶菌酶家族的蛋白质，含有 123 个氨基酸残基，4 个二硫键。α-乳白蛋白与鸡蛋白溶菌酶在一级结构上有高度的同源性，其氨基酸残基中有 54 个与溶菌酶相同，还有 23 个结构相似，其三级结构类似于溶菌酶，是一种密集球形的单体球蛋白。α-乳白蛋白有 N 型构象（天然构象）和 A 型构象（酸构象），在乳的正常 pH（pH=6.6～6.8）时，呈 N 型构象；当 pH＜5 时，N 型构象向 A 型构象转移。此外，升高温度、碱性 pH、添加低浓度变性剂、Ca^{2+}的去除和一定金属离子如 Zn^{2+}的添加会引起构象的此类转化。α-乳白蛋白的一个重要生理功能就是调节乳糖的合成及乳的分泌。另外，α-乳白蛋白含有大量的必需氨基酸（63.2%），是一种较好的营养蛋白质。

2. 牛乳中蛋白过敏原的表位研究

蛋白质引发食物过敏反应的免疫学物质基础就是过敏原表位，即过敏原中参与结合抗体的组成部分。根据过敏原表位与细胞的结合方式，分为 B 细胞表位和 T 细胞表位；根据表位结构的不同，可分为连续性过敏原表位（线性表位）和不连续性过敏原表位（构象表位）。不同类型的表位在食物过敏中存在着差异，是导致食物过敏复杂性的关键物质之一。

（1）酪蛋白。

α_{s1}-酪蛋白是酪蛋白中最主要的一个过敏原。Otani 等用溴化氢和胰蛋白酶裂解 α_{s1}-酪蛋白，对其片段的抗原表位进行研究，发现了 6 个抗原片段，主要是第

61～123 位片段，同时认为分子的磷酸化区域对分子致敏性具有重要作用。Chatchatee 等（2001）用 24 个牛乳过敏儿童的血清及重叠的肽链确定了 α_{s1}-酪蛋白的 6 个主要和 3 个次要 IgE 表位以及 5 个主要和 1 个次要的 IgG 表位。Elsayed 等用溴化氢将 α_{s1}-酪蛋白裂解为 7 个肽段，除了一个肽段只含 3 个氨基酸外，其余均可被 T 细胞识别，从而确定了 7 个 T 细胞识别表位。Spurgin 等（1996）用 15 个牛乳过敏患者的血清及人工合成的肽段对 α_{s1}-酪蛋白的 7 个 IgE 结合表位进行了鉴定，结果表明：肽段第 19～30 位，86～103 位和 145～150 位是 3 个主要的 IgE 结合表位，其中免疫活性最强的是第 86～103 位片段。Ruiter 等（2006）在定位 α_{s1}-酪蛋白的 T 细胞时，确定了肽段 17～36 位、69～78 位、109～120 位和 173～194 位可被 IgE 识别，其中 69～78 位和 173～194 位只被终身过敏人群所识别；而采用 32 个重叠肽分析 T 细胞识别表位时，发现肽链 133～156 位可被 50%以上过敏患者的 T 细胞所识别，这说明此区域为 T 细胞主要识别位点。

α_{s2}-酪蛋白的 4 个主要的表位（IgE 表位）分别为肽链 83～100 位、143～158 位、157～172 位和 165～188 位，其中 83～100 位和 165～188 位为最主要的过敏原。α_{s2}-酪蛋白的 6 个次要的表位分别为肽链 31～44 位、43～56 位、93～106 位、105～114 位，117～128 位，191～200 位。

尽管人乳中含有大量的 β-酪蛋白，且牛乳中的 β-酪蛋白与人乳中的 β-酪蛋白有较高的序列相似性，但是 β-酪蛋白仍会诱发较强的 IgE 反应。牛乳 β-酪蛋白与人乳 β-酪蛋白所共有的由大量磷酸化丝氨酸残基所构成的保守区被认为与它们之间的交叉反应有关。

（2）β-乳球蛋白。

β-乳球蛋白占牛奶总蛋白的 10%，乳清蛋白的 50%。IgE 介导的牛奶过敏中 60%的患者是对 β-乳球蛋白过敏。Selo 等（1999）在研究 β-乳球蛋白时，确定了人的主要 IgE 表位为肽链 1～8 位、25～40 位、41～60 位、102～124 位、149～162 位；同时 21～40 位、42～60 位、107～117 位、148～162 位也被致敏的大鼠所识别。目前对 β-乳球蛋白的 IgG 表位研究则较少，只确定了 6 个识别位点，为肽链 1～16 位、51～64 位、67～88 位、85～96 位、129～144 位、139～156 位，其中 1～16 位和 85～96 位为次要识别位点，其余为主要识别位点。

Selo 等（1999）用牛乳过敏患者的血清进行 EAST 和 EAST 抑制试验，对 β-乳球蛋白的一些溴化氰裂解或胰蛋白酶水解片段的 IgE 结合能力进行了研究，发现 β-乳球蛋白分子具有多个表位，其中一些是短的线性序列，也有一些由大片段构成的构象表位。片段中最易被识别的氨基酸残基是 41～60 位、102～124 位及 149～162 位，能够被 90%以上的患者血清所识别，由每一片段引起的免疫反应占到 β-乳球蛋白过敏反应的 10%～15%。片段 41～60 位、102～124 位以氢键或二硫键连接形成稳定的环，因为它们位于分子的表面，所以很容易被抗体靠近。位于 *N* 端的 149～162 位采用短的 α-螺旋结构形成一个回转，从晶体结构看，这一结构具有很强的活动性，因而易被识别。不易识别的肽链分为两类，一类是氨基酸残基序列分别为 1～8 位、25～40 位、92～100 位（能被 52%～65%的患者血清所识别）；另一类是氨基酸残基序列分别为 9～14 位与 84～91 位（被大约 40%的患者血清所识别）及 78～83 位、125～135 位（几乎不能被识别）。Adel Patient 等在小鼠的牛乳过敏模型研究中，用天然的 β-乳球蛋白和变性的 β-乳球蛋白攻击小鼠，结果显示：变性的 β-乳球蛋白只有线性表位被呈递并表现生物活性，而天然 β-乳球蛋白构象表位也被呈递，说明在天然 β-乳球蛋白引发的过敏反应中，过敏原的构象表位起了一定的作用。Heinzmann 等对 8 个有急性全身过敏反应史及 6 个有迟发性皮肤反应史的两组牛乳过敏患者进行了研究。采用 pin-ELISA 方法，用重叠的十肽探测 β-乳球蛋白的 B 细胞表位，发现主要的线性表位与 Selo 等的研究结果一致，且两组患者在 IgE 的识别上没有表现出差异，因而认为 β-乳球蛋白的 IgE 结合表位与临床反应的类型无关。Jarvinen 等对 β-乳球蛋白和 α-乳白蛋白的 IgE 和 IgG 结合表位进行了鉴别，进一步确证了抗体与抗原分子不同区域结合的多样性，并认为针对多个线性表位的 IgE 的存在与持续性过敏反应的发生有一定的相关性，可以作为鉴别患者是否将有终生牛乳过敏的标志。James 和 Sampson 则发现 β-乳球蛋白的 IgE 浓度及 IgE 和 IgG 抗体的比例对预测患者是否将最终摆脱牛乳过敏有参考价值。

（3）α-乳白蛋白。

尽管牛乳 α-乳白蛋白的 74% 的氨基酸残基与人 α-乳白蛋白相同，另有 6%的残基化学性质相似，但 α-乳白蛋白仍被认为是一种主要的牛乳过敏原。Maynard 等对天然 α-乳白蛋白及变性 α-乳白蛋白的胰蛋白酶裂解片段与 IgE 结合能力进行了研究，结果表明：19 个患者血清中的 11 份能够识别完整的 α-乳白蛋白分子，8 份含有能与胰蛋白酶裂解片段结合的 IgE。通过致敏动物模型研究，Hopp 和 Woops 认为由肽链 60～80 位、91～96 位通过二硫键连接形成的环是主要的抗原区，但 Maynard 等通过血清学研究则发现它们并不是主要的 IgE 结合表位。另外，Maynard 等发现一些处在分子疏水区的片段，如 99～108 位，也表现 IgE 结合活性，但因为它们所处的位置，致使它们的致敏性难以预测。序列 17～58 位及 C 端序列 109～123 位尽管分别与人 α-乳白蛋白相应序列有 81%和 87%的相似性，但是也表现为强的 IgE 结合能力。在部分血清中，还原片段 59～94 位表现为与天然片段相似或更高的 IgE 结合能力，Maynard 等认为蛋白质在变性的过程中可能有些深藏在分子内部的表位被暴露。另外，研究发现 IgE 能与天然 α-乳白蛋白及一些大的片段结合，推测 α-乳白蛋白也具有构象表位。

（二）大豆

大豆在我们日常生活中是一种重要的食物，它能比任何其他食物原料提供更多的蛋白质，世界上消耗的蛋白质类食品中 60%由大豆提供；而且大豆含有 8 种必需氨基酸，是人体营养所必需而无法在体内合成的。

大豆也是最主要的一种食物过敏原，1995 年联合国粮食及农业组织（FAO）报道，90%以上的食物过敏是由牛奶、鸡蛋、鱼、贝壳海产品、花生、大豆、坚果类和小麦引起，大豆属于这八类食品之一。据估计全世界人口将近有 0.5%对大豆过敏。大豆继牛奶、鸡蛋、花生之后，是第四种导致幼儿过敏的常见致敏食物。在美国有一项针对导致严重过敏反应的食物研究指出，其中有 6%是由大豆引起的。大豆在中国是主要的食物消费来源，而对大豆过敏的人也不少。大豆蛋白在食品加工业的广泛应用，给大豆敏感人群带来了一定的食物安全问题。早在 1934 年，Duke 提出了大豆蛋白对人有致敏性，随后，学者们发现大豆中的大豆球蛋白和 B-伴大豆球蛋白均可导致猪、犊牛和鼠等幼龄动物发生过敏反应。而在国内也有报道大豆过敏原能引起婴儿或幼龄动物产生过敏反应，从而造成肠道损伤。

大豆食物过敏原可引发过敏体质人群的 I 型过敏反应，其不良反应主要表现为胃部不适或过敏性皮炎，主要临床症状有口周红斑、唇肿、口腔疼痛、舌咽肿、恶心和呕吐等，严重的甚至会引起过敏性休克，威胁生命安全。调查发现，约 2%的成年人和 6%～8%的儿童患有食物过敏症。根据以往研究提示大豆包含多种致敏成分，对大豆过敏的人可对不同的大豆的致敏成分产生过敏反应，在中国对于大豆致敏组分的研究不多。

大豆含有多种致敏组分，主要致敏蛋白的发现可能与研究的大豆品种不同、受试者人群的不同有关。有研究表明即使同一种大豆类型，在不同的土壤、气候、温湿度等条件下，大豆蛋白的氨基酸组成和电泳性状都会有所改变。Ogawa 等通过免疫印迹分析发现，大豆提取液中有 10 条与大豆特异性 IgE 结合的蛋白带；Bush 等通过免疫印迹分析发现大豆提取液中有 9 条与大豆特异性 IgE 结合的蛋白带分别为 54.5kDa、52kDa、48kDa、47.5kDa、38.25kDa、22.75kDa、21.25kDa、17kDa 和 14.875kDa；Franck 等通过免疫印迹分析发现大豆提取液中有 8 条与大豆特异性 IgE 结合的蛋白带分别为 24kDa、31kDa、33kDa、37kDa、49kDa、55kDa、71kDa 和 73kDa；协和医科大学的张胜正通过十二烷基硫酸钠-聚丙烯酰胺凝胶电泳与免疫印迹分析技术对大豆过敏原的免疫印迹分析表明，有 13 条蛋白带能与大豆特异性 IgE 结合。上述研究虽都表明大豆含多种致敏组分，但具体数目不尽相同，这可能与所采用的试验方法、原料、大豆品种及研究对象不同有关。目前在线过敏原数据库中共收录了 41 条大豆过敏原信息。根据植物性过敏原对种子储藏蛋白、结构蛋白和防御蛋白的 3 个分类分析大豆过敏原：大豆种子储藏蛋白包括 7S 球蛋白组分中的两个低丰度蛋白 Gly m Bd 30K（30kDa，也称为 P34 或 oil body-associated protein）和 Gly m Bd 28K、*β*-伴球蛋白的 *α* 亚基、大豆球蛋白 G1 酸性链和 G2 碱性链；结构蛋白包括种子外壳蛋白、肌动蛋白抑制剂 Glym3（14kDa）；防御相关蛋白包括病理相关蛋白，胰蛋白酶抑制剂 TiA、TiB、Kti1、Kti2，凝集素多肽片段等。

1. Gly m Bd 30K

Gly m Bd 30K 是 1991 年 Ogawa 等利用免疫印记分析发现了一条与大豆特异性 IgE 结合的蛋白带，分子质量大约为 34kDa，能被 65%的大豆过敏患者血清识别，是大豆中致过敏性最强的储藏蛋白。Gly m Bd 30K 存在于大豆 7S 球蛋白中。Gly m Bd 30K 的氨基酸组成与先前报道的大豆油脂体相关蛋白 P34 一致。P34 最初从大豆油脂体膜上分离得到，因此曾被认为是该细胞器的组分。但随后研究发现，P34 与油脂体膜只是松散结合，提高盐浓度可以将 P34 从膜上洗脱。免疫电镜观察进一步将 Gly m Bd 30K 定位于种子子叶中，并随着种子萌发，转移到植株的胚中，并在细胞裂解过程中倾向与油脂体结合，这与它被鉴定为过敏原并且是可能的防御相关蛋白有关。Gly m Bd 30K 也是一个 *N*-连接糖蛋白。氨基酸序列分析表明，多糖与蛋白质的结合位点位于多肽链 170 位天冬酰胺处。其多糖部分包括甘露糖、*N*-乙酰氨基葡萄糖、岩藻糖、木糖，四种糖分子所占比例为 3∶2∶1∶1。抗原表位分析发现，成熟的 Gly m Bd 30K 蛋白至少有 14 个抗原表位，不同的 IgE 抗原表位针对不同的过敏患者血清结合能力有显著的差异，并鉴别出其中 5 个主要的抗原表位，在 Gly m Bd 30K 的 70 位和 170 位的氨基酸存在两个潜在的糖基化位点。

Kalinski 等利用单克隆抗体免疫鉴定，从大豆成熟中期的 cDNA 文库筛选出 Gly m Bd 30K 的一个全长 1350bp 克隆。该克隆末端带有 poly（A）+尾巴的，开放阅读框含 1140 bp，编码了 379 个氨基酸，但预测成熟 Gly m Bd 30K 蛋白分子质量为 26641kDa，只含 257 个氨基酸残基。原来该 cDNA 在 Gly m Bd 30K 的终止末端并没终止，而在其 5′端额外的延伸了 122 个氨基酸。这说明 Gly m Bd 30K 是以前体蛋白的形式生物合成的，在种子发育过程中从 46～47kDa 蛋白前体的天冬氨酸羧基端去除一个 122aa *N*-末端序列而成。进一步研究证实，Gly m Bd 30K 在幼苗生长过程中还可再去除一个 10 个肽的氨基酸末端形成 P32。同源分析表明，Gly m Bd 30K 与半胱氨酸酶木瓜蛋白超家族具有高度的同源性。序列比对发现，半胱氨酸酶家族成员在整条多肽链上都分布有保守性的氨基酸位点，其保守序列在 Pfam 上的登录号为 PF00112。它们包括蛋白折叠所需的二硫键、甘氨酸对甘氨酸作用位点，以及酶活性位点的保守性残基半胱氨酸和一个组氨酸。Gly m Bd 30K 从基因结构上属于木瓜蛋白酶超家族，但很可能不具有蛋白酶活性，因为其在活性中心缺失了一个半胱氨酸，取而代之的是一个甘氨酸。Gly m Bd 30K 并不是半胱氨酸酶家族唯一的过敏原，早已鉴定出的屋尘螨过敏原 Der P 1 也是一种半胱氨酸酶，一些植物来源的半胱氨酸酶类过敏原有来自水果的肌丝蛋白、来自木瓜的木瓜蛋白酶等。

2. Gly m Bd 28K

Gly m Bd 28K 是 1991 年 Ogawa 等利用免疫印记分析发现了一条与大豆特异性 IgE 结合的蛋白带，分子质量大约为 26kDa。Gly m Bd 28K 存在于大豆 7S 球蛋白中。它属于 Cupin 蛋白家族，有一个普通的 *β*-桶形结构，该家族的很多成员都具有过敏原性。纯化的 Gly m Bd 28K 天然蛋白最初从脱脂大豆粉的 7S 球蛋白组分中分离得到，在植物体内以寡聚体形式存在，纯化后单体的分子质量和等电点分别为 26kDa 和 6.1。Gly m Bd 28K 是一种 Asn-连接的糖蛋白，与大豆中另一个主要过敏原 Gly m Bd 30K 的多糖组成相同。Gly m Bd 28K 的多糖分支链为 beta1→2 木糖和 al-phal→3 岩藻糖。Gly m Bd 28K 的糖基化位点可能是 IgE 抗体识别的重要的表位。以 Gly m Bd 28K 蛋白和其他具有相同聚糖部分的同源糖蛋白为材料，去糖基化后的糖蛋白与过敏患者血清中 IgE 抗体特异结合的活性就会丧失，推断 *N*-连接聚糖部分就是一般植物性蛋白的 IgE 反应活性决定域。Hiemori 等还发现，大豆过敏患者的 IgE 抗体识别位于肽骨架第 20 位天冬酰胺连接的 *N*-连接聚糖。进一步分析 Gly m Bd 28K 抗原表位发现其主要的线性 C-末端 IgE 结合的抗原表面位于 S256 和 A270 之间，用丙氨酸扫描技术研究抗原结构域染色质伸展活性，定位了 5 个 IgE 结合贡献最大的氨基酸残基 Y260、D261、D262、K264 和 D266。

Gly m Bd 28K 推测含 220 个氨基酸残基。免疫筛选大豆种子成熟中期 cDNA 文库得到了该蛋白质的全长 cDNA，该 cDNA 克隆全长 1567bp，包含一个 1419bp 的开放可读框和 148bp 3′-非翻译区域，连有多聚腺苷酸尾巴。cDNA 开放可读框编码一个含 473 个氨基酸的多肽，其中包括 *N*-末端 21 个氨基酸的信号肽，随后的多肽部分在加工成熟过程中被剪切成两个完整的蛋白质，含 220aa 的 28K 和含 232aa 的 23K。23K 蛋白被进一步证实为新的过敏原。因此，28K 是以蛋白前体的形式生物合成的，这与它的同源蛋白南瓜种子蛋白储藏液泡（PSV）中的 MP27/MP32 蛋白加工成熟过程一致。

3. *β*-伴球蛋白（Gly m Bd 60K）

β-伴球蛋白（*β*-conglycinin）是 7S 球蛋白组分中的一个过敏原，是一类分子质量大约为 150kDa 的糖蛋白，由 *α*（76kDa）、*α*′（72kDa）和 *β*（52kDa）3 种亚基构成。*β*-伴球蛋白含硫氨基酸少，特别是不含半胱氨酸，并且凝胶能力也较差。Ogawa 等研究显示 *β*-伴球蛋白的 *α* 亚基能被大约 25%的日本大豆过敏患者的血清识别。虽然 *α* 亚基与 *α*′和 *β* 亚基在基因结构上高度同源，但识别 60K 的

IgE 抗体同 β-伴球蛋白中的另两个亚基 α'、β 并没有交叉反应。但 Hari 等利用免疫印迹方法在老鼠体内的试验显示 β-伴球蛋白的 α'和 β 亚基同样是潜在的过敏原。

4. 其他致敏蛋白

大豆球蛋白 G1 酸性链和 G2 碱性链；结构蛋白包括种子外壳蛋白、肌动蛋白抑制剂 Gly m 3（14kDa）；防御相关蛋白包括病理相关蛋白，胰蛋白酶抑制剂 TiA、TiB、Kti1、Kti2，凝集素多肽片段等也是能够引起过敏的过敏原。结构蛋白如大豆种皮和肌动蛋白抑制剂也可作为过敏原引起呼吸性气喘等过敏症状。Lopez-Calleja 等（2004）从大豆中鉴别出与西班牙流行性气喘相关的一个低分子量的过敏原 Gly m 1 及两个同功过敏原 Gly m 1 A 和 Gly m 1 B；另一种主要的大豆外壳过敏原 Gly m 2。肌动蛋白抑制剂是一类强过敏原，很可能是花粉或植物性食品中起主导作用的过敏因子。Rihs 等构建了一个表达完整的大豆肌动蛋白抑制剂（rGly m 3）的克隆和 3 个表达 rGly m 3 部分片段的克隆，发现完整的 rGly m 3 重组蛋白能被 69%的供试血清的 IgE 抗体识别，而 3 个 rGly m 3 部分片段克隆表达的重组蛋白没有显著的与 IgE 抗体结合活性，表明 rGly m 3 与 IgE 结合活性依赖于 rGly m3 分子的完整构象。同源性分析表明它与花生蛋白 Ara h 5 有 83%的相似性。在大豆防御蛋白中，研究较多的是大豆胰蛋白酶抑制剂。胰蛋白酶抑制剂是一类抗营养因子，不仅生食可引起单胃动物的胰脏肿大，显著抑制动物的生长，还带有一定的致过敏性。首次报道的有呼吸紊乱的大豆过敏患者血清中含有大豆胰蛋白酶抑制剂的特异 IgE 抗体。大豆胰蛋白酶抑制剂分为两大类：Browan-Birk 型抑制剂（BBTi）和 Kunitz 型抑制剂（KTi），其中 Kunitz 型抑制剂具有比较强的过敏原性，它是一种典型的丝氨酸蛋白酶抑制剂，分子质量为 21kDa，主要集中在大豆的子叶中。这种蛋白酶抑制剂通常被认为具有储藏、调节内源蛋白酶活性及植物防御等作用。

四、过敏原的标识管理

国际食品法典委员会对于食品过敏标识问题始终比较关注，在《预包装食品标识法典通用标准》中已作出要求：对于已知的导致过敏反应的食品和配料应始终加以说明。这就要求对含有麸质的谷类、甲壳动物及其制品、花生、大豆及其制品、鸡蛋及其制品、奶及奶制品、鱼类及其制品、坚果及其制品等八类过敏原进行标识。

（一）美国对过敏原的标识规定

2004 年 8 月，美国颁布了《食品过敏原标识和消费者保护法案》，规定食品过敏原包括：牛奶、蛋、鱼类（如鲈鱼、鲽鱼或真鳕）、甲壳贝类（蟹、龙虾或虾）、坚果类（如杏仁、美洲山核桃或胡桃）、小麦、花生、大豆等八类产品。所有在美国销售的包装食品，必须符合有关食品过敏原标注要求，其标注方式有两种：一是当含有主要过敏原的食物来源名称没有出现在营养成分列表中时，必须在食品过敏原名称后加括号标注食品来源；二是在营养成分列表后紧跟食品过敏原的食品来源名称，字体高度不得小于营养成分列表所用的字体高度。该法规还规定含有过敏原蛋白质衍生物的食品配料也正式列入过敏原范畴。对于含有未声明过敏原的食品，美国 FDA 可能会要求产品召回。该法规规范了过敏原标签管理，但未对食品生产过程中的过敏原交叉接触问题提出解决意见。除此以外，美国 FDA 还发布了一些针对消费者的安全指引及消费指引。

2011 年 1 月，美国发布 FSMA，该法涵盖了约 90%的致敏食物，涉及牛奶、花生、鸡蛋、小麦等易使人体过敏的全部物质。法规要求必须在食品标签上标示，如果违反要求，公司和其管理者将受到民事制裁或刑事处罚，或者两者并罚；对于不符合要求的产品将进行扣留。2015 年 9 月 17 日，117 法规正式发布实施，更极大地增加了对过敏原的控制要求。

（二）欧盟对过敏原的标识规定

欧盟对食品过敏标识的要求更加严格，已确定了 14 种过敏原，除国际食品法典委员会所确定的八类过敏原物质及 10mg/kg 以上的亚硫酸盐外，还包括芹菜、羽扇豆、软体动物、芥末、芝麻及这几类产品的相关制品。并要求如果其食品名称中没有完全标明，必须在其标签上清楚地标明，并要对产生过敏的配料给出明确的标识。另外，日本、加拿大、澳大利亚也先后出台了相关法令，要求食品标签必须明确标明过敏原物质。

（三）食品过敏原的标识存在的问题

食品标签原本是人们认为的可以有效防止过敏体质的人与过敏原接触的有效方法。但是食品过敏原标识的有效性越来越受到质疑。原因之一是伴随食品工业的不断进步，食品的种类愈加丰富，而食品的加工过程和成分也日益复杂，在这种情形下，食品标签就可能误导消费者作出正确的选择。2004 年美国内布拉斯加大学的一个课题组进行了深入的调查研究。在他们的研究结果中，证实了在美国的食品市场上，食品标签并不完全可靠。他们对 177 份被消费者或研究人员怀疑可能含有过敏原的食品样本进行了检验，发现 4%样本含有至少一种过敏原，其中以乳制品情形最为严重。在 72 份受检样本中，28 份检出酪蛋白。令人惊讶的是，这些过敏原却无一在标签上标明。据统计，在美国 FDA 发布的历年食品召回名单上，因含有未标明成分高居榜首。这些未标明成分绝大多数属于过敏原和添加剂。

调查显示，过敏原未能标明的主要原因有三个：由共用设备造成的交叉污染、员工训练不足和返工处理不当。因此 FDA 对于食品加工过程给予了极大关注，并采取了严格控制。

五、深度水解配方奶粉中过敏原检测方法

我国于 2013 年颁布了检验检疫行业标准《出口食品过敏原成分检测 第 19 部分：实时荧光 PCR 方法检测大豆成分》（SN/T 1961.19—2013）。标准 SN/T 1961—2013 基本覆盖了食品中过敏原的种类和检测方法，但考虑到水解配方奶粉中水解不完全的大豆和牛奶过敏原容易造成婴幼儿的过敏反应，故在此主要介绍水解配方奶粉中大豆成分的检测标准。

原理：样品经研磨后，提取 DNA，以 DNA 为模板，采用大豆的管家基因[植物凝集素（lectin）基因]特异性检测引物和探针进行实时荧光 PCR 扩增，观察实时荧光 PCR 的增幅现象，判断样品中是否存在过敏原大豆成分。

（一）DNA 提取

（1）称取 300mg 已制备好的样品于 2mL 离心管中，加入 600μL CTAB 缓冲液和 40μL 蛋白酶 K，振荡混匀，65℃水浴 30min，其间每隔 10min 振荡混匀。

（2）加入 500μL 苯酚、三氯甲烷与异戊醇的混合液（体积比为 25∶24∶1），强烈振荡，12000*g* 离心 15min。

（3）吸取上清液至一新的离心管中，加入等体积异丙醇，振荡混匀，12000*g* 离心 10min。

（4）弃去上清液，用预热至 65℃的 TE 缓冲液溶解 DNA。

（5）加入 5μL RNA 酶溶液，37℃反应 30min。

（6）加入 200μL 三氯甲烷与异戊醇的混合液（体积比为 24∶1），振荡混匀，12000*g* 离心 10min。

（7）吸取上清液至一新的离心管中，加入等体积异丙醇，振荡混匀，12000*g* 离心 10min。

（8）弃去上清液，70%乙醇洗涤一次，12000*g* 离心 1min。

（9）弃上清液，晾干；加入 50μL TE 缓冲液，溶解 DNA 沉淀。

（二）DNA 浓度和纯度的测定

取适量 DNA 溶液原液加双蒸水稀释一定倍数后，使用核酸蛋白分析仪或紫外分光光度计测 260nm 和 280nm 处的吸光度值。DNA 的浓度按照下式计算：

$$c = A_{260} \times N \times 50$$

式中，c 为 DNA 浓度，μg/mL；A_{260} 为 260nm 处的吸光度值；N 为核酸稀释倍数。当浓度为 10～100μg/mL，A_{260}/A_{280} 为 1.7～1.9 时，适宜于实时荧光 PCR 扩增。

（三）实时荧光 PCR 检测

1. 实时荧光 PCR 反应体系

反应体系总体积为 25μL，其中含样品 DNA（10～100μg/mL）2μL。大豆引物对（10μmol/L）各 1μL，大豆探针（5μmol/L）1μL，taq DNA 聚合酶（5U/μL）0.5μL，dNTP（10μmol/L）1μL，10×PCR 缓冲液 2.5μL，水 16μL。也可采用商品化的实时荧光 PCR 扩增体系，样品 DNA 2μL，大豆引物对各 1μL，大豆探针 1μL，dNTP 1μL，taq DNA 聚合酶 0.5μL，水补足至总体积 25μL。真核生物内参照的反应体系同上，仅以真核生物引物对和探针替换大豆引物对和探针。表 7-17 为试验用引物和探针。

表 7-17　试验用引物和探针

名称	序列	目的基因
内参照 5′端引物	TCTGCCCTAACTTTCGATGGTA	真核生物 18S rRNA 基因
内参照 3′端引物	AATTTGCGCGCCTGCTGCCTTCCTT	
内参照探针	FAM-CCGTTTCTCAGGCTCCCTCTCCGGAATCGAACC-TAMARA	
大豆 5′端引物	GCCCTCTACTCCACCCCCA	大豆 lectin 基因
大豆 3′端引物	GCCCATCTGCAAGCCTTTTT	
大豆探针	FAM-AGCTTCGCCGCTTCCTTCAACTTCAC-TAMRA	

2. 实时荧光 PCR 反应参数

50℃/2min，95℃/10min；40 个循环为 95℃/15s，60℃/min。

3. 试验对照

检验过程中分别设阳性对照、阴性对照、空白对照。以大豆提取的 DNA 为阳性对照，以已知不含有大豆成分的样品提取的 DNA 为阴性对照，以灭菌水为空白对照。样品、内参照和对照设置两个平行的反应体系。

4. 质量控制

以下条件有一条不满足时，试验视为无效：

（1）空白对照：无荧光对数增长，相应的 Ct=40.0。

（2）阴性对照：无荧光对数增长，相应的 Ct=40.0。

（3）阳性对照：有荧光对数增长，且荧光通道出现典型的扩增曲线，相应的 Ct＜30.0。

（4）内参照：有荧光对数增长，且荧光通道出现典型的扩增曲线，相应的 Ct＜30.0。

5. 结果判断

在符合质量控制的情况下，被检样品进行检测时：

（1）如 Ct≤35.0，则判定为被检样品阳性，扩增靶标序列。

（2）如 Ct=40.0，则判定为被检样品阴性。

（3）如 35.0<Ct<40.0，则重复一次，如再次扩增后 Ct 值仍小于 40.0，则判定被检样品阳性；如再次扩增后 Ct=40.0，则判定被检样品阴性。

6. 结果表述

（1）结果为阳性者，表述为“检出过敏原大豆成分”。

（2）结果为阴性者，表述为“未检出过敏原大豆成分”。

六、国内外其他检测方法

（一）酶联免疫法

目前，在针对过敏原的检测方法中，ELISA 法是最佳的过敏原分析检测方法，并且多采用双抗夹心法，具有特异性高、敏感性强、快速方便、不需要昂贵仪器设备等优点，可以实现精确的定量检测，大大节省检测时间和检测成本。已经实施过敏原法规标准的欧盟、美国、加拿大和日本等国家和地区均推荐 ELISA 法为过敏原检测方法。采用这种方法，特定的蛋白质或抗原可以与特定的酶标记的抗体键合后用显色反应来定性和定量，靠标准曲线来计算抗原的含量。ELISA 法的检测方式有两种：竞争式（competitive）ELISA 法和夹心式（sandwich）ELISA 法，后者是最常用的食物过敏原的免疫评价方法。

竞争式 ELISA 法是测定相对较小蛋白质优先选择的方法。它包含一个键合在固定相上的固定抗原，血清和一定比例稀释样品提取物（作为抑制剂）培养后添加到固相抗原上。如果样品中没有抗原出现，酶标记的抗体表现出与固定相上键合的抗原的最大键合能力，形成的有颜色的产物的最大吸收。因为样品中的抗体抑制酶标记的抗体与固定的抗原的键合，吸收峰与样品中抗原的浓度成反比。有报道，使用竞争式 ELISA 法对某些食物过敏原的检测极限可以低至 0.4μg/kg。夹心式 ELISA 法是用固定在固定相上的捕获抗体，样品中特定的蛋白质被第一个抗体捕获，然后被第二个特定的以酶标记的抗体检出，而第二个抗体与被分析物键合，从而形成夹心式。与第二个抗体相连的酶与特定的底物反应形成有颜色的产物，它的吸收峰与被分析物的浓度线性相关。此种方法用于多种食物过敏原的检测，有多种检测工具包上市。

ELISA 法可以用来检测大豆球蛋白、大豆 β-伴球蛋白、胰蛋白酶抑制剂和总大豆蛋白。1985 年 Porras 等利用 ELISA 法检测大豆卵磷脂、人造黄油和豆油中的大豆蛋白，检测灵敏度在 100～200ppm 之间。ELISA 方法被用于检测各种大豆致敏成分。1987 年 Heppell 等选择检测大豆球蛋白和 β-伴球蛋白来检测婴儿配方奶粉中的大豆过敏原。然而，在进一步的动物试验中发现低于此检测方法检测低限的致敏蛋白水平也能够引起过敏反应。

Mäkinen-Kiljunen 等于 1992 年应用 ELISA 法分离检测婴幼儿配方奶粉和成人饮用奶中牛乳过敏原 β-乳球蛋白。

Mariager 等于 1994 年制备单克隆抗体和多克隆抗体，建立间接竞争式 ELISA 法，检测低过敏原婴幼儿配方奶粉和普通婴幼儿配方奶粉中牛乳过敏原 β-乳球蛋白，检测范围为 0.2～727μg/mL，变异系数 CV＜33%。

研究人员制备兔抗牛 β-乳球蛋白的多克隆抗体建立间接竞争 ELISA 法检测牛乳中的主要过敏原 β-乳球蛋白，结果达到批内误差 3.87%，批间误差 6.51%；检测的线性范围为 0.05～1.00μg/mL，说明该方法灵敏度高，具有良好的准确性和重复性。

牛奶抗原相对稳定，在常规处理后可保持其免疫原性。目前已经研制出商品化的检测牛奶过敏原的 ELISA 检测试剂盒，具有良好的特异性和敏感性，主要是检测食品中的酪蛋白或 β-乳球蛋白，检出限为 0.1～5mg/kg。

2009 年詹政科等利用提取的牛奶致敏蛋白免疫小鼠制备多抗，建立了双抗夹心 ELISA 法，检测范围在 25～1000μg/L 之间，检测限为 25μg/L，并且用于市售 12 种食品的检测分析，结果与标签具有很好的相符性。抗体的特异性和效价决定 ELISA 法的特异性和灵敏度，相对而言多抗灵敏度较高，单抗特异性较好，因此常将单抗与多抗组合使用。

2010 年王硕等将鼠单抗和兔单抗组合建立双抗体夹心 ELISA 检测酪蛋白，在 6～1666 ng/mL 范围内呈较好线性关系，检测限为 7 ng/mL。

2013 年肖海龙等同样利用鼠单抗和兔多抗组合建立夹心 ELISA 用于酪蛋白的检测。

生物基质对 ELISA 的检测具有一定影响，而加工食品成分比较复杂，基于此 2011 年 Monaci 等以饼干为食物模型，研究了基质效应和焙烤时间对 ELISA 检测饼干中牛奶致敏原的影响。ELISA 是用于致敏蛋白的传统检测方法，但是其仅限于单一蛋白，在多种蛋白同步检测方面还具有局限性。

目前已有两种基于夹心 ELISA 法的商品化的检测试剂盒用于大豆过敏原的检测，在 30min 内给出检测结果，且检出限低于 5mg/kg。

随着 ELISA 检测方法的成熟，目前市场出现多种商业化试剂盒（表 7-18）。目前市场上已有的商业试剂盒大多为进口产品，如日本 WAKO 及 NH HAM、德国 R-Biopharm、澳大利亚 ELISA Systems、美国 Neogen 等。

表 7-18　市售牛奶过敏原 ELISA 试剂盒

检测目标	检测低限/（mg/kg）	供应商
酪蛋白	10	Neogen
β-乳球蛋白	5	R-Biopharm
酪蛋白和 β-乳球蛋白	1/2	Tepnel Biosysterms
酪蛋白和 β-乳球蛋白	0.5/1	ELISA Systems

（二）高效液相色谱法

高效液相色谱仪由液体输送系统、进样系统、色谱柱和检测系统 4 部分所组成（图 7-3）。输液泵将流动相以稳定的流速（或压力）输送至分析体系，在进入色谱柱之前通过进样器将样品导入，流动相将样品带入色谱柱，在色谱柱中各组分依照分配系数、吸附力大小、带电性质，乃至分子量大小的差异而被分离，并依次随流动相流至检测器，将检测到的信号送至数据系统记录、处理或保存。随着高效液相色谱技术的日趋成熟，它已成为分离和检测蛋白质的重要工具。

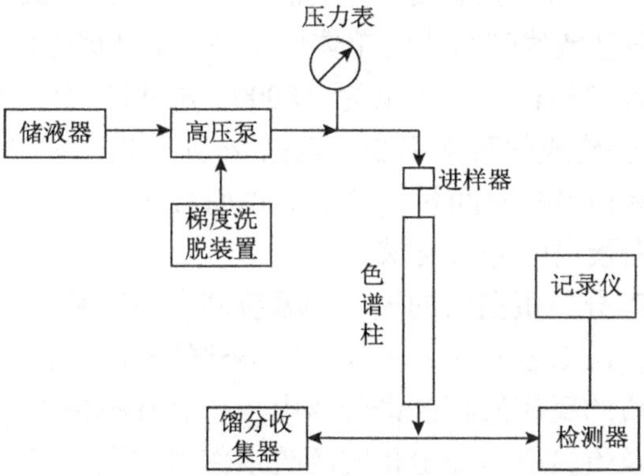

图 7-3　高效液相色谱仪结构示意图

高效液相色谱法在过敏原成分检测中应用并不是特别广泛，其中典型应用为乳及乳制品中 α-乳清蛋白（α-lactalbumin）、β-乳球蛋白（β-lactoglobulin）测定。反相高效液相色谱法（RP-HPLC）是分析乳清蛋白成分的有效方法之一，与其他色谱方法相比具有分辨率和回收率高、重复性好、操作简便等优势。目前，RP-HPLC 分析乳清蛋白在国内外已经进行了一定的研究。

1. HPLC 测定牛奶中乳清蛋白色谱条件

色谱柱：Kromasil C_8 色谱柱（5μm，250mm×4.6mm）；流动相：A 为 0.1%

的三氟乙酸（TFA）水溶液，B 为 0.09%的 TFA 乙腈溶液；梯度洗脱程序：流动相 B 在 10min 内从 20%上升到 50%，然后用 10min 从 50%上升到 80%，在 2min 内由 80%降到 20%；流速为 0.8mL/min；检测器：二极管阵列检测器，检测波长：215nm；柱温：30℃；进样量：10μL；色谱图见图 7-4。

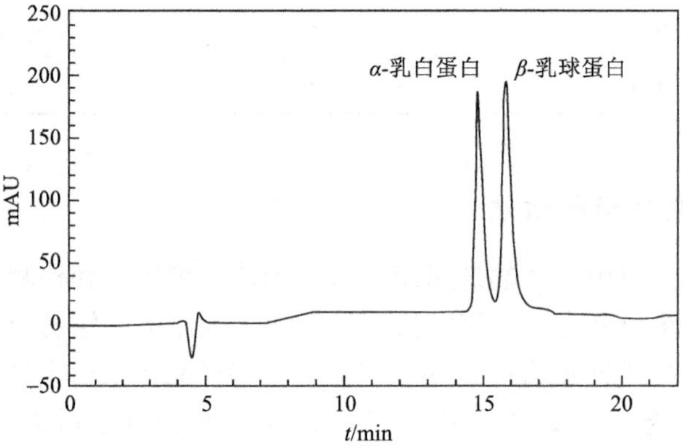

图 7-4　α-乳白蛋白和 β-乳球蛋白标样的色谱图

2. HPLC 条件选择

乳清蛋白中的 α-乳白蛋白是牛奶蛋白质中分子量最小的，其分子量为 14174，由 123 个氨基酸残基组成的单体球蛋白。β-乳球蛋白是由 162 个氨基酸残基折叠成的紧密球状结构，分子量为 18000。β-乳球蛋白的二级结构包括由 8 个反向平行的 β-折叠构成的疏水中心。根据 α-乳白蛋白和 β-乳球蛋白结构，采用 C_8 柱分离，目标物出峰时间短，峰形尖锐而且对称，分离度较好，可以满足 β-乳球蛋白和 α-乳白蛋白的分析要求。

采用 RP-HPLC 分析蛋白质的流动相系统基本为三氟乙酸的水溶液和乙腈溶液，采用梯度洗脱，但随着样品的不同及色谱柱的不同，梯度洗脱条件也随之改变。在多肽及蛋白质的反相液相色谱分离中，初始洗脱条件下流动相中有机溶剂的浓度较低，多肽及蛋白质与固定相间的疏水作用较强，多肽及蛋白质几乎完全被固定相吸附。而一旦流动相中的有机溶剂达到特定的浓度，使多肽或蛋白质与固定相的作用小于与流动相的作用时，多肽或蛋白质就会完全从固定相上洗脱下来，几乎不再与固定相发生作用。

1999 年，Lopez-Tapia 等利用 SDS-毛细管电泳技术检测奶粉中的大豆蛋白，此方法的检测低限为 100g/kg。

（三）聚合酶链式反应

聚合酶链式反应（PCR）法是以 DNA 为测试对象，对食物中特定过敏蛋白的 DNA 或特定过敏成分的 DNA 进行检测，其具有专一性和灵敏性。PCR 法是体外选择性扩增 DNA 或 RNA 的技术，它以待扩增的两条核苷酸链为模板，由人工合成的寡核苷酸（oligo）介导，通过 DNA 聚合酶反应快速扩增核酸序列。产物可利用分子量的大小在琼脂糖电泳上进行分离。一般来说通过引物的选择可以使具有一定同源性的 DNA 分子之间的交叉反应降低到最低程度，尽可能地避免假阳性结果的产生，它具有快速、灵敏、简便和特异等特点。

（1）普通 PCR 法以 DNA 为测试对象，以待扩增的两条核苷酸链为模板，由人工合成的 oligo 介导，通过 DNA 聚合酶反应快速扩增核酸序列。它具有快速、灵敏、简便和特异等特点。其测试只是定性方法，选择合适的内标物，可以进行半定量分析测定。

（2）PCR-ELISA 联用方法是用特定的以 DNA 为基础的方法与 ELISA 测定方法结合用于半定量分析的方法。使用 PCR-ELISA 联用方法，致敏食物中特定的 DNA 片段被化学修饰，修饰物与特定的 DNA 探针标记的特定蛋白相结合，标记蛋白与特定的酶标记的抗体偶合，以酶-底物反应形成的颜色来定量测定 DNA 的浓度。

（3）实时 PCR 又称荧光定量 PCR，该技术在常规 PCR 基础上运用荧光共振能量传递（fluorescence resonance energy transfer，FRET）技术，加入荧光标记探针或荧光物质，巧妙地把核酸扩增、杂交、光谱分析和实时检测技术结合在一起，借助于荧光信号来检测 PCR 产物。一方面提高了灵敏度，另一方面还可以做到 PCR 每循环一次就收集一个数据，建立实时扩增曲线，准确地确定 CT 值，从而根据 CT 值确定起始 DNA 的拷贝数，做到真正意义上的 DNA 定量。另外由于 CT 值是一个完全客观的参数，CT 值越大，模板 DNA 的起始拷贝数越小。因此，利用 CT 值确定 DNA 拷贝数实时 PCR 方法比普通终点定量方法更加准确。

近些年，PCR 方法已被成功应用于食品中多种过敏原的检测，Lopez-Calleja 等在 2004 年应用 PCR 方法检测牛奶和山羊奶，目前市场上也有检测牛奶过敏原的 PCR 试剂盒，这些都表明 PCR 方法能够用来检测牛奶过敏原。2012 年许庆金与 2013 年关潇等，分别建立了牛奶 β-乳球蛋白和 α-乳白蛋白的定性 PCR 检测技术，为加工食品中的牛奶致敏原 DNA 残留量的检测奠定了基础。

（四）蛋白质生物芯片技术

微阵列技术是基于蛋白质生物芯片技术，将多种致敏原成分固定于固相载体上，分析血清中免疫球蛋白与致敏原的结合作用，实现临床食物过敏诊断的新技术，是一种将免疫学原理与新材料相结合发展而来的高通量、快速检测技术。Harwanegg 等（2007）利用生物芯片免疫分析方法实现了对牛乳和鸡蛋致敏原的特异性 IgE 分析。Cretich 等（2009）在致敏原微阵列的基础上结合微流控技术，提高检测的灵敏度与准确性。目前的微阵列技术主要针对临床食物过敏诊断与血清学分析，并不针对食品基质中的食物致敏原进行分析检测。

参 考 文 献

陈美瑜, 孙若男, 林竹光, 等. 2010. 基质固相分散-气相色谱-离子阱串联质谱法分析牛奶中有机磷农药. 分析试验室, 29(9): 65-69.

陈永平, 林黎明, 宫庆礼, 等. 2008. HPLC 荧光法快速检测食品中的 $NaNO_2$. 分析试验室, 27(5): 98-101.

陈有容, 杨凤琼. 2004. 降低腌制蔬菜亚硝酸盐含量方法的研究进展. 上海水产大学学报, 13(1): 67-71.

程晋霞, 曾静, 马丹, 等. 2014. 食品中牛奶过敏原成分 LAMP 检测方法的建立. 食品安全质量检测学报, 5(4): 1039-1044.

程晋霞, 周熙诚, 马丹, 等. 2014. 食品中芥末过敏原成分 LAMP 检测方法的建立. 食品科学, 35(20): 148-152.

董存智, 高孝俊. 2006. 吖啶橙催化荧光光度法测定痕量亚硝酸根. 理化检验化学分册, 42(12): 1019-1020.

房彦军, 周焕英, 杨伟群, 等. 2004. 试纸-光电检测仪快速测定食品中亚硝酸盐的研究. 解放军预防医学杂志, 22(1): 18-21.

高馥蝶, 赵妍, 邵兵, 等. 2012. 超高效液相色谱-四极杆-飞行时间质谱法快速筛查牛奶中的农药和兽药残留. 色谱, 30(6): 560-567.

葛宝坤. 1997. 进口食品中的放射性污染及监测. 口岸卫生控制, 2(1): 24-28.

耿天霖. 2005. 中国农药残留领域采用 CAC 标准研究. 世界农业, (10): 39-42.

关潇, 蔡琴, 陈沁. 2013. 基于 α-乳白蛋白基因序列的牛奶过敏原 PCR 检测. 乳业科学与技术, 36(4): 4.

国家卫生和计划生育委员会刘长安, 周舜元. 2009. 核或放射紧急情况污染后进入国际贸易的食品中放射性核素的指导水平. 中国辐射卫生, 18(3): 295-298.

黄晓兰, 罗辉泰, 吴惠勤, 等. 2009. 奶粉中高氯酸盐的液相色谱-串联质谱测定. 分析测试学报, 28(8): 896-899.

李珊. 2003. 某些农药残留及硝酸盐、亚硝酸盐的毛细管电泳和电化学分析研究. 福州: 福州大学硕士学位论文.

李向梅, 王战辉, 肖希龙, 等. 2014. 同时检测牛奶中喹诺酮类和庆大霉素残留的胶体金免疫层析方法研究. 中国农业科学, 47(19): 3883-3889.

李一鸣, 王宇珂, 叶宇鑫, 等. 2012. 环介导等温扩增技术检测花生过敏原. 现代食品科技, 28(1): 127-130.

梁敏, 赵桦萍, 邹东辉. 1997. 气相色谱法测定乳粉中的硝酸盐. 齐齐哈尔轻工学院学报, 13(3): 63-66.

林静佳, 胡国媛, 李荔, 等. 2012. 紫外分光光度法快速测定乳制品中硝酸盐含量. 中国卫生检验杂志, 22(8): 1757-1759, 1763.

林竹光, 陈美瑜, 张莉莉, 等. 2007. 气相色谱-负离子化学源质谱法分析牛奶饮品和奶粉中 19

种有机磷农药残留. 分析测试学报, 26(3): 331-334, 338.
刘昊, 黄文胜, 邓婷婷, 等. 2013. LAMP 法检测食品中开心果过敏原成分. 食品科学, 34(22): 128-132.
刘慧玲. 2014. 牛奶中农药残留前处理研究进展. 食品安全质量检测学报, 5(5): 1419-1426.
刘长安, 周舜元, 李小娟, 等. 2012. 日本福岛核事故中食品安全问题的回顾与思考. 中华放射医学与防护杂志, (2): 147-152, 161.
罗海英, 冼燕萍, 侯向昶, 等. 2013. QuEChERS-超高效液相色谱串联质谱法测定乳粉中的双氰胺. 现代食品科技, 29(5): 1148-1153.
欧少清, 袁斌, 许元豪. 2009. 亚硝酸盐检测试纸的研制. 广西轻工业, 25(4): 38-39.
蒲朝文, 夏传福, 谢朝怀, 等. 2001. 酱腌菜腌制过程中亚硝酸盐含量动态变化及消除措施的研究. 卫生研究, 30(6): 352-354.
史东坡. 2008. 蔬菜中的硝酸盐、亚硝酸盐的气相色谱法测定. 中国卫生检验杂志, 18(2): 245-247.
史亚利. 2006. 离子色谱与 API 2000(IC/MS/MS)联用分析食品和饮料中的高氯酸盐. 环境化学, 25(1): 117-120.
宋莲军, 侯永新, 任洪涛, 等. 2005. 浓度直读法快速测定蔬菜中的硝酸盐和亚硝酸盐含量. 中国卫生检验杂志, 15(12): 1444-1446.
汤俊琪, 庞广昌, 梁新义, 等. 2011. 基于壳聚糖-纳米金修饰的酪蛋白免疫传感器的研制. 食品科学, 32(4): 280-283.
王硕, 杨泽琳, 马冬月, 等. 2010. 双抗体夹心 ELISA 定量检测牛乳中酪蛋白方法的建立. 食品科技, 35(9): 290-293.
王燕, 刘素美, 任景玲, 等. 2011. 化学发光法测定天然水体中低浓度硝酸盐和亚硝酸盐的含量. 海洋科学, 35(5): 95-99.
王莹, 屈玉霄, 刘春红, 等. 2013. 高效液相色谱法测定 α-乳白蛋白和 β-乳球蛋白. 食品研究与开发, 34(2): 57-60.
吴敏, 张月天, 曾凡骏, 等. 2008. 牛乳中亚硝酸盐快速检测试纸的研制. 食品科技, 33(4): 207-210.
武权, 刘庆芬, 张晓东, 等. 2012. 我国食品中放射性核素含量与限制标准. 癌变 · 畸变 · 突变, 24(6): 470-473.
夏明. 2011. 双波长 K 系数-紫外分光光度法同时测定水中硝酸盐氮和亚硝酸盐. 环境研究与监测, 24(3): 34-36.
肖海龙, 赵凯, 林赛君, 等. 2013. 牛奶 β-酪蛋白和大豆 β-伴球蛋白双抗制备及夹心 ELISA 快速定性检测技术的建立. 浙江大学学报(农业与生命科学版), 39(2): 222-226.
徐霞, 应兴华, 段彬伍. 2007. 紫外检测离子色谱法测定酱腌菜中的亚硝酸盐与硝酸盐. 食品与发酵工业, 33(3): 120-122.
许庆金, 邓志瑞, 张文举, 等. 2012. 牛奶过敏原 PCR 检测方法的建立. 食品工业科技, 33(6): 4.
杨红, 郭华, 赵维佳, 等. 2005. 生鲜牛乳中农药多残留分析方法研究. 分析科学学报, 21(2): 155-157.
姚振兴, 辛晓东, 司维, 等. 2011. 重金属检测方法的研究进展. 分析测试技术与仪器, 17(1): 29-35.
余海兰, 方京京. 2010. 高效液相色谱法同步测定蔬菜中硝酸盐和亚硝酸盐含量. 湖南农业科学,

(7): 97-99.

袁莎, 张志强, 张立实. 2005. 我国食品污染物限量标准与 CAC 标准的比较研究. 现代预防医学, 32(6): 587-589.

苑广信, 鲁滴, 庄艳南, 等. 2011. 砷盐的检测方法及研究进展. 北华大学学报(自然科学版), 12(3): 309-311.

岳喜庆, 吴超, 郭晨. 2008. 牛乳中主要蛋白过敏原研究现状. 食品研究与开发, 29(10): 147-150.

云振宇, 刘文, 蔡晓湛, 等. 2009. 我国与 CAC 关于食品中污染物限量标准的对比分析. 农产品加工(学刊), (1): 79-82.

曾凡刚. 2006. 凝胶渗透色谱净化: 气相色谱法测定牛奶中 10 种有机氯农药残留. 中国乳品工业, 34(5): 52-53, 61.

詹政科, 刘萍, 吉坤美, 等. 2009. 双抗体夹心 ELISA 法测定食物中牛奶过敏原蛋白成分. 中国乳品工业, 37(5): 44-47.

张舒亚, 李富威, 于翠, 等. 2013. 环介导等温扩增法检测食品过敏原大豆成分. 食品安全质量检测学报, 4(2): 451-456.

张舒亚, 张坤, 樊彦莉, 等. 2014. 食品过敏原羽扇豆成分的环介导等温扩增检测方法. 食品安全质量检测学报, 5(4): 1073-1080.

张霞, 吴冬雪, 刘国红, 等. 2012. 食品中酪蛋白过敏原检测方法的比较. 食品安全质量检测学报, 3(4): 290-294.

郑桂富, 许晖, 武杰. 2000. 亚硝酸盐在雪里蕻腌制过程中生成规律的研究. 四川大学学报(工程科学版), 32(3): 85-87.

郑云雁. 2002. 食品中污染物的中国国家标准及国际法典标准对比：(一)化学污染物（综述）. 中国食品卫生杂志, 14(1): 47-53.

钟莺莺, 陈平, 俞雪钧, 等. 2012. 改进的离子色谱法测定乳制中亚硝酸盐和硝酸盐. 色谱, 30(6): 635-640.

朱宏, 邢志恩, 戴蕴青, 等. 2012. 反相高效液相色谱法同时检测多种乳清蛋白成分. 中国农业大学学报, 17(3): 127-130.

Adel-Patient K, Nahori M A, Proust B. 2003. Elicitation of the allergic reaction in β-lactoglobulin sensitized Balble mice: biochemical and clinical manifestations differ depending on structure of the BLG use for the challenge. Clinical and Experimental Alergy, 33: 376-385.

Al-Zamil I Z, Townshend A. 1982. Molecular emission cavity analysis: part 23. Determination of nitrite and nitrate after conversion to nitrogen monoxide. Analytica Chimica Acta, 142: 151-157.

Aoki T, Fukuda S, Hosoi Y, et al. 1997. Rapid flow injection analysis method for successive determination of ammonia, nitrite, and nitrate in water by gas-phase chemiluminescence. Analytica Chimica Acta, 349(1/2/3): 11-16.

Bordet F, Inthavong D, Fremy J M, et al. 2002. Interlaboratory study of a multiresidue gas chromatographic method for determination of organochlorine and pyrethroid pesticides and polychlorobiphenyls in milk, fish, eggs, and beef fat. Journal of Aoac International, 85(6): 1398-1409.

Bürckstümmer T, Baumann C, Blüml S, et al. 2009. An orthogonal proteomic-genomic screen identifies AIM2 as a cytoplasmic DNA sensor for the inflammasome. Nature Immunology, 10(3): 266-272.

Chatchatee P, Jarvinen K M, Bardina L, et al. 2001. Identification of IgE - and IgG- binding epitopes on alpha(s1)-casein: difference in patients with persistent and transient cow's milk allergy. Journal of Allergy & Clinical Immunology, 107(2): 379-383.

Cretich M, Di Carlo G, Long4hi R, et al. 2009. High sensitivity protein assays on microarray silicon slides. Analytical Chemistry, 81(13): 5197-5203.

Croitoru M D. 2012. Nitrite and nitrate can be accurately measured in samples of vegetal and animal origin using an HPLC-UV/VIS technique. Journal of Chromatography B, Analytical Technologies in the Biomedical and Life Sciences, 911: 154-161.

Duke W W. 1934. Soybean as a possible important source of allergy. Journal of Allergy, 5: 300.

Eissa S, Tlili C, L'Hocine L, et al. 2012. Electrochemical immunosensor for the milk allergen β-lactoglobulin based on electrografting of organic film on graphene modified screen-printed carbon electrodes. Biosensors and Bioelectronics, 38(1): 308-313.

Elsayed S, Eriksen J. 2004. T cell recongnition pattern of bovine milk α_{s1}-casein and its peptides. Molecular Immunology, 41(12): 1225-1234.

Ferreira I M P L V O, Caçote H. 2003. Detection and quantification of bovine, ovine and caprine milk percentages in protected denomination of origin cheeses by reversed-phase high-performance liquid chromatography of beta-lactoglobulins. Journal of Chromatography A, 1015(1/2): 111-118.

Fontijn A, Sabadell A J, Ronco R J. 1970. Homogeneous chemiluminescent measurement of nitric oxide with ozone. Implications for continuous selective monitoring of gaseous air pollutants. Analytical Chemistry, 42(6): 575-579.

Fritsché R, Adel-Patient K, Bernard H, et al. 2006. IgE-mediated rat mast cell triggering with tryptic and synthetic peptides of bovine β-lactoglobulin. International Archives of Allergy and Immunology, 2006, 138(4): 291-297.

González-Rodríguez M J, Arrebola Liébanas F J, Garrido Frenich A, et al. 2005. Determination of pesticides and some metabolites in different kinds of milk by solid-phase microextraction and low-pressure gas chromatography-tandem mass spectrometry. Analytical and Bioanalytical Chemistry, 382(1): 164-172.

Guo P, Piao X, Cao Y, et al. 2008. Recombinant soybean protein beta-conglycinin alpha'-subunit expression and induced hypersensitivity reaction in rats. International Archives of Allergy and Immunology, 145(2): 102-110.

Harwanegg C, Hutter S, Hiller R. 2007. Allergen microarrays for the diagnosis of specific IgE against components of cow milk and hen egg in a multiplex biochip-based immunoassay//Floriano P N. Microchip-Based Assay Systems. Totowa: Humana Press.

Heinzmann A, Blattmann S, Spuergin P, et al. 1999. The recognition pattern of sequential B cell epitopes of beta-lactoglobulin does not vary with the clinical manifestations of cow's milk allergy. International Archives of Allergy and Immunology, 1999, 120(4): 280-286.

Heppell L, Sissons J W, Pedersen H E. 1987. A comparison of the antigenicity of soya-bean-based infant formulas. British Journal of Nutrition, 58(3): 393-403.

Hiemori M, Ito H, Kimoto M, et al. 2004. Identification of the 23-kDa peptide derived from the precursor of Gly m Bd 28K, a major soybean allergen, as a new allergen. Biochimica Et

Biophysica Acta General Subjects, 1675(1-3): 174-183.
Hopp T P, Woods K R. 1982. Immunochemical studies on α-lactalbumin. Molecular Immunology, 19: 1453-1463.
Huang K J, Wang H, Guo Y H, et al. 2006. Spectrofluorimetric determination of trace nitrite in food products with a new fluorescent probe 1,3,5,7-tetramethyl-2,6-dicarbethoxy-8-(3′,4′-diaminophenyl)-difluoroboradiaza-s-indacene. Talanta, 69(1): 73-78.
ICRP. 1996. Age-dependent Doses to the Members of the Public from Intake of Radionuclides, ICRP Publication 72. US: ICRP: 15-89.
James J M, Sampson H A. 1992. Immunologic changes associated with the development of tolerance in children with cow milk allergy. Journal of Pediatrics, 121(3): 371-377.
Jarvinen K M, Chatchatee P, Bardina L, et al. 2001. IgE and IgG binding epitopes on α-lactalbumin and β-lactoglobulin in cow's milk allergy. International Archives of Allergy & Immunology, 126: 111-118.
Kalinski A, Weisemann J M, Matthews B F, et al. 1990. Molecular cloning of a protein associated with soybean seed oil bodies that is similar to thiol proteases of the papain family. Journal of Biological Chemistry, 265(23):13843.
Li H, Meininger C J, Wu G Y. 2000. Rapid determination of nitrite in foods by HPLC with fluorescence detection. Journal of Chromatography B, (746): 199.
Lin Z Z, Li X H, Kraatz H B. 2011. Impedimetric immobilized DNA-based sensor for simultaneous detection of Pb^{2+}, Ag^{+}, and Hg^{2+}. Analytical Chemistry, 83(17): 6896-6901.
Lopez-Calleja I, Gonzalez I, Fajardo V, et al. 2004. Rapid detection of cows' milk in sheeps' and goats' milk by a species-specific polymerase chain reaction technique. Journal of Dairy Science, 87(9): 2839-2845.
Lopez-Tapia J, Garcia-Risco M R, Manso M A, et al. 1999. Detection of the presence of soya protein in milk powder by sodium dodecyl sulfate capillary electrophoresis. Journal of Chromatography A, 863(1): 153-160.
Mäkinen-Kiljunen S, Palosuo T. 1992. A sensitive enzyme-linked immunosorbent assay for determination of β-lactoglobulin in infant feeding formula and human milk. Allergy, 47: 247-352.
Mao X L, Yang L J, Su X L, et al. 2006. A nanoparticle amplification based quartz crystal microbalance DNA sensor for detection of *Escherichia coli* O157: H7. Biosensors and Bioelectronics, 21(7): 1178-1185.
Mariager B, Sølve M, Eriksen H, et al. 1994. Bovine β-lactoglobulin in hypoallergenic and ordinary infant formulars measured by an indirect competitive ELISA using monoclonal and polyclonal antibodies. Food and Agricultural Immunology, 6: 73-78.
Maynard F, Jost R, Wal J M. 1997. Human IgE binding capacity of tryoic peptides from bovine α-lactalbumin. International Archives of Allergy and Immunology, 113: 478-488.
Monaci L, Brohée M, Tregoat V, et al. 2011. Influence of baking time and matrix effects on the detection of milk allergens in cookie model food system by ELISA. Food Chemistry, 127(2): 669-675.
Ogawa T, Bando N, Tsuji H , et al. 1991. Investigation of the IgE-binding proteins in soybeans by immunoblotting with the sera of the soybean-sensitive patients with atopic dermatitis. Journal of

Nutritional Science and Vitaminology, 1991, 37(6): 555-565.

Ogawa T, Bando N, Tsuji H, et al. 1995. Alpha-subunit of beta-conglycinin, an allergenic protein recognized by IgE antibodies of soybean-sensitive patients with atopic dermatitis. Journal of the Agricultural Chemical Society of Japan, 59(5): 831-833.

Rihs H P, Chen Z P, Ruëff F, et al. 1999. IgE binding of the recombinant allergen soybean profilin (rGly m 3) is mediated by conformational epitopes. Journal of Allergy and Clinical Immunology, 104(6): 1293-1301.

Ruiter B, Trégoat V, M'rabbet L, et al. 2006. Characterization of T cell epi- topes in α_{s1}-casein in cow's milk allergic, atopic and non-atopic children. Clinical and Experimental Alergy, 36(3): 303-310.

Selo I, Clement G, Bernard H, et al. 1999. Allergy to Bovine β-lactoglobulin: specificity of human IgE to tryptic peptides. Clinical and Experimental Alergy, 29: 1055-1063.

Sobhanardakani S, Farmany A, Abbasi S, et al. 2013. A new catalytic-spectrophotometric method for quantification of trace amounts of nitrite in fruit juice samples. Environmental Monitoring and Assessment, 185(3): 2595-2601.

Spurgin P, Muelleer H, Walter M, et al. 1996. Allergenic epitopes of bovine α_{s1}-casein recognized by human IgE and IgG. Allergy, 51: 306-312.

Sun X L, Guan L, Shan X H, et al. 2012. Electrochemical detection of peanut allergen Ara h_1 using a sensitive DNA biosensor based on stem-loop probe. Journal of Agricultural and Food Chemistry, 60(44): 10979-10984.

Wal J M. 1988. Cow's milk allergens. Allergy, (53): 1013-1022.

Wu A G, Duan T T, Tang D, et al. 2013. Determination of nitric oxide-derived nitrite and nitrate in biological samples by HPLC coupled to nitrite oxidation. Chromatographia, 76(23/24): 1649-1655.

Yang X R, Xu J, Tang X M, et al. 2010. A novel electrochemical DNAzyme sensor for the amplified detection of Pb^{2+} ions. Chemical Communications, 46(18): 3107.

